名校名师高等院校国际经贸专业规划教材

中国对外贸易与世界贸易组织

苑　涛　主编

对外经济贸易大学出版社
中国·北京

图书在版编目（CIP）数据

中国对外贸易与世界贸易组织／苑涛主编. —北京
：对外经济贸易大学出版社，2012
名校名师高等院校国际经贸专业规划教材
ISBN 978-7-5663-0465-0

Ⅰ.①中… Ⅱ.①苑… Ⅲ.①对外贸易-中国-高等
学校-教材②世界贸易组织-高等学校-教材 Ⅳ.
①F752②F743

中国版本图书馆 CIP 数据核字（2012）第 222478 号

中国对外贸易与世界贸易组织

苑 涛 **主编**
责任编辑：郭华良 李晨光

对 外 经 济 贸 易 大 学 出 版 社
北京市朝阳区惠新东街 10 号 邮政编码：100029
邮购电话：010-64492338 发行部电话：010-64492342
网址：http://www.uibep.com E-mail：uibep@126.com

北京市山华苑印刷有限责任公司印装 新华书店北京发行所发行
成品尺寸：185mm×230mm 24.5 印张 480 千字
2012 年 9 月北京第 1 版 2012 年 9 月第 1 次印刷

ISBN 978-7-5663-0465-0
印数：0 001-5 000 册 定价：40.00 元

内 容 简 介

本书介绍了中国对外贸易的基本情况，分析中国对外贸易的一系列热点问题，在介绍世界贸易组织基本知识的同时，分析 WTO 规则与中国对外贸易的关系。本书一共十二章，主要包括：中国对外贸易概述、新形势下中国发展对外贸易的重要性、世界贸易组织概述、争端解决机制使世界贸易组织具有权威、世界贸易组织货物贸易规则、减少针对中国出口的贸易摩擦、服务贸易总协定、中国服务贸易的发展、中国金融服务贸易的发展、与贸易有关的知识产权协定、中国对外贸易管理与主要对外贸易政策措施。

本书的读者对象为国际贸易、经济学、经济法专业的本科生和研究生、国际商务硕士，以及从事国际贸易相关工作的专业人员。

前　　言

中国加入世界贸易组织（WTO）已经超过十年，中国对外贸易的发展取得了令世人瞩目的成就。不过，世界经济、中国经济、中国对外贸易的发展，都面临着新问题，我们对于 WTO 的理解更加深刻了，WTO 规则对中国对外贸易的影响值得我们注意。

在新形势下如何定位中国对外贸易的发展、如何认识 WTO 规则，这是非常重要的问题。中国对外贸易发展得怎么样？中国对外贸易对于中国来说依然非常重要吗？中国服务贸易为什么常年逆差？中国如何减少对外贸易摩擦？中国对外贸易的管理体制是怎样的？中国有哪些基本的贸易政策措施？世界贸易组织关于货物贸易、服务贸易、知识产权方面的规则是怎样的？我们现在对这些规则有哪些更加深入的理解？中国对外贸易与 WTO 相关规则有什么样的关系？……这些问题非常重要，审校全文需要我们认真研究，给出正确的、清晰的答案。

本书主要介绍中国对外贸易的基本情况，分析中国对外贸易的一系列热点问题，在介绍世界贸易组织基本知识的同时，分析 WTO 规则与中国对外贸易的关系，并力求对于当前关于中国对外贸易和世界贸易组织的理论焦点问题进行清晰的介绍和解释。

主编苑涛给本书定出提纲，并审校全文。本书各章的具体分工如下：第一章：钱峰（中国农业银行（天津））、苑涛（南开大学）、刘志成（南开大学）；第二章：苑涛、吕越（南开大学）、徐琪（南开大学）；第三章：苑涛；第四章：苑涛；第五章：苑涛、崔永鹏（南开大学）、刘扬（南开大学）、李玉娜（南开大学）；第六章：苑涛；第七章：佘子良（南开大学）、苑涛、田原（南开大学）；第八章：杨珍增（天津财经大学）；第九章：田原、苑涛；第十章：田原、苑涛；第十一章：王孝松（中国人民大学）；第十二章：苑涛、徐复（南开大学）。

虽然主编和各位作者抱着极为认真的态度编写本书，但书中难免仍然存在错误和缺点，我们诚恳地请从事相关问题研究的专家学者和各位读者提出宝贵的意见。

苑　涛

2012 年 7 月于南开园

目 录

第一章　中国对外贸易概述

本章摘要

自1978年中国实行改革开放政策以来，中国对外贸易额逐年增长。这期间，在经济全球化的推动下，世界贸易额也出现了较大的增长，但是，中国出口的增长特别快，结果就是中国出口在世界贸易中的份额不断上升。

在中国加入WTO之前，绝大部分学者预测中国的很多产业将遭受到外来产品的打击，国外的"中国崩溃论"甚嚣尘上。事实是，自2002年开始，中国对外贸易迅速增长，增长率超过以往任何时期，而且中国对外贸易一直保持顺差。

中国进出口结构的变化显示了中国对外贸易竞争力的提升。

在工业制成品出口当中，机电产品和高新技术产品出口占中国总出口比重持续增加。不过，中国的机电产品、高技术产品的出口很多是加工贸易。

中国的工业制成品出口增长的同时，中国初级产品的进口在上升。这种进出口结构的变化，使我们隐约看到了工业强国的影子。

中国往往与主要出口市场的贸易摩擦比较多。

我们知道，对外贸易包括对外货物贸易和对外服务贸易。在日常讨论中，对外贸易往往指对外货物贸易；不过，对外服务贸易也是本书讨论的重点内容之一。本书的处理方法是，在谈到对外货物贸易的时候，简称为"对外贸易"；在谈到对外服务贸易的时候，会用全称"对外服务贸易"；在谈到中国对外贸易总额的时候，本书会写明是否包括对外服务贸易。

第一节　中国对外贸易的发展和中国贸易盈余

一、改革开放以来中国对外贸易的发展

自 1978 年中国实行改革开放政策以来，中国对外贸易额逐年增长，由 1978 年的 206 亿美元增长到 2011 年的 36 418 亿美元；1978 年，中国进口额为 109 亿美元，2011 年为 17 434 亿美元；出口的增长率更高，1978 年出口额为 98 亿美元，2011 年飙升至 18 984 亿美元，增长了 190 多倍（见表 1.1）。

这期间，在经济全球化的推动下，世界贸易额也出现了较大的增长，但是，中国出口的增长特别快，结果就是中国出口在世界贸易中的份额不断上升。1980 年，中国出口占世界的比重不到 1%，位居世界第 26 位；1990 年，中国出口占世界的比重上升到 1.8%，在世界出口中的位次上升到第 15 位；2000 年，中国出口占世界的比重上升到 4.0%，在世界出口中的位次上升到第 7 位；2007 年，中国出口占世界的份额又翻番达到 8.8%，并成为世界第二大出口国；2009 年，中国第一次超过德国成为世界第一出口大国，中国出口占世界的份额已经逼近 10%。

二、中国的贸易盈余及其原因

在中国加入 WTO 之前，绝大部分学者预测中国的很多产业将遭受到外来产品的打击，国外的“中国崩溃论”甚嚣尘上。事实是，自 2002 年之后，中国对外贸易迅速增长，增长率超过以往任何时期，而且中国对外贸易一直保持顺差，而不是“崩溃”。在 2003 年，中国的出口额和进口额分别达到 4 380 亿美元和 4 130 亿美元的水平，出口和进口的增长率分别为 34.6% 和 39.8%。2004 年，出口和进口的增长率又达到极高的水平，分别为 35.4% 和 36%。

从 2005 年到 2008 年，尽管进出口增长率稍有下降，但贸易顺差却急剧增长。2005 年中国的贸易顺差为 960 亿美元，2006 年顺差达到了 1 770 亿美元，是 2005 年的 1.85 倍。2008 年，尽管中国政府实施了一系列旨在限制贸易顺差的措施，中国的贸易顺差仍然达到了 2 981 亿美元的高峰。在金融危机爆发后的 2009 年，中国出口受到冲击，有几个月份中出现了短暂的逆差，但是随着金融危机的阴云逐渐散去，中国的出口按预期快速复苏，2011 年的贸易顺差为 1 550 亿美元（见表 1.1）。值得注

意的是，在金融危机后中国贸易顺差有下降趋势，2011 年中国贸易顺差占中国 GDP 的份额降到了 3% 以下，已经处于基本平衡的范围之内。

表 1.1　　中国对外贸易发展状况（1978—2011）　　（亿美元）

年份	进出口	出口	进口	差额
1978	206.4	97.5	108.9	-11.4
1980	381.4	181.2	200.2	-19.0
1985	696.0	273.5	422.5	-149.0
1990	1 154.4	620.9	533.5	87.4
1991	1 357.0	719.1	637.9	81.2
1992	1 655.3	849.4	805.9	43.5
1993	1 957.0	917.4	1 039.6	-122.2
1994	2 366.2	1 210.1	1 156.1	54.0
1995	2 808.6	1 487.8	1 320.8	167.0
1996	2 898.8	1 510.5	1 388.3	122.2
1997	3 251.6	1 827.9	1 423.7	404.2
1998	3 239.5	1 837.1	1 402.4	434.7
1999	3 606.3	1 949.3	1 657.0	292.3
2000	4 742.9	2 492.0	2 250.9	241.1
2001	5 096.5	2 661.0	2 435.5	225.5
2002	6 207.7	3 256.0	2 951.7	304.3
2003	8 509.9	4 382.3	4 127.6	254.7
2004	11 545.0	5 933.0	5 612.0	321.0
2005	14 280.0	7 620.0	6 660.0	960.0
2006	17 606.9	9 690.7	7 916.1	1 774.6
2007	21 738.3	12 180.1	9 558.2	2 622.0
2008	25 633	14 307	11 326	2 981
2009	22 072	12 017	10 056	1 961
2010	29 728	15 779	13 948	1 831
2011	36 418	18 984	17 434	1 550

资料来源：1978—2007 年数据来源于 http：//zhs. mofcom. gov. cn/table/200712jcktj. zip；2008、2009、2010、2011 年数据来源于美国国际贸易委员会，引自美中贸易全国委员会（THE US-CHINA BUSINESS COUNCIL）网站，http：//www. uschina. org/statistics/tradetable. html。

表 1.2　　不同阶段中国对外贸易增长状况　　（%）

阶段	进出口年增长率	出口年增长率	进口年增长率
1979—2011	17.7	18.1	17.7
1979—1990	16.2	17.3	15.8
1991—2001	14.8	14.6	15.3
2002—2011	22.6	22.7	22.6

资料来源：http：//zhs. mofcom. gov. cn/aarticle/cbw/201204/20120408093758. html。

对外贸易顺差是中国对外贸易的大趋势，是全球产业分工的结果。随着世界经济全球化的发展，中国凭借要素成本低廉的比较优势和优惠政策，吸引了大批外商来华投资设厂，国际制造业加速向中国转移并确立了中国“世界工厂”的地位。在亚太地区形成了以中国为加工装配中心，以东亚、东南亚为原材料和零部件供应方，以欧美为技术研发方、品牌持有方的产业链，国际间的这种产业转移促成中国贸易顺差的形成。正因如此，欧美对中国产品的需求很大，从而对中国的出口形成依赖，而且没有随着金融危机的到来而减弱；随着中国出口产品的国际份额越来越大，国际市场对中国出口产品的依赖程度也不断加强。但同时，中国贸易规模的不断扩大还带来了另一个对贸易利益的负面影响，即贸易摩擦增多。

第二节　中国的对外贸易结构

一、中国出口产品结构

出口商品结构是出口贸易结构的重要内容，它反映了一国的比较优势、其在国际分工中的地位以及获取贸易利益的大小。美国经济学家罗斯托以一国出口商品结构作为划分该国经济发展阶段的标准。他认为，农业社会阶段，出口主要以初级产品和农产品为主；起飞阶段（从农业国向工业国转变时期），一国以出口劳动密集型产品为主，同时，在出口商品中，初级产品、农产品的比重下降，而一般工业品的份额上升；在工业化社会阶段，以出口资本密集型产品为主，在出口商品中，以工业产品为主，工业品至少要占出口总额的55%以上或60%以上；后工业化社会时期，工业品出口中高技术产品占很大比重，主要出口技术和信息密集型产品。以赫克歇尔－俄林模型为基础的要素禀赋比较优势理论是国际贸易理论中最经典的理论，按照该理论，任何一国对外贸易的发展都会受到其内部资源禀赋和比较优势的制约，各国应该生产和出口密集使用本国相对丰裕要素的产品。随着经济的发展，一国的比较优势会由自然资源上升到技术、资金、管理、经营、营销网络等后天禀赋，具有比较优势的出口产品也相应向资本和技术密集型产品转化。

中国进出口结构的变化显示了中国对外贸易竞争力的提升。我们可以设想，如果一个国家专门出口香蕉，尽管每年因为香蕉出口而使这个国家获得极大的经济利益，它也不会得到像中国这样的“重点待遇”。原因很简单，对于其他大国来说，一个国家出口的产品多并不可怕，一个国家出口的产品不仅多，而且这个国家的产品越来越有竞争力、这个国家的经济结构越来越高端化，这才可怕。

虽然从世界范围来看，全世界的贸易中工业产品的份额持续上升，但是中国出口中的工业品份额如此大、高端工业品的份额上升如此快，却是少见的。在1980年以前，中国的工业制成品所占出口份额较小但在缓慢上升，而初级产品所占出口份额较大但在缓慢下降，而且总体上初级产品所占出口份额高于工业制成品所占出口份额。1978年，初级产品出口占总出口份额的54.8%，工业制成品出口占45.2%的份额；而到1980年，出口的初级产品和工业制成品所占比例分别为50.3%和49.7%。20世纪80年代上半期，这一阶段虽然大部分年份工业制成品的出口份额超过了初级产品的出口份额，但是变化幅度不大，而且有反弹的趋势。1981年，初级产品的比例首次降到50%以下，降为46.6%，工业制成品出口比例首次超过50%，达到53.4%。然而在1985年初级产品出口比例再一次超过50%，达到50.5%，而工业制成品出口比例则降为49.4%。而到2001年，初级产品出口占全部产品出口的比重已降至10%。此后，从2002年开始，这一比例持续下降，到2011年，中国出口初级产品仅占全部出口的5.3%。工业制成品出口比重1981年首次超过50%，到2011年，中国工业制成品出口在总出口中的比重已达到94.7%（见图1.1）。按照罗斯托的划分标准，中国已进入了工业化社会时期，经过30多年的发展，中国的出口商品结构已经摆脱了低收入国家常有的特征，完成了以初级产品为主导向工业制成品为主导的出口商品结构转变。

二、中国机电产品和高新技术产品出口的发展

在工业制成品中，机电产品和高新技术产品出口竞争力最能反映一国技术水平的变化。这两类产品通常被认为是具有更高的资本技术密集度，它们出口比重的不断上升已经成为中国贸易结构不断优化的重要指标。在工业制成品出口当中，机电产品和高新技术产品出口占中国总出口的比重持续增加。

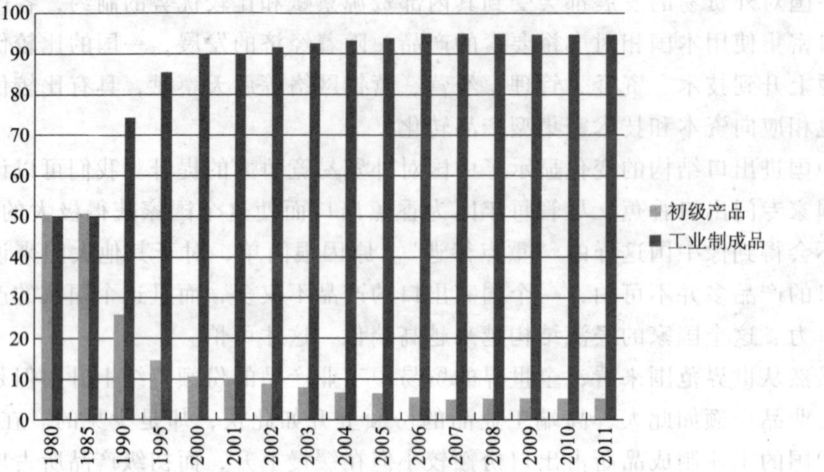

图 1.1　中国出口结构（份额,%）

资料来源：根据 http://zhs.mofcom.gov.cn/cbw/cbw.html 的数据绘制。

从 1990 年到 2011 年，机电产品出口一直保持着两位数的增长速度，机电产品占出口总额的比例一直保持上升态势，从 1990 年的 17.9% 上升到 2011 年的 57.2%（见表 1.3）。这主要得益于国家采取一系列扶持和鼓励机电产品出口的政策措施：1985 年 10 月，国务院批准了国家计委等 8 个部门的报告，做出了扩大机电产品出口的战略决策，确立了机电产品出口的战略地位，并采取扶持鼓励出口的政策措施加以推动；1999 年中国积极实施科技兴贸战略，努力提高技术密集、附加值高的产品的进出口比重。中国的机电产品的出口主要集中于电器和电子产品、机械及设备，这两种产品的出口占据了机电产品出口的半壁江山。

随着全球化的迅速发展，一国高新技术产品出口在其出口商品结构中扮演着越来越重要的角色。1990 年中国出口的高新技术产品占总出口比重为 4.0%，之后，除了 1993 年外，中国高新技术产品出口一直保持两位数的增长态势。尤其是近年来，中国高新技术产品的出口取得了突出成绩，并且有明显的上升趋势。到 2011 年，中国高新技术产品的出口在总出口额中的比例提升到 28.9%（见表 1.3），高新技术产品出口额不断增长在一定程度上反映了中国高新技术产品出口竞争力的不断提高。在中国高新技术产品的出口中，比较集中在计算机与通讯技术产品和电子技术产品，其他类别产品出口所占比重则很小，这一特点与中国在世界中的国际分工地位有关。

表 1.3　　中国的出口结构　　（份额，%）

年份	初级产品	工业制成品	机电产品	高新技术产品
1980	50.3	49.7	—	
1985	50.5	49.5	6.1	—
1990	25.6	74.4	17.9	4.0
1995	14.4	85.6	29.5	6.8
2000	10.2	89.8	42.3	14.9
2001	9.9	90.1	44.6	17.5
2002	8.7	91.3	48.2	20.8
2003	7.9	92.1	51.9	25.2
2004	6.8	93.2	54.5	27.9
2005	6.4	93.6	56.0	28.6
2006	5.5	94.5	56.7	29.0
2007	5.1	94.9	57.6	28.6
2008	5.4	94.4	57.5	29.1
2009	5.3	94.8	59.3	31.4
2010	5.2	94.8	59.2	31.2
2011	5.3	94.7	57.2	28.9

资料来源：http：//zhs. mofcom. gov. cn/aarticle/cbw/201204/20120408093758. html。

表 1.4　　机电产品、高技术产品出口中加工贸易的比重　　（%）

	1995	2000	2001	2002	2003	2004	2005	2006	2007	2008	2009	2010	2011
机电产品	69.9	76.9	74.3	74.5	74.8	74.2	73.2	71.2	68.6	65.4	65.4	63.4	60.1
高技术产品	77.2	88.6	89.3	89.4	89.7	89.3	89.3	89.3	85.4	82.5	81.5	78.8	76.9

资料来源：中国商务部：http：//www. sts. org. cn/sjkl/gjscy/index. htm；中国科技部：http：//www. sts. org. cn/tjbg/gjscy/documents/2012/20120702. htm。

中国的机电产品、高技术产品的出口很多是加工贸易。1995 年中国出口的机电产品和高技术产品中加工贸易的比重分别为 69.9% 和 77.2%；随着中国加入世贸组织，加工贸易占机电产品和高技术产品出口的比例逐年上升，在 2003 年达到最高的 74.8% 和 89.7%；之后有下降的趋势，2011 年加工贸易在机电产品和高技术产品出口中的比例下降为60.1%、76.9%，尽管比例有所下降，但仍可以看出反映中国出口竞争力的高技术产品出口对加工贸易非常倚重（见表1.4）。以iPhone为例，虽然是在中国生产的，但是它是美国品牌的产品，并且是在美国设计的，美国公司享有产品的绝大部分利润，包括设计、品牌、销售方面的利润，而中国只是拿到了加工费，劳动附加值占最终销售值的比例并不高。产生这一结果的主要原因是由于国际产业大转移，欧美等发达国家将部分产业转移到包括中国在内的发展中国家，中国成为世界的加工工厂，同时中国发挥了比较优势、成功地承接了这些产业。中国一直处于加工贸易产业链的低端，虽然从海关统计上看，加工贸易极大地促进了进出口额的上升和对外贸易顺差的增加，但是中国得到的利润却比较少。因此，在看到中国机电产品、高技术产品出口不断增加的同时，我们也应该清醒地认识到我们仍需要优化出口结构，创造属于中国自己的具有世界竞争力的品牌。

三、中国进口产品结构

中国的工业制成品出口增长的同时，中国初级产品的进口在上升。这种进出口结构的变化，使我们隐约看到了工业强国的影子。如果中国继续发展下去，一边进口原材料的同时，牢牢把握高端工业产品的制造技术，那么工业强国的梦想就能实现。同时，中国工业制成品进口所占份额的缓慢下降，也显示出中国工业制成品竞争力的上升，中国在入世后能成功应对外国工业制成品的冲击。从1980年到2001年，中国进口初级产品的比重逐渐下降，从1980年的35%下降到了2001年的18.8%；但从2002年开始，伴随着中国经济的持续增长、中国经济结构的不断提升和加工贸易的盛行，中国开始进口越来越多的初级产品，初级产品进口比重在2011年达到了35.7%。与此同时，中国进口工业制成品的比重逐年下降，从2002年的83.3%下降到2011年的65.3%（见图1.2）。虽然工业制成品的进口份额一直高于初级产品的份额，但是中国入世之后，两者之间的差额越来越小。同出口的情形一样，中国入世后进口了许多机电产品和高新技术产品，在2011年占总进口品的比重分别为43.2%和26.4%，不过增长率并不高，且出现过小幅波动（见表1.5）。

表1.5 **中国进口结构** （份额,%）

年份	初级产品	工业制成品	机电产品	高新技术产品
1980	35.0	65.0	—	—
1985	12.4	87.6	43.6	—
1990	18.5	81.5	40.2	—

续表

年份	初级产品	工业制成品	机电产品	高新技术产品
1995	18.5	81.5	44.8	16.5
2000	20.8	79.2	45.7	23.3
2001	18.8	81.2	49.5	26.3
2002	16.7	83.3	52.7	28.1
2003	17.6	82.4	54.5	28.1
2004	20.9	79.1	53.8	28.8
2005	27.4	77.6	53.1	30.0
2006	23.6	76.4	54.0	31.2
2007	25.4	74.6	52.2	30.0
2008	32.0	68.0	47.6	30.2
2009	28.7	71.2	48.9	30.8
2010	31.0	68.9	47.3	29.6
2011	34.7	65.3	43.2	26.4

资料来源：http：//zhs. mofcom. gov. cn/aarticle/cbw/201104/20110407511679. html。

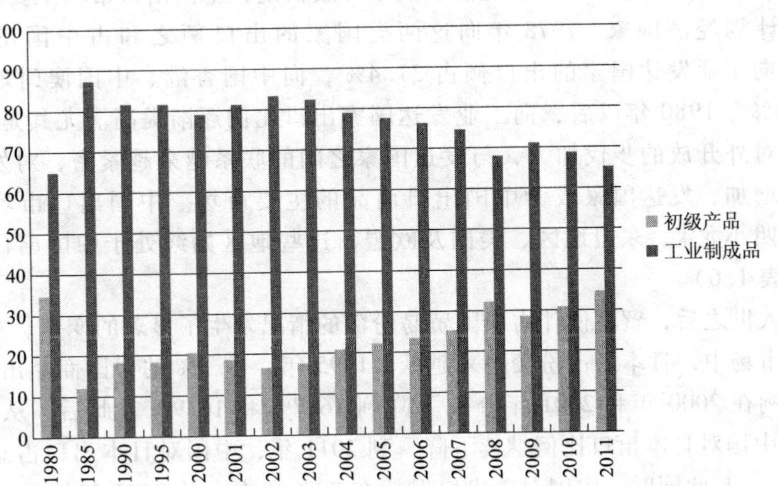

图 1.2　中国进口结构（份额，%）

资料来源：根据 http：//zhs. mofcom. gov. cn/aarticle/cbw/201204/20120408093758. html 的数据绘制。

经过三十多年的改革开放，中国的贸易结构经历了几次大的历史跨越，走过了一条从最初的依靠资源禀赋到劳动力禀赋再到出口机电和高新技术产品的发展脉络，产品结构逐渐优化。总体看来，在改革开放初期，优先发展资源密集型和劳动力密集型产业充分利用了中国资源禀赋上的比较优势，符合赫克歇尔－俄林提出的要素禀赋理论，21 世纪以来，代表中国贸易结构优化和产业结构升级的机电产品和高新技术产品所占出口的比例逐年提高，反映了中国工业制成品在国际竞争中地位的加强。但是，我们需清醒地看到，和西方发达国家相比，中国的高科技产业仍不具备很强优势，因此，在制定出口产品的策略时，仍需充分利用劳动力方面的优势，这在今后的一段时间里，仍然符合中国的国情，也符合中国在世界贸易格局中的角色。随着中国科技的不断发展和进步，中国将循序渐进地从出口劳动力密集型产品转型为出口技术密集型和资本密集型产品。

第三节　中国的贸易摩擦

一、中国出口市场和进口来源地区的结构与份额

出口市场结构表明一国出口商品的去向地，也表明一国与其他国家和地区之间的经济贸易联系的程度。改革开放之前和改革开放初期，中国出口市场主要是发展中国家和中央计划经济国家，1978 年向这两类国家的出口额之和占中国出口总额的 44.9%，向工业发达国家的出口额占 37.4%，向中国香港、中国澳门地区的出口额占 27.4%。1980 年以后，向工业发达国家出口比例逐渐提高。尤其是 1990 年以后，中国对外开放的步伐加大，与发达国家之间的联系越来越紧密，对发达国家的出口迅速增加，发达国家成为中国出口商品的主要市场。中国出口市场集中于日本、亚洲四小龙①、东盟地区、美国及欧盟，这些地区始终处于中国出口市场的前 5 位（见表 1.6）。

中国入世之后，贸易伙伴占中国贸易份额的情况发生了显著的变化。在中国的前几位出口市场中，日本所占份额越来越低。1995 年，19.2% 的中国商品出口到日本，但这一比例在 2000 年和 2001 年分别下降到 16.7% 和 16.9%。此后，从 2002 年到 2010 年，中国对日本出口比例继续下降。到 2011 年，中国对日本出口占总出口比重仅为 7.8%。与此同时，中国对美出口保持在 20% 左右，从 2002 年的 21.5% 小幅下

① 亚洲四小龙是指中国香港、中国台湾、新加坡和韩国。

降到 2007 年的 19.1%，2008 年金融危机以来世界经济出现动荡，中国对美出口也处于波动之中。到 2011 年，中国对美国的出口额占总出口额的 17.1%（见表 1.6）。

表 1.6 **中国主要出口市场的构成** （%）

国家/地区	1995	2000	2001	2002	2003	2004	2005	2006	2007	2008	2009	2010	2011
日本	19.2	16.7	16.9	14.9	13.6	12.4	11.0	9.5	8.4	8.1	8.1	7.7	7.8
亚洲四小龙	23.2	27.6	26.2	26.9	26.1	26.1	25.3	25.2	24.1	22.6	22.5	22.1	22.2
亚洲四小虎①	1.4	3.6	3.8	4.1	4.0	4.1	4.1	4.0	4.1	4.4	4.7	4.9	5.1
美国	16.6	20.9	20.4	21.5	21.1	21.1	21.4	21.0	19.1	17.6	18.4	18.0	17.1
欧盟	13.6	16.4	15.4	14.8	16.4	16.8	17.7	17.4	18.2	20.5	19.7	19.7	18.8

资料来源：联合国 Comtrade 数据库，http：//comtrade. un. org/db/&ei = Z_L8SvznFsGdk AWJv5z5Cw&sa。

中国对欧盟的出口呈现出上升的趋势，对欧盟的依赖性逐渐加强。2011 年，18.8% 的中国产品出口到欧洲，而 2002 年，这一比例仅为 14.8%。2008 年金融危机期间，对欧盟的出口没有下降反而上升。欧盟自 2004 年第 5 次东扩后成为中国的第一大贸易伙伴，此后各年度在中国对外贸易总额中的比重均达到 15% 以上，在 2008 年又超越美国成为中国的第一大出口市场。但是，2011 年欧元区债务危机正向规模较大的经济体蔓延，并再度出现恶化迹象。有专家指出，由于欧盟已取代美国成为中国最大的出口市场，如果欧债危机再度恶化，欧元区经济的整体下行势必会威胁中国出口的形势。

尽管近年来亚洲四小龙占中国出口比重有逐年下降趋势，但是亚洲四小龙一直是中国重要的出口市场。中国对亚洲四小龙的出口占中国总出口额的份额从 2000 年的 27.6% 一直下降，但是其出口额之和仍占中国出口比重的约四分之一，在 2011 年仍然进口了中国约 22.2% 的产品。同时，我们也应该关注中国同亚洲四小虎之间的贸易状况，因为这些国家的资源禀赋同中国相似且在地理位置上和中国毗邻。由表 1.6 可见，中国向亚洲四小虎出口所占的比例很小，而且中国入世之后，这种状况也没有显著变化。同时，我们应该看到，1995 年中国向亚洲四小虎的出口占总出口的比例仅为 1.4%，而 2000 年之后，这一比例一直维持在 4% 左右。

从以上对中国出口市场格局的分析可以看出中国的出口市场仍然集中在美国、欧盟以及以日本、东盟为代表的亚洲市场，但集中度有所下降。

中国入世以来，中国进口总额中，中国从日本、美国、欧盟以及亚洲四小龙的进

① 亚洲四小虎是指马来西亚、菲律宾、泰国和印度尼西亚。

口所占份额一直在下降，分别从1995年的22.0%、12.2%、13.9%、24.2%下降到2011年的11.2%、7.0%、12.1%、19.0%。但中国从亚洲四小虎的进口比重在不断上升（见表1.7）。东盟国家（包括亚洲四小虎）提供原材料和中间产品，中国进口这些产品，同时出口制成品到世界各地（包括美欧等发达国家和东盟市场），是目前国际分工形式的直接体现。中国与东盟已经建立自由贸易区，预计中国与东盟的贸易额将继续上升。

表1.7　中国主要进口市场的构成　（%）

国家/地区	1995	2000	2001	2002	2003	2004	2005	2006	2007	2008	2009	2010	2011
日本	22.0	18.4	17.6	18.1	18.0	16.8	15.2	14.6	14.0	13.3	13.0	12.7	11.2
东盟	—	9.9	9.5	10.2	11.5	11.2	11.4	11.3	11.3	10.3	10.6	11.1	11.1
亚洲四小龙	24.2	25.1	26.8	28.6	27.6	27.2	27.3	25.9	24.6	21.9	21.4	20.85	19.0
亚洲四小虎	3.4	5.8	6.8	7.7	8.4	8.2	8.4	8.6	9.1	8.1	8.2	8.6	8.6
美国	12.2	10.0	10.8	9.2	8.2	8.0	7.4	7.5	7.3	7.2	7.7	7.3	7.0
欧盟	13.9	13.9	14.6	13.1	12.9	12.1	10.9	11.0	11.1	11.7	12.7	12.1	12.1

资料来源：联合国Comtrade数据库，http：//comtrade.un.org/db/&ei=Z_L8SvznFsGdk AWJv5z5Cw&sa。

2011年中国的贸易伙伴中排在前十位的国家和地区分别为美国、日本、中国香港、韩国、中国台湾、德国、澳大利亚、马来西亚、巴西、俄罗斯（见表1.8）。与2010年相比，只有排在第十位的俄罗斯代替了印度。随着全球经济的复苏，2011年中国与各个贸易伙伴的贸易额都有了很大的提升，增长率最低的中国台湾也达到了10.1%，俄罗斯的增长率最高，达到了43.0%。

表1.8　2011年中国最主要贸易伙伴　（亿美元，%）

排名	国家/地区	贸易额	相对于2010年变化率
1	美国	4 481.3	16.3
2	日本	3 428.4	15.1
3	中国香港	2 834.8	22.9
4	韩国	2 456.4	18.6
5	中国台湾	1 600.3	10.1
6	德国	1 691.3	18.8

续表

排名	国家/地区	贸易额	相对于2010年变化率
7	澳大利亚	1 165.8	32.3
8	马来西亚	900.2	21.3
9	巴西	842.2	34.8
10	俄罗斯	792.7	43.0

资料来源：中国海关总署出版的《中国海关统计》，网站 http://comtrade.un.org/db/dqBasicQueryResults.aspx? px = BE&cc = TOTAL&r = 156&y = 2011。

二、贸易摩擦随着贸易规模的增加不断升级

随着出口规模的不断扩大，中国与主要出口市场的贸易摩擦频频发生。美国和欧盟是中国出口的最主要市场，目前中国遇到的贸易摩擦很多是中美、中欧间的贸易摩擦。另外，中国与印度、巴西等新兴国家之间的贸易摩擦也很频繁。同时，哪种产品出口增长快，哪种产品就会有贸易摩擦。

以纺织品和服装为例，根据WTO有关纺织品和服装的多边贸易协议，为了推动全球纺织品和服装的自由贸易，要求各成员方逐步取消对纺织品和服装的进口配额，通过10年的过渡期，最终于2005年1月1日实现纺织品自由贸易的“回归”，全部废除配额制度。在2005年之前，由于纺织品配额的原因，中国的纺织品服装出口一直未能达到产能潜力的充分发挥；2005年1月1日全球纺织品服装配额取消，这意味着中国的纺织品服装可以自由地出口了。中国东南沿海的纺织品服装企业早在2004年下半年就积极采购机器设备、扩大招工规模，并在2004年底备足了存货，准备在配额取消之后第一时间尽快出口。结果是，2005年第一季度中国纺织品服装对美欧出口增加过快，有些产品的出口增长率高达100%以上。2005年5月美国和欧盟都要求根据中国加入WTO时承诺的“特定产品过渡期保障措施”和工作组报告书第242条款，对中国的T恤衫、衬衣、裤子等产品实施特保措施，即重新设置进口配额，为此引发了中国和美国、欧盟的贸易摩擦和争端。

2005年4、5月美欧相继宣布，对中国出口到美欧市场的多种纺织品服装进行特保调查，重新对中国出口产品设限。为了缓解纺织品贸易摩擦，中国于4、5月也宣布了多项政策，包括降低纺织品服装的出口退税率，从6月1日起大幅度提高74种纺织品的出口关税（在这些产品中，多数产品的税率比原来提高了4倍）。令人意外的是，在中国宣布缓解纺织品出口增加的措施后，欧盟依然表示要对中国出口到欧盟

的纺织品服装设限；这激怒了中国，中国一度宣布，将早先宣布的降低出口退税率和增加出口关税的政策作废。贸易战一触即发。

好在中美、中欧的贸易战在开战前被及时熄火。2005 年 6 月 11 日，经过长达 10 个小时的艰苦磋商，中欧达成协议并签署了中欧纺织品贸易问题备忘录，欧盟承诺对源自中国的十类纺织品终止调查，中欧双方还就到 2007 年底这十类纺织品对欧出口达成一致。简单地说，就是中国对欧出口的纺织品依然受到配额的限制，但是配额已经大大增加了，而且未来几年还将按照一定的速度继续增加配额。

中美就此贸易摩擦进行了六轮艰苦谈判，在 2005 年 11 月 8 日第六次谈判中，双方达成协议并签署了《关于纺织品和服装贸易的谅解备忘录》。按照该文件，中美两国在协议期内对中国向美国出口的棉裤等 21 类产品实施数量管理，其中包括 11 个类别服装产品和 10 个类别纺织品。该协议于 2006 年 1 月 1 日正式生效，2008 年 12 月 31 日终止。协议规定，协议涉及的中国对美纺织品和服装的出口在 2006 年的增长率为 10% ~15%，基数基本上是 2005 年美国从中国的实际进口量。2007 年和 2008 年的出口增长率分别为 12.5% ~16% 和 15% ~17%，基数均为上一年度全年协议量，同时美方承诺将克制使用世界贸易组织的“242 段”条款。

中国纺织品服装之所以出口增加如此之快，其中一个重要原因是，在原来纺织品服装配额制度下，中国的纺织品服装出口配额太少，导致中国劳动力比较优势没有办法完全发挥。在配额取消后，中国的纺织品服装生产能力自然要爆发式地上升。不过，这种一窝蜂式的增加，确实引起了很大的麻烦。可见，即使是市场经济下正常的反应，也会影响国际贸易关系。

案例 1.1 中国对外贸易依存度

按照通行的计算方法，外贸依存度是指一国对外贸易总额与国内生产总值的比值，它不仅用来衡量一个国家的经济对国际市场的依赖程度，也同时反映一个国家的经济开放程度。

表 1.9　　1980—2008 年中国对外贸易依存度的变化　　（亿元，%）

年份	国内生产总值	进出口总额	对外贸易依存度
1980	4 592.9	570.0	12.4
1981	5 008.8	735.3	14.7
1982	5 590.0	771.3	13.8

续表

年份	国内生产总值	进出口总额	对外贸易依存度
1983	6 216.2	860.1	13.8
1984	7 362.7	1 201.0	16.3
1985	9 076.7	2 066.7	22.8
1986	10 508.5	2 580.4	24.6
1987	12 277.4	3 084.2	25.1
1988	15 388.6	3 821.8	24.8
1989	17 311.3	4 155.9	24.0
1990	18 547.9	5 560.1	30.0
1991	22 577.4	7 225.8	32.0
1992	27 565.2	9 119.6	33.0
1993	36 938.1	12 127.1	32.8
1994	50 217.4	20 381.9	40.6
1995	63 216.9	23 499.9	37.2
1996	74 163.5	24 133.8	32.5
1997	74 462.6	26 967.2	36.2
1998	78 345.2	26 849.7	38.2
1999	82 067.5	29 896.3	32.7
2000	89 468.1	39 273.2	43.9
2001	97 314.8	42 183.6	43.3
2002	105 172.3	51 378.2	48.9
2003	117 251.9	70 483.5	60.3
2004	136 515.0	95 539.1	70.0
2005	188 692.1	116 921.8	62.0
2006	211 923.5	140 971.4	66.5
2007	249 529.9	166 740.2	66.8
2008	300 670.0	228 547.6	76.0

资料来源：作者根据中国统计出版社《中国统计摘要 2009》中的数据整理、计算得出。

我国的对外贸易依存度（如表1.9所示）从改革开放初期的百分之十几上升到2008年的百分之七十多，一方面反映了我国对外开放的程度不断加深，另一方面也引起了一些担忧。一些学者认为，我国的对外贸易依存度过高，显示我国经济过于依赖外部环境，对于我国的长期发展不利，也影响到我国的经济安全。他们认为，我国不能把发展经济的基础建立在主要依靠外国市场上，这样本身就是对我国可持续发展和经济安全的威胁。也有一些学者认为，由于我国的产业结构、经济发展水平、统计口径以及汇率等因素的影响，我国对外贸易依存度存在“虚高”成分，该指标基本保持在合理的水平上，对此不用过分担心。还有一些学者认为，简单地计算进出口对GDP的比重反映不出一国经济的好坏。从全世界来看，有些国家贸易依存度高，比如德国，有些国家贸易依存度较低，比如美国，但是没有证据表明贸易依存度高的国家比低的国家绩效更好或更不好；即使贸易依存度高，也不表明经济风险的增加。

尽管有关我国贸易依存度高低的争论不绝于耳，但无论是理论还是实践都没有明显证据显示什么样的贸易依存度是“理想”的。

我国外贸依存度提高与世界经济贸易发展的基本趋势是相吻合的。随着经济全球化的不断深入，全球贸易额与经济总量的比值在不断上升。20世纪60年代，全球进出口与经济总量的比率为20%多，20世纪70年代提高到将近30%，20世纪90年代升至将近40%，21世纪初已接近45%。与世界趋势一致，改革开放以来，我国对外贸易年均增长速度快于国民经济增长速度，使得我国对外贸易依存度不断提高。

我国目前处在工业化过程中，出口导向发展战略导致了外贸依存度的提高。我国自改革开放以来，重视利用外国的市场、外国的资本、外国的技术和外国的管理经验。在政府的鼓励下，我国产品依靠质优价廉的优势打开了外国的市场，出口额不断上升；另一方面，伴随着设备和中间产品的大量进口，我国进口额也不断上升。

我国加工贸易的发展进一步提高了对外贸易依存度。为了充分发挥我国的劳动力优势，在很长一段时间我国鼓励加工贸易。加工贸易的特点在于，原材料、中间产品由外国进口，制成品又出口到国外，即“两头在外”。这种大进大出的加工贸易在我国对外贸易中的份额不断上升，反映在统计指标上就是进口和出口的大幅度增加。

加入WTO之后，我国的对外贸易出现了强劲的增长，外贸依存度也随之急剧攀升，从2001年的43.3%上升到了2008年的76.0%。加入WTO，使我国的企业和他们的国外合作伙伴获得了稳定的、优惠的贸易环境，极大地促进了我国的对外贸易；同时，加入WTO也促进了外商直接投资（FDI）的进入，FDI的不断进入，使得伴随而来的国际贸易额也大量增加。

复习思考题

1. 自加入 WTO 以来中国的对外贸易发展怎样?
2. 中国货物贸易出口增加的情况是怎样的?出口结构有什么变化?
3. 中国货物贸易进口增加的情况是怎样的?进口结构有什么变化?
4. 中国贸易摩擦与出口目的地之间有什么样的关联?
5. iPhone 手机的背面没有写“Made in China”,而是写了“iPhone Designed by Apple in California”,你认为美国苹果公司这样标注的原因有哪些?

附录1.1 国际贸易学的基本概念

一、国际贸易与对外贸易

国际贸易(International Trade)是指世界各国之间进行的商品和服务的买卖与交换活动。它既包括本国与他国之间的贸易活动,也包括其他国家之间的贸易活动。国际贸易是由各国的对外贸易所构成,它是世界各国对外贸易的总和。因此,国际贸易通常也被称作世界贸易。

对外贸易(Foreign Trade)是指一个国家(或地区)与其他国家(或地区)进行的商品和服务的买卖与交换活动。因为这是从一个国家(或地区)的角度来看待的贸易活动,所以称其为对外贸易。

二、国际贸易额和对外贸易额

国际贸易额(Value of International Trade)又称国际贸易值,是以货币表示的以现行世界市场价格计算的各国(地区)的进口总额或出口总额之和,它能够反映某一时期内世界各国的贸易总额。由于一国(地区)的出口就等于另一国(地区)的进口,因此,从世界范围来看,所有国家(地区)进口的合计理应等于所有国家出口的合计。由于各国(地区)一般按离岸价(FOB,即启运港船上交货价,其中不包括保险费和运费)计算出口额,按到岸价格(CIF,即成本、保险费加运费)计算进口额,世界出口货物总额总是小于世界进口总额。与一个国家(地区)的进出口总额不同，世界进出口总额没有任何独立的经济意义，因为它经过了重复计算。因此，通常所说的国际货物贸易额是单指世界出口货物总额，它等于一定时期内世界各国用 FOB 价格计算的出口贸易额之和。

对外贸易额（Value of Foreign Trade）又称对外贸易值，是一个国家在一定时期内的进口总额与出口总额之和。对外贸易额一般用本国货币表示，也可用国际上习惯使用的货币表示；联合国发布的世界各国对外贸易额是以美元表示的。

三、国际贸易量和对外贸易量

贸易量是指贸易的数量，从概念上讲，它与货物的价格没有关系。在实践中，货物的类型很多，很难用几种货物的贸易数量代表整体的贸易量。在计算时，以固定年份为基期而确定的价格指数去除报告期的贸易额，得到的就是相当于按不变价格计算（剔除价格变动的影响）的贸易额，该数值就叫报告期的贸易量。

国际贸易量（Quantum of International Trade）是指以数量、重量、长度、面积、体积等计量单位表示进出口商品的数量。就一种商品而言，用计量单位表示很容易。但对一国全部进出口商品来说，成千上万种商品的计量单位不同，无法用统一的计量单位表示。为了反映国际贸易的实际规模，只有以一定时期的不变价格为标准来计算各个时期的国际贸易值，即用出口价格指数去除各个时期的出口值，得出国际贸易实际规模的近似值，即国际贸易量，然后再以一定时期国际贸易量为基期，同各个时期的国际贸易量作比较，就可得出国际贸易实际规模变化的贸易量指数。这种方法是联合国及欧美等发达国家所采用的。

对外贸易量（Quantum of Foreign Trade）的计算方法是用固定年份为基期而确定的价格指数去除报告期的对外贸易额，得到的按不变价格计算的结果，叫作报告期的对外贸易量。

对外贸易量 = 对外贸易额/价格指数

由于国际服务贸易的统计标准尚未一致，加之服务贸易本身的特点，服务贸易只公布贸易额而不公布贸易量。

四、货物贸易和服务贸易

按照交易商品类型的不同，国际贸易可以分为货物贸易和服务贸易。

第一，货物贸易（Trade in Goods），也称为有形（商品）贸易（Tangible Goods

Trade)，它是指有具体形状的商品如电器、小麦、设备等的交换活动。货物贸易是国与国之间进行交换的主要内容。

国际贸易和对外贸易中交换的货物种类繁多，为便于统计，需要使用统一的分类体系。当今使用较为广泛的是 HS 编码，已有 150 多个国家在使用，全球贸易总量 90% 以上的货物都是以 HS 编码分类的。

HS 编码即海关编码，它依据的是《商品名称及编码协调制度的国际公约》(International Convention for Harmonized Commodity Description and Coding System)，简称协调制度（Harmonized System，缩写为 HS)，是 1983 年 6 月海关合作理事会（现名世界海关组织）主持制定的一部供海关、统计、进出口管理及与国际贸易有关各方共同使用的商品分类编码体系。HS 编码涵盖了《海关合作理事会税则商品分类目录》(Customs Co-operation Council Nomenclature，CCCN）和联合国的《国际贸易标准分类》（SITC）两大分类编码体系，是系统的、多用途的国际贸易商品分类体系。它除了用于海关税则和贸易统计外，对运输商品的计费、统计、计算机数据传递、国际贸易单证简化以及普遍优惠制税号的利用等方面，都提供了一套可使用的国际贸易商品分类体系。HS 于 1988 年 1 月 1 日正式实施，每 4 年修订 1 次。

HS 把全部国际贸易商品分为 22 类，98 章。章以下再分为目和子目。商品编码第一、二位数码代表“章”，第三、四位数码代表“目”（Heading)。

从 1992 年 1 月 1 日起，我国进出口税则开始采用 HS，在其基础上采用十位编码，前八位等效采用 HS 编码，后两位是我国子目，它是在 HS 分类原则和方法基础上，根据我国进出口商品的实际情况延伸的两位编码。

联合国秘书处于 1950 年起草了《联合国国际贸易标准分类》(Standard International Trade Classification，SITC)，把有形商品作了系统的分类，供各国编制贸易统计表时使用，并分别在 1960 年和 1974 年进行了修订。

在 1974 年的修订本中，SITC 把货物贸易分为 10 大类、63 章、233 组、786 个分组和 1 924 个基本项目。其中 0～4 类为初级产品，5～8 类为制成品。具体为：食品及主要供食用的活动物（0)；饮料及烟草（1)；燃料以外的非食用粗原料（2)；矿物燃料、润滑油及有关原料（3)；动植物油脂及油脂（4)；未列名化学品及有关产品（5)；主要按原料分类的制成品（6)；机械及运输设备（7)；杂项制品（8)；没有分类的其他商品（9)。

第二，服务贸易（Trade in Services)，也称为无形（商品）贸易（Intangible Goods Trade)，传统上它是指无形劳务的提供与接受。第二次世界大战后，特别是 20 世纪 80 年代以后，服务贸易发展非常迅速，成为了对外贸易和国际贸易的重要内容之一，其贸易增长速度快于货物贸易的增长速度。

对于"服务贸易"，GATS 在第 1 条第 2 款中作了定义，服务贸易的 4 种方式为跨境提供、境外消费、商业存在和自然人流动。

跨境提供（Cross-Border Supply）是指"自一成员领土向任何其他成员领土提供服务"。这种贸易形式一般不需要人员、设备和资金的跨境流动即可实现。例如，国际卫星通信服务、国际金融服务、互联网信息服务等。

境外消费（Consumption Abroad）是指在某一成员境内向任何其他成员的消费者提供服务。例如，国际旅游服务、跨国教育、医疗服务等。它需要一国的服务消费者到服务提供者所在地进行消费，比如外国游客只有到中国才能接受中国旅行社提供的导游服务，而到美国留学的中国学生需要到美国大学才能接受相应的教育。

商业存在（Commercial Presence）这种服务贸易提供方式是指一成员的服务提供者在任何其他成员境内以商业存在的形式提供服务。商业存在是指以提供服务为目的，在某一成员方领土内的任何形式的商业或者职业存在。这种存在既可以是通过购并建立，也可以通过创办独资子公司、合资企业、合作企业、代表处或其他形式的分支机构实现。比如一成员方企业或个人在其他成员方境内设立宾馆、批发零售企业，或者开办律师事务所、会计师事务所、企业管理咨询机构等。

自然人流动（Movement of Natrual Persons）是指一成员方的服务提供者在任何其他成员境内以自然人的形式提供服务。也可以理解为外国的个人入境为本国服务消费者提供服务。比如外国客座教授来本国讲学，歌唱家以个人身份到另一成员方境内举办演唱会等。

五、出口贸易、进口贸易、过境贸易、复出口贸易和复进口贸易

进口贸易（Import Trade）是指将外国的商品或服务输入本国市场销售的贸易活动。

出口贸易（Export Trade）是指将本国的商品或服务输出到外国市场销售的贸易活动。

过境贸易（Transit Trade）可以用这样的例子来说明：若甲国的商品经过丙国境内运至乙国市场销售，对丙国而言就是过境贸易。

复出口贸易（Re-export Trade）是指输入本国的外国货物未经加工再输出的贸易活动。

复进口贸易（Re-import Trade）是指输出国外的本国货物未经加工再输入的贸易活动。

六、直接贸易、间接贸易和转口贸易

直接贸易、间接贸易和转口贸易是按生产国和消费国在国际贸易中的关系而进行划分的三种贸易形式。直接贸易（Direct Trade）是指商品生产国与商品消费国不通过第三国进行买卖商品的行为。贸易的出口国方面称为直接出口，进口国方面称为直接进口。间接贸易（Indirect Trade）是相对于直接贸易而言的。当商品的生产国与商品的消费国通过第三国进行贸易时，对生产国和消费国而言便是间接贸易。间接贸易中的生产国称为间接出口国，消费国称为间接进口国，而第三国则是转口贸易国，第三国所从事的就是转口贸易（Entrepot Trade）。

例如，战后的伊拉克有一些商机，但是风险也很大。我国的有些企业在向伊拉克出口商品时，大多是先把商品卖给伊拉克的周边国家，再由伊拉克的周边国家转口到伊拉克。那么，在这一商品贸易过程中，对生产国中国、消费国伊拉克而言，就是间接贸易；而对充当第三国的伊拉克周边国家而言便是转口贸易。

值得注意的是，直接贸易、间接贸易和转口贸易只强调在生产国与消费国之间的贸易是否有第三国参加，但对货物的运输方式并没有特殊要求。因此，无论在直接贸易或间接贸易下，货物都可以从生产国直接运往消费国或通过其他国家间接运往消费国。

七、净出口、净进口、贸易顺差、贸易逆差和贸易平衡

一国对外贸易按出口大于、小于或等于进口等情况，分别称之为存在贸易顺差（Trade Surplus）、贸易逆差（Trade Deficit）或实现了贸易平衡（Balance of Trade）；贸易顺差以正数表示，贸易逆差以负数表示。

关于净出口（Net-Export）和净进口（Net-Import），用一国的总出口额减去总进口额，就是此国的净出口额；用一国的总进口额减去总出口额，就是此国的净进口额。一国的净出口额是正值，则此国的净进口额必定是负值，反之亦然。

贸易顺差是指一国在一定时期内（如一年、半年、一季、一月）出口贸易总额大于进口贸易总额，又称“出超”。通常情况下，一国长期出现大量的对外贸易顺差，很容易引起与有关贸易伙伴国的贸易摩擦。与此同时，大量外汇盈余通常会致使一国市场上本币投放量随之增长，可能引起通货膨胀压力，不利于国民经济持续、健康发展。

贸易逆差是指一国在一定时期内（如一年、半年、一季、一月）进口贸易总值

大于出口总值，俗称“入超”，或叫“贸易赤字”。一国政府当局应当设法避免长期出现贸易逆差，大量逆差将致使本国外汇储备减少，国内产业受到进口产品的冲击。

贸易平衡是指一国在一定时期内（如一年、半年、一季、一月）外贸进、出口总额基本上相等。一般来说，一国政府在对外贸易中应设法保持进出口基本平衡，略有结余，此举有利于国民经济健康发展。不过，纵观世界各国（地区）的外贸政策实践，这种现象并不多。

八、对外贸易结构和国际贸易结构

贸易结构是指某一时期贸易的构成情况。贸易结构有广义和狭义之分，广义的贸易结构主要是指一定时期内贸易中货物贸易和服务贸易的构成情况，狭义的贸易结构主要是指一定时期内货物贸易中各种商品的构成情况。

对外贸易结构（Composition of Foreign Trade）是指一国在一定时期内货物贸易进出口的产品组成，或者一国在一定时期内货物贸易和服务贸易在其贸易额中所占的比重，包括总体贸易结构和进口、出口贸易结构。20 世纪 80 年代上半期，中国出口的初级产品价值和制成品价值几乎相等。从 20 世纪 80 年代下半期开始，制成品出口迅速增长。到 2007 年，中国出口初级产品仅占全部出口的 5.1%。

国际贸易结构（Composition of International Trade）是指一定时期内货物贸易的组成，或者一定时期内货物贸易额和服务贸易额在国际贸易总额中所占的比重。

根据 WTO 统计数据显示，2009 年全世界货物出口大约为 121 780 亿美元，约占世界贸易总体比例的 78.4%；服务贸易出口大约为 33 500 亿美元，约占世界贸易总体比例的 21.6%。这表明，在国际贸易中货物贸易占据主导地位；大多数经济学家在谈到贸易结构时，指的是货物贸易的组成情况。

一个国家对外贸易商品结构主要是由该国的经济发水平、产业结构状况、自然资源状况和贸易政策决定的。发达国家往往较多出口高技术、资本密集型产品，进口原材料和低技术的工业品；发展中国家往往较多出口低技术的工业品和资源性产品。从服务贸易结构来看，发达国家往往在高端服务业中占有优势，出口额比较大，发展中国家在高端服务业中没有优势，往往处于逆差的地位。

九、贸易条件

贸易条件（Terms of Trade）是用来衡量在一定时期内一个国家出口相对于进口的盈利能力和贸易利益的指标。由于一个国家的进出口商品种类繁多，很难直接用进出口商品的价格进行比较。所以，一般用一国在一定时期内的出口商品价格指数同进口商品价格指数的比进行计算。其公式为：

贸易条件 = 出口价格指数/进口价格指数 ×100

如果贸易条件大于 100，说明该国的贸易条件得到改善，如果贸易条件等于 100，说明贸易条件不变，如果贸易条件小于 100，说明贸易条件恶化。

假定某国贸易条件以 1950 年为基期，即为 100。到 2009 年，该国出口价格指数下降 15% 为 85；进口价格指数上升 5%，为 105。那么，这个国家 2009 年的贸易条件为：

贸易条件 = 85/105 × 100 = 80.95

这表明该国从 1950 年到 2009 年的 60 年间，贸易条件从 1950 年的 100 下降到 2009 年的 80.95，贸易条件恶化了。

十、对外贸易地理方向和国际贸易地理方向

对外贸易地理方向（Direction of Foreign Trade）又称对外贸易地区分布或国别结构，是指一定时期内各个国家或区域集团在一国对外贸易中所占有的地位，通常以它们在该国进出口总额或进口总额、出口总额中的比重来表示。对外贸易地理方向指明一国出口商品的去向和进口商品的来源，从而反映一国与其他国家或区域集团之间经济贸易联系的程度。一国的对外贸易地理方向通常受经济互补性、国际分工的形式与贸易政策的影响。

国际贸易地理方向亦称“国际贸易地区分布”（International Trade by Region），它是反映国际贸易地区分布和商品流向的指标，也反映各个国家（地区）在国际贸易中所处的地位，通常以它们的出口额（进口额）占世界出口额（进口额）的比重来表示。

计算各国在国际贸易中的比重，既可以计算各国的进、出口额在世界进、出口总额中的比重，也可以计算各国的进出口总额在国际贸易总额（世界进出口总额）中的比重。

十一、一般贸易与加工贸易

一般贸易（General Trade）是与加工贸易相对而言的贸易方式，指单边输入关境

或单边输出关境的进出口贸易方式，其交易的货物是企业单边售定的正常贸易的进出口货物。一般货物贸易在进口时可以按一般进出口监管制度办理海关手续，这时它就是一般进出口货物；也可以享受特定减免税优惠，按照特定减免税监管制度办理海关手续，这时它就是特定减免税货物；也可以经海关批准保税，按照保税监管制度办理海关手续，这时它就是保税货物。

加工贸易（Processing Trade）是指经营企业进口全部或者部分原辅材料、零部件、元器件、包装物料，经加工或者装配后，将制成品复出口的经营活动。加工贸易的形式多种多样，常见的基本形式主要有进料加工、来料加工、来件装配等。进料加工（Processing with Imported Materials）指本国经营企业与国外原材料、零部件供应商订立进口合同，以自有外汇购入国外的原材料、辅料、元器件或零部件，利用本国的技术、设备和劳力，加工成成品后，再销往国外市场的经营活动。对于进料加工，本国经营企业必须自担风险，自负盈亏。来料加工（Processing with Customer's Materials）是一种委托加工的贸易方式，是指国外客户作为委托方，提供原材料、辅料、包装物料等，委托本国生产企业即加工业务承接方，按委托方的要求加工成成品后运交委托方，由委托方在国外销售。来料加工业务中，委托方对其所提供的原材料、辅料、包装物料，以及加工成的成品拥有所有权，承担原材料市场和成品销售市场的风险，承接方则按约定收取工缴费（加工费）。来件装配（Assembling with Customer's Parts）是指国外委托方提供零部件、元器件，有的还提供包装材料，委托本国承接方按其工艺设计要求进行装配，成品交还委托方处置，承接方按约定收取工缴费（装配费）的经营活动。

十二、对外贸易依存度

对外贸易依存度（Degree of Dependence upon Foreign Trade）是反映一国对外贸易与该国国民经济之间关系的重要指标，它一般表现为一国的对外贸易额与该国的国民生产总值或国内生产总值之比。这一比值越高，表明该国在世界经济活动中的融入程度越高，同时也表明其国民经济受世界经济环境变化的影响越大。

按照上面的定义，外贸依存度最普遍的计算方法是进出口额与 GDP 的比值。由于这种计算方法简单，所以被广泛使用，特别是当一国对外贸依存度进行时间序列比较时常常使用该方法。但是这种算法没有考虑 GDP 中产业结构的组成，例如第三产业中很大一部分属于不可贸易产品，如果一个国家第三产业比重高，那么按这种方法计算的外贸依存度就较低。

对上述方法进行修正的方法是比较可贸易品的依存度。这种方法考虑了 GDP 的产业结构组成，计算结果反映出可贸易品的对外开放程度或对外依赖程度。主要包括两种计算方法，第一种方法是计算进出口额与工农业增加值的比值，或者是进出口额与工业增加值的比值。一些国际经济组织，如世界银行就采取了这样的计算方法，在2005年《世界发展指数》中，世界银行计算了各国外贸与货物GDP（goods GDP）的比值。第二种方法在考虑货物贸易的同时，还考虑了服务贸易对外依赖程度，即计算货物贸易与工农业增加值的比值，以及服务贸易与第三产业的比值，再将两个比值按照一定的权术加权平均。后一种方法比较客观全面地反映了外贸依存度，但由于计算方法相对复杂，所以一般很少采用。

十三、总贸易体系与专门贸易体系

总贸易体系（General Trade System）又称一般贸易体系，是以货物通过国境作为统计对外贸易的标准。凡是进入本国国境的货物一律记为进口，称为“总进口”（General Import）；凡是离开本国国境的货物一律计为出口，称为“总出口”（General Export），两者之和为总贸易额。

专门贸易体系（Special Trade System）又称为特殊贸易体系，是指以关境作为划分和统计进出口的标准。凡是通过海关结关进入境内的货物计入进口贸易，凡是通过办理海关手续出口的货物计入出口贸易。

十四、现汇贸易和易货贸易

按清偿方式的不同来划分，国际贸易可以分为现汇贸易与易货贸易。

现汇贸易（Spot Exchange Trade）又称自由结汇贸易，是用国际货币进行商品或劳务价款结算的一种贸易方式。买卖双方按国际市场价格水平议价，按国际贸易惯例议定具体交易条件。交货完毕以后，买方按双方商定的国际货币结算，如美元、英镑、欧元等。结算方式以信用证为主，辅以托收和汇付等。现汇贸易是买卖行为各自独立的单向贸易，它非常方便，是国际贸易中使用最多、最普遍的贸易方式。

易货贸易（Barter Trade）的交易双方不以货币为媒介，直接以商品相互交换，据说易货贸易起源于20世纪30年代初的南美。在传统的易货贸易中双方不用现汇作为清偿工具，而是按一定的计价方法使一种或多种商品进行等值进出或基本平衡的商品交易，这种平衡有的是在一笔交易中实现，有的是在一定时期内经过多笔交易最终实现。采用易货贸易方式可以克服贸易一方或双方由于外汇支付上的困难所造成的贸易障碍，同时也可以避免因外汇币值动荡而对贸易所带来的影响。易货贸易的做法有两种，即长期综合性易货和一次性单项易货。随着国际贸易的发展，易货贸易的做法日趋灵活。在成交时间上可以进出口同时成交，也可以有先有后；在支付方式上，可以用现汇支付，也可以通过银行账户在账面上相互冲抵；在进出口金额上，可以进口和出口金额完全相等，也可以大致相等；在成交对象上，进口和出口可以是一个成交对象，也可以进口的对象是一个而出口的对象是由进口人指定的另一个。

十五、有纸贸易与无纸贸易

按有无纸单证分类，国际贸易可分为有纸贸易和无纸贸易。

有纸贸易是指在国际贸易交易过程中，通过单证等商业文件的交接进行结算交付并履行合同的一种贸易方式。由于在国际贸易中买卖双方相距较远，一般来说，很难做到“现钱现货”的买卖，这样单据的交换就成为双方履行权利和义务的依据。

无纸贸易是指在国际贸易中利用电子数据交换（Electronic Data Interchange, EDI），EDI 是一种在公司之间传输订单、发票等作业文件的电子化手段。EDI 通过计算机通信网络将贸易、运输、保险、银行和海关等行业信息，用一种国际公认的标准格式，实现各有关部门或公司与企业之间的数据交换与处理，并完成以贸易为中心的全部过程，它是 20 世纪 80 年代发展起来的电子化贸易工具，是计算机、通信和现代管理技术相结合的产物。

第二章　新形势下中国发展对外贸易的重要性

本章摘要

对外贸易对中国经济发展来说非常重要，今后依然是中国经济发展的动力之一。

出口是中国经济发展的重要推动力量，出口对我国经济发展的贡献不容忽视。我国目前的发展阶段决定了出口的重要性；长期保持内需的高增长率难度很大，拉动内需的深层次改革不能一蹴而就。

我国未来的发展不应放弃出口。从其他国家的经验来看，我国的发展不应该放弃出口；出口比重的提高符合世界经济发展的基本趋势；"世界工厂"制造的产品不应只供应我国国内市场。

无论是在美国这样的内需主导型经济中，还是在中国和日本这样外需对经济发展的贡献更大的经济中，内需和外需都具有不稳定性。内需比外需更加稳定的观点是错误的。

内需占经济份额相对较高的国家也面临着内需不稳定的麻烦。

内需和外需对于经济的拉动都是不稳定的，不能以内需比外需更稳定为基础来强调内需拉动型经济增长战略和否定外需的贡献。

扩大内需不应挤出出口，我们对内需和外需两者都不可偏废。

改革开放是中国的既定国策，其中，发展对外贸易是中国开放的重要工作之一。自中国改革开放以来，对外贸易对中国经济的促进作用明显。不过，随着中国出口的不断增加，美国等国家对中国的巨大出口金额和中国持续的对外贸易顺差提出了疑问；2008 年金融危机以后，国内学者在支持中国促进内需、依靠内需发展经济的同时，对于中国的对外贸易提出了疑问。对于中国促进进口，不论是别的国家还是中国的学者，都没有异议，所以本章重点介绍中国发展出口的重要性。

第一节 出口是促进中国经济发展的动力

受世界金融危机的影响，中国的出口增速回落，一些中小型出口企业经营面临困难。2008 年 11 月以来，中国进出口开始出现同比负增长，出口对 GDP 增长的贡献度也从 1995 年以来持续的正值变为 2009 年的负值（见图 2.1）。我国提出通过进一步扩大内需促进经济平稳较快增长，抵御国际经济环境对我国的不利影响。从短期来看，一国的经济增长主要取决于总需求的增长，在开放经济条件下，总需求包括投资需求、消费需求和出口需求，前两项加总就是国内的总需求（即内需）。外需表现为一国商品向国外出口，即总需求中的出口需求。目前投资需求一直处在高位，继续扩大投资不仅空间有限，而且边际效益会出现递减。因此，当前扩大内需的中心在扩大消费需求上。为响应扩大内需政策，政府采取有关措施鼓励和拉动国内消费，以刺激经济，取得了一定的效果。但在扩大内需的过程中，也出现了另一种值得注意的倾向，即一味强调扩大内需，而忽略了在扩大内需的同时也应当尽力促进出口。甚至还有一些学者认为，金融危机是我们调整结构的良机，中国依靠扩大内需就可以救经济，完全可以不要出口。这种看法严重背离中国的国情，不仅是错误的，而且是非常有害的。我们应该正确协调和处理内外需的关系，吸取历史的经验教训，避免亚洲金融危机后一段时间内我国内需无法弥补外需、有效需求不足导致经济陷入通货紧缩状

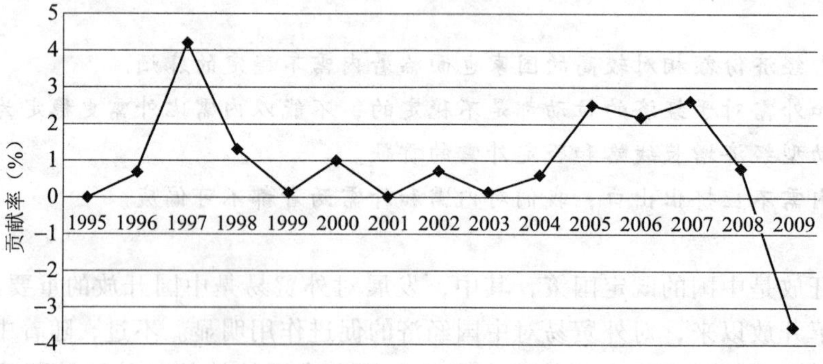

图 2.1 1995—2009 年外贸贡献率变化趋势

注：外贸贡献率是指某一时期一国净出口增量在国民经济增量中所占的份额，即外贸贡献率 = 净出口增量/GDP 增量。

数据来源：Economist Intelligence Unit（EIU）经济数据库数据整理得到。

态的情况再出现。

一、我国未来的发展依然需要出口

（一）出口对我国经济发展的贡献不容忽视

30多年改革开放的实践表明，外贸的开放和发展对我国工业现代化进程发挥了综合性积极作用，成为促进我国产业结构升级和经济效率提高的主要动力。出口对我国经济发展所做的贡献主要表现在以下几个方面：第一，我国劳动力资源充裕，劳动密集型产品的出口需求可以解决大量国内劳动力就业问题，目前对外贸易吸纳的直接就业人口达8 000万人①。第二，我国产品出口为我国应对世界经济危机作出了贡献，通过开拓国际市场为我国生产的商品找到了市场。出口还通过乘数效应，使国民收入增加，从而促进内需扩大。第三，我国目前技术水平较发达国家尚存在差距，通过加工贸易进行出口，我国不仅获得了加工报酬，而且直接引进了相关的技术和管理经验。虽然加工贸易所伴随的大多不是核心技术，但是掌握核心技术的前提就是掌握这些非核心的技术。第四，我国产品在出口时需要经受国际市场激烈竞争的考验，有时候还面临技术性贸易壁垒等贸易限制措施，这是这些压力，使我国的产品质量不断提高、品牌意识不断增强，最终提升我国相关产品和产业的竞争力。因此，出口是我国经济增长的重要驱动力，出口对中国经济发展的贡献不容忽视。

（二）我国目前的发展阶段决定了出口的重要性

工业化过程是一个循序渐进的历史过程。欧美等发达国家的工业化都经历了几百年的时间，日本走完工业化的道路也用了100年左右的时间。在这一过程中，每一个阶段都为下一个阶段的发展奠定了基础，我们可以通过各种途径缩短各个阶段所需的时间，但是不能超越其发展阶段的经济现实基础。

由于目前我国尚处于工业化发展的关键阶段，经济的现实基础决定了我国经济的发展以制造业快速进步为标志，制造业所产出的产品在供给本国国内市场的同时一定需要出口。发展进出口贸易是美国实现工业化的重要手段。从1790至1914年，除个别年份外，美国的进出口持续增长。在整个19世纪到20世纪初期，美国出口占世界

① 何骏．扩大内需应对国际金融危机加快转变我国经济发展方式．经济研究参考，2009（61）：2－22.

总出口额的份额很高（见表2.1），美国比一般国家更具有出口导向的特征①。2000年至今，中国出口（中国商品贸易出口和服务贸易出口的和）占世界市场的比重逐年上升，2009年达到9.88%，列世界第一位（见图2.2）。与19世纪后期和20世纪前期的美国比起来，中国的出口并没有高得过分。在美国工业化过程中，美国出口持续增长，在世界市场和美国经济发展中的重要性不断增强，出口贸易的发展在美国工业化进程中发挥了关键性的作用。同样处于工业化发展关键阶段的中国，出口贸易的增长是与我国目前发展阶段相协调的。

表2.1　　美国出口在世界出口中的比重　　（%）

年份	美国出口在世界出口中的比重（%）
1800	3.2
1860	9.8
1870	7.9
1880	13.2
1900	15.0
1910	12.3
1913	12.9

资料来源：U.S. Bureau of the Census, Historical Statistics of the United States, Colonial Times to 1970 (Washington, DC, 1975)；斯坦利·L·恩格尔曼，罗伯特·E·高尔曼. 剑桥美国经济史（第二卷）. 北京：中国人民大学出版社，2008：688.

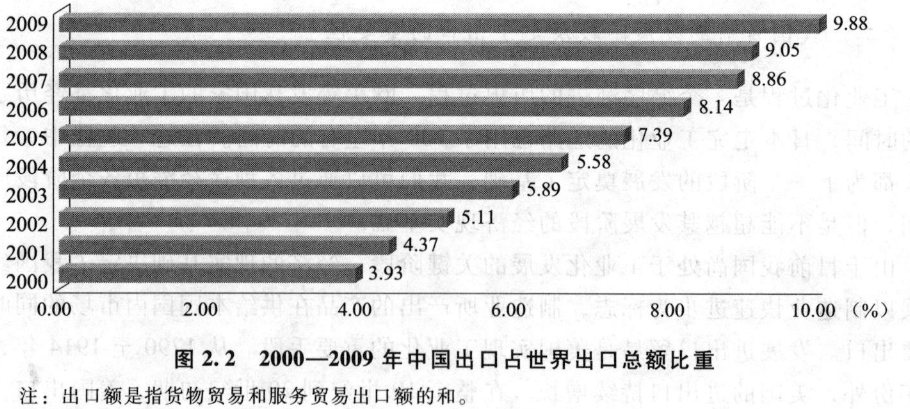

图2.2　2000—2009年中国出口占世界出口总额比重

注：出口额是指货物贸易和服务贸易出口额的和。

数据来源：Economist Intelligence Unit（EIU）经济数据库数据整理得到。

① 斯坦利·L·恩格尔曼，罗伯特·E·高尔曼. 剑桥美国经济史（第二卷）. 北京：中国人民大学出版社，2008：688.

（三）长期保持内需的高增长率难度很大，拉动内需的深层次改革不能一蹴而就

在1997年亚洲金融危机和2008年世界金融经济危机爆发后，我国都提出了促进内需的政策。1997年的促内需政策措施包括家电下乡、房改、医改、大学扩招，等等。2008年金融危机爆发后，我国采取了家电下乡、汽车下乡等措施。

1. 长期保持内需的高增长率难度很大

为缓解经济危机带来的出口受阻压力，2008年金融危机爆发后国务院做出家电下乡与汽车下乡、摩托车下乡等重要决策，这既是实现惠农强农目标的需要，也是拉动消费带动生产的重要扩大内需措施。

家电下乡政策在很大程度上起到了促进新农村建设、提高农民生活质量、扩大农村消费的积极作用；但是，家电销售增加的可持续性值得讨论。从2009年8月以来，家电下乡销售量和销售金额分别环比下滑11.4%、13.9%，是家电下乡政策推广以来的首次销售下滑，此后有所回升，但仍未能超过之前的最高销售水平，见图2.3。截止到2009年年底，家电下乡累计实现销售金额692多亿元，但与1 000亿元的全年预期相比，家电下乡产品销售额离预期的差距仍然较大。

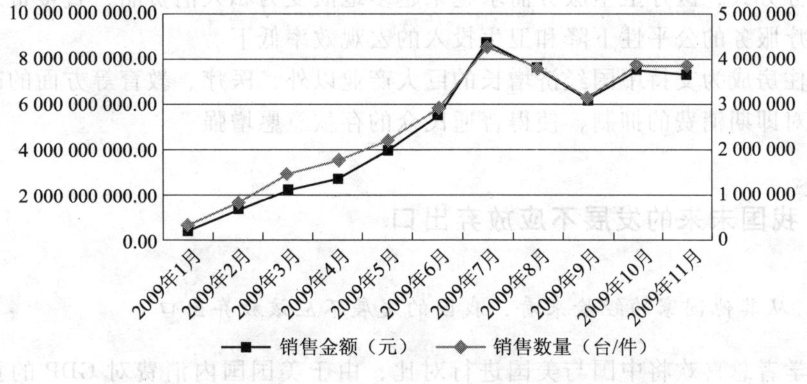

图2.3 2009年1月—2009年11月家电下乡销售数据统计

资料来源：中国商务部家电下乡信息管理系统 http：//jdxx. zhs. mofcom. gov. cn/index. shtml。

国务院公布的《汽车行业调整振兴规划》中提出，国家安排50亿元，对农民报废三轮汽车、换购轻型载货车及购买1.3升以下排量的微型客车等，给予一次性财政补贴，以达到支持汽车下乡政策的目的。此外，国家还提出了减免车辆购置税的若干规定来进一步拉动国内汽车消费。中国汽车产业在2009年繁荣发展，在2009年也一举成为世界最大的汽车制造和消费国。但是，2010年4月开始，已经有汽车企业开

始减产，因为消费的增长势头正在减弱。

不管是家电下乡，还是鼓励汽车消费，政府的政策在鼓励民众购买产品的同时，也是让消费者将本来预计在下一期进行的购买行为提前了，这必然影响到购买力的可持续问题。

2. 拉动内需的深层次改革不能一蹴而就

拉动内需的深层次改革不能一蹴而就，这对于中国来说是有教训的。1997 年亚洲金融危机爆发后，国家实施积极的财政政策并配以收入分配调整政策，以增加和刺激社会总需求，并相继推出住房改革、医疗改革和教育改革，希望起到拉动内需、带动经济增长和改善经济结构的作用。但是众多扩张性政策和改革收效甚微，自 1997 年始，商品零售物价指数一路下滑，从 0.8% 降到 1998 年 -2.6%，到 1999 年 6 月末则比上年同期又下降了 3.2%①，经济运行出现内需无法抵补外需、有效需求不足的通货紧缩局面。

1997 年亚洲金融危机以来，中国住房货币化、医疗卫生体制和教育体制改革都取得一定进展。但是从总体上来说，除了住房市场得到了较全面的培育外，医疗卫生和教育改革成效并不显著。以医疗改革为例，整个医疗卫生服务逐步走向商业化、市场化的服务方式，医疗卫生服务需求越来越多地演变为私人消费品，直接带来的消极后果是医疗服务的公平性下降和卫生投入的宏观效率低下。

除了住房成为支持中国经济增长的巨大产业以外，医疗、教育等方面的改革实际上形成了对即期消费的抑制，使得普通民众的存款意愿增强。

二、我国未来的发展不应放弃出口

（一）从其他国家的经验来看，我国的发展不应该放弃出口

国内学者总喜欢将中国与美国进行对比，由于美国国内消费对 GDP 的贡献率很高，就得出结论，认为中国应该像美国一样，将国内消费对 GDP 的贡献率大幅提升。但是，通过对美日德三国出口总额占 GDP 比重的均值数据比较，我们发现德国的出口比重是在世界均值 22.4% 之上，达到 31.9%，日本和美国的外需比重分别是 12.1% 和 9.8%。可见出口总额占 GDP 的比重并没有统一的标准，同样是发达国家，也并不统一（见图 2.4）。

每个国家在选择本国经济发展战略时，一般是根据本国经济自身特点和规律来协

① 刘静．中国的通货紧缩：体制性收缩陷阱．上海金融，1999（12）．

调内外需比例关系。如果仅仅以某些国家消费占 GDP 比重很高作为参照，认定我国目前内外需比例失调不一定是合理的。

我们不是认为中国的经济发展应该完全依靠出口，但是起码不应该放弃出口。我国目前重点进行的结构调整，也不应该是将经济发展完全放在内需上。

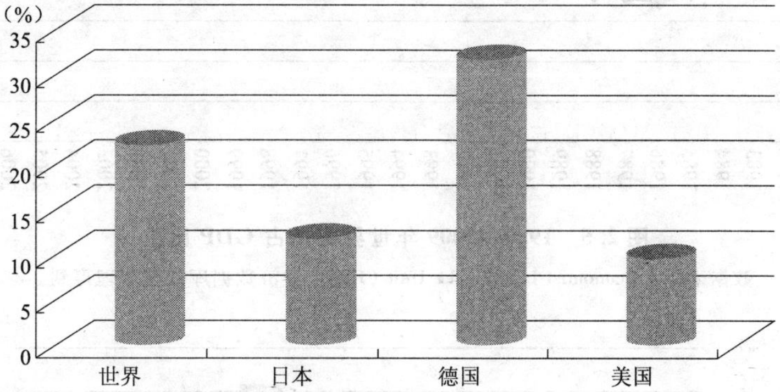

图 2.4　世界及各国出口占 GDP 比重

注：为全面了解各国出口占 GDP 比重，我们将各国 1980—2009 年出口占 GDP 比重数据求均值后进行比较。

数据来源：Economist Intelligence Unit（EIU）经济数据库数据整理得到。

（二）出口比重的提高符合世界经济发展的基本趋势

世界绝大多数国家与地区经济的外贸依存度在近几十年来一直在提高，我国出口比重的不断提高是符合国际趋势的。20 世纪 90 年代，经济全球化加快发展，跨国投资在全球范围优化配置各种资源，成为带动世界贸易增长的重要动力。国际贸易增长速度几乎是世界经济增速的 2 倍，全世界平均外贸依存度不断提高。[①] 世界出口总额占 GDP 比重从 1980 年的 21.2% 提高到 2008 年的 32.1%（2009 年受经济危机冲击略有下降，至 26.9%），如图 2.5。

如果比较中美日德四国，GDP 增长较快的国家，外贸依存度也相对较高。从图 2.6 中我们可以看到，1980 年以来 GDP 增长较快的德国和中国，相应出口总额占 GDP 比重也较高（参见表 2.2），其中德国出口总额占 GDP 比重已达到 31.9%，超过了中国。

---

① 乔超．中外出口贸易依存度比较分析．世界经济文汇，1997（2）：49－53.

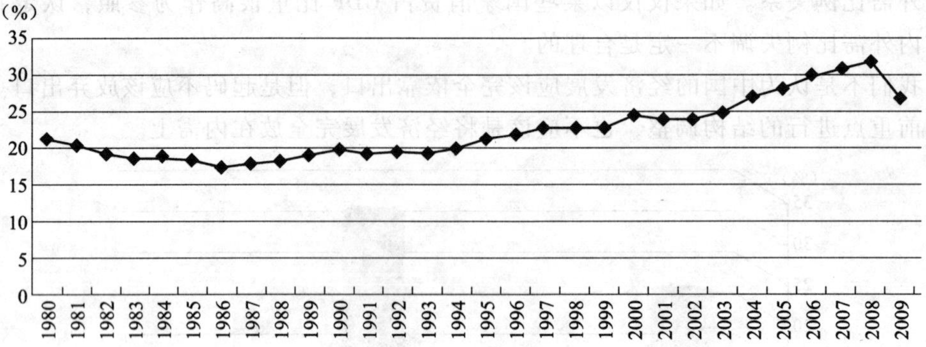

图 2.5　1980—2009 年世界出口占 GDP 比重

数据来源：Economist Intelligence Unit（EIU）经济数据库数据整理得到。

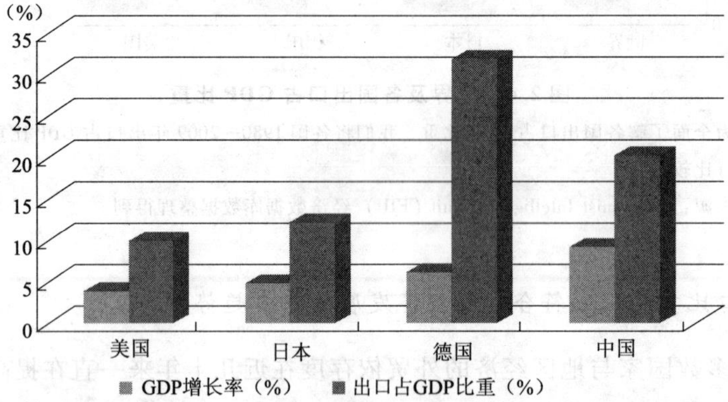

图 2.6　1980—2009 年各国 GDP 增长率和出口总额占 GDP 比重均值

注：为全面了解各国出口占 GDP 比重，我们将各国 1980—2009 年出口占 GDP 比重数据求均值后进行比较。

数据来源：Economist Intelligence Unit（EIU）经济数据库数据整理得到。

表 2.2　1980—2009 年美日德中四国出口占 GDP 比重　（%）

年份	美国	日本	德国	中国
1980	10.1	13.5	26.3	n. a.
1981	9.8	14.5	28.5	n. a.
1982	8.7	14.3	29.5	8
1983	7.8	13.7	28.7	7.4
1984	7.7	14.8	30.7	8.4

续表

年份	美国	日本	德国	中国
1985	7.2	14.2	32.4	9.1
1986	7.2	11.2	30.1	9.8
1987	7.7	10.2	29.2	11.9
1988	8.7	9.8	29.8	11.1
1989	9.2	10.3	31.5	10.4
1990	9.5	10.4	32.3	14.2
1991	10	10	25.8	15.5
1992	10	9.8	24.1	15.8
1993	9.8	9.1	22.3	13.5
1994	10.2	9.1	23.1	20.4
1995	11	9.1	24	19.5
1996	11.1	9.8	24.9	19.2
1997	11.5	10.9	27.5	21
1998	10.8	10.9	28.7	19.8
1999	10.6	10.3	29.4	20.1
2000	11	11	33.4	23.4
2001	10	10.6	34.8	22.7
2002	9.4	11.4	35.7	25.1
2003	9.3	12	35.6	29.4
2004	9.9	13.3	38.4	33.9
2005	10.3	14.3	41.1	36.3
2006	11	16.1	45.4	38.2
2007	11.8	17.6	46.9	38.8
2008	12.7	17.6	47.3	35.8
2009	11.1	12.5	40.7	27.9

数据来源：Economist Intelligence Unit（EIU）经济数据库数据整理得到。

（三）“世界工厂”制造的产品不应只供应我国国内市场

随着中国的工业化，中国将产出更多的工业产品。中国要做的“世界工厂”，不仅仅是装配车间，应该是融创新、制造、销售为一体的“世界工厂”，同时也是为世界市场大规模提供工业品的生产制造基地。

历史上曾被称为“世界工厂”的有三个国家，分别是英国、美国和日本。从这三个国家充当“世界工厂”的历史经验可以看出，要成为所谓“世界工厂”，必须要有一批企业和一系列产品在世界市场上占有重要地位，它们的存在和发展直接影响甚至决定着世界市场的供求关系、价格走向以及未来的市场发展趋势，而且该国以工业制成品为主体的出口贸易已进入世界前列，并成为贸易大国之一。

目前，虽然我国在创新等方面还需要继续努力，但是已经被一些人称为“世界工厂”。作为“世界工厂”，中国制造的产品不可能只供应本国市场。一方面，这在道理上是说不通的，“世界工厂”生产出来的产品，当然应该供应世界市场！另一方面，如果中国的产品不大量供应世界市场，中国也不可能成为名副其实的“世界工厂”，这从英国、美国、日本的历史经验可以看出来。

三、扩大内需不应挤出出口

我国扩大内需政策适应了经济发展的要求，是正确的决定；但是，扩大内需并不意味着应该放弃出口，扩大内需不应挤出出口。

2008 年金融危机的冲击恰恰说明了外需与内需之间的联动关系。在开放型经济中，外需和内需是相互促进、相互拉动的。例如，出口的扩大和增加，可以带动国内企业投资、就业和个人收入的提高，从而增加国内的投资和消费需求；而国内投资、消费需求的增加又会带动进口和国外居民收入的提高，从而间接增加本国产品和劳务的国际需求。正是在这种内外需求的相互促进中，各国经济紧密联系在一起。在这一过程中，一个环节出现问题，就会引起连锁式反应。当前金融危机之所以引起我国经济增速下滑，在很大程度上是因为出口减少而引起了国内企业投资需求和个人消费需求的下降。这种现象从反面证明了在扩大内需的同时进一步扩大外需的重要性。

面对危机，很多发达国家和发展中国家更加重视出口，它们在采取很多刺激经济措施拉动内需的同时，不仅没有放松扩大出口的措施，甚至重新祭出了贸易保护主义的大旗，希望以此迫使其他贸易对象国进一步开放市场。以美国为例，奥巴马政府在其首次国情咨文中明确提出在未来 5 年内把美国出口翻一番的目标。随后，美国政府采取了一系列措施，比如与澳大利亚开始就“泛太平洋战略经济伙伴关系协议”计划举行首次磋商，与印度签署“贸易与投资合作框架协定”等，从这里可以看出美国的宏观经济政策从依赖消费向强调增加出口的转变。此外，日本在面对全球性金融和经济危机冲击下，一方面竭力刺激国内消费、扩大内需，另一方面通过多种渠道拓展海外市场，稳定和扩大出口，以刺激经济复苏。日本时任首相麻生太郎提出了“亚洲经济倍增计划”和“低碳革命”战略，都是为最终扩大日本的出口市场做准备。即使面对国际市场出口受阻的不利影响，日本政府仍然没有放弃出口，坚持从多渠道拓展出口、刺激经济，以应对经济危机的冲击。其他国家如此，我们当然没有理由不在扩大内需的同时采取切实有效措施进一步稳定和扩大出口。

第二节 内需并不比外需更稳定

2008 年美国金融危机爆发后，我国的外部需求受到了严重的冲击，根据美国经济分析局的数据，中国对美国的出口从 2008 年 3 季度的 320.5 亿美元下降到 2009 年 1 季度的 216.05 亿美元。我国出口导向型经济增长模式受到了广泛的质疑。

有一种观点认为，金融危机下中国出口锐减的事实说明外需不稳定，而内需是稳定的，所以中国应该将经济发展的重点放在内需上，不能依靠外需。这一观点表面上是为中国促进内需政策找到了理论依据，同时，也否定了外需的贡献。

内需比外需更稳定吗？如果内需也不稳定，那么我们应该如何定位中国的促进内需与发展出口政策呢？

一、关于出口与经济增长、内需与外需

（一）关于出口和经济增长的关系

Ahmad & Harnhirun① 运用协整和误差修正的方法估计了东南亚五国印尼、菲律宾、新加坡、马来西亚、泰国的出口和经济增长的长期关系，发现出口会随着经济的增长而增长，但经济不会随着出口的增加而增长。Hock-Tsen Wong② 在同样的研究中

① Ahmad, Jaleel & Somchai Harnhirun. Unit Roots and Cointegration in estimating causility between exports and economic growth: Empirical evidence from the ASEAN countries. Economics letters, 1995 (49): 329 – 334.

② Wong, Hock-Tsen, Exports and Domestic Demand. Some Empirical Evidence In ASEAN-5, Labuan Bulletin of International Business & Finance, 2008 (6).

得到的结论却是，出口、国内私人需求和 GDP 之间存在双向的格兰杰因果关系。

Anwer & Sampath① 运用单位根检验和协整分析的方法，对 96 个国家的数据进行了分析，发现只有 8 个国家的出口增长是 GDP 增长的原因，9 个国家的数据显示 GDP 增长是出口增长的原因。

Zestos & Xiangnan Tao② 通过建立向量自回归模型，对美国和加拿大的出口、进口和 GDP 的增长率进行了因果分析。结果显示，加拿大的对外贸易和 GDP 之间存在双向因果关系；美国的对外贸易和 GDP 之间存在弱相关关系。格兰杰因果关系检验表明，加拿大是一个比美国更开放的经济体，对贸易的依赖程度更大。

林毅夫、李永军③既考察了出口增长对经济增长的直接推动作用，又考察了出口对消费、投资、政府支出和进口的影响，从而对经济造成的间接影响。分析表明，出口始终是我国经济快速增长的因素之一，因此，按照比较优势调整产业结构、发展有出口竞争力的产业的重要性不容忽视。

（二）关于内需和外需的重要性

Palley④ 认为一个国家可以利用出口来获得发展经济的资本，但他不同意出口是拉动经济增长的主要动力这一观点，他认为经济增长应该基于国内需求。

Felipe⑤ 认为出口导向型增长（Export-led Growth，ELG）战略和国内需求导向型增长（Domestic Demand-led Growth，DDLG）战略并不是不相容的两种战略。出口导向型增长战略可以使一国达到规模经济，这仍然是发展中的亚洲国家的一个最优的选择。重点是如何找到出口导向型增长战略和国内需求导向型增长战略的黄金结合点。

李敏、查奇芬⑥（2005）利用关联度对需求与经济增长进行分析，根据关联度系数的大小，证明了内需是决定因素，而外需是重要因素。

苏盛安、赵付民⑦（2005）运用协整理论、因果关系检验以及误差修正模型等方

---

① Anwer, Muhammed S. & R. K. Sampath. Export and Economic Growth. Presented at Western Agricultural Economics Association 1997 Annual Meeting July 13 - 16, 1997. Reno/Sparks, Nevada.

② Zestos, George K. & Xiangnan Tao. Trade and GDP Growth. Causal Realtions in the United States and Canada, Southern Economic Journal 2002, 68 (4): 859 - 874.

③ 林毅夫，李永军．出口与中国的经济增长——需求导向的分析．经济学（季刊），2003：7（2）：4.

④ Palley, Thomas. A New Development Paradigm. Domestic Demand-Led Growth, Why It Is Needed & How to Make It Happen. Foreign Policy in Focus Discussion Paper 2002, www.fpif.org.

⑤ Felipe, Jesus. Is Export-led Growth Passed? Implications for Developing Asia. 2003 ERD Working Paper No. 48.

⑥ 李敏，查奇芬．需求与经济增长关系的实证分析．统计与决策，2005（6）.

⑦ 苏盛安，赵付民．我国 GDP、消费、投资和进出口之间的协整分析．统计与决策．2005（5）.

法分析了我国GDP、投资、消费、进出口贸易之间长期和短期关系。他的结论是，我国经济长期以来是投资驱动型的，消费和贸易一直不是推动经济增长的主要方式。

尹敬东[①]针对经济增长的测算方法提出了改进，他的结论是：出口是拉动我国经济增长的主要力量，对我国经济增长具有至关重要的作用。如果没有出口导向型的经济增长强烈拉动，仅仅依靠政府积极的财政政策，1999年之后我国国民经济难以走出通缩的困境。

沈利生[②]对我国2002年至2006年的测算结果表明，在GDP的增量中，由消费拉动的增量贡献最小，投资拉动的增量贡献居中，出口拉动的增量贡献最大，目前的经济增长主要还是依靠投资和出口拉动。

（三）简要评述

国内外的学者主要讨论了内需（消费、投资）和外需对经济增长的推动作用，并试图说明其中一种需求相较于另外一种需求而言是经济发展的主要推动力，客观上为以某种需求主导的经济增长模式寻求依据。从已有的研究来看，并不能认为对于经济增长和发展来说内需比外需的作用更强，也没有明确的研究结果支持内需比外需更稳定的观点。

Felip提出，关键不在于区分出口导向型增长战略和国内需求导向型增长战略两种模式，而是要探寻限制增长的原因，找到出口导向型增长战略和国内需求导向型增长战略之间的黄金结合点，具有启发意义。这个观点反映出内需和外需对经济增长的作用并不排斥，在不同的经济发展阶段，由于各种因素的限制，内需和外需拉动经济增长的能力不同。不过，这依然不能回答内需和外需的稳定性问题，无法回答以内需更稳定为理论基础的经济发展依靠内需的观点是否正确的问题。

二、中、美、日三国内需、外需在经济中的比重

我们将中国、美国、日本这三个国家作为研究对象。中国是发展中国家，对外贸易常年保持顺差。日本和美国都是发达国家，但是日本是贸易立国的国家，对外贸易常年保持顺差；美国的对外贸易常年逆差，而且美国的经济增长主要依靠国内消费。我们研究中、美、日三国的内需与外需的稳定性，希望得出客观的、应用性广的结论。[③]

---

① 尹敬东．外贸对经济增长的贡献：中国经济增长奇迹的需求解析．数量经济技术经济研究．2007（10）.

② 沈利生．‘三驾马车’的拉动作用评估．数量经济技术经济研究，2009（4）.

③ 我们关于中国内需、外需的数据取自《中国统计年鉴2010》中1978年至2009年的统计数据。美国的经济数据来源为美国经济分析局发布的1929年至2010年的统计数据。日本的经济数据来源是http://research.stlouisfed.org/。进行实证分析时，用出口来代表一国的外需，用消费、投资之和剔除进口因素来代表内需。

内需（或外需）在国内生产总值中所占的比重越大，说明它对该国经济增长所做的贡献也就越大。从图 2.7 可以看到，尽管我国内需和外需占国内生产总值的比重在不同的年份有较大的变化，但内需的比值高于外需的比重。2007 年以前，内需和外需的比重分别呈平稳下降和平稳上升的局面（个别年份的波动除外）。2007 年以后，由于金融危机的影响，我国外需比重出现了大幅下降，从 2007 年的 38.4% 下降到 2010 年的 25.8%，幅度达到了 32.8%；相应地，内需比重有了较大的提高，2009 年达到了 73.6% 的最高值，2010 年则出现了小幅的下降。

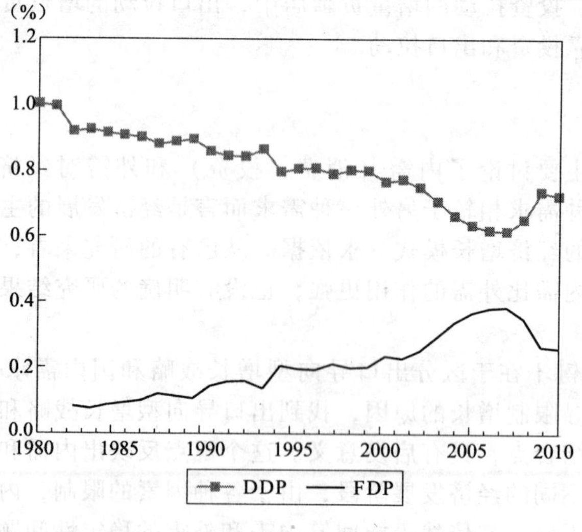

图 2.7　中国内需、外需占国内生产总值比重

注：DDP 是指内需占国内生产总值的比重，FDP 是指外需占国内生产总值的比重。

资料来源：《中国统计年鉴 2010》数据整理得到。

图 2.8 反映的是美国内需、外需的比重。美国的内需在经济发展中占据着绝对的主导地位，自 1980 年以来，内需占国民生产总值的比重维持在 87% ~93% 之间；外需比重则维持在 10% 左右略有波动。2008 年美国爆发金融危机，其内需比重减少了不到 2%，比例虽然不大，不过考虑到美国 GDP 数值本身比较大，这个时期美国内需变动还是巨大的。金融危机使美国消费下降，影响了美国甚至全世界经济的发展，这也是经济学界公认的。

从图 2.9 中可以看到，日本国内需求和国外需求占国内生产总值的比重都居于中国和美国之间，日本虽然是贸易立国，但是日本的出口依存度比中国低。

外需在中国和日本的经济中份额相对较高，内需占美国经济的份额相对较高。2008 年金融危机爆发后，中国和日本的出口都受到严重的打击，这似乎支持了外需

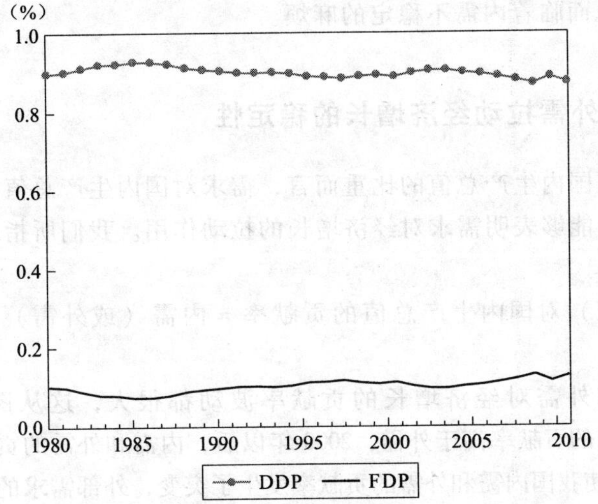

图 2.8 美国国内需、外需占国内生产总值比重

注：DDP 是指内需占国内生产总值的比重，FDP 是指外需占国内生产总值的比重。

数据来源：美国经济分析局数据整理得到 www. bea. gov。

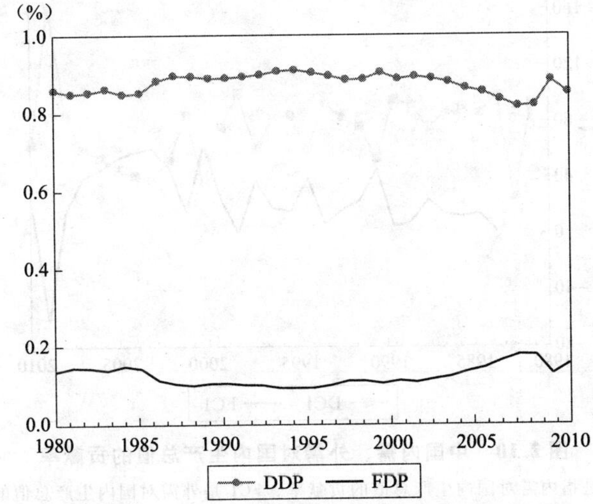

图 2.9 日本国内需、外需占国内生产总值比重

注：DDP 是指内需占国内生产总值的比重，FDP 是指外需占国内生产总值的比重。

数据来源：http：//research. stlouisfed. org/。

不如内需稳定的观点；但是，金融危机也使美国国内消费大幅度下降，并严重拖累了美国经济，这样看起来对于美国来说内需也是不稳定的。换句话说，内需占经济份额相对较高的国家也面临着内需不稳定的麻烦。

三、内需、外需拉动经济增长的稳定性

相较于需求占国内生产总值的比重而言，需求对国内生产总值的贡献率是两个变量增量的比值，更能够表明需求对经济增长的拉动作用。我们所指的不稳定性是数据波动幅度的大小。

内需（或外需）对国内生产总值的贡献率 = 内需（或外需）的增量/GDP 的增量 × 100%。

我国的内需和外需对经济增长的贡献率波动都很大，这从图 2.10 可以看出。2000 年以前，内需的贡献率高于外需，2000 年以后，内需和外需的贡献率基本持平，但是金融危机的发生使我国内需和外需的贡献率发生了突变，外部需求的急剧减少表现为外需贡献率的大幅度降低，而国内一系列促进内需的措施使得内需的贡献率大幅上升。

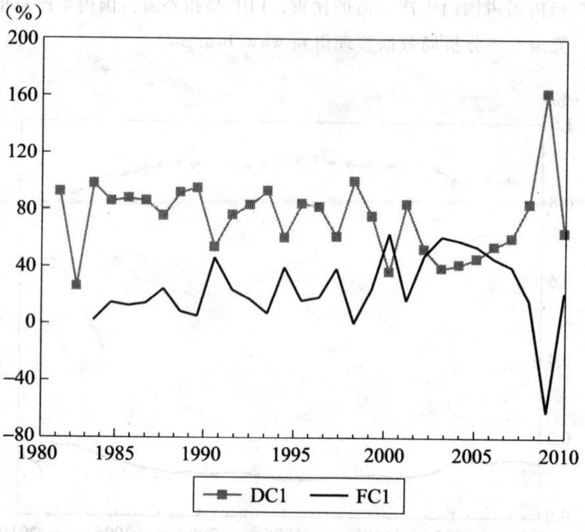

图 2.10　中国内需、外需对国内生产总值的贡献率

注：DC1 是指内需对国内生产总值的贡献率，FC1 是外需对国内生产总值的贡献率。

资料来源：《中国统计年鉴 2010》数据整理得到。

美国国内需求对经济增长的贡献率一直高于外需的贡献率（金融危机使得内需骤降的 2009 年除外），外需对经济的拉动作用在零上下波动。然而，值得注意的是，虽然内需对 GDP 的贡献率很高，对美国经济增长起决定性作用，但其仍然表现出很强的波动性，尤其是在 2008 年金融危机爆发后。

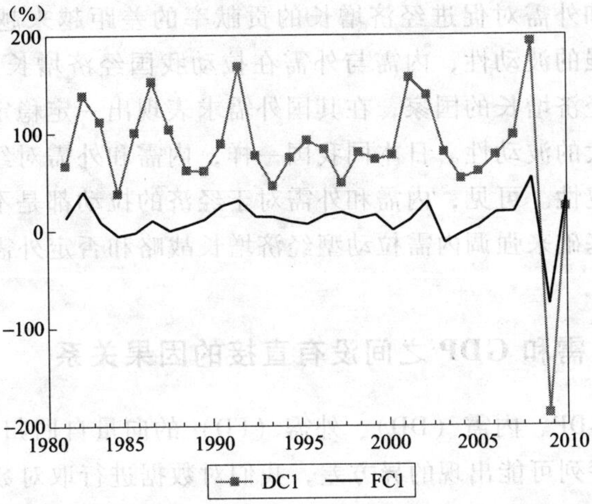

图 2.11　美国的内需、外需对国内生产总值的贡献率

注：DC1 是指内需对国内生产总值的贡献率，FC1 是外需对国内生产总值的贡献率。

数据来源：美国经济分析局数据整理得到 www. bea. gov。

日本的外需和内需对经济的拉动力都表现出较大的波动性。1996 年以前，内需对经济的拉动一直大于外需，1996 年以后，外需的拉动力逐渐超过内需。2008 年的金融危机后，日本的出口、GDP 连续两年负增长，在图 2. 12 中表现为外需下降对经济负增长的贡献率更大。

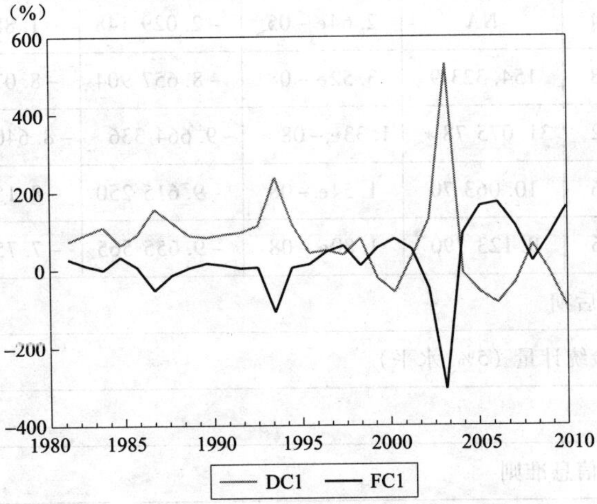

图 2. 12　日本国内需、外需对国内生产总值的贡献率

注：DC1 是指内需对国内生产总值的贡献率，FC1 是外需对国内生产总值的贡献率。

数据来源：http：//research. stlouisfed. org/。

在中国，内需和外需对促进经济增长的贡献率的差距越来越小，但两者对 GDP 的贡献率呈现出较强的波动性，内需与外需在拉动我国经济增长方面具有不稳定性。美国是以内需拉动经济增长的国家，在其国外需求表现出一定稳定性的同时，美国的内需则表现出了很大的波动性。日本同我国一样，内需和外需对经济增长的贡献率都表现出很强的不稳定性。可见，内需和外需对于经济的拉动都是不稳定的，不能以内需比外需更稳定为基础来强调内需拉动型经济增长战略和否定外需的贡献。

四、外需、内需和 GDP 之间没有直接的因果关系

我们建立中国 GDP、内需（DD）、外需（FD）的向量自回归模型（VAR 模型）。为了避免经济时间序列可能出现的异方差，我们对数据进行取对数处理。三个变量分别表示为：LnGDP、LnDD、LnFD。

（一）对中国的数据建立 VAR 模型

对 LnGDP、LnDD、LnFD 建立 VAR 模型时，要先确定模型的滞后期，并验证模型的稳定性。

表 2.3　　VAR 模型最优滞后期的确定

滞后期	LogL	LR	FPE	AIC	SC	HQ
0	28.364 34	NA	2.64e-05	-2.029 148	-1.882 882	-1.988 580
1	120.223 8	154.323 9	3.52e-08	-8.657 904	-8.072 843	-8.495 633
2	141.804 2	31.075 78 *	1.33e-08 *	-9.664 336 *	-8.640 481 *	-9.380 362 *
3	150.190 6	10.063 70	1.54e-08	-9.615 250	-8.152 599	-9.209 572
4	159.694 6	9.123 790	1.80e-08	-9.655 565	-7.754 119	-9.128 185

* 由该准则指出的滞后期

LR：序列修正 LR 检验统计量（5% 水平）

FPE：最终预报误差

AIC：赤池（Akaike）信息准则

SC：施瓦茨（Schwarz）信息准则

HQ：汉纳-葵茵（Hannan-Quinn）信息准则

表 2.3 说明，在评价最优滞后期的指标中，有 5 个的最佳滞后期是 2。所以应该建立 VAR（2）模型。

表 2.4 VAR 模型平稳性检验

根	系数
0.941 182 − 0.062 265i	0.943 239
0.941 182 + 0.062 265i	0.943 239
0.687 085 − 0.599 348i	0.911 758
0.687 085 + 0.599 348i	0.911 758
0.261 707 − 0.795 261i	0.837 216
0.261 707 + 0.795 261i	0.837 216
−0.226 859 − 0.587 814i	0.630 072
−0.226 859 + 0.587 814i	0.630 072
−0.125 896	0.125 896
VAR 满足平稳性条件	

表 2.4 是 VAR 模型的单位根检验结果，所有单位根的模都小于 1，说明所建立的 VAR 模型是平稳的。以下的协整分析、格兰杰非因果性检验都是在这个 VAR（2）模型的基础之上进行的。

（二）协整分析

经济类时间序列大多都是非平稳的，为了避免出现虚假回归，先要进行序列的平稳性检验。我们采用 ADF 检验法。

表 2.5 单位根检验结果

变量	ADF 检验值	临界值	结论
lnGDP	−0.79	−3.69**	非平稳
dlnGDP	−2.93	−2.63*	平稳
lnDD	−0.63	−2.97**	非平稳
dlnDD	−2.64	−2.62*	平稳
lnFD	−1.56	−2.97**	非平稳
dlnFD	−4.76	−2.98**	平稳

注：**表示 5% 的显著水平；*表示 10% 的显著水平。

表2.5的结果表明，在10%的显著水平下，我国的GDP、内需和外需都是一阶单整的。

对多变量在VAR模型的基础上进行协整检验的方法为Johansen协整检验法。检验结果见表2.6。结果表明，我国的GDP、内需和外需之间存在一个长期稳定的协整关系。

表2.6　　Johansen最大特征值统计检验结果

非限制协整秩检验（最大特征值）				
CE（s）数	特征值	0.05统计量	临界值	概率＊＊
None ＊	0.589 689	23.161 83	21.131 62	0.025 6
At most 1	0.339 517	10.784 36	14.264 60	0.165 3
At most 2	0.070 843	1.910 412	3.841 466	0.166 9

＊ 0.05水平上拒绝假设

＊＊ MacKinnon-Haug-Michelis（1999）p值

（三）格兰杰因果关系检验

为了确定我国GDP、内需、外需之间是否存在因果关系，下面进行格兰杰因果关系检验。

表2.7　　格兰杰因果关系检验结果

因变量：LNGDP

	卡－方	df	概率
LNDD	3.215 733	3	0.359 5
LNFD	5.405 943	3	0.144 4
All	6.122 902	6	0.409 6

因变量：LNDD

	卡－方	df	概率
LNGDP	15.338 45	3	0.001 5
LNFD	24.403 34	3	0.000 0
All	46.808 74	6	0.000 0

续表

因变量：LNFD			
	卡－方	df	概率
LNGDP	8.188 040	3	0.042 3
LNDD	6.860 562	3	0.076 5
All	8.754 348	6	0.187 9

从表2.7中可以看到，我国的GDP是内需和外需的格兰杰原因；内需不是GDP和外需的格兰杰原因；外需不是GDP的格兰杰原因，但却是内需的格兰杰原因。这说明，外需、内需和GDP之间都没有直接的因果关系。

另外，在对美国和日本的数据进行分析时发现，美国和日本的GDP、内需、和外需之间不存在长期稳定的协整关系，不能进行格兰杰因果关系检验。①

五、内需比外需更加稳定的观点是错误的

无论是在美国这样的内需主导型经济中，还是在中国和日本这样外需对经济发展的贡献更大的经济中，内需和外需都具有不稳定性。内需比外需更加稳定的观点是错误的。

在我国外需受到冲击时，要尽可能地提高内需，以免经济陷入衰退的境地，但不能因此就忽视外需、主观地把我国的经济转变为内需主导型经济。我们不能以内需比外需稳定为理论基础来制定经济发展战略，我国不能片面地强调内需，把内需作为拉动经济的唯一动力。

我们对内需和外需两者都不可偏废。作为发展中大国，中国通过促进内需来发展经济的战略是正确的；但是，这并不意味着我们要否定外需的作用，我们应该继续发挥外需对经济发展的促进作用。只有使内需和外需都能得到充分的挖掘，才能使我国的经济持续、稳定地增长。

复习思考题

1. 有人认为，中国常年的贸易顺差使中国积累了大量的外汇，中国持有外汇的机会成本很高。中国只能将大部分外汇投资于美国国债，美国国债收益率很低，同时

① 限于篇幅，我们没有把相关计量结果列出。

美元对人民币持续贬值，使得中国外汇储备缩水。所以，中国不应该继续鼓励出口，这样就能减少贸易顺差和外汇储备。请你评论这个观点。

2. 有人认为，中国常年的贸易顺差使外汇占款增加。当中国通货膨胀率较高的时候，中国人民银行采取紧缩的货币政策，但是，外汇占款的增加抵消了人民银行的紧缩政策。所以，中国不应该继续鼓励出口，这样就能减少外汇占款和由此带来的对人民银行宏观调控的影响。请你评论这个观点。

3. 有人认为，中国常年的贸易顺差使人民币升值的压力增加。所以，中国不应该继续鼓励出口，这样就能减少人民币的升值压力。请你评论这个观点。

4. 有人认为，中国对外贸易依存度太高，这不利于中国产业结构提升和经济增长方式的转变。所以，中国不应该继续鼓励出口，这样就能使中国企业专注于提升产业结构、转变经济增长方式。请你评论这个观点。

5. 有人认为，中国对外贸易依存度太高，当国际需求旺盛的时候，中国经济能从中受益，当国际需求疲软时，中国经济也受到了很大的打击。所以，中国不应该继续鼓励出口，这样就能减少国际需求对中国经济的影响。请你评论这个观点。

6. 有人认为，中国的出口产品大多数是制造业产品，这意味着中国利用本国的资源制造并出口产品的同时，大量消耗了本国资源，并带来了环境污染。从保护中国的自然资源、保护环境的角度出发，中国不应该继续鼓励出口。请你评论这个观点。

第三章 世界贸易组织概述

本章摘要

关税与贸易总协定的产生。

世界贸易组织与关贸总协定的区别。

世界贸易组织的原则与职能。

WTO 的法律体系。

WTO 的组织结构。

世界贸易组织（World Trade Organization），简称世贸组织（WTO），是一个独立于联合国的永久性国际组织，它负责管理世界贸易秩序。世界贸易组织建立于1995年1月1日。其机构设在日内瓦，现有成员方149个（至2005年12月）。

第一节 WTO 的建立、基本原则和职能

在 WTO 正式运行之前，1947年关税与贸易总协定是协调、处理缔约方之间关税和贸易问题的主要多边协定。20世纪90年代，世界贸易组织成立，取代1947年关贸总协定成为世界多边贸易体制的组织和法律基础。本节将在介绍关贸总协定的基础上，分析 WTO 的建立、基本原则和职能。

一、关税与贸易总协定

（一）关税与贸易总协定的产生

关税与贸易总协定（The General Agreement on Tariff and Trade，简称 GATT）是调

整各国关税与贸易关系的多边国际协定。由于关税与贸易总协定特殊的签订背景，以及它多年运行的特点，使它成为带有制度性和组织性的多边贸易协定。

在第二次世界大战结束之前，美国和英国就建立战后国际经济新秩序而进行了一系列的双边和多边会谈。它们认为，20世纪20年代中期以后，各国相继实行的以邻为壑的贸易政策，是导致20世纪30年代经济大危机的原因之一，第二次世界大战也与之有很大的关系。1944年7月，英、美等44个国家召开“布雷顿森林”会议，讨论国际货币问题，并建立国际货币基金组织（IMF）和国际复兴开发银行（世界银行）。1945年年底，美国政府为补充布雷顿森林会议决议而提出《扩大世界贸易和增加就业的建议》，该议案提出了建立新的国际贸易体制的原则，包括削减关税、消除贸易壁垒、取消数量限制和外汇管制措施，等等。美国建议成立国际贸易组织（International Trade Organization，ITO），将其作为与国际货币基金组织和世界银行并立的、专门协调国际贸易关系的国际性组织机构。

1947年10月，在古巴首都哈瓦那召开的联合国贸易与就业会议上，审议并通过了《国际贸易组织宪章》（《哈瓦那宪章》）。在1947年年初，联合国贸易与就业会议筹备委员会下的《国际贸易组织宪章》起草委员会就起草“关贸总协定及多边关税问题”进行了讨论；1947年4月至10月，筹委会日内瓦会议在讨论审查《国际贸易组织宪章》的同时，进行了关税问题的多边谈判。由23个国家参加的首轮关税减让谈判获得成功，达成了123项的多边协定。为了使这些协定尽快实施，参加国将《国际贸易组织宪章》中的贸易政策条款和达成的关税减让多边协定结合在一起，形成了一个独立的协定——《关税与贸易总协定》。1947年10月，包括中国在内的23个缔约方签署了《关税与贸易总协定临时适用议定书》，在《国际贸易组织宪章》生效前发挥作用，在《国际贸易组织宪章》生效后这个临时性的协定将被代替。

不过，杜鲁门政府三次将《国际贸易组织宪章》提交美国国会都没有获得通过。1950年12月，美国宣布它不打算寻求国会批准哈瓦那宪章。实际上国际贸易组织的建立就此夭折了。由于各国仍然希望有一个比较自由的贸易环境，在经临时协定缔约方讨论并修改之后，决定继续执行“临时议定书”。《关税与贸易总协定临时适用议定书》于1948年1月1日正式生效，到1995年1月1日WTO成立，关税与贸易总协定“临时了”47年之久。

虽然关税与贸易总协定是临时性协定，但是它一直作为协调多边贸易与关税关系的、对缔约方具有约束力的文件，并且它类似一个组织，安排缔约方之间的旨在追求贸易自由化的谈判，在1947年以后的47年的时间里，它对形成一个比较自由的国际贸易环境作出了贡献。

（二）关税与贸易总协定的多边贸易谈判

在关税与贸易总协定的组织下，各方进行了8轮多边贸易谈判。

第一轮多边贸易谈判是从1947年4月至10月的瑞士日内瓦谈判，23个缔约方参加了该轮谈判，达成双边减税协议123项，涉及应税商品45 000项左右，影响将近100亿美元的世界贸易额，使得占当时资本主义国家进口总值54%的商品平均降低关税35%。此次谈判后签订的《关税与贸易总协定临时适用议定书》事实上代替了夭折的国际贸易组织。

第二轮谈判于1949年4月至10月在法国的安纳西举行，13个国家参加，达成147项关税减让协议。

第三轮谈判于1950年9月至1951年4月在英国拖奎举行，有38个国家参加，达成关税减让协议150项。

第四轮谈判于1956年1月至5月在日内瓦举行，共有26个国家参加。美国代表团有限的谈判授权使这次谈判受到了影响。

第五轮谈判也被称为狄龙回合（Dillon Round），于1960年9月至1962年7月在日内瓦举行，共有26个国家参加。这次谈判由美国副国务卿道格拉斯·狄龙（Douglas Dillon）在1958年的GATT部长级会议上提出，其后他又以财政部长身份率领美国代表团在日内瓦进行谈判，所以这次谈判也被称为“狄龙回合”。在此以后，由总协定主持的多边贸易谈判都被正式称为“贸易回合”。

第六轮谈判于1964至1967年在日内瓦举行，也被称为肯尼迪回合（Kennedy Round）。此回合的谈判非常广泛，也非常复杂。此回合谈判不仅涉及农业产品，也涉及工业产品，不仅涉及关税壁垒，也涉及非关税壁垒，对工业品的关税减让不仅用传统的产品对产品的方式，还涉及全面减税或线性减税。

第七轮回合也被称为东京回合（Tokyo Round），是以消除非关税壁垒为主的关贸总协定谈判，举行时间是1973年9月至1979年4月，超过100个国家参加此次谈判。这次回合是在日本东京举行的部长级会议上发动的，并由此得名。在1979年谈判结束时达成一揽子大范围的关税减让协议；在非关税壁垒措施方面，达成了某些关于公平贸易的协议，以减少非关税壁垒，包括政府采购协议、进口许可证手续协议，等等。

关贸总协定的第八轮回合也被称为乌拉圭回合（Uruguay Round），是1986年9月在乌拉圭埃斯特角城发动的，至1993年12月结束，超过100个国家和地区派代表参加了谈判。乌拉圭回合原订1990年12月在布鲁塞尔贸易委员会的部长会议上结束，在部长会议之前和期间，许多领域都有明显的进展，但是未能结束。经过多方努力，讨价还价，乌拉圭回合最后文件于 1993 年 12 月 15 日草签。这些文件经各国议会通过后，于 1994 年 4 月正式签署。

乌拉圭回合主要取得了以下进展。第一，乌拉圭回合结束后，关税得到了进一步降低。减税产品涉及的贸易额高达 1.2 万亿美元，减税幅度是 40%，有将近 20 个产品大类实行零关税。第二，非关税壁垒受到束缚。乌拉圭回合达成了 12 个全球性的与降低非关税壁垒有关的协议，包括：农业协议、纺织品和服装协议、技术性贸易壁垒协议、与贸易有关的投资措施协议，等等。第三，对多项关贸总协定的条款进行了修改，并达成了建立世界贸易组织的协议。第四，达成《服务贸易总协定》（General Agreement on Trade in Services，GATS）和《与贸易有关的知识产权协议》（Agreement on Trade-Related Aspects of Intellectual Property Rights，ATRIPS）。

二、世界贸易组织的特征、原则与职能

WTO 是以相关规则为基础的、成员推动的组织，几乎所有 WTO 的相关决定都是由成员的政府作出的，WTO 的相关规则也是成员谈判的结果。同时，世界贸易组织是约束各成员方之间贸易规范和贸易政策的国际贸易组织，世界贸易组织的各种协定是国际贸易制度运行和各成员方贸易政策制订的法律基础。

（一）世界贸易组织与关贸总协定的区别

世界贸易组织并不是关贸总协定的简单延伸，WTO 完全替代了其前身，它具有与 GATT 不同的性质与特征，主要不同之处如下：

第一，关贸总协定是一个多边的国际协定，而世界贸易组织则是一个合法的国际经济组织。

有的学者认为，GATT 有两个含义，一是指一个国际协议，其中包含了从事国际贸易所应遵守的规则；二是指后来建立的用以支持该协议的组织，即秘书处。GATT 作为国际组织已经不存在。取而代之的是 WTO；GATT 作为协议仍然存在，不过不再是国际贸易的主要规则，而且已被更新。

学术界普遍的观点是，关贸总协定是一套规则，一个多边协议，没有自己的组织基础，只有 20 世纪 40 年代成立的一个规模很小的原来旨在建立国际贸易组织的秘书处，而 WTO 是一个永久性的机构，拥有自己的秘书处。从国际法的角度看，GATT 不具备组织的法律基础，世界贸易组织是建立在规范的国际法基础之上的国际组织，各成员方政府代表各国和独立关税区在加入世界贸易组织协定上所签署的文件均得到了立法机关的认可。

第二，GATT 是临时性的，而 WTO 是永久性的国际组织。

尽管四十多年来，各国都已经把关贸总协定当做一种永久性的承诺，然而 GATT 仍是建立在“临时性”基础上的，它是一个贸易协定。世界贸易组织是具有法律基础的长期性的国际组织。

第三，WTO 和 GATT 适用的范围不同。

GATT 只适用于货物贸易，世贸组织不仅涉及货物贸易，还涉及服务贸易，与贸易有关的知识产权等内容。GATT 主要处理的是货物贸易，现在仍然如此。“1994 年关贸总协定”是 1947 年关贸总协定经过修改后的最新文本，它依然是规范国际货物贸易的关键纪律。更新后的 GATT 与《服务贸易总协定》（GATS）和《与贸易有关的知识产权协议》（TRIPS）并列，WTO 使三者并入一个单一的组织，形成一套单一的规则，并使用单一的争端解决机制。

第四，对参加者的称谓不同。

关贸总协定的签字国被称为缔约方，而其实体被称为“缔约方全体”，表明了它的协定特征，即从正式角度讲 GATT 只是一个法律文本。而世界贸易组织的成员被称为“成员方”，其实体是“世界贸易组织”，表明它的组织性特征。

第五，争端解决机制的运转速度、约束力不同。

世界贸易组织的争端解决机制更快、更有自动性，因而相比于旧的关贸总协定的争端解决机制，WTO 争端解决机制不易受到阻挠。特别是，WTO 争端解决的最终判决具有权威性，在很大程度上要强制执行。关贸总协定对争端的裁决没有强大的约束力，且争端解决颇费时日。

（二）WTO 的基本原则

世贸组织协议包括很多独立的法律文件，这些法律文件涉及农产品、纺织品与服装、服务业、政府采购，原产地规则、知识产权等许多内容。除此以外，还有很多的附加部长宣言、决定和谅解，这些构成了世贸组织成员进一步的义务和承诺。不过，以下五个原则贯穿了所有这些共同构成多边贸易体系的文件。

1. 贸易无歧视原则（Trade Without Discrimination）

根据该原则，任何一个 WTO 成员都应该给予其同为 WTO 成员的贸易伙伴以“最惠国待遇”或者最惠国地位，即只要它的贸易伙伴是 WTO 成员，它就不应该在这些贸易伙伴之间实行歧视。同时，任何一个 WTO 成员都不应该在本国或者本地区的产品、服务或国民与另一个 WTO 成员的产品、服务或国民之间进行歧视，即任何一个 WTO 成员都应该给予其他 WTO 成员的产品、服务或国民以“国民待遇”。贸易无歧视原则一直是多边贸易体制的支柱，60 年前关贸总协定的主要条款就宣布，缔约方相互之间以及国产商品与进口商品之间的歧视性待遇是非法的。贸易无歧视原则表现为“最惠国待遇”和“国民待遇”两种形式。

第一，最惠国待遇（Most Favored Nation treatment，MFN）。

根据“最惠国”条款，各成员方对于其他成员的产品，必须给予不低于其给予任何其他成员的产品的优惠待遇。这样，任何国家不能给其他成员以特殊的贸易特权或者对它进行歧视，所有成员都处于平等的基础上，所有成员都分享降低贸易壁垒所带来的利益。

最惠国待遇也有例外，最明显的例外是关税同盟和自由贸易区。另外，对进行不公平贸易的 WTO 成员可以提高贸易壁垒。《服务贸易总协定》明文列举了最惠国待遇义务的各种例外，这些例外条款规定了最初不能给予此种待遇的 WTO 成员的特别措施。一旦采取这些特别措施，必须在 5 年后对其进行审查且不得维持超过 10 年。《与贸易有关的知识产权协定》规定了 WTO 成员在知识产权保护方面最惠国待遇的某些例外。

第二，国民待遇（National Treatment）。

根据 GATT1994 第 3 条，在一个 WTO 成员的货物进入另一个 WTO 成员的市场后，进口货物的待遇不得低于这个 WTO 成员方产的相同产品的待遇。这个原则也适用于外国与本国的服务（根据 GATS 第 17 条）和商标、版权与专利（根据 TRIPS 第 3 条）。不过，在《服务贸易总协定》中，只有当成员方明确承诺给予特定服务或服务活动以国民待遇时，国民待遇才是一种义务。这就意味着，国民待遇经常是各成员之间谈判的结果。

只有当国外的产品、服务或者知识产权等进入一国市场的情况下，该国才具有国民待遇义务。也就是说，一旦外国产品、服务、知识产权等支付了进口关税，则在任何国内费、税、行政或者其他规章制度方面必须给予与国产相同产品、服务、知识产权等同样的待遇；这也意味着，调整或者改变进口关税不违反国民待遇。

其他含有非歧视条款的世贸组织协议还包括：原产地规则协议，装船前检验协议，与贸易有关的投资措施协议，实施卫生与动植物检疫措施协议，等等。

2. 贸易自由化原则（Free Trade）

贸易自由化原则是指，通过谈判逐渐减少贸易障碍，促进贸易的扩大。这些贸易障碍不仅指进口关税，还包括进口限额或配额之类有选择地限制进口数量的各种限制、政府通过繁文缛节等方式对进口的限制以及汇率政策等方面的限制措施。这就要求世界贸易组织的成员方根据 WTO 的要求对其贸易措施加以调整。世界贸易组织允许各国采取渐进的方法实现贸易自由化。而且从实际出发，发展中国家可以得到相对更长的时间以履行相关义务。

3. 贸易可预见性原则（Trade with Predictability）

通过多边贸易体系，各国政府试图给投资者、雇主、雇员以及消费者提供某种商业环境以鼓励贸易、投资和创造就业机会，为市场提供广泛的选择和低廉的价格。这样的一种环境需要稳定和可预见性，尤其是在企业准备投资和发展时，更是如此。贸易可预见性原则要求 WTO 多边贸易体制要使外国公司、投资商和政府相信，在 WTO 中，各种贸易壁垒（包括关税、非关税壁垒和其他措施）不会任意提高，越来越多地降低关税税率和开放市场的承诺将得到遵守。

关税的运用对于可靠和可预见的市场准入机会的存在非常重要。配额被普遍地视为非法，关税在世贸组织中是合法的，它们被各国政府普遍运用以保护其国内产业并筹措财政收入。不过，关税的运用要符合规定，比如，各国在征收关税时对不同的进口不应该构成歧视。

WTO 贸易领域的约束性关税（Bound Tariffs）制度意味着特定产品的关税水平构成世贸组织成员的一项承诺，并且未经与其主要贸易伙伴的补偿谈判不得提高（GATT1994 第 28 条）。这样，当关税同盟的扩展可能导致某些领域更高的关税的时候，就这些领域进行补偿谈判就是必要的。乌拉圭回合提高了约束性关税产品种类的百分比，对于发达经济体而言从 78% 增至 99%，对于发展中经济体而言从 21% 增至 73%，对转型经济体而言从 73% 增至 98%，其结果是这给贸易商和投资者提供了显著提高的市场可靠程度。

对农产品的所有非关税进口限制的“关税化”使农产品的市场可预测程度大大提高了。曾经有 30% 以上的农产品受到配额管理或进口限制，现在对这些农产品的进口管理都通过关税来进行。在转换过程中，关税开始时实际上具有与以前的非关税壁垒同样的保护程度；在乌拉圭回合农产品协议实施后，这些关税已经逐步降低。

对于服务贸易来说虽然不存在边境上的关税，但同样需要贸易条件的可预见性。为了满足这种需要，各国政府承诺了一套初步义务，其范围包括影响各种服务活动的国内规章。这些承诺就像关税义务承诺一样，载入各国的约束承诺表中，并且将在以后谈判中进行扩展。

世贸组织的许多其他协议通过使各成员政府难以任意修改竞争规则，来寻求确保投资与贸易的条件更加具有可预测性。在几乎每一个与贸易条件紧密联系的政策领域，各成员寻求多变的、歧视性的和保护主义的政策的余地都被世贸组织义务所严加限制。

贸易可预见性的另一个重要方面是国内法律、规章以及措施保持一定的透明度。一方面，许多世贸组织协议都含有透明度条款，要求在国家层次上进行信息披露，比如通过在官方报刊登载或通过查询点的方式，或在多边层次上通过向世贸组织进行正式通知的方式进行披露，世贸组织各机构的许多工作就是审查这些通知。另一方面，通过贸易政策评审机制对各国贸易政策所进行的日常监督，也在国内以及多边层次上鼓励了透明度义务的履行。

4. 促进公平竞争原则（Promoting Fair Competition）

促进公平竞争原则是指，通过对补贴、倾销等“不公平”贸易行为的制裁，来保证一个竞争性更强的多边贸易体制。WTO 被大众描述为“自由贸易”的组织，但是这种说法是不确切的。世贸组织允许关税以及在限定的条件下使用其他保护形式，就说明它不是一个完全“自由贸易”的机构。更确切地说，它致力于开放、公平、无扭曲竞争规则的形成。

贸易无歧视原则是用来谋求公平的贸易条件的，关于反倾销和反补贴的规则也是如此。以前的关贸总协定规则，提供了各国政府可以对倾销和补贴这两种“不公平”竞争形式征收补偿性关税的基础，现在这些规则在世贸组织各协议中得到了发展和澄清。WTO 中还有许多条款是促进公平竞争的，比如：世贸组织农产品协议旨在给农业贸易提供更高的公平程度；知识产权协议将改善涉及智力成果和发明的竞争条件；服务贸易总协定的目标是改善服务贸易竞争条件；有关政府采购的诸边协议在许多国家数以千计的政府机构的采购活动中确立竞争规则。

5. 鼓励发展和经济改革原则（Encouraging Development and Economic Reform）

鼓励发展和经济改革的原则是指对发展中成员方的经济发展和改革采取鼓励原则，WTO 多边贸易体系应该有利于协助发展中经济体和转型经济体充分融入 WTO。由于世界贸易组织的四分之三成员方是发展中经济体和从非市场经济向市场经济过渡的转型经济体，因此对它们的经济发展和市场经济改革要给予特别的关注。这样可以有效地消除那种认为 WTO 贸易体系是为发达经济体而存在的看法；同时也改变以前强调对发展中经济体在特定的关贸总协定条款和协议上进行豁免的做法，随着乌拉圭回合的结束，发展中经济体自身表明准备承担要求发达经济体承担的大部分义务。不过，发展中经济体被给予过渡期以进行调整，从而适应其较不熟悉和可能是较为困难的世贸组织条款；对于最穷的，即“最不发达”经济体更是如此。另外，还通过了一项关于最不发达经济体优惠措施的部长级决定，给予这些经济体在实施世贸组织协议上额外的灵活性，号召加速实施对涉及这些经济体出口利益的货物的市场准入减让，为这些经济体寻求更多的技术援助。

（三）世界贸易组织的职能

根据《建立世界贸易组织的马拉喀什协议》，WTO 主要有四项职能。

第一，WTO 应促进《建立世界贸易组织的马拉喀什协议》和多边贸易协议的执行、管理、运作，以及进一步实现各协议的目标，并对诸边贸易协议的执行、管理和运作提供框架。在建立世界贸易组织的谈判中，成员方签署了一系列旨在推进货物贸易和服务贸易自由化、国际贸易中知识产权的保护以及与贸易有关的投资等方面的协定。这些协定有赖于在世界贸易组织的推动和监督下加以贯彻、执行。

第二，WTO 应为各成员处理与《建立世界贸易组织的马拉喀什协议》各附件有关的多边贸易关系提供谈判场所。如果部长会议作出决定，WTO 还可为各成员的多边贸易关系的进一步谈判提供场所，并为执行该谈判的结果提供框架。在关贸总协定之下，先后组织了八轮贸易谈判，在推进贸易自由化方面取得了很大的进展。在世界贸易组织之下，这一职能不会削弱，反而会加强。1997 年在世界贸易组织的主持下，在新加坡举行了该组织成立以来的第一次会议，并取得了一系列贸易自由化的进展（如知识产权保护、通信和信息产品贸易自由化等）。

第三，WTO 应管理实施《建立世界贸易组织的马拉喀什协议》附件二的有关争端解决的规则与程序的谅解（“争端解决谅解”或“DSU”）。

第四，WTO 管理实施《建立世界贸易组织的马拉喀什协议》附件三的贸易政策评审机制；WTO 应和国际货币基金和国际复兴和发展银行及其附属机构进行适当的合作，以更好地协调制订全球经济政策。WTO 通过管理实施贸易政策评审机制，使各成员方制订的对外贸易政策不与世界贸易组织的有关条款相抵触，成员方任何与世界贸易组织有关条款不相一致的政策规定都是不允许的。世界贸易组织还应与联合国、国际货币基金组织、世界银行以及地区性的经济一体化组织进行多方面的合作，以保证组织之间的协调性。

第二节　WTO 的法律体系

以《建立世界贸易组织的马拉喀什协议》（《建立 WTO 的协议》）为主干的《乌拉圭回合多边贸易谈判结果最后文件》（《乌拉圭回合最后文件》）是 WTO 法律基础的最重要组成部分。《乌拉圭回合最后文件》包括《建立 WTO 的协议》及其四个附件。此外，作为乌拉圭回合全部结果的重要组成部分，还通过了与《建立 WTO 的协议》有关的多项部长决定、宣言及谅解。

一、《乌拉圭回合最后文件》的组成部分

（一）1994 年 4 月 15 日马拉喀什宣言

（二）乌拉圭回合多边贸易谈判结果最后文件

（三）建立世界贸易组织的马拉喀什协议

I. 附件一 A：《货物贸易多边协定》

（1）《1994 年关税与贸易总协定》（GATT1994）

a.《关于解释 1994 年关税与贸易总协定第二条第 1 款（b）项的谅解》

b.《关于解释 1994 年关税与贸易总协定第十七条的谅解》

c.《关于 1994 年关税与贸易总协定国际收支条款的谅解》

d.《关于解释 1994 年关税与贸易总协定第二十四条的谅解》

e.《关于豁免 1994 年关税与贸易总协定之义务的谅解》

f.《关于解释 1994 年关税与贸易总协定第二十八条的谅解》

g.《1994 年关税与贸易总协定马拉喀什议定书》

（2）《农产品协议》

（3）《实施动植物卫生检疫措施的协议》

（4）《纺织品与服装协议》

（5）《技术性贸易壁垒协议》

（6）《与贸易有关的投资措施协议》

（7）《关于履行 1994 年关税与贸易总协定第六条的协议（反倾销协议）》

（8）《关于履行 1994 年关税与贸易总协定第七条的协议（海关估价协议）》

（9）《装船前检验协议》

（10）《原产地规则协议》

（11）《进口许可程序协议》

（12）《补贴与反补贴措施协议》

（13）《保障措施协议》

II. 附件一 B：《服务贸易总协定》（GATS）

III. 附件一 C：《与贸易有关的知识产权协定》（TRIPS）

IV. 附件二：《关于争端解决规则与程序的谅解》（DSU）

V. 附件三：《贸易政策审议机制》

VI. 附件四：《诸边贸易协议》

（四）部长决定与宣言

I. 1993 年 12 月 15 日贸易谈判委员会通过的部长决定与宣言

（1）关于给予最不发达国家优惠措施的决定

（2）关于世界贸易组织对全球经济决策更大一致性的贡献的宣言

（3）关于通知程序的决定

（4）关于世界贸易组织与国际货币基金组织的关系的宣言

（5）关于改革计划对最不发达国家和食品净进口发展中国家可能产生的不利影响的措施的决定

（6）关于《纺织品与服装协议》第二条第 6 款通知第一阶段回归的决定

（7）与技术性贸易壁垒协议有关的决定

a. 就世界贸易组织（WTO）——国际标准化组织（ISO）标准信息系统所提出的谅解的决定

b. 关于审议国际标准化组织（ISO）/国际电工委员会（IEC）信息中心出版物的决定

（8）与履行 1994 年关税与贸易总协定第六条的协议（反倾销协议）有关的决定和宣言

a. 关于反规避的决定

b. 关于审议履行 1994 年关税与贸易总协定第六条的协议（反倾销协议）第十七条第 6 款的决定

c. 关于按照履行 1994 年关税与贸易总协定第六条的协议（反倾销协议）或补贴与反补贴措施协议第五部分处理争端的宣言

（9）与履行 1994 年关税与贸易总协定第七条的协议（海关估价协议）有关的决定

a. 关于海关当局有理由怀疑申报价格真实性与准确性案件的决定

b. 关于与最低价值和独家代理、独家经销商和独家特许人进口有关的文本的决定

（10）与服务贸易总协定有关的决定

a. 关于服务贸易总协定机构安排的决定

b. 关于服务贸易总协定某些争端解决程序的决定

c. 关于服务贸易和环境的决定

d. 关于就自然人移动问题谈判的决定

e. 关于金融服务的决定

f. 关于就海运服务谈判的决定

g. 关于就基础电信谈判的决定

h. 关于专业服务的决定

（11）关于加入政府采购协议的决定

（12）关于实施与审议关于争端解决规则与程序的谅解的决定

II. 在 1994 年 4 月 15 日马拉喀什贸易谈判委员会会议上部长们通过的部长决定

（1）关于接受和加入《建立世界贸易组织的协议》的决定

（2）关于贸易与环境的决定

（3）关于为履行建立世界贸易组织的协议而产生的组织和财政问题的决定

（4）关于建立世界贸易组织筹备委员会的决定

（五）关于金融服务承诺的谅解

二、《建立世界贸易组织的马拉喀什协议》简介

（一）《建立世界贸易组织的马拉喀什协议》

根据《建立 WTO 的协议》，世界贸易组织是当今最大的政府间国际贸易组织。其宗旨是提高人民生活水平，保证充分就业，扩大生产和贸易，实现世界资源的最佳使用。

WTO 的决策程序：首先是各成员“一致意见”，若无“一致意见”，则进行投票表决。WTO 每个成员各一票，决定通常由参加投票成员的简单多数作出，但是有以下例外：第一，对于新成员加入的决定需经 WTO 成员的 2/3 多数同意；第二，对于解释协议条款和免除成员义务的决定，需经 WTO 成员的 3/4 多数通过；第三，对于最惠国待遇原则的修改必须由所有 WTO 成员批准。

《建立 WTO 的协议》包括四个附件，它们是：附件一，包括货物贸易方面的各项实质性贸易协议（附件一 A）、服务贸易总协定（附件一 B，GATS）、与贸易有关的知识产权协定（附件一 C，TRIPS）；附件二，关于争端解决规则与程序的谅解（DSU）；附件三，贸易政策审议机制；附件四，诸边贸易协议。其中，附件一、二、三所包括的各项协议被称为“多边贸易协定”（the Multilateral Trade Agreement），对所有 WTO 成员都有约束力；附件四包括只对那些接受它们的成员具有约束力的各项

协议，被称为“诸边贸易协定”或者“复边贸易协定”（the Plurilateral Trade Agreement）。

（二）《货物贸易多边协定》

货物贸易多边协定（附件一 A）包括1994年关税与贸易总协定和其他协议。根据《建立世界贸易组织的马拉喀什协议》第2条第4款规定，1994年关税与贸易总协定在法律上不同于1947年10月30日签订，并于以后修正、修改的关贸总协定（后者被称为“1947年关税与贸易总协定”）。

根据一个总的注释，当1994年关税与贸易总协定与附件一其他协定发生冲突时，在法律效力方面，其他协定的规定优先。除了1994年关税与贸易总协定以外，附件一A的其他协议是：农产品协议、实施动植物卫生检疫措施的协议、纺织品与服装协议、技术性贸易壁垒协议、与贸易有关的投资措施协议、关于履行1994年关税与贸易总协定第六条的协议（反倾销协议）、关于履行1994年关税与贸易总协定第七条的协议（海关估价协议）、装船前检验协议、原产地规则协议、进口许可程序协议、补贴与反补贴措施协议和保障措施协议。

（三）《服务贸易总协定》及其附件

《服务贸易总协定》（GATS）是全球第一套关于国际服务贸易的、具有法律效力的多边规则，WTO的服务贸易理事会负责监督GATS的实施。与关于货物贸易的协议一样，GATS也有三个层次：其正文包含普遍适用的原则和义务，附件处理具体服务贸易部门所适用的规则，各国的具体承诺提供市场准入机会。与货物贸易有所不同，GATS有第四个特别的部分，是关于最惠国待遇例外的清单，它列明了各国分别在哪些服务领域暂时不适用非歧视原则中的最惠国待遇原则。

GATS适用于所有国际服务贸易，包括国际服务贸易不同的提供方式。GATS所确定的国际服务贸易提供方式共有4种：第一，从一国境内向另一国境内提供服务（比如国际电话），又称“跨境交付”（Cross-border Supply）；第二，一国的消费者或企业在另一国的境内使用服务（如旅游），又称“境外消费”（Consumption Abroad）；第三，外国企业通过在另一国境内设立附属企业或分支机构而在该国提供服务（如外国银行在另一国境内开展业务），也称为“商业存在”（Commercial Presence）；第四，服务提供者个人从本国旅行到另一国境内提供服务（如时装模特或咨询顾问），又称为“自然人流动”（Movement of Natural Persons）。

各国具体承诺开放哪些服务部门，这些部门的开放程度如何等，都是谈判的结果，这些承诺体现在各国的服务贸易减让表中。减让表具体列出了开放的部门、这些部门所允许的市场准入的程度（比如对外国投资比例有无限制），在国民待遇上有怎样的限制（比如一些给予本国公司的权利是否给予外国公司）。这些承诺都是约束性的，就像关税约束一样，它们的修改或撤销只能在与受影响的国家谈判之后进行，而谈判的结果往往是要做出补偿的。对于国外的服务贸易进出口商和服务部门的投资者来说，各国服务贸易减让表的约束性，使得他们面临的商业条件得到了保证。

乌拉圭回合结束时，各国政府同意在4个服务领域（基础电信服务、海运服务、为提供服务之目的的自然人流动和金融服务）继续进行谈判。在基础电信领域，各国在乌拉圭回合中没有做出承诺，原因在于政府垄断部门的私有化在许多国家都是非常棘手的问题，而增值电信服务一般由私营部门经营，所以包括在许多国家最初的服务贸易减让表中。基础电信谈判1997年2月最后结束，各国新的承诺于1998年2月开始生效，到1999年3月共有64个缔约方。另外，1997年底WTO成员达成了《金融服务协定》，它于1999年3月1日生效，到1999年9月共有60个缔约方。海运服务的谈判终止；自然人流动谈判在1995年7月结束，达成了新的协议。

第三节　WTO的组织结构

根据《建立世界贸易组织的马拉喀什协议》的规定，世界贸易组织对该组织内部的机构设置、职责范围以及议事规则等都作了规定。图3.1是世界贸易组织的组织结构。

一、部长级会议和总理事会

（一）部长级会议

部长级会议是世界贸易组织的最高决策机构，由WTO的所有成员组成，它也是WTO各成员方最重要的谈判场所。根据《建立WTO的协议》，部长级会议至少每两年举行一次，所有成员方的代表都有资格参加会议，有权对多边贸易协议下的所有事项作出决定。

根据《建立WTO的协议》，部长级会议具有以下职能：第一，部长级会议设立贸易与发展委员会，国际收支限制委员会，预算、财务与行政委员会。在适当情况下，还可以设立其认为具有适当职能的其他委员会。第二，任命总干事并制定有关规则，确定总干事的权力、职责、任职条件和任期以及秘书处工作人员的职责及任职条

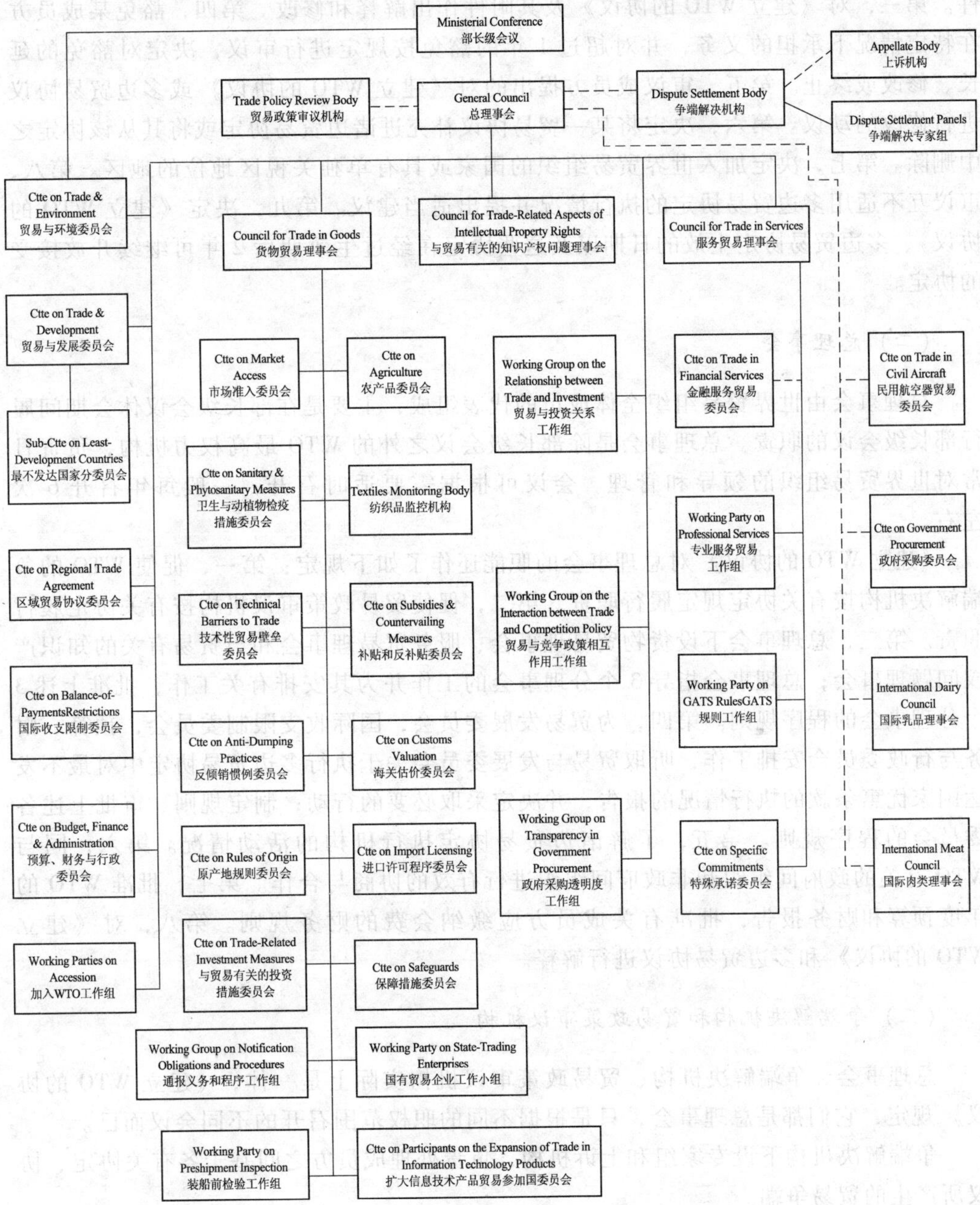

图 3.1 世界贸易组织的组织结构

件。第三，对《建立 WTO 的协议》及其附件作出解释和修改。第四，豁免某成员方在特定情况下承担的义务，并对超过 1 年的豁免按规定进行审议，决定对豁免的延长、修改或终止。第五，审议成员方提出的对《建立 WTO 的协议》或多边贸易协议进行修改的动议。第六，决定将某一贸易协议补充进诸边贸易协定或将其从该协定之中删除。第七，决定加入世界贸易组织的国家或具有单独关税区地位的地区。第八，审议互不适用多边贸易协定的执行情况并提出适当建议。第九，决定《建立 WTO 的协议》、多边贸易协定生效的日期以及这些协定在经过生效期后 2 年可继续开放接受的协定。

（二）总理事会

总理事会由世界贸易组织全体成员的代表组成，主要是在部长级会议休会期间履行部长级会议的职责。总理事会是除部长级会议之外的 WTO 最高权力机构，负责日常对世界贸易组织的领导和管理。会议可根据需要适时召开，一般每年召开 6 次左右。

《建立 WTO 的协议》对总理事会的职能还作了如下规定：第一，促使 WTO 的争端解决机构按有关协定规定履行职责。第二，促使贸易政策审议机构按有关协定履行职责。第三，总理事会下设货物贸易理事会、服务贸易理事会和与贸易有关的知识产权问题理事会；总理事会指导 3 个分理事会的工作并为其安排有关工作，批准上述 3 个分理事会的程序规则。第四，为贸易发展委员会，国际收支限制委员会，预算、财务与行政委员会安排工作，听取贸易与发展委员会关于执行多边贸易协定中对最不发达国家优惠条款的执行情况的报告，并决定采取必要的行动；制定规则、审批上述各委员会的程序规则。第五，了解诸边贸易协定执行机构的活动情况。第六，同与 WTO 有关的政府间组织和非政府间组织进行有效的协商与合作。第七，批准 WTO 的年度预算和财务报告，批准有关成员方应缴纳会费的财务规则。第八，对《建立 WTO 的协议》和多边贸易协议进行解释。

（三）争端解决机构和贸易政策审议机构

总理事会、争端解决机构、贸易政策审议机构实际上是一体，《建立 WTO 的协议》规定，它们都是总理事会，只是根据不同的职权范围召开的不同会议而已。

争端解决机构下设专家组和上诉机构，负责处理成员方之间基于各有关协定、协议所产生的贸易争端。

贸易政策审议机构定期审查各成员方的贸易政策、法律与实践，并就此做出指导。

二、理事会及下属委员会、各专门委员会

（一）理事会及下属委员会

世界贸易组织为使各项制度及协议得到圆满执行，成员方之间发生的争端得到迅速有效解决，在部长级会议或总理事会之下设立了一系列常设理事会、委员会。其中负责世界贸易组织主要职能的货物贸易理事会、服务贸易理事会、与贸易有关的知识产权问题理事会是最重要的理事会，由所有成员方代表组成，每一理事会每年至少举行 8 次会议。

货物贸易理事会涵盖了《建立 WTO 的协议》附件一 A 所列的全部协议，主要负责监督《1994 年关税与贸易总协定》及其附属的 13 个协议的执行。在该理事会之下，又分设十几个委员会，它们是：市场准入委员会、农产品委员会、卫生与动植物检疫措施委员会、与贸易有关的投资措施委员会、原产地规则委员会、补贴与反补贴委员会、海关估价委员会、技术性贸易壁垒委员会、反倾销惯例委员会、进口许可程序委员会、保障措施委员会、纺织品监控机构等。

服务贸易理事会主要负责管理监督《服务贸易总协定》的实施。与贸易有关的知识产权问题理事会主要负责管理和监督 WTO《与贸易有关的知识产权协定》的执行。在《与贸易有关的知识产权协定》中，规定了所有成员都必须达到的最低标准，明确了实施该标准的法律义务，把知识产权问题列入世界贸易组织争端解决机制的调整范畴。

（二）各专门委员会

根据《建立 WTO 的协议》，部长级会议设立各专门委员会，负责处理 3 个理事会的共性事务以及 3 个理事会管辖范围以外的事务，各专门委员会向总理事会直接负责。

贸易与发展委员会是承接《1947 年关税与贸易总协定》而来，其主要职责是定期审议多边贸易协定中有利于最不发达国家的特殊条款，它设立了“最不发达国家分委员会”，并定期向总理事会报告，以便采取进一步行动。

贸易与环境委员会是根据 1994 年 4 月 15 日马拉喀什部长级会议决定而成立的，其主要职责是协调贸易与环境措施之间的矛盾，制定必要的规范，以促进贸易的持久发展。

国际收支限制委员会是由《1947 年关税与贸易总协定》转入世界贸易组织的机

构，它负责监督审查有关协议中涉及国际收支平衡条款以及依据这些条款而采取限制进口措施的执行情况。

预算、财务与行政委员会主要负责接受总干事提交的世界贸易组织的年度概算和决算，提出建议供总理事会通过。预算、财务与行政委员会还负责起草财务条例，这些条例应尽可能依据 GATT1947 的条例和做法；它负责提出世界贸易组织年度财务报告及预算，负责世界贸易组织的财产及内部行政事务。财务条例中最重要的内容是根据 WTO 费用确定各成员方会费分摊比例，及时对拖欠会费成员方采取措施。各成员方会费分摊比例的确定原则是，每一成员方政府应交纳的世界贸易组织费用中分摊的份额等于每一个成员方进出口量在成员总贸易量中的份额。这个份额在《关贸总协定》中指的是货物贸易，在 WTO 中指的是货物贸易和服务贸易的和。最少的分摊比例是0.03%，这个比例对于贸易量在世界贸易组织成员总贸易量中所占份额不足0.03%的成员方适用。

区域贸易协议委员会的职能是审查所有双边、区域和诸边优惠贸易协议，并审议此类协议和区域性倡议对多边贸易体制的影响。

三、总干事和秘书处

（一）总干事

根据《建立 WTO 的协议》，世界贸易组织设立了由总干事领导的秘书处。WTO 的决定是由成员方作出的，所以 WTO 秘书处没有作决定的权力，它的职责是为各个理事会、委员会等提供技术的和专业的支持。总干事是世界贸易组织的最高行政长官，他的具体权力、义务、职责、任职条件及日期由部长级会议决定。秘书处的工作人员以及他们的职责、任职条件由总干事决定。总干事及秘书处工作人员都必须具有国际性质，他们在履行职责时不得寻求或接受任何政府或世界贸易组织之外机构的指示，作为国际职员，他们不得做可能会对其职务产生任何不利影响的事情。WTO 各成员方也应尊重总干事和秘书处工作人员的国际性质，不应该影响他们履行职责。

世贸组织总干事虽然不能对 WTO 的谈判作出决定，但是他的影响力是比较大的。他可以最大限度地向各成员施加影响，要求它们遵守世贸组织规则；总干事需要考虑和预见世贸组织的最佳发展方针；他应该帮助各成员解决它们之间所发生的争议；总干事负责秘书处的工作，管理预算和所有成员有关的行政事务；总干事应当主持协商和非正式谈判，避免争议。由于总干事的影响力，各成员方都希望有利于自己的人能够担任这一职务。总干事的正常任职时间是 4 年，但是在迈克·穆尔（新西兰前总理）和素帕猜·巴尼巴滴（泰国前副总理）1999 年竞选总干事职务的时候，前者得到了发达成员方的支持，后者得到了发展中成员方的支持，最后相持不下，只能采取一个妥协的方法，迈克·穆尔和素帕猜·巴尼巴滴分别担任 WTO 总干事 3 年，不得连任。

（二）WTO 秘书处

相对于关贸总协定的秘书处，WTO 秘书处的职责更大、作用更大、姿态更加主动。比如，WTO 秘书处负责定期审议各国的贸易政策，秘书处负责写出被审成员方的贸易报告，可以要求有关成员方“澄清其贸易政策和实践”，秘书处甚至可以指出成员方应该予以纠正或改进的贸易实践，敦促其做出必要的改革。

WTO 秘书处的每个司都由副总干事或直接由总干事负责，它的机构设置主要有以下一些：总干事办公室（包括为上诉机构和纺织品监督机构提供行政支持等职责）、部长级会议司、理事会司、信息与新闻媒介关系司、对外关系司、法律事务司、规则司、市场准入司、农产品与商品司、纺织品司、服务贸易司、知识产权司、贸易政策审议司、发展司、贸易与环境司、贸易与金融司、加入司、技术合作司、培训司、经济研究与分析司、统计司、信息司、语言服务与文件司、财务与总务司、人事司。

复习思考题

1. 关税与贸易总协定是在怎样的背景下、如何产生的？
2. 世界贸易组织与关贸总协定的区别有哪些？
3. WTO 的基本原则有哪些？
4. WTO 的主要职能是什么？
5. 《建立 WTO 的协议》的组成部分有哪些？
6. WTO 的组织结构是怎样的？
7. 部长级会议具有哪些职能？
8. 总理事会的职能有哪些？
9. 总干事和秘书处的职能是什么？

第四章　争端解决机制使世界贸易组织具有权威

本章摘要

WTO 争端解决机制的程序。
WTO 争端解决机制的制度特征。
WTO 争端解决的立案和解决情况。
专家组的职能。
WTO 争端解决机制为政府在其中发挥作用留出了制度空间。

1995 年 1 月 1 日开始运行的 WTO 争端解决机制（Dispute Settlement Mechanism, DSM），是在《1947 年关贸总协定》争端解决 48 年经验的基础上，经过较大发展而创建的一项制度。WTO 与 GATT 在争端解决运行程序方面的一个最大区别是，后者以非司法程序为核心，而前者则以司法程序为核心。

第一节　WTO 争端解决机制概述

WTO 争端解决机制的司法性体现在它的制度特征上，这些特征包括：建立了一套系统和完整的制度、管辖的强制性、上诉机构复审程序的设置、各阶段有严格的时间限制、执行裁决或建议有法律保障、司法独立、期间评审，等等。

一、WTO 争端解决机制及其程序

WTO 争端解决机制主要是以《建立世界贸易组织的协议》及其附件 2《关于争端解决规则与程序的谅解》（Understanding on Rules and Procedures Governing the

Settlement of Disputes, DSU）为依据建立起来的用来处理 WTO 成员方贸易纠纷的一套系统规则，这套机制一方面维持了《1947 年关贸总协定》争端解决机制的基本框架和规范，另一方面又改进和创新了 1947 年争端解决机制。WTO 争端解决机制是 WTO 三大机制（争端解决机制、贸易政策评审机制、多边贸易谈判机制）中备受世人瞩目的一项。只要一成员方因争端未决而选择了申诉，另一成员方就必须应诉，且双方都需接受 DSM 有关机构对最终通过的裁决或建议执行情况的监督。

我们可以将争端解决的程序大致分为 4 个阶段：（1）磋商；（2）专家组；（3）上诉；（4）执行。此外，还可包括斡旋、调解和调停等自愿选择性程序，这类程序具有高度的灵活性，可由任何一方提出请求，并于任何时候开始和终止。

WTO 争端解决过程大致如下：一成员方或者多个成员方由于利益受到损害而向另一成员方提出磋商要求；如果磋商在 60 日内没有结果，则进入下一程序，DSB（争端解决机构）建立专家组，此专家组应在 DSB 作出成立专家组决定的 30 日内组成；专家组在审查阶段将与争端各方及第三方举行会议，专家组还将提交中期报告供各方评论；在专家组成立 6 个月内向各方提交专家组报告，在紧急情况下，专家组应该在其成立的 3 个月内向各方提交专家组报告；在专家组成立 9 个月内，专家组应该将其报告提交至 DSB；如果争端各方对于此报告没有疑义，则败诉方须在“合理期限”内执行报告中的建议；如果争端的一方认为专家组报告存在问题，可以提起上诉，上诉机构将再次成立专家组，此上诉机构成立的专家组提交的报告将为终裁结果；如果专家组报告没有得到执行，各方在全面执行前谈判补偿，如果没有就补偿达成协议，DSB 将在全面执行前授权进行报复。

二、WTO 争端解决机制的制度特征

（一）建立了一套系统和完整的制度

DSM 有专门的受案机构——争端解决机构（DSB），设立了专家组程序和上诉复审程序，提供了自行解决（磋商）、第三方协助解决（斡旋，调解等）、提交 DSB 解决和仲裁等各种解决纠纷的途径，明确规定任何缔约方未经规定程序不得自行认定其他缔约方违反了有关协定的义务或损害了其依据有关协定可享受的利益，同样的，任何争端方未经 DSB 授权，不得采用任何报复措施。另外，《谅解》第 14 条、第 17 条第 10 款和第 11 款以及第 18 条等的规定均反映了专家小组与上诉程序的保密性，其目的是为了避免外界压力影响专家组和上诉机构成员作出公正的裁决。

（二）管辖的强制性

按照传统的国际法，对于国际组织成员之间的争端应采用“自愿”为基础的解决办法；不过，WTO专家组裁决模式确立了对案件的“强制管辖权”，这也是WTO专家组裁决与GATT工作组裁决的最大不同之一。在GATT模式下，工作组审理案件必须经争端当事方同意，审理报告须由GATT理事会以“共识”通过。按“共识”程序，在GATT理事会会议上，被诉方或败诉方总能得以轻易阻碍报告的通过，即在很大程度上赋予了他们否决权。这对于GATT工作组裁决模式的运行构成了极大的威胁。WTO争端解决机制在决策程序上采用了“反向协商一致”规则。这一规则的运用使得WTO争端解决机制的所有程序从案件的受理到最后裁决的执行几乎畅通无阻。“反向协商一致”要求在否决某项决策时，必须所有成员方协商一致表示不赞同。在实践中，要使所有成员方协商一致反对某项决策的通过几乎是不可能的。WTO争端解决机构不排斥争端当事方参加协商，因此在协商时，至少裁决将对自己有利的一方不会放弃自己对决策的影响权。这样，WTO争端解决机制专家小组的设立、专家小组的报告、上诉机构的报告以及报复授权的通过成了一种必然或“自动通过”，这种自动通过，使得WTO争端解决机构对成员方在WTO协议下发生的争端有了强制管辖权。

这种强制管辖权是对传统的GATT争端解决机制自身痼疾的一种克服。首先，在专家小组的成立方面，传统的GATT争端解决机制由于采用“协商一致”的规则，争端双方尤其是明知自己违反了GATT协议的国家在大会上可以阻挠或拖延工作组的成立，使得争端迟迟不得进入工作组程序，机构在争端的处理上软弱无力。WTO争端解决机制克服了这种弊端，根据“反向协商一致”规则，专家小组的成立是自动的，争端双方的争端接受专家小组的管辖成了无法逆转的事实。其次，在专家小组的报告方面，传统的争端解决机制的实践表明，即使是缔约国协商一致成立工作组，工作组审理结束将报告提交给大会时，各缔约国包括争端双方尤其是败诉方仍能很容易地阻挠报告的通过。这种制度性的弊端使得在GATT争端解决机制下工作组的报告常常无果而终，但在WTO争端解决机制下，这种情况很难发生。专家小组以及上诉机构（传统GATT争端解决机制中不存在上诉机构）报告的通过是自动的或准自动的，败诉国家或其联盟国家的反对会因胜诉方的“一票同意”而被否决。因此，WTO争端解决机制下的专家小组的报告、上诉机构的报告类似于国内法院体制中的尚未签章的判决书，其对结果的预见性是不言而喻的。另外，在裁决的执行方面，传统的GATT也采用“协商一致”规则，只有当缔约国协商一致认为有必要采取授权中止减让义务时，裁决才可得到执行。这样，就算工作组顺利成立，报告也得到了通过，败诉方仍可以在判决的执行上设置障碍。WTO争端解决机制采用的“反向协商一致”规则克服了这种弊端，在这种新的体制下，只要有胜诉方或其他成员方一票同意，判决便可得到执行，保障了WTO争端解决机制判决的有效性和权威性。

然而，WTO争端解决机制所采用的“反向协商一致”规则也不是尽善尽美的。由于“反向协商一致”是一条自动通过的决策规则，它很容易滋生争端国滥用手中的权力，导致专家小组的大量设立和有问题报告的通过。乌拉圭回合经过激烈的争辩，在最后的《谅解》中规定了对“反向协商一致”规则的补救和完善。例如《谅解》第17条第4款规定，败诉方有权就专家小组的报告向上诉机构上诉；第22条第6款规定，败诉方有权通过仲裁反对胜诉方请求报复的幅度或水平和违反有关原则和程序的行为。这些规定，都是各国在长时间的谈判之后的产物，不论是“反向协商一致”，还是针对“反向协商一致”规则的补救和完善，抑或是其他规定，都留有一定的空间。在一些研究者眼里，这些空间是不完善的表现，我们却认为，这里留出的空间，恰恰是WTO争端解决机制当中的智慧所在，因为国际间的贸易情况纷繁复杂，不可能用一个框架将其严格规定，而且，协议本身也是各国妥协的产物。当然，这也就为各国政府利用其中的空间谋求本国的经济利益埋下了伏笔。

总体看来，强制管辖的规定主要集中在两个方面：一是确立了“反向协商一致”的表决方式，包括对专家组的设立、专家组报告和上诉机构报告的通过、对DSB裁决强制执行的授权申请等均适用该表决方式，这实际上是肯定了申诉方或胜诉方的赞同权，哪怕只有申诉方或胜诉方一方赞同，专家组就应设立，报告就应通过；二是正式赋予了“DSB有权设立专家组，通过专家组和上诉机构报告，监督裁决和建议的执行以及中止减让和各适用协定下的其他义务”。

（三）上诉机构复审程序的设置

WTO设立了7人执行上诉机构，为对法律问题有异议的当事方提供了上诉审查的机会。上诉机构的复审报告一般能被DSB自动采纳，除非DSB一致不同意，这是“反向协商一致”表决方式的体现。GATT机制并没有设立上诉审查程序，任何一方对专家组的报告不服也不得上诉；而WTO机制则增设了上诉审查程序，这就改变了GATT的“一审制”，构成WTO的“两审终审制”。凡是对专家组报告不服的争端一方均可提起上诉，由上诉机构对专家组报告中的法律问题和法律解释进行审查并做出结论，由DSB以“反向协商一致”的方式通过后，为各当事方无条件接受。

引入上诉程序的主要目的是避免专家组法律裁决中的错误，上诉机构的审查“应限于专家组报告所涉及的法律问题和专家组所作的法律解释”，这一有关上诉审范围的规定对于上诉机构对上诉中提出的具体问题的处理是非常关键的。就此而言，上诉机构在 EC-Hormones（DS26/DS48）中曾裁定：“根据《谅解》第 17 条第 6 款，上诉审被限于专家组报告所涉及的法律问题和专家组所作的法律解释。专家组所作的区别于法律解释或法律结论的事实裁决，原则上不受上诉机构的审查。诸如关于某一事件在特定的时间或地点是否曾经发生的裁定，就是典型的事实问题。……关于某些特定证据应被适当给予的可信性以及可采纳度（即证据的鉴别）的裁定，也是事实调查程序的一部分，因此原则上属于专家组作为事实调查者的自由裁量权的范畴。然而，特定事实与特定条约规定的一致或不一致性则是具有法律特征的事项，它属于法律问题。专家组是否已经根据《谅解》第 11 条对其审查的事实作出了客观评估，也是一个法律问题，因而如果被适当地提出上诉，也属于上诉审的范围。”

（四）各阶段有严格的时间限制

GATT 规则只规定各程序环节应在“合理期限内”完成，因而造成不少案件久拖不决，而即使最终作出裁决，也往往历时数年，失去了意义。针对这种情况，《谅解》对各个环节均规定了严格的工作时限，从而确保了争端的迅速解决，提高了案件处理效率。《谅解》规定，如争端不能在 60 天（紧急情况为 20 天）内通过磋商解决，当事方可以要求成立专家组，DSB 接到请求后在第一次会议上决定是否成立专家组，一旦作出肯定的决定，必须在 20 天内完成对专家组的设立。从专家组成立到它向 DSB 提交结论性报告，其时间不应超过 6 个月（紧急情况为 3 个月），若必须延长，也不得超过 9 个月。而对专家组报告的上诉复审应在 60 天内完成，最迟不超过 90 天。DSB 应分别在 60 天和 30 天内通过专家组报告和上诉机构报告。对 DSB 的裁定或建议，当事方应立即执行；若不能立即执行，则规定在一个合理期间内予以执行。从设立专家组到明确“合理期限”，总的期限为 15 个月（特殊情况为 18 个月）。通过这样对每一个环节工作时限的严格规定，大大提高了其办案效率，从而也提高了整个争端解决机制的工作效率。

GATT 机制并未限定执行的“合理期限”，而仅提出有关缔约方应迅速执行或在合理期限内执行有关建议或裁决；而 WTO 机制则对“合理期限”明确限定为：有关当事方提出的且获 DSB 批准的期限；争端当事方在建议和裁决通过之日起 45 天内相互同意的期限；在建议或裁决通过之日起 90 天内经仲裁确定的期限；无论如何，该期限最长不得超过建议或裁决通过之日起 15 个月。

（五）执行裁决或建议有法律保障

WTO 争端解决机制和 GATT 裁决的强制执行范围不同。GATT 机制允许被授权方采取报复行动，但这种报复仅限定在发生争端的同一部门，或者说仅限定在专家组认定存在违反或抵销损害情形的同一部门。WTO《谅解》规定，若败诉方在合理期间内不执行专家组或上诉机构的建议和裁决，有关当事方可请求补偿，若补偿不成，可进一步请求授权中止减让其他义务。《谅解》第22条第3款关于上诉当事方的权利是这样规定的：a. 一般原则是，申诉方应首先谋求中止涉及专家小组或上诉机构已确认存在违法或其他丧失或损害的部门（诸部门）的减让或其他义务；b. 若该当事方认为中止相同部分的许可权或其他各款义务并不切实可行或卓有成效，则它可以设法中止同一协议下其他方面的许可权或其他各项义务；c. 若那个当事方认为中止同一协议项下其他方面的许可权或其他各项义务并不切实可行或卓有成效，且情况十分严重，则它可以设法中止另一有关协议项下的许可权或其他各款义务。b、c 两款被称为“交叉报复”行为，这种交叉报复允许弱国在不同部门甚至不同的协议领域内中止义务，很有威慑力；若仅停留在 a 款，弱国只能在造成损害的相同部分寻求中止减让，对大国的实际制裁力很有限。WTO 关于“交叉报复”制裁措施的引入使争端解决机制产生实质性的效用，从而也有效地支撑了 WTO 其他规章制度的有效运行。正是因为 DSM 裁决强有力的实施，使 WTO 比其他国际组织更能有效地发挥作用。

WTO 争端解决机制裁决的执行力度也得到了强化。执行力度的强化是通过“跟踪执行监督”制度①和“交叉报复”制度两者的密切配合、共同作用而实现的。通过“跟踪执行监督”制度的运行，使执行活动更趋透明化，从而利用整个国际社会的舆论和道义压力迫使败诉方执行“建议”或“裁决”。而通过“交叉报复”制度的贯彻，则从根本上大大加强了报复方式和力度，从而或使败诉方畏于被报复而主动执行裁决、建议，或使胜诉方在败诉方不执行裁决、建议的情况下以此种“交叉报复”的方式获得充分的补赔。而无论是上述的哪一种情况，都最终强化了执行的力度。

（六）司法独立

WTO 机制的司法独立权主要交由专家组和上诉机构行使，从对专家组成员资格和其审案的要求（《谅解》第8条第2款和第9款）到对上诉机构成员资格和职责的要求和享有的职权（《谅解》第17条第13款）来看，均体现了其司法独立性。

在实践上，过去几年中各当事方就所提出的专家组成员越来越难达成一致。究其原因，主要有两个。一是有经验的专家很少而争端却越来越多，因而造成实际上的可选面极窄，无法令当事方满意。不过这只是一个表面原因，尚不至于对专家组成员的选用造成如此大的障碍，而根本的原因在于另一方面，即“准自动通过”程序消除

---

① 该机制明确规定，争端解决机构有权对裁决或建议执行进行监督。确定了执行监督的机构，建立了相关的执行跟踪制度，其中要求争端解决机构要对裁决的执行进行定期审议，被执行方要对执行情况进行报告等。

了败诉方阻碍不利裁决执行的可能性，因而专家组的裁决在新的争端解决机制下显得更加重要。在这种新的机制下，当事方难以阻碍裁决的执行，所以只能寄希望于专家组作出相对更有利于自己的裁决，因而各当事方也就更加关注专家组成员的选用，这样一来，当事各方在专家组成员的选用上产生激烈的斗争而难于达成一致就不难理解了。在当事方无法就此达成一致的情况下，组成一个专家组的唯一途径就是让总干事指定专家组成员，而总干事只有在被要求时才会这样做。作为必要且适当时的最后一个办法，请求总干事指定成为更加普通的做法——在最近一段时期，约有一半的专家组是由总干事指定的。

（七）期间评审

期间评审程序是指专家组在公布最后报告之前，先将期间报告交给当事方征求意见，并就当事方的书面意见召开会议，与当事方一起审查报告。关于这一程序，《谅解》在第15条中作了具体规定：专家组先就报告草案中的陈述部分向当事方征求意见，当事方应在专家组指定期限内递交书面意见；专家组向当事方提供一份既有陈述部分，又有该专家组对事实和法律的认定及结论的期间报告；任何当事人均可在指定期限内向专家组提出书面请求，请求专家组对期间报告进行重新审查；经当事方请求，该专家小组应就其报告中涉及的各个问题与当事方召开会议进一步核实；如在评审期间未收到任何当事方的意见，则期间报告应被视为最终报告，并应立即送达各成员方传阅；专家组最终报告的调查结论应包括在期间评审阶段对有关论据所作的讨论，期间评审阶段应在第12条第8款所列的时限内进行。从《谅解》的规定可以看出，期间评审的范围十分广泛，既包括对陈述部分的评审，又包括对专家组期间报告中事实及法律认定的评审，还包括对其结论的评审。而联系到上诉审，按《谅解》规定，其范围仅限于报告中的法律问题和专家组所作的法律解释。

对期间评审学界意见不一。有学者认为这不仅浪费时间，而且允许争端当事方对专家组内部工作程序的无法忍受的干预，从而危及专家组成员的独立性，并使专家组报告失去公平性，因为它规定专家组必须考虑争端各方在这一阶段提出的各种反对意见。也有人认为，期间评审可能是为了清除模棱两可之处使专家组的裁定更加清晰，起草者的目的可能是为了减少败诉方上诉的机会。国内学者认为期间评审具有促成当事人协商解决争端、提高专家组最终报告的质量等作用，但也指出期间评审并未达到人们预期的效果，因为几乎所有的案件在专家组报告下发之后都被当事人提起了上诉，只有个别案子例外，因而提出改革“期间评审”的观点。

第二节 WTO争端解决机制的运行实践

本节将具体分析WTO争端解决机制的运行实践情况。在WTO的谈判和贸易争端实践中，有时候发展中成员方团结在一起争取自己的利益。但是，在很多情况下，发展中成员方的合作对象是发达成员方，产生贸易争端的双方都是发展中成员方。本节将WTO的成员分为发达成员方和发展中成员方，只是为了分析方便，不意味着在WTO中存在这样的两大利益团体。

一、DSB正式立案情况

从1995年WTO正式成立之日起，至2005年底，WTO争端解决机构立案335起，详细情况见表4.1。

表4.1　1995—2005年WTO争端解决机构立案情况　（起）

	发达成员方起诉		发展中成员方起诉		总计
	诉发达成员方	诉发展中成员方	诉发展中成员方	诉发达成员方	
1995年	10	3	4	8	25
1996年	12	15	6	6	39
1997年	20	20	9	1	50
1998年	23	10	4	4	41
1999年	14	8	5	3	30
2000年	7	9	11	7	34
2001年	4	0	13	6	23
2002年	15	3	5	14	37
2003年	5	2	7	11	25
2004年	9	4	3	4	20
2005年	1	3	4	3	11
总计	120	77	71	67	335

资料来源：根据WTO官方网站资料统计，http：//www.wto.org/english/tratop_e/dispu_e/dispu_status_e.htm。

对于 WTO 争端解决机制的运行，我们可以得出以下结论。

（一）案件处理数量经历了从大幅增加到平稳的过程

WTO 争端解决机构案件处理数量在最初几年大幅度增加，以后逐渐进入平稳。从 1948 年到 1994 年，关贸总协定一共受理争端 231 件，做出 102 个工作组报告，年平均分别为近 5 件和 2.2 个；而 WTO 争端解决机构从 1995 年到 2005 年已经立案 335 起，年平均 30 件以上，详见图 4.1。WTO 争端解决机构在短短的几年时间里受理的案件超过了 GATT40 余年受理案件的总和，充分反映了 WTO 争端解决机制的生命力。

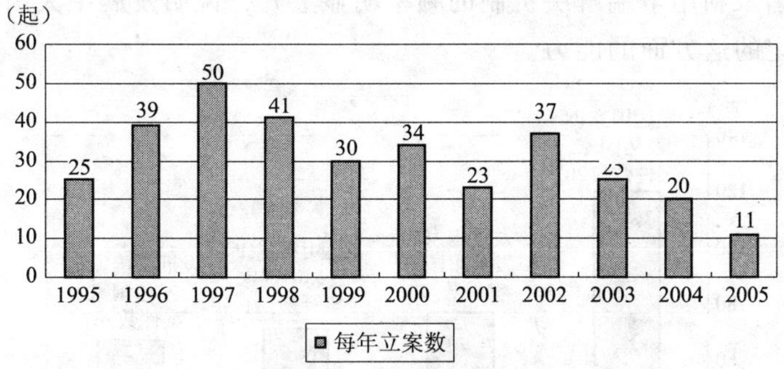

图 4.1　WTO 争端解决机构 1995—2005 年立案数量

造成这一结果的原因可能是多方面的，WTO 成员方的增加、国际贸易量的扩大等方面可能都是使得 WTO 争端解决机构案件处理数量大幅度增加的原因。WTO 协议覆盖的范围大大扩展，导致成员实体权利和义务的大量增加（不仅是货物贸易领域，在服务贸易和知识产权保护方面也增加了新的条款），成员可以提交到争端解决机构的案源也大大增加了。但是，WTO 争端解决机制一系列的创新无疑是一个主要因素，通过一系列的创新，WTO 争端解决机制比关贸总协定争端解决机制更加有效，成员更加信赖该程序，更加频繁地利用这个程序来处理国际贸易中的争端。在“反向协商一致”规则的“威慑”下，WTO 争端解决机制的各项程序发挥了预期的功能。制度上的创新一方面使 WTO 争端解决机制的效率提高，另一方面也使案件裁决的公正合理性和执行得到了更强的保证，因此成员方才会将越来越多的纠纷诉诸 WTO 争端解决机制寻求解决。

（二）发达成员方作为起诉方的比例高于发展中成员方

从当事方的构成来看，发达成员方（这里，发达成员方指西方工业七国，以及作为整体的欧共体（欧盟）及澳大利亚、新西兰、南非、瑞士、挪威等国家）作为起诉方的比例高于发展中成员方，如图 4.2 所示。之所以出现这样的结果，主要原因与发达成员方和发展中成员方在世界贸易总额中的比重相关。根据 WTO 的统计，2001 年 WTO 成员中 17 个发达成员方（欧盟各成员国分别计算）的出口占世界总出口额的 63.8%，进口占世界总进口额的 66.2%。从利用争端解决机制的比例看，大体与此相当。当然，另一个原因是相对于发达成员方，发展中成员方在人才等方面的劣势。利用争端解决机制进行诉讼需要法律、经济方面的具有实际经验的专业人才，这些人才在发展中成员方一般都比较短缺，这不利于发展中成员方进行起诉和应诉。当然，对于一些发展中大国，这个问题不是特别严重。从印度、巴西等国的情况看，最近几年这些国家利用争端解决机制的频率明显上升，说明发展中大国可以在较短的时间内具备一定的这方面的能力。

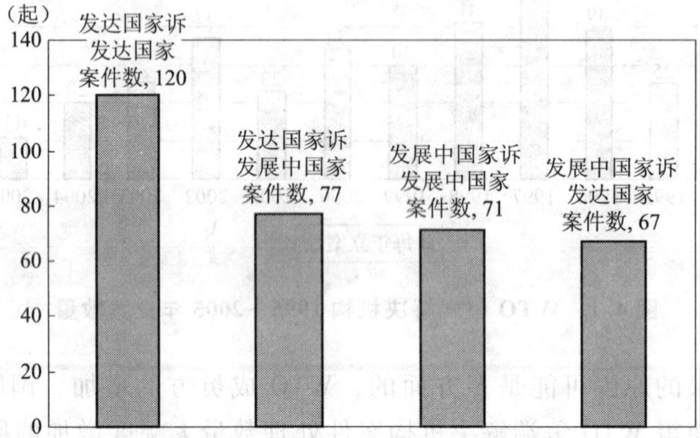

图 4.2　1995—2005 年 WTO 争端解决机构案件的当事方构成情况

从图 4.2 可以看出，比例最高的是发达成员方诉发达成员方，其次是发达成员方诉发展中成员方，再次是发展中成员方诉发展中成员方，最少的是发展中成员方诉发达成员方。这是自 1995 年到 2005 年的情况，但是从各个单独的年份来看，当事方的构成有比较大的变化。对此我们将在下面进行分析。

（三）发达成员方诉发达成员方的案件比例大

从总体上看，发达成员方诉发达成员方的案件数一直比较多，占当年案件总数的比例也比较高，不过，每年的情况并不完全一致。发达成员方之间的贸易联系一直是最紧密的，其贸易额占全球贸易额的绝大部分，它们之间的贸易争端比较多就不足为奇了。从比例上看，比较高的是 1995 年、1997 年、1998 年、1999 年、2002 年和 2004 年，达到了当年提出申诉案件总数的 40% 以上。可见，除了发达成员方之间的贸易争端继续维持一个重要的比例外，其他类型的贸易争端有上升的趋势（见图4.3）。

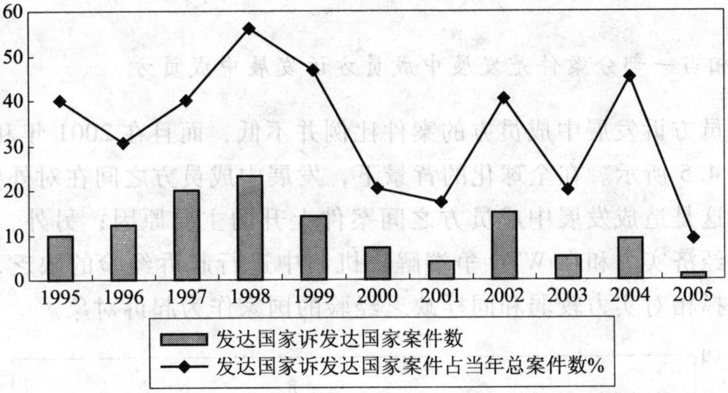

图 4.3　发达成员方诉发达成员方案件数以及占当年案件总数的百分比

（四）发达成员方诉发展中成员方的案件起伏较大

从所考查年份的情况来看，发达成员方诉发展中成员方的案件起伏较大，如图4.4所示。在1997年，此类型的案件居然占到当年案件总数的40%，不过，最近几年一直维持一个比较低的比例。可以看出，作为发达成员方，其主要的贸易争端对象是发达成员方，而发展中成员方由于其自身的实力所限，本身贸易额较小，不能对发达成员方形成较大的冲击，所以受到发达成员方的起诉也相对较少。发达成员方诉发展中成员方的案件在近3年有上升的趋势。随着中国加入WTO，我国各种有优势的

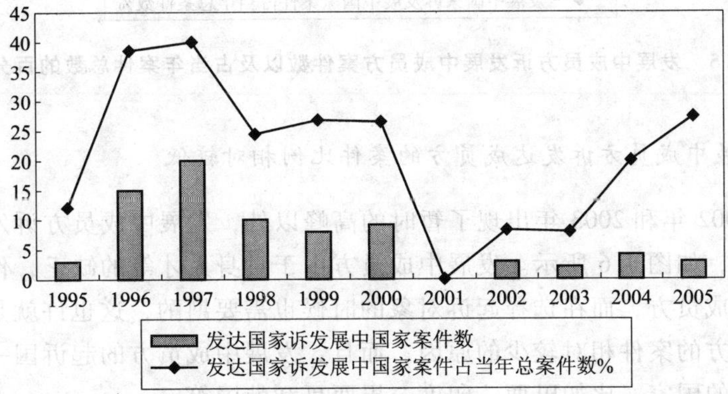

图 4.4　发达成员方诉发展中成员方案件数以及占当年案件总数的百分比

产品占世界市场的份额不断扩大，将会引起外国对我国商品的进一步限制，我国有必要做好准备，运用争端解决机制解决这方面的问题，同时积极应对外国对我国的起诉。

（五）有相当一部分案件是发展中成员方诉发展中成员方

发展中成员方诉发展中成员方的案件比例并不低，而且在 2001 年和 2005 年出现了高峰，如图 4.5 所示。在全球化的背景下，发展中成员方之间在对外贸易方面的竞争更加直接，这是造成发展中成员方之间案件上升的主要原因；另外，作为起诉方，考虑到自己的经济实力和在 WTO 争端解决机制中进行起诉经验的缺乏，有时候发展中成员方会选择相对实力较弱和同样缺乏经验的国家作为起诉对象。

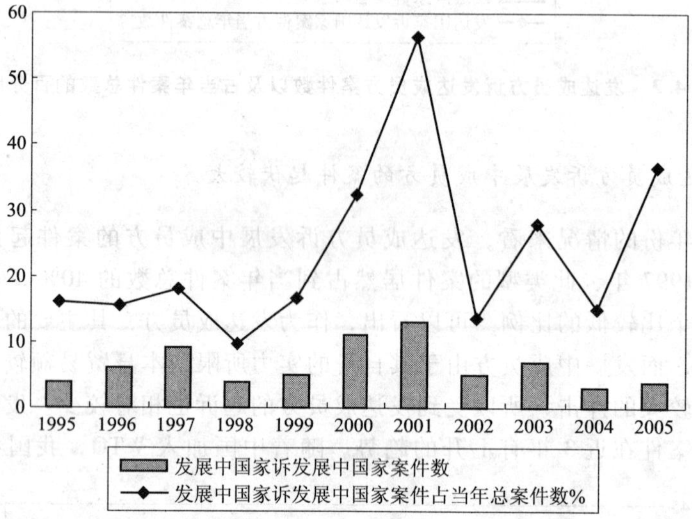

图 4.5 发展中成员方诉发展中成员方案件数以及占当年案件总数的百分比

（六）发展中成员方诉发达成员方的案件比例相对较低

除了在 2002 年和 2003 年出现了暂时的高峰以外，发展中成员方诉发达成员方的比例不是太高，如图 4.6 所示。发展中成员方由于自身人才等的缺乏，作为起诉方的比例低于发达成员方，而在选择起诉对象的时候也需要斟酌，这也许就是发展中成员方诉发达成员方的案件相对较少的原因。而且，发展中成员方的起诉国一般集中在几个相对有经验的国家，比如巴西、印度、墨西哥和韩国等。

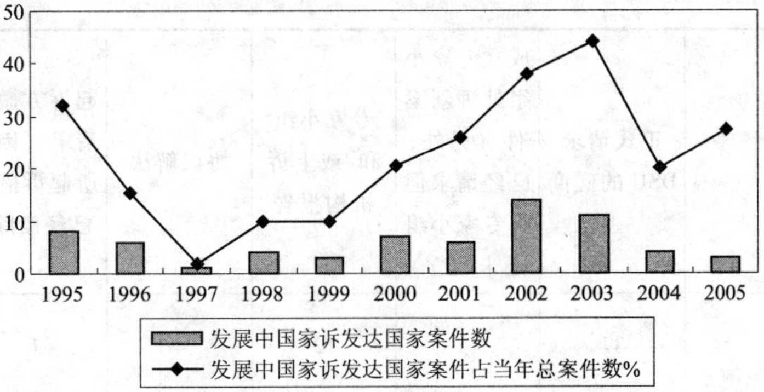

图 4.6 发展中成员方诉发达成员方案件数以及占当年案件总数的百分比

二、WTO 争端解决机构案件处理情况

WTO 争端解决机构 1997 年 8 月—2002 年的案件处理情况如表 4.2 所示。从表 4.2 可以看出，案件的结果是比较多样的，除了由磋商程序进入专家组程序，专家组公布报告形成裁决（以及上诉）这个案件的审理过程外，还有许多其他的结果。在 1997 年 8 月到 2002 年这一段时间里，提交磋商的所有案件中，有很大一部分在磋商阶段就得到了解决；另外有一些案件在后来的协商中也得到了解决；还有个别案件，由于被诉方主动采取取消被诉措施的行为，使得案件得到撤销。

表 4.2 1997 年 8 月—2002 年 WTO 争端解决机构案件处理情况

	正式请求 DSU 的磋商	成立专家小组处理新案件（另外，已经请求但是专家小组还未建立）	专家小组和/或上诉机构报告	协议解决	起诉方撤回请求（因为所起诉措施已经废除）	应当事方要求专家小组暂停案件审查
1997.8.1—1998.7.31	43	15（2）	8	11	0	2
1998.8.1—1999.7.31	39	17（5）	8	2	0	3
1999.8.1—2000.1.31	10	6	9	1	1	1
2000	33	12	17	3	0	1（且失效）
2001	24	16	16	7	2	2

续表

	正式请求DSU的磋商	成立专家小组处理新案件（另外，已经请求但是专家小组还未建立）	专家小组和/或上诉机构报告	协议解决	起诉方撤回请求（因为所起诉措施已经废除）	应当事方要求专家小组暂停案件审查
2002	37	11	12	4	1	1（后又继续）
总计	186	77（7）	70	28	4	5

注：由于在时间上有重叠，所以总计的数字有一些偏差。

资料来源：WTO，WTO annual report，1998—2003，http：//www. wto. org/English/res_e/reser_e/annual_report_e. htm，2008 - 01 - 31.

为什么案件的处理过程与结果呈现这样的多样性？原因有以下几点。

第一，WTO争端解决机制规定了在提起诉讼之前强行的磋商以及随时可以开始的斡旋、调解和调停，使得案件进入专家组程序并裁决只是一个可供选择的案件处理方法之一。WTO争端解决的谅解对斡旋、调解和调停没有规定任何先决条件，争端任何一方可以在任何时候提出斡旋、调解和调停的要求，甚至可以在专家小组程序进行期间继续进行。这为争端通过专家小组报告以外的其他方式得到解决创造了条件。

第二，各种解决方式成为当事方获得经济利益的工具，它们根据不同的情况选择合适的工具。磋商和随时可以开始的斡旋、调解与调停在客观上为当事方提供了进行谈判的场所，尤其是提出DSU的磋商，它本身除了是一种要通过DSB解决争端的信号外，还为谈判创造了条件。这种谈判为当事各方利益的获得提供了一个渠道。一方面，当磋商无法解决问题的时候，争端将进入专家小组的程序，由于“反向协商一致”规则是一种“威慑”，增强了被诉方谈判解决争端的动力，争端方如果不愿协商解决争端，就要接受专家小组的强制管辖，这就迫使争端方认真对待磋商解决，尽量用磋商解决争端，促使被诉方以合适的价码与起诉方达成协议，使磋商以成功告终；另一方面，磋商的进行为被诉方被诉的措施赢得了继续使用的时间，强制性磋商的规定时间是60天，建立专家小组并任命其成员需要45天，而提供报告的规定时间是6个月，在这段时间之内，有争议的贸易措施可以继续使用，这为被诉方的措施发挥效果提供了可能，当当事方利用磋商、斡旋、调解、调停等方法使得争端以协议方式解决的时候，有争议的贸易措施可能已经没有很大的继续实施的意义了，所以被诉方也乐于达成协议来解决争端。

不过，有一点需要注意。由表 4.2 可以看出，真正进入专家组阶段的案件也不少，如果我国对别国提出磋商要求或者被别国起诉，就要有进入专家小组程序的准备。即使是我们决定以磋商或协议解决的争端，在进行争端解决的过程中，我们也不能有所松懈。另外，作为起诉方，我们要在举证等各个方面把工作做扎实，这既是为了在今后的专家小组程序中赢得主动，也是为了在磋商和以后可能的斡旋、调解和调停中获得主动，在谈判中可以有更多的筹码。作为被诉方，我们要正确判断争端的性质和我们获胜的可能性，以及我们达成协议解决争端的条件，在为我国贸易措施赢得继续实施的时间的同时，在磋商、专家小组程序以及协议解决等方式中灵活选择，不论结果如何，认真进行应诉的准备都是非常重要的。

WTO 争端解决机构的案件处理中另一个现象也值得注意，就是当事方上诉的概率很高，在采用专家组程序解决的争端中，约有 70% 的争端通过上诉审程序才得以解决。

三、争端常被引用的协议

自争端解决机制正式运行以来，其解决的争端涉及不同的协议，不过，某些产品、某些贸易措施总是容易引起贸易争端，所以有关于这些产品和贸易措施的协议也就常常在争端中被援引。表 4.3 列出了争端中常被引用的协议及条文，从参与争端解决的角度来讲，这些条文应该是我们更加注意的。

表 4.3　在争端中常被引用的协议

协议	频次	条文（频次）	解释以及相关的条文
Understanding on Rules & Procedures Governing the Settlement of Disputes (DSU)《关于争端解决规则和程序的谅解》	2	3，21～23	3 (General Provisions), 21 (Surveillance of Implementation of Recommendations and Rulings), 22 (Compensation and Suspension of Concessions), 23 (Strengthening of the Multilateral System)
Agreement on Trade-Related Aspects of Intellectual Property Rights (TRIPS)《与贸易有关的知识产权协议》	5	70 (3), 9, 27, 28, 33, 63, 65	9 (Relation to the Berne Convention), 27 (Patentable Subject Matter), 28 (Rights Conferred), 33 (Term of Protection), 63 (Transparency), 65 (Transitional Arrangements)

续表

协议	频次	条文(频次)	解释以及相关的条文
Agreement on Subsidies & Countervailing Measures (SCM)《补贴与反补贴措施协议》	9	3 (7), 1, 5, 10, 14, 19, 27	1 (Definition of a Subsidy), 3 (Prohibition), 5 (Adverse Effects), 10 (Application of Article VI of GATT 1994), 14 (Calculation of the Amount of a Subsidy in Terms of the Benefit to the Recipient), 19 (Imposition and Collection of Countervailing Duties), 27 (Special and Differential Treatment of Developing Country Members)
Agreement on Agriculture《农产品协议》	10	4(6), 3 (4), 8~10 (每条3次),6~7 (每条1次)	3 (Incorporation of Concessions and Commitments), 4 (Market Access), 6 (Domestic Support Commitments), 7 (General Disciplines on Domestic Support), 8 (Export Competition Commitments), 9 (Export Subsidy), 10 (Prevention of Circumvention of Export Subsidy Commitments)
Agreement on Implementation of Article VI (Anti-Dumping)《反倾销协议》	10	2 (7), 3 (6), 5~6 (每条6次), 12 (4), 1, 4, 7, 9~11, 15, 18	1 (Principles), 2 (Determination of Dumping), 3 (Determination of Industry), 4 (Definition of Domestic Industry), 5 (Initiation and Subsequent Investigation), 6 (Evidence), 7 (Provisional Measures), 9 (Imposition and Collection of Anti-Dumping Duties), 10 (Retroactivity), 11 (Duration and Review of Anti-Dumping Duties and Price Undertakings), 12 (Public Notice and Explanation of Determinations), 15 (Developing Country Members), 18 (Final Provisions)
Agreement on Establishing the WTO《建立世界贸易组织的协定》	2		

续表

协议	频次	条文(频次)	解释以及相关的条文
General Agreement on Tariffs & Trade 1994 (GATT)	38	3 (20), 11 (17), 1 (13), 2 (12), 10 (8), 6 (6), & 7, 8, 13, 17~20, 22~24, 27	1 (General Most-Favoured-Nation Treatment), 2 (Schedules of Concessions), 3 (National Treatment on Internal Taxation and Regulation), 6 (Anti-Dumping and Countervailing Duties), 7 (Valuation for Customs Purposes), 8 (Fees and Formalities Connected with Importation and Exportation), 10 (Publication and Administration of Trade Regulations), 11 (General Elimination of Quantitative Restrictions), 13 (Nondiscriminatory Administration of Quantitative Restrictions), 17 (State Trading Enterprises), 18 (Governmental Assistance to Economic Development), 20 (General Exceptions), 22 (Consultation), 23 (Nullification of Impairment), 24 (Territorial Application: Frontier Traffic, Customs Unions and Free-trade Areas), 27 (Withholding or Withdrawal of Concessions)
Agreement on Safeguards《保障条款协议》	6	12 (6), 2 (5), 4 (5), 5(5), 6~8 (每条1次), 11 (2)	2 (Conditions), 4 (Determination of Serious Injury or Threat Thereof), 5 (Application of Safeguard Measures), 7 (Duration of Safeguard Measures), 8 (Level of Concessions and Other Obligations), 11 (Prohibition and Elimination of Certain Measures), 12 (Notification and Consultation)
Agreement on Textiles & Clothing (ATC)《纺织品与服装协议》	5	2 (3), 6~8	General Provisions
Agreement on Import Licensing Procedures《进口许可证手续协议》	6	1 (3), 2(1), 3(4)	1 (General Provisions), 2 (Automatic Import Licensing), 3 (Non-Automatic Import Licensing)

续表

协议	频次	条文(频次)	解释以及相关的条文
Agreement on Sanitary & Phytosanitary Measures (SPS)《实施动植物卫生检疫措施协议》	5	2(5), 3(4), 5(5), 8(1)	2 (Basic Rights and Obligations), 3 (Harmonization), 5 (Assessment of Risk and Determination of the Appropriate Level of Sanitary and Phytosanitary Protections), 8 (Control Inspection and Approval Procedures)
Agreement on Trade-Related Investment Measures (TRIMS)《与贸易有关的投资措施协议》	4	2(2)	2 (National Treatment and Quantitative Restrictions)
Agreement on Technical Barriers to Trade (TBT)《贸易技术壁垒协议》	5	2 (5)	2 (Preparation, Adoption and Application of Technical Regulations by Central Government Bodies)
General Agreement on Trade & Services (GATS)《服务贸易总协定》	3	2, 6, 17 (每条 2 次)	2 (Most-Favoured-Nation Treatment), 6 (Domestic Regulation), 17 (National Treatment)
Government Procurement Agreement (GPA)《政府采购协议》	1	In general	

注:以上数据是根据已经建立专家小组的案例整理而来的,时间截止到 2000 年 7 月 1 日。

资料来源:DRACHE D & ARNOTT A & Guan Y, WTO dispute settlement report card, Toronto: Robarts Centre for Canadian Studies, York University, 2000: 47 –49. 本书作者进行了一定的处理。

从表 4.3 中可以看出,《补贴与反补贴措施协议》、《农产品协议》、《反倾销协议》、GATT 等是争端中被引用次数较多的协议,另外,关于保障措施等的协议被引用的次数也不少。可见,“贸易救济”问题已经成为 WTO 成员争端的焦点之一。

第三节　WTO 争端解决机制相关的问题

在 WTO 的争端解决实践中，有一些问题是基本的，比如，争端解决机制适用的协议和协定有哪些、专家组的职责有哪些、举证责任是怎样的，等等；还有一些问题与争端解决机制的运行效果有关系，比如，成员方是否可以利用争端解决机制的漏洞来争取利益，等等。本节将介绍这些知识。

一、机制适用的协定

WTO 法律是一个庞大的法律体系，它是一个由《WTO 协议》及其附属协定组成的条约群。基于立法与司法统一性目标，《谅解》第 1 条第 1 款规定："本谅解之各项规则和程序应适用于依照本谅解附件 1 所列各协定的协商和争端解决规定而提起的各种争端。"这些协定分别是：（1）《WTO 协议》；（2）各多边贸易协定，即《货物贸易多边协定》、《服务贸易总协定》、《与贸易有关的知识产权协定》、《谅解》；（3）各复边贸易协定，即《民用航空器贸易协定》、《政府采购协定》、《国际奶制品协定》、《国际牛肉协定》。根据《谅解》规定，除《贸易政策审查机制》外，所有因《WTO 协议》及其附属协定产生的纠纷都受到《谅解》的管辖，从而使《谅解》的管辖范围比 1947 年解决机制管辖范围广泛得多（1947 年机制只对货物贸易争端有管辖权，而且即使在货物贸易领域中它对某些敏感商品贸易争端的管辖权亦有限）。《谅解》将《政策评审机制》排除在适用范围之外的理由是，政策评审的主要目标是对成员方的贸易政策和实践作出集体评估，对有关成员方或批评、或表扬、或敦促改正，期以增进各成员对贸易政策与实践动向的了解，提高国际贸易的可预见性，推动 WTO 规则的遵守，预防和减少国际贸易争端。《政策评审机制》的设计并非在于执行 WTO 各项规定的特定义务，也不在于使审查的结果作为争端解决的基础，更不在于对成员方的贸易政策课以新的义务。评审机构所作的报告对相关成员方并无约束力。

《谅解》可以适用于 WTO 体系的各适用协定。但是，《谅解》的许多适用协定都规定有适合其内容的关于争端解决的"特殊或附加的规则"。所谓"附加规则"一般指适用《谅解》的一般规则时，附加或补充一定条件；所谓"特殊规则"，一般指与《谅解》有重要不同的规则。一般程序规则和特殊附加规则的共存不仅导致《谅解》与某一适用协定的争端解决条款相左，也可引发各个适用协定的特殊或附加规则之间的冲突。这样，在解决有关成员方之间的争端之前，还存在一个先决问题，即到底应适用哪一种争端解决规则。《谅解》的规定如下。(1) 如果适用协定的特殊或附加规则与《谅解》的规则相冲突，遵循特别法优于一般法的原则，特殊或附加规则应优先适用。在一个争端涉及一个以上适用协定的特殊或附加规则时，如果这些特殊或附加规则之间存在冲突，争端双方又不能就程序规则达成一致时，由争端解决机构主席经与争端各方协商后，决定应该遵守的程序规则。(2) 如上述规则仍然不能解决适用协定争端规则的相互冲突及其与《谅解》的冲突，可以诉诸国际公法的解释规则，澄清各适用协定的规定。(3) 有关成员方可以将此类问题提请 WTO 作出权威的解释。根据《WTO 协议》第 9 条，部长会议和总理事会享有解释《WTO 协议》和多边贸易协定条文的排他权力。《谅解》第 3 条第 9 款承认各成员方谋求通过 WTO 解释各适用协定的权利。此外，根据《谅解》，有关成员方也可以通过向上诉机构上诉，获得上诉机构对多边贸易协定条款的权威解释。

另外，对于反倾销问题的争端解决，《关于履行 1994 年关税与贸易总协定第六条的协议》(也即《反倾销协议》) 第 17 条规定，世贸组织《关于争端解决规则与程序的谅解》的机制同样适用于该协议规定的协商和争议解决；同时，协议又根据反倾销问题的特殊性作了一些特别规定。因此，协议与谅解两者的结合构成了国际社会解决反倾销争端的法律机制。

二、专家组的职能

《谅解》第 11 条以“专家组的职能”为标题作出如下规定：“专家组的职能是协助 DSB 履行本谅解和适用协定项下的职责。因此，专家组应对其审议的事项作出客观评估，包括对该案件事实以及对有关适用协定的可适用性及与其的一致性的客观评估，并提出可协助 DSB 提出建议或提出适用协定所规定的裁决的其他调查结果。专家组应定期与争端当事方磋商，并给予它们充分的机会以形成令双方满意的解决办法。”该规定表明，WTO 争端解决机制中专家组的职能是，对其审议的事项作出客观评估，以协助 DSB 提出建议或提出适用协定所规定的裁决。根据 WTO 争端实践，该条规定涉及专家组在对争议事项进行审查时的两个主要问题：客观评估标准以及司法经济原则的适用。

(一) 客观评估

在 EC-Hormones (DS26/DS48) 一案中，上诉机构裁定指出：“就专家组的事实调查而言，专家组的行为受到《谅解》第 11 条之要求的约束：适用标准既非从头审查，也非‘完全尊重’，而是‘事实的客观评估’。”事实上，一方面，专家组对其在

GATT/WTO 背景下的“行为”态度非常谨慎，许多专家组在过去都已经明智地拒绝了进行从头审查。不同于国内体制，国际体制及其争端解决程序毕竟主要依赖参与成员的自愿遵守。不适当的专家组“行动理论”可能会疏远成员，并因而威胁到 GATT/WTO 争端解决程序本身的稳定性。专家组也应该意识到，国内当局常常对其所做出的裁定具有合法的理由。另一方面，完全尊重国内调查当局的裁定也不能确保《谅解》第 11 条所要求的“客观评估”。如果某一特定国内当局的行为或决定将损害 WTO 规则的有效性，或将确立可能触发其他成员的破坏性行动的实践，专家组毋庸置疑地应更少地尊重此类决定。

对于就专家组对国内当局的调查和裁定究竟如何具体进行“客观评估”，上诉机构在 US-Combed Cotton Yarn（DS192）一案中概括道：“专家组必须审查主管当局是否已经审查了所有的相关因素；它们必须评估主管当局是否已经审查了所有的相关细节，并提供了有关这些事实如何支持其裁定的充分解释；以及它们也必须考察主管当局的解释是否充分表述了数据的性质及复杂性，并答复了有关该数据的其他貌似合理的解释。然而，专家组不应该进行证据的从头审查，也不应该用自己的判断代替主管当局的判断。”

有关专家组没能进行“客观评估”的指控时有发生。在 EC-Hormones（DS26/DS48）一案中，上诉机构指出：“很明显，并非证据鉴别中的每一个错误都可被定性为没能作出对事实的客观评估。……作出对事实客观评估的义务之一是，考察提交给专家组的证据并在该证据的基础上作出事实裁定的义务。故意忽视或拒绝考察提交给专家组的证据，是与专家组的作出对事实的客观评估的义务相矛盾的。对提交给专家组的证据的任意扭曲或误述，同样的与对事实的客观评估不一致。对证据的‘漠视’、‘扭曲’以及‘误述’，就其在司法或准司法程序中的一般含义而言，并非仅仅意味着在证据的鉴别中的一个判断错误，而是质疑专家组的诚信的一个异乎寻常的错误。有关专家组漠视或扭曲了向其提交的证据的主张，实际上或多或少是有关专家组拒绝给予提交证据的当事方以基本公平或在许多法域中被称为正当的法律程序或自然正义的主张。”可见，要想上诉机构裁定专家组违反了《谅解》第 11 条的义务，有关此类指控必须让上诉机构相信，专家组在鉴别证据时超出了其裁量权的范围，以至于犯了诸如对证据的故意“漠视”、“扭曲”以及“误述”等严重错误。

（二）司法经济

根据争端解决的实践，司法经济原则涉及的核心问题是，申诉成员根据《谅解》第 11 条是否有权要求专家组对其提交的全部法律要求都作出裁定？对此问题，在 US-Shirts and Blouses（DS33）一案中，上诉机构结合《谅解》的有关规定以及 GATT

的有关实践进行了专门分析："印度有权要求专家组解决关于有争议的'措施'的争端，但是如果我们认为仅仅通过处理申诉方提出的主张中的一部分，就能解决具体的争议事项，我们可以如此做。因此，我们决定仅处理那些我们认为可以帮助 DSB 提出其建议或给出有关本争端的裁决所必需的法律问题。专家组的职能被明确规定在《谅解》第 11 条中，…… 本规定以及以前的 GATT 实践中都没有任何规定要求专家组审查申诉方提出的所有法律要求。……当专家组裁定了某一措施与 GATT1947 的某一特定规定不一致时，该专家组一般不再继续审查该措施是否也与申诉方可能已经主张的遭到了违反的其他 GATT 规定不一致。"

根据上诉机构的上述分析，专家组没有必要对申诉方提出的归属于专家组职权范围的每一及全部法律要求都作出裁定，而只是处理那些专家组认为为了解决争端所必需处理的权利要求，对于究竟哪些要求才属于解决争端所必需的，则是专家组的自由裁量权的范畴。然而，该裁量权并非没有限制。例如，在 Australia-Salmon（DS18）一案中，上诉机构就曾指出："适用司法经济原则时必须谨记争端解决机制的目的。该目的是解决争议事项并'保证争端的积极解决'。仅提供争议事项的部分解决是虚假的司法经济。专家组必须处理那些对于促使 DSB 作出充分准确的建议和裁决，以便为了'确保为了所有成员利益的争端的有效解决'而允许成员迅速地遵守这些建议和裁决，而有必要作出裁决的权利要求。"

三、举证责任

WTO 争端解决机制中的举证责任有三点需要注意。第一，申诉方必须举证被诉方的行为违反了 WTO 的相关条款，之后被诉方若要反驳申诉方的观点，则举证责任就转移到被诉方。美国与印度关于衬衫的纠纷案中，上诉机构指出："举证责任存在于提出主张的一方，不管是申诉方还是被诉方。无论是在大陆法系、英美法系还是大部分的管辖机关，这都是一个已经被普遍接受的观点。"

第二，援引例外条款或提出抗辩的当事人必须承担举证责任。在美国与哥斯达黎加关于内衣的纠纷案中，哥斯达黎加诉称其内衣受到了美国国内措施的限制，美国这种做法违反了《纺织品与服装协议》第 2 条。不过该协议第 6 条规定在一定条件下可以采取保障措施。双方对于举证责任出现了争议，美国认为其在进口限制的时候已经发布了声明，没有必要再举证。专家组认定："作为普遍的、并被专家组以往审理实践所确认的法律原则，一方当事人援引例外条款来抗辩必须承担举证责任以证明其援引例外的时候已经满足了相应的条件。"所以，美国对这一问题仍然有举证责任。

第三，已经采取建立"初步事实"理论。根据《谅解》第 3 条第 8 款的规定：

“如果存在违反依据某一适用协定承担的义务的状况，则该行动被认为原则上或初步构成利益的损害或丧失的情况。按常理推论，违反这些规则就意味着对有关协议的其他成员当事方造成不良影响。”这里，该条款运用的是推定方法，认为一旦违反协议，即构成利益丧失或者遭受损害。但是，被诉方常常要求申诉方证明存在违反条款的“初步事实”，不然争端解决机构将驳回此案。从争端解决机构以往的案例中可以看到，其已经采用了建立“初步事实”理论。例如，在美国与印度关于衬衫的纠纷案中，美国提出了建立案件“初步事实”的抗辩，专家组同意了这种抗辩，并且在专家组的中期报告和最终报告中都指出，当事人提出了举证责任的两个不同层面：首先，作为申诉方，印度有义务提出事实和法律方面的论据来证明美国对印度的出口限制违反了《纺织品与服装协议》第2条，以及美国采取保障措施不符合该协议第6条规定的条件，以此来建立案件的初步事实；然后，美国应证明其采取的保障措施符合了第6条的条件。印度针对此进行了上诉，但是上诉机构支持了专家组的报告，并指出，申诉方如果提出足够的证据建立一种假设，即它的主张是真实的，举证责任就转移到被诉方；除非被诉方也能够提出足够的证据来推翻这种假设，不然它就会承担败诉的后果。上诉机构还指出，至于什么样的证据才足以建立这种假设，应根据不同的措施、不同的条款、不同的案件而变化。这样，WTO争端解决机制中裁定是否构成“初步事实”的是专家组，对案中具体事实和适用法律的认定也是专家组本身。这样做可能产生两种后果：一方面，专家组的自由裁量权大大增加，有可能使案件未进入审理就被驳回；另一方面，“初步事实”可能给专家组造成先入为主的印象，对具体案情的审理有不良影响。

四、第三方介入

《谅解》对第三方介入争端解决程序作出了明确的规定（第10条），成为WTO较GATT在争端解决机制中非常有特色的一个方面。第三方虽然不是争端主要当事方（争端申诉方和被诉方），但它在程序方面的权利也是很受重视的。特别是它可以在专家组程序开始之前自动（无需申请）获取其他当事方的承诺书，这就大大方便了第三方充分了解争端的详细情况并据以制作出自己的承诺书，充分阐明自己的权力和利益。

一国或地区根据《谅解》享有介入某个争端解决程序的权利，但是要成为第三方必须满足4个条件。① 其必须是WTO成员。② 其必须是争端焦点所指协议的当事方，即如果该争端涉及的焦点是当事双方签订过的某个协议，而此成员方也是该协议的缔结方之一，则此成员方就满足了这一条件。这是因为争端解决程序的审理结果通常对争端当事方在协议项下的权利义务作出判决，而同为协议的签订方的此成员方在该协议项下的权利义务也必然受到影响，此成员方的介入权就是为了保护其在协议下的利益。③ 此成员方必须对审理的重大事实享有实质性利益。这里的重大事实是争端双方在争端解决程序中的请求或抗辩得以成立的事实基础，实质性利益指真正有价值并重要的利益，是实际存在而非想像存在的利益，如果一成员方满足第二个条件，但它在协议项下的利益与争端关系不大，或此成员方只是想像到自己的某项利益可能受损，都不能成立该条件。④ 此国必须向 DSB 发出通知，表明其实质性利益的存在，这之后这个成员方的第三方地位方算成立，这一规定是纯程序性规定。

五、WTO 争端解决机制为政府在其中发挥作用留出了制度空间

虽然 WTO 争端解决机制的司法化倾向非常明显，但是它依旧为政府在其中发挥作用留出了制度空间。利用这些制度的“缝隙”，政府可以保护本国的相关产业，促进本国相关产品的出口，以获取最大的经济利益。

（一）过长的执行期限为政府发挥作用留出了空间

虽然 WTO 的争端解决机制已经对各个环节的时间进行了限制，比 GATT 时期的争端解决程序大大缩短了时间，但是，从向 DSB 提出诉讼开始，各个环节消耗的合理时间加总长达 27 个月。同时，国际贸易中的商机往往一闪即逝，经过如此漫长的等待，即便最后公正的裁决下来，并且得到了执行，对于一个国家、一个行业，尤其是那些对外部经济依赖性很强的国家和部门而言，影响可能已经是巨大而难以弥补的了。2002 年 3 月，美国政府借口外国产品的进口增长损害了国内产业，提出为期 3 年的钢铁产品保障措施，对外国进口的 10 类钢铁产品征收 8% ~30% 的额外关税。各个钢材出口国的经济利益受到了巨大的损失，并直接导致各个国家和地区相继采取对钢材的保护措施。针对这一不合理的做法，包括中国在内的一些国家在 WTO 争端解决机制框架下对美国提出了磋商的要求，在磋商未果的情况下，进入了争端解决机制的专家小组程序。2003 年 7 月 11 日 WTO 争端解决机构专家小组裁决美国对进口钢铁施加高关税为非法，报告明确指出，美国为保护其钢铁业而对来自有关国家的钢铁产品征收附加税的决定没有确凿和充分的理由。具体来说，其一，美国无法证明国内钢铁业因大规模涌入的廉价进口钢铁而受损；其二，美国夸大了进口增长的数量，把从北美自由贸易协定国家加拿大和墨西哥，以及以色列和约旦的进口量也计算在进口的总量中，实际上协定国之间不存在进口数量的限制。WTO 争端解决机构的裁决一经公布，美国立即表示将继续上诉。美国贸易代表的发言人表示，特殊保障措施并不

违背世贸组织规则，许多国家都已这样做了；对进口产品征收特别关税已经见效，美国国内产业正在掀起规模空前的合并与结构调整以增强竞争力，这并不与美国对国际贸易所承担的责任相背离；他还提醒人们注意，美国征收的特别关税每年递减20%，第一次减税已经实施。这就意味着，虽然美国败诉，但是其他国家依旧没有办法获得向美国出口钢材的正当权利，只有当上诉机构最终裁定美国的做法违反了WTO相关协议和规定，才有可能迫使美国放弃这些不合理的做法，或者寻求补偿。但是，这又是几个月之后的事情了。从其发言人的讲话中我们可以发现，美国国内钢铁产业正在掀起规模空前的合并与结构调整以增强竞争力，而竞争力提高的一个表现就是美国征收的特别关税已经开始递减。按照美国在几个月后取消保障措施时所宣布的，美国国内钢铁产业不需要保护了，所以才取消保障措施。

（二）申诉、裁决和等待执行时发生的经济损失往往巨大而没有办法得到补偿

虽然在《谅解》中的第22条涉及“补偿”，但是，那是在“建议和裁决未在合理期限内执行时可采取的临时措施”。在申诉、裁决和等待执行的“合理期限”内所发生的经济损失，没有任何的条款规定进行何种程度的赔偿。各国起诉美国的钢铁案至今为止依旧没有最终结束，美国依旧按照自己的安排对各种钢铁产品征收关税，这无疑对钢铁产品的出口国带来了巨大的、而且是很长时间的损失，但是，这期间各方受到的损失是没有办法获得补偿的。各成员方政府正是可以利用WTO争端解决机制中的这些不严密，为了最大地获得本国的经济利益，明明知道某个对外贸易的措施将引起其他成员的反对和在WTO体制下的起诉，而且本国在WTO争端解决机制中的胜诉几率也不大，但是依旧采取这项措施。本身进入到专家小组程序就需要一段不短的时间，裁定作出后，此成员方可以继续上诉，如此不断拖延时间，对本国相关产业的保护措施却一直在发挥效果。传统的战略性贸易政策没有包括这种做法，但是，它的效果与传统的战略性贸易政策有异曲同工之处。这里有一个关键点，就是利益受损方在申诉、裁决、上诉和等待执行等过程中的损失没有办法得到补偿。

（三）交叉报复也不是十全十美的

首先，经济弱小成员难以真正实行交叉报复方式。WTO争端解决机制的一个十分重要的特点是它以强硬的经济制裁方式对裁决的实施进行监督。具有代表性的是中止减让和交叉报复。如果涉及发达成员方对其他发达成员方或者发展中成员方，这样的经济制裁措施是可以真正保证履行并且带来很大的威慑力的。但是，对于发展中成员方对一个发达成员方而言，是不是能够真正实施这样的经济报复措施还有疑问。发达成员方经济对发展中成员方的经济依赖较小，即便是受到报复，影响可能也不是很

大；同时，发展中成员方必须要考虑长久的经济利益，甚至要考虑政治利益。因此，最后的结果很有可能是放弃这样的报复，委曲求全。其次，就算是发达成员方，在进行交叉报复的时候，也需要瞻前顾后，采取这样的一种措施并不是一件轻松的事情。比如，在欧共体的香蕉案和荷尔蒙牛肉案中，美国都充分遵守了争端解决机制的规定，并且取得了专家组和上诉机构的有利裁决。然而在这两个案子中，欧盟都拒绝遵守裁决，而更愿意维持不一致的 WTO 实践并且接受报复。很快许多美国人都意识到在无法使对方遵守裁决的情况下延长报复对任何人都是无利的。报复对被损害的行业毫无缓解，并且会导致那些因报复而遭受负面影响的其他人的抱怨。

复习思考题

1. WTO 争端解决的程序和过程是怎样的？
2. WTO 争端解决机制的制度特征有哪些？
3. 为什么说 WTO 争端解决机构对成员方在 WTO 协议下发生的争端有强制管辖权？
4. 执行 WTO 争端解决机构的裁决或建议有什么法律保障？
5. WTO 争端解决机制的实践有什么特点？
6. WTO 争端解决机制适用的协定是哪些？
7. 专家组的职能有哪些？
8. WTO 争端解决机制对于举证责任是怎样规定的？
9. 为什么说 WTO 争端解决机制为政府在其中发挥作用留出了制度空间？

第五章 世界贸易组织货物贸易规则（上）

本章摘要

关税减让以互惠互利为基础，其目的是要降低进出口关税的总体水平。关税减让原则是GATT始终倡导的原则，并且作为非歧视原则、最惠国待遇原则、贸易自由化原则、透明度原则等原则实际执行的载体。关于关税减让谈判的基本原则主要是互惠互利原则和最惠国待遇原则。

关税减让表是缔约方（成员方）之间通过双边或多边关税减让谈判，将成果综合汇总而成的表格。关税减让表是世贸组织协定的组成部分，具有同等的法律效力。

《农产品协议》是乌拉圭回合多边贸易谈判的主要成果之一，该协议的签署和生效把农产品贸易纳入到了世界贸易体制的法律框架下。

《农产品协议》把国内支持措施分为两类，一类是不会引起贸易扭曲，免于削减承诺的措施，称“绿箱”政策；另一类是产生贸易扭曲，要求各成员方作出削减和约束承诺，叫“黄箱”政策，“黄箱”中有一类措施不需削减，被称为“蓝箱”政策。

《信息技术产品协议》、《实施动植物卫生检疫措施的协议》、《技术性贸易壁垒协议》、《与贸易有关的投资措施协议》的产生背景和主要目的。

WTO《海关估价协议》确立的各成员方海关机构应遵循的估价方法，包括成交价格法、相同货物成交价格法、类似货物成交价格法、倒扣价格法、计算价格法及合理估价方法。

《装船前检验协议》、《原产地规则协议》、《进口许可程序协议》的产生背景及主要目的。

《货物贸易多边协定》共包括13个协议，这13个协议又可以细分为4组：第一组是1994年关税与贸易总协定；第二组是部门协议；第三组是非关税措施的协议；

第四组是贸易救济措施的协议。本章介绍前三组的相关规则，下一章介绍 WTO 贸易救济措施。

第一节 关税减让

《1947 年关贸总协定》和《1994 年关贸总协定》都把排除非关税障碍、降低关税作为实现自由贸易的中心环节。在 GATT/WTO 整个历史发展进程中，尽管在不同的时期，因贸易条件和情况的不同，GATT/WTO 体制在原则适用和法律制度管辖方面各有侧重，但关税减让一直是多边贸易谈判各回合的主要议题。

一、关税减让概述

关税减让，是指 WTO 成员方根据互惠互利原则，对货物贸易免征超过其已商定的普通关税的部分。关税减让过程中要遵循一定的原则，并且关税减让也存在不同的形式。

关税减让以互惠互利为基础，其目的是要降低进出口关税的总体水平，尤其是降低阻碍商品进口的高关税，从而促进国际贸易的增长和发展。对于关税减让，也存在不同的具体形式。

（一）关税减让原则

关税减让原则是 GATT 始终倡导的原则，并且作为非歧视原则、最惠国待遇原则、贸易自由化原则、透明度原则等原则实际执行的载体。《关贸总协定》第 2 条、第 28 条以及第 28 条附加条款对关税减让表作了原则上的规定。

关税减让原则是指通过谈判削减关税并尽可能地消除关税壁垒，并且削减后的关税应得到约束，不得再进一步提高。关税减让是多边谈判的核心目的之一，它始终建立在互惠互利原则的基础上，因而具有极大的凝聚力和有效性。关税减让原则降低了阻碍商品进口的高关税，从而促进了国际贸易的发展。

《1994 年关贸总协定》指出，关税减让原则的含义之一是为了促进自由贸易的发展，同时认识到成员方可能有保护国内工业免受国外竞争的意愿。因此，一方面，要求各成员方通过多边或双边贸易谈判主动提出减免关税的承诺；另一方面，只允许各成员方通过关税对国内产业和市场进行保护，也就是说，要求各成员方一般不要以非关税壁垒作为保护手段，亦即各成员方有义务取消数量限制和其他非关税壁垒。因此，关税减让和关税保护是关贸总协定宗旨和原则的不同表述，是关贸总协定借以调解各成员方贸易关系的基本原则和方式。

（二）关税减让的要求与形式

在国际货物贸易的多边谈判中，关税减让原则有以下几个要求。首先，在互惠互利的基础上实现关税减让。《1994 年关贸总协定》序言将大幅度削减关税确定为其基本宗旨之一，并且规定取消国际贸易中的歧视待遇，以互惠互利的形式实现关税减让。其次，非歧视性地征收关税。世贸组织的关税减让是通过双边或多边贸易谈判，经由各成员方权衡各自的利益，主动承诺并将其削减关税的承诺载明在关税减让表中，其后根据无条件最惠国待遇原则，适用于所有成员方。不过，经济一体化组织内部成员方之间的优惠、对发展中国家实行的关税优惠则属例外。最后，直接降低关税税率并约束关税。大幅度地普遍地降低关税水平，是关贸总协定关税减让原则的重要体现。世界贸易组织成员方在加入时或通过多边贸易谈判达成的关税减让，采用约束税率的形式来表现，载于各成员方的关税减让表中，各成员方不能对进口产品征收高于约束税率的关税。

世贸组织成员经过关税谈判将各自的全部或部分产品的关税固定在某一水平上，通常情况下，把这一固定的关税水平称为“协定关税”或“约束关税”。约束关税是一国承诺开放本国市场的重要基础，也是一国在世贸组织中可以获取利益的重要条件。约束关税是成员经过关税谈判进行关税减让的结果，这一关税是成员承诺了的关税税率，不得单方面任意改变。如要进行改变，要对造成损害的成员方进行一定的补偿。WTO 成员只可在约束税率下调整产品的税率，如果某一产品的关税约束在 30%，那么该成员可实施的关税只能定在 30% 或者以下。经过谈判达成的约束关税和该成员实施的关税税率是不同的，谈判达成的税率是约束税率，而实施的税率是成员公布的法定适用税率，并且不得高于约束税率。

GATT 和世界贸易组织所指的“减让”，具有很广泛的意义，主要有以下 4 种情况。（1）上限约束税率，即将关税约束在高于现行税率的某一特定水平，各方实施的税率不得超过这一水平。上限约束的概念实际上有两种含义：一种是谈判参加方承诺对该产品现行税率的调整，不会超出某一上限；另一种是成员方或者加入方在关税谈判中表示，其对某一产品的让步方式是该产品现行税率日后上调的范围。（2）削减关税并约束减让后的税率，即出价方首先把某个产品的现行税率降低到某一个水平，并承诺日后对该产品的税率调整不高于降低后的水平。比如，某产品的现行关税税率是 30%，按降低后约束出价，将现行的税率降低到 10%，那么，该成员以后对该产品的税率调整不得超过 10% 的水平。这是关税谈判中出价方承诺义务的一种让步方式。(3) 约束现行的关税水平，即“维持现状”。约束现有关税水平一方面是指出价方日后对税率的调整不会超过现行水平，另一方面是指出价方在关税谈判中表示其做的关税让步以现行税率为限。如某产品现行实施的关税为10%，谈判中承诺日后将约束在10%。(4) 约束低关税或零关税，即成员对某产品实施的低关税要进行一定的约束，并承诺对免税品的税率保持为零。以上4种方式均可被称为关税减让。由此可见，WTO进行的关税减让不都是削减或者降低，它的内容还包括不减或不降的让步方式。

从成员关税谈判的实践来看，成员或者新加入成员很少仅采用一种方式来做关税减让和约束，多是根据本国的实际情况和受保护的产品选择不同的约束和让步方式。通常情况下，对于那些存在过度保护、实际进口较少或经济影响较小等情况的商品，多采用降低后约束或现行约束的方式，而对于较敏感的产品，多选择上限约束的方式。

二、关税减让表

关税减让表是缔约方（成员方）之间通过双边或多边关税减让谈判，将成果综合汇总而成的表格。关税减让表是世贸组织协定的组成部分，具有同等的法律效力。它主要由3部分组成：(1) 适用于成员方的多边最惠国待遇的关税减让项目及税率；(2) 保留一些宗主国与殖民地、附属国或属地之间的特惠关税制度；(3) 特别关税表，其中包含发展中缔约方（成员方）谈判达成的优惠关税。

双边关税减让谈判达成的协议按减让产品和减让税率幅度列表送关贸总协定历轮谈判委员会，列入第2条的减让表，作为关贸总协定的一个有机组成部分；其他的总协定缔约方可不经过谈判而根据最惠国待遇原则自动地享有这些产品减让的结果。

（一）关税减让表概述

世界贸易组织成员之间经过关税减让谈判达成的关税减让承诺，按照GATT1994第2条减让表，应列入各成员的减让表。各成员的减让表构成GATT1994的组成部分，成为世界贸易组织正式的法律文件。各成员的关税必须受关税减让表的约束，列入关税减让表的商品关税税率不得任意更改，各成员也不得违反关税减让表征收从其他成员方进口商品的关税，否则将违反关税减让的义务，引发贸易争端。每一成员方对其他成员方的贸易待遇不得低于该协定所附减让表中有关部分所规定的待遇。

关税减让表通过成员方的双边或多边谈判进行修改或撤销，但要对其他产品提供补偿性调整，有关成员应努力保持互惠互利减让的总体水平不低于谈判前的总体水平。成员全体可随时在特殊情况下，授权某成员方进行谈判，修改或撤销减让表。

GATT1994 第 18 条 A 节规定，允许欠发达成员为促进经济发展修改或撤销关税减让表的减让；第 19 条、第 20 条、第 21 条规定例外条款的适用、修改或撤销关税减让表中某些商品的关税减让。

（二）关税减让的结果

关税谈判的结果是要实现关税减让或关税约束。关税减让或关税约束是一种承诺，就是当一成员同意将一产品的关税约束在一定水平，它就承诺不再将关税提高到这一水平之上。经过乌拉圭回合谈判，发达成员所征收的几乎所有关税目前都得到了约束，并约束了最高的比例。大多数的拉美发展中成员也都约束了所有的关税。然而，对于一些亚非发展中成员来讲，其结果就大不相同。像印度尼西亚和南非在工业品关税的约束比例已超过 90%，而印度和泰国约束比例为 60%，中国香港为 23%，津巴布韦为 9%，喀麦隆为 0.1%。喀麦隆仅对 3 种产品进行了关税减让。

经过 8 轮多边贸易谈判，各成员的加权平均关税已降至很低水平，不再成为各成员之间商品贸易的主要障碍。经过乌拉圭回合的谈判，关税的总体水平，在发达成员中，大体维持在不足 4%，发展中成员约为 10% 左右；甚至在“乌拉圭回合”后的世界贸易中，大约 20 项产品实现了零关税。

GATT1947 缔约方在乌拉圭回合达成的市场准入承诺，随着 GATT1947 转变为 GATT1994，也随之而被纳入。

1. 工业品关税减让结果

就工业品而言，约束关税税目的百分比，发达成员从 78% 增长到 99%，发展中成员从 21% 增长到 73%，经济转型成员从 73% 增长到 98%。发展中成员新的约束水平比发达成员或经济转型成员要低，但约束税率范围的增加这方面发展中成员要大得多，因为这些成员最初的约束水平很低。对于拉美成员，约束关税税目几乎是以前的 3 倍，从 38% 增加到 100%。亚洲发展中成员之间的承诺相对于原来的水平而言，约束的比例已经大大地提高了，约束涵盖了 68% 的关税税目和 70% 的进口商品。很明显，乌拉圭回合的一个主要成果就是通过增加约束，提高了工业品市场准入水平。表 5.1 是工业品的关税约束情况。

表 5.1　　工业品关税约束情况

成员组	约束关税税目百分比		约束税率下进口百分比	
回合前/回合后	前	后	前	后
全部	43%	83%	68%	87%

续表

成员组	约束关税税目百分比		约束税率下进口百分比	
回合前/回合后	前	后	前	后
主要成员组：				
发达成员	78%	99%	94%	99%
发展中成员	21%	73%	13%	61%
经济转型成员	73%	98%	74%	96%
按地区分组：				
北美	99%	100%	99%	100%
拉美	38%	100%	57%	100%
西欧	79%	82%	98%	98%
中欧	63%	98%	68%	97%
非洲	13%	69%	26%	90%
亚洲	16%	68%	32%	70%

资料来源：世界贸易组织秘书处．乌拉圭回合协议导读．北京：法律出版社，2000：194.

表 5.2 列出了 3 个主要成员组经过乌拉圭回合谈判达成的关税减让承诺全部实施后的关税情况。这些关税减让全部生效，以最惠国待遇零关税进入发达成员市场的工业品的比例增加 1 倍以上，即从 20% 增加到 44%。在关税结构的较高一端，进口到高于 15% 的关税高峰的比例从 9% 降至 5%。乌拉圭回合达成的关税减让全部实现，发展中成员的工业品关税情况呈现“两极”状态。42% 的进口产品将享受零关税，38% 的产品将约束在 15% 以上的税率水平。在经济转型国家中，进口产品享受零关税的比例略有增加，关税超过 15% 的产品的比例下降了一半以上。

表 5.2　乌拉圭回合前后工业品关税情况/10 亿美元[1]

	进口产品来自：[2]		百分比分布[2]					
			关税税目		来自所有成员的进口		来自所有发展中成员的进口	
	所有成员	发展中成员	回合前	回合后	回合前	回合后	回合前	回合后
发达成员：								
总计	736.9	169.7	100%	100%	100%	100%	100%	100%

续表

	进口产品来自：[2]		百分比分布[2]					
			关税税目		来自所有成员的进口		来自所有发展中成员的进口	
	所有成员	发展中成员	回合前	回合后	回合前	回合后	回合前	回合后
免税	149.5	37.3	21%	32%	20%	44%	22%	44%
0.1%～5.0%	304.3	57.4	24%	25%	41%	32%	34%	25%
5.1%～10.0%	176.8	38.2	22%	20%	24%	15%	23%	16%
15.1%～35.0%	45.1	13.7	16%	13%	6%	4%	8%	5%
35%以上	9.8	1.5	7%	2%	1%	1%	1%	0%
发展中成员：								
总计	350.5	—	100%	100%	100%	100%	—	—
免税	137.3	—	11%	10%	39%	42%	—	—
0.1%～5.0%	20.5	—	6%	5%	6%	5%	—	—
5.1%～10.0%	28.1	—	7%	5%	8%	10%	—	—
10.1%～15.0%	14.4	—	5%	5%	4%	5%	—	—
15.1%～35.0%	96.6	—	30%	55%	28%	30%	—	—
35%以上	53.6	—	42%	20%	15%	8%	—	—
经济转型成员：								
总计	34.7	2.2	100%	100%	100%	100%	100%	100%
免税	4.6	0.5	7%	10%	13%	16%	22%	31%
0.1%～5.0%	9.5	0.7	23%	32%	27%	37%	30%	30%
5.1%～10.0%	9.5	0.5	33%	46%	27%	35%	22%	26%
10.1%～15.0%	7.5	0.3	27%	8%	22%	7%	12%	6%
15.1%～35.0%	3.4	0.3	10%	4%	10%	4%	14%	7%
35%以上	0.2	0.0	0%	0%	0%	0%	0%	0%

[1] 汽油除外；

[2] 进口额和全部关税税目不包括关税不是从价税的税目，因为这些税目不能按照税率范围分布。

资料来源：世界贸易组织秘书处．乌拉圭回合协议导读．北京：法律出版社，2000：185.

根据乌拉圭回合谈判达成的协定，WTO 成员应按照承诺逐渐降低关税。工业品的关税经过 3 年的削减，其平均的水平降低 34%。发达成员的关税减让于 1995 年 1 月 1 日开始实行，5 年内完成；经过削减，工业品的关税削减约 40%，加权平均税率从 6.3% 降至 3.8%。经济转型成员工业品的关税削减 30%，加权平均税率从 8.6% 降到 6%。发展中成员所有工业品的加权平均税率从 15.3% 降到 12.3%。具体情况如表 5.3、表 5.4、表 5.5、表 5.6 所示。

表 5.3　乌拉圭回合关税削减完成前后工业品加权平均关税水平的变化情况

	世界贸易组织成员	发达成员	发展中成员	经济转型成员
乌拉圭回合前	9.9%	6.3%	15.3%	8.6%
乌拉圭回合后	6.5%	3.8%	12.3%	6.0%
降低幅度	34.3%	39.7%	19.6%	30.2%

资料来源：http：//www.wto.org/english/thewto_e/whatis_e/whatis_e.htm。

表 5.3 从整体上分析了发达成员和发展中成员工业品的关税削减情况。另外，从表 5.4 可以看出，各发达成员乌拉圭回合后关税水平都大幅度下降。削减幅度最大的是新西兰，从回合前的 23.9% 削减到回合后的 11.3%，削减幅度达 53%。削减幅度最小的是芬兰，从回合前的 5.5% 降到回合后的 3.8%，削减幅度为 31%。由于关税减让谈判，发达成员整体的关税水平大幅度降低，大大促进了贸易的发展。

表 5.4　乌拉圭回合前后各发达成员工业品的加权平均关税水平变化情况[1]

发达成员	贸易加权平均关税水平	
	乌拉圭回合前	乌拉圭回合后
所有发达成员	6.3%	3.8%
澳大利亚	20.1%	12.2%
奥地利	10.5%	7.1%
加拿大	9.0%	4.8%
欧盟	5.7%	3.6%
芬兰	5.5%	3.8%
冰岛	18.2%	11.5%
日本	3.9%	1.7%
新西兰	23.9%	11.3%

续表

发达成员	贸易加权平均关税水平	
	乌拉圭回合前	乌拉圭回合后
挪威	3.6%	2.0%
南非	24.5%	17.2%
瑞典	4.6%	3.1%
瑞士	2.2%	1.5%
美国	5.4%	3.5%

[1] 不含石油。

资料来源：International Trade Centre UNCTAD/WTO. Business guide to the Uruguay Round. Geneva，1995：245.

表5.5是乌拉圭回合前后经济转型成员工业品关税变化情况。转型经济体整体的关税水平从回合前的8.6%降低到回合后的6.0%，削减幅度达30%。捷克从回合前的4.9%降到回合后的3.8%，削减幅度达22%。匈牙利从回合前的9.6%降低到回合后的6.9%，削减幅度达28%。波兰从回合前的16.0%降低到回合后的9.9%，削减幅度达38%。斯洛伐克从回合前的4.9%降低到回合后的3.8%，削减幅度达22%。由于关税减让，经济转型成员的整体关税水平下降，进一步推动了贸易的发展。

表5.5　乌拉圭回合前后各经济转型成员工业品的加权平均关税水平变化情况[1]

经济转型成员	贸易加权平均关税水平	
	乌拉圭回合前	乌拉圭回合后
转型经济体	8.6%	6.0%
捷克共和国	4.9%	3.8%
匈牙利	9.6%	6.9%
波兰	16.0%	9.9%
斯洛伐克共和国	4.9%	3.8%

[1] 不含石油。

资料来源：International Trade Centre UNCTAD/WTO. Business guide to the Uruguay Round. Geneva，1995：247.

表5.6是乌拉圭回合前后发展中成员工业品的关税水平变化情况。从表中可以看出，发展中成员由于关税减让谈判，整体关税水平从回合前的15.3%降低到回合后的12.3%，削减幅度达20%。在这一组发展中成员中，每个国家的关税水平都有不

同程度的降低。其中，降低幅度最大的国家是印度，其关税水平从回合前的71.4%降低到回合后的32.4%，削减幅度达55%。削减幅度最小的是斯里兰卡，其关税水平从回合前的28.6%降低到回合后的28.1%，削减幅度为2%。尽管每个成员削减的幅度不一样，但整体的关税水平得到有效降低，大大促进了贸易的发展。

表5.6　乌拉圭回合前后发展中成员工业品的加权平均关税水平变化情况[1]

	贸易加权平均关税水平	
	乌拉圭回合前	乌拉圭回合后
发展中成员	15.3%	12.3%
阿根廷	38.2%	30.9%
巴西	40.6%	27.0%
智利	34.9%	24.9%
哥伦比亚	44.3%	35.1%
哥斯达黎加	54.9%	44.1%
萨尔瓦多	34.5%	30.6%
印度	71.4%	32.4%
韩国	18.0%	8.3%
马来西亚	10.2%	9.1%
墨西哥	46.1%	33.7%
秘鲁	34.8%	29.4%
菲律宾	23.9%	22.2%
罗马尼亚	33.9%	11.7%
新加坡	12.4%	5.1%
斯里兰卡	28.6%	28.1%
泰国	37.3%	28.0%
土耳其	25.1%	22.3%
委内瑞拉	50.0%	30.9%
津巴布韦	4.8%	4.6%

[1] 不含石油。

资料来源：International Trade Centre UNCTAD/WTO. Business guide to the Uruguay Round. Geneva，1995：246.

2. 农产品的关税减让结果

从关税约束的程度上看，乌拉圭回合前只有1/3的农产品关税项目得到约束，乌拉圭回合后，100%的农产品关税项目得到约束，其中发展中成员约束程度提高最快，约束比例从17%提高到100%，发达成员和经济转型成员从不足60%提高到100%。农产品的约束情况如表5.7所示。

表5.7　乌拉圭回合前后农产品关税约束水平变化情况

	关税项目约束比例		进口约束比例	
	回合前	回合后	回合前	回合后
总计	35%	100%	63%	100%
主要成员组：				
发达成员	58%	100%	81%	100%
发展中成员	17%	100%	22%	100%
经济转型成员	57%	100%	59%	100%
按地区分组：				
北美	92%	100%	94%	100%
拉美	36%	100%	74%	100%
西欧	45%	100%	87%	100%
中、东欧	49%	100%	54%	100%
非洲	12%	100%	8%	100%
亚洲	15%	100%	36%	100%

资料来源：世界贸易组织秘书处．乌拉圭回合协议导读．北京：法律出版社，2000：19.

所有成员都需要对约束关税进行减让，即“关税削减”。成员按照一定的百分比对约束关税进行关税减让。发达成员和经济转型成员需要将关税削减36%，每项产品最少削减15%的税率，这些削减要从1995年开始实施，在接下来的6年内每年按同样的比例削减。发展中成员只削减发达成员削减幅度的2/3，即平均削减24%，每项产品最少削减10%的税率，可以用10年的时间每年均等地实施这些削减。最不发达的成员不需要削减。

多哈回合各成员在农产品方面关税实施的情况如表5.8所示。

表 5.8　　WTO 部分成员多哈回合期间关税执行情况

成员	约束比例	简单平均	最高税率	最后执行期	免税比例	全部可征税比例	国际关税高峰	国家（地区）税率高峰
阿根廷	100%	31.8%	35.0%	2003	0.00%	100%	98.1%	0.00%
澳大利亚	96.5%	11.0%	55.0%	2000	17.2%	79.3%	14.9%	6.40%
巴西	100%	30.8%	85.0%	2004	0.30%	99.7%	97.1%	0.00%
加拿大	99.6%	5.30%	20.0%	2004	29.4%	70.2%	6.80%	1.40%
欧盟	100%	3.90%	26.0%	2004	23.9%	76.1%	0.80%	7.10%
印尼	96.0%	35.6%	60.0%	2005	2.20%	93.8%	89.7%	0.00%
牙买加	100%	42.5%	50.0%	1995	0.40%	99.6%	82.1%	0.00%
日本	99.5%	2.30%	30.0%	2010	6.30%	93.6%	46.8%	0.00%
肯尼亚	1.60%	54.1%	62.0%	1999	0.00%	1.60%	1.60%	0.00%
马来西亚	81.2%	14.9%	40.0%	2005	4.10%	77.1%	38.5%	0.00%
尼格利亚	6.70%	48.1%	80.0%	1999	0.00%	6.70%	6.70%	0.00%
挪威	100%	3.10%	14.0%	2004	45.5%	54.5%	0.00%	12.1%
斯里兰卡	28.3%	19.2%	100%	2001	0.20%	28.1%	13.1%	0.50%
泰国	70.9%	24.2%	80.0%	2005	2.50%	68.4%	47.2%	0.30%
美国	100%	3.20%	48.0%	2009	38.5%	61.5%	1.80%	8.20%
赞比亚	4.00%	42.2%	60.0%	1995	0.00%	4.00%	4.00%	0.00%

资料来源：孙振宇．多哈回合谈判中期回顾．北京：人民出版社，2006：42.

3. 中国入世承诺的关税减让

与我国进行双边关税减让谈判的成员有 37 个，它们与我国的国际贸易额占我国对外贸易总额的 80% 以上。其中，日本占我国进口市场份额 18.4%，要求对 4 253 个商品进行关税削减；美国占我国进口市场份额 10%，谈判商品 4 333 个；欧盟占我国进口市场份额 13.8%，要求按商品部类进行减让。

我国入世关税减让的结果有以下几方面。在农产品方面，农产品平均关税由加入 WTO 时的 25.9% 削减到 17.2%，并对小麦、大米、玉米、棉花、植物油、食糖等大宗进口品实行关税配额管理，即对配额内的进口征收 1%～3% 的低关税，而超过配额之上的进口征收通常 40% 以上的高关税。在 2000—2005 年期间，配额量将保持每年 15% 的增长，并且配额外的关税税率也将逐步降低。

在工业品方面，削减工业品关税和取消非关税壁垒。在 2005 年，工业品的平均关税应该从加入 WTO 时的 16.1% 降至 9.2%，其中汽车、电子及通信产品、家具、烟草等产品的关税削减幅度在 75% 以上；同时，针对汽车、成品油、化肥、橡胶和部分机电产品的非关税管理措施也在 2000—2005 年间逐步取消。

中国承诺自加入 WTO 时起加入《信息技术产品协议》，并逐步取消信息产品的关税。在 2005 年取消对大多数服务业部门的地域限制，提高电信、保险、证券等行业合资企业外资占有股份的比重，对外资银行在加入 WTO 的 5 年后给予全部的国民待遇。

我国关税减让的具体承诺如表 5.9 所示。

表 5.9　我国入世关税减让的具体承诺

年份	关税总水平	工业品平均水平	农业品平均水平
2000	15.6%	14.7%	21.3%
2001	14.0%	13.0%	19.9%
2002	12.7%	11.7%	18.5%
2003	11.5%	10.6%	17.4%
2004	10.6%	9.80%	15.8%
2005	10.1%	9.30%	15.5%
2006	10.1%	9.30%	15.5%
2007	10.1%	9.30%	15.5%
2008	10.0%	9.20%	15.1%

资料来源：石广生．中国入世法律读本．北京：人民出版社，2002：46.

我国从加入 WTO 起，开始履行降低关税义务。2002 年我国将 5 300 多个税目的税率不同程度降低，降税覆盖面达 73%。在工业品中，原油及成品油的平均税率为 6.1%，木材、纸张及其制品为 8.9%，纺织品和服装为 17.6%，化工产品为 7.9%，交通工具为 17.4%，机械产品为 9.6%，电子产品为 10.7%。在这些降低关税的产品中，水产品、原油及成品油、木材、纸张及其制品、化工产品、交通工具、机械产品、电子产品的平均降税幅度均超过 25%。2004 年基本上已实现关税减让承诺。对于税则中 7 066 个 8 位数商品税目，全部实行约束，未经谈判不得自行提高税率。中国加入 WTO 后的关税削减是一种被动性的关税调整，有些关税的下调是作为加入 WTO 的条件而作出的承诺。因此，关税下调给我国的一些产业带来了一定影响。

第二节 部门协议

WTO 的部门多边贸易协议涉及了货物贸易、服务贸易和知识产权等领域，各协议规定了贸易自由化以及允许适当保护等例外原则。从整体上看，各部门多边贸易协议基本上遵循了非歧视原则、市场开放原则、公平贸易原则、权利与义务平衡原则以及鼓励发展和经济改革的原则。本节将主要讨论有代表性的 3 个部门多边贸易协议，即：《农产品协议》、《纺织品与服装协议》以及《信息技术产品协议》。

一、《农产品协议》

《农产品协议》是乌拉圭回合多边贸易谈判的主要成果之一，该协议的签署和生效把农产品贸易纳入到了世界贸易体制的法律框架下，为未来国际农产品贸易和国内政策的改革确定了基本思路。

（一）《农产品协议》概述

由于农业在国民经济中的特殊地位和作用，长期以来，各国政府出于稳定和增加农民收入、保障粮食安全、保障国民经济各部门的发展以及提高农业产出等方面的考虑，几乎无一例外地对本国农业和农产品贸易进行最大限度的干预和保护。尽管农产品贸易一直涵盖在关贸总协定之中，但 GATT1947 达成降低关税等协议的产品只集中在工业品，这就使得农产品贸易一直作为一个特殊领域游离于关贸总协定规则的有效约束之外。

由于农业的重要性，农业保护始终深深地植根于各国国内农业政策之中，其中干预和保护最为突出的是美国和欧盟等发达国家和地区，因而在肯尼迪回合以后的各轮关贸总协定多边贸易谈判中，尽管试图将农产品贸易问题纳入关贸总协定的管理框架，却一直未能成功。发达国家和地区利用总协定的体制缺陷，一方面极力推行农业支持和进口限制政策，造成农产品结构严重失衡和过量生产；另一方面又为处理国内剩余的农产品，缓解库存压力，采取巨额出口补贴以促进农产品大量向国际市场销售。20 世纪 80 年代初，国际农产品贸易冲突不断升级，严重扭曲了国际农产品市场的正常发展。

1986年“乌拉圭回合”谈判开始时，农产品贸易问题被确定为该轮谈判的中心议题之一。农业谈判主要在三大利益集团之间展开，即美国、欧共体和凯恩斯集团（即澳大利亚、加拿大、阿根廷、巴西、智利、新西兰、哥伦比亚、斐济、匈牙利、印度尼西亚、马来西亚、菲律宾、泰国及乌拉圭14国）。谈判的目标是建立一个公正的、以市场导向为基础的农产品贸易体系，从根本上减少农业补贴和保护，最终纠正世界农产品市场中存在的扭曲现象。经过多次艰苦的谈判，谈判各方终于在1993年12月15日签署了乌拉圭回合《农产品协议》，使农产品贸易被纳入了WTO的约束之中，该协议于1995年1月1日正式生效。

《农产品协议》在序言中阐明了农业谈判中各方制定协议的目标：（1）协议首先阐明要建立一个公正的、以市场导向为目标的农产品贸易体系，并通过国内支持和保护方面的承诺以及建立起强有力的、更行之有效的GATT规则来推动农业贸易体制改革工作；（2）农产品贸易体制改革的长期目标是从根本上逐步实现减少现存的农业补贴和保护，最终纠正和防止世界农产品市场中存在的种种限制和扭曲现象。

为实现上述目标，各成员方同意在市场准入、国内支持和出口竞争等领域作出具体承诺，并列明实施承诺过程中应遵循的若干原则，这些原则包括：（1）在实施市场准入承诺时，发达成员方应该考虑发展中成员方的特殊需要和条件，特别是对发展中成员方具有特殊利益的农产品的准入条件和机会；（2）以公平的方式在所有成员之间作出改革计划下的承诺；（3）关注粮食安全和环境保护等非贸易因素；（4）在承诺中考虑到非公平贸易待遇和差别待遇，并考虑到对最不发达的粮食净进口成员方实行改革计划可能产生的负面效应。

（二）特殊保障条款的规定

《农产品协议》规定了各成员方可以采取特殊保障措施，对那些已经遵守关税化的产品限制进口，以防止进口量激增和进口价格大幅度下降。使用特保措施必须满足的条件为：该产品必须已经经历了关税化过程；必须是一成员方关税减让表中注明可使用特殊保障措施的产品；必须达到以价格或数量为基础的触发标准。

从具体保障措施来看，当农产品某年度的进口数量超过前3年进口量的平均水平（该水平根据该进口成员的进口量占消费量的比例而确定），或者，当进口产品价格下降且低于1986—1988年进口参考价格平均水平的10%时，该进口成员可启用该机制，该成员可以依据《农产品协议》的特殊保障条款，对进口农产品征收额外关税。对于前者，高关税的适用只到发生年度的年底；对于后者，任何额外关税的征收只是适用于与该批装运有关的货物。

（三）对农产品国内支持的规定

协议的第6条和第7条对于农产品的国内支持作了详细规定。除协议第6条和协议附件2所列出的不必消减的国内支持措施以外，其他所有有利于农业生产者的国内支持措施都必须遵守消减义务。农产品协议把国内支持措施分为两类，一类是不会引起贸易扭曲，免于削减承诺的措施，称“绿箱”政策；另一类是产生贸易扭曲，要求各国作出削减和约束承诺，叫“黄箱”政策，“黄箱”中有一类措施不需削减，被称为“蓝箱”政策。协议还专门规定了对发展中成员农业国内支持与补贴的特殊差别待遇。

1. “绿箱”措施

《农产品协议》规定的“绿箱”措施是指，由政府提供的、其费用不转嫁给消费者，没有或仅有最微小的贸易扭曲作用，对农产品生产影响很小的支持措施，以及不对生产者提供价格支持作用的补贴措施。属于该类措施的补贴被认为是“绿箱补贴”。对于此类措施，成员方无须承担约束和削减义务。

“绿箱”措施主要包括：一般农业服务支出，如农业科研、病虫害控制、培训、推广和咨询服务、检验服务、农产品市场促销服务、农业基础设施建设等；粮食安全储备补贴；粮食援助补贴；与生产不挂钩的收入补贴；收入保险计划；自然灾害救济补贴；农业生产者退休或转业补贴；农业资源储备补贴；农业结构调整投资补贴；农业环境保护补贴；落后地区援助补贴等。

2. “黄箱”措施

世界贸易组织要求各成员方作削减和约束承诺的国内支持与补贴措施，主要指的是那些容易引起农产品贸易扭曲的政策措施，包括政府对农产品的直接价格干预和补贴，种子、肥料、灌溉等农业投入品补贴、农产品营销贷款补贴、休耕补贴等，一般称为“黄箱政策”，属于“黄箱政策”范围的农业补贴，称为“黄箱政策”补贴。

农产品协议规定需要削减承诺的“黄箱政策 ”包括：价格支持；营销贷款；面积补贴；牲畜数量补贴；种子、肥料、灌溉等投入补贴；某些有补贴的贷款计划。至于“黄箱政策”补贴的大小，《农产品协议》规定用综合支持量（简称AMS）来衡量并要求在约束该类补贴的基础上，逐步予以削减。按《农产品协议》的定义，综合支持量是用来衡量为支持农产品生产者而提供给某种农产品，或为支持广大农业生产者而提供给非特定产品的年支持水平的技术指标，一般用货币单位表示，它等于单个产品的平均国外参考价格与其国内实施的政府管理价格之差再乘以生产数量。

对于农产品支持量的削减比例，《农产品协议》规定自1995年开始，以1996—1998年为基准期，发达成员在6年内逐步将支持量削减20%，发展中成员在10年内逐步削减13%。在此期间，要求各成员每年的总综合支持量不能超过协议规定的综合支持量的约束水平。对具体农产品（或所有农产品）的支持，只要其AMS不超过该产品生产总值（或农业生产总值）的5%（发展中成员为10%），就无须削减其国内支持，即所谓的微量允许。

对于本来应属于“黄箱政策”的一些补贴，如果是与农产品限产计划有关的（如休耕补贴等），可纳入“蓝箱政策”，列入基期总AMS的计算，但免予削减承诺，不受《农产品协议》的约束和限制，有关成员可以自行决定政策的调整以便按要求削减AMS。

在国内支持削减承诺上，《农产品协议》规定给予发展中成员特殊差别待遇：发展中成员只需削减13%的AMS，且实施期限增加到10年；发展中成员的一些“黄箱”措施也被列入免于削减的范围，主要包括农业投资补贴、对低收入或资源贫乏地区生产者提供的农业投入品补贴、为鼓励生产者不生产违禁麻醉作物而提供的支持等。

3. “蓝箱”措施

《农产品协议》规定的“蓝箱”措施是指，按固定面积和产量给予的补贴（如休耕补贴）、按基期生产水平的85%或85%以下给予的补贴、按固定牲畜头数给予的补贴。这些补贴与农产品限产计划有关，成员方不须承担削减义务。

（四）对出口补贴削减的规定

该协议的第8条、第9条、第10条和第11条对出口补贴削减作出了规定。除该协议和成员方减让表中所规定的出口补贴外，禁止成员方实施出口补贴。对于出口补贴的削减，《农产品协议》规定以1986—1990年出口补贴的平均水平为基准，或在某些出口补贴已经增加的条件下，以1991—1992年的平均水平为基准，从1995年开始，每年等量削减。对出口补贴预算开支，发达成员在6年内减少36%，发展中成员在10年内减少24%；对享受补贴的农产品出口数量，发达成员在6年内减少21%，发达中成员在10年内减少14%；对于农产品加工品的出口补贴，成员方只须削减预算开支。最不发达成员不须作任何削减。表5.10所示为“乌拉圭回合”有关农业补贴和保护的削减比例。

列入削减承诺的出口补贴措施范围包括：因农产品出口而实施直接补贴；以低于国内价格销售或处置非商业性政府库存给出口商形成的补贴；利用所得税收，对相关农产品的出口进行补贴；资助生产者的出口补贴；农产品的出口营销补贴（发展中成员除外）；出口农产品的国内运费补贴（发展中成员除外）；根据出口所含农产品情况，对所含农产品提供的补贴。

表 5.10 “乌拉圭回合”有关农业补贴和保护的削减比例

项目名称	发达成员（1995—2000 年）	发展中成员（1995—2004 年）
关税		
全部农产品平均削减	36%	24%
每项农产品最低削减	15%	10%
国内支持		
综合支持量削减（基期：1986—1988 年）	20%	13%
出口补贴		
补贴额削减	36%	24%
补贴量削减（基期：1986—1990 年）	21%	14%

注：（1）补贴额是指对农产品的补贴金额；补贴量是指对农产品的补贴数量。

（2）最不发达成员不须承诺削减关税或补贴。

（3）关税削减的基础税率为 1995 年 1 月 1 日前的约束税率；对于原未约束的关税，基础税率为 1986 年 9 月“乌拉圭回合”开始时的实施税率。

（4）《农产品协议》不禁止农产品出口补贴，但要削减出口补贴。

资料来源：程国强．WTO 农业规则与中国农业发展．北京：中国经济出版社，2000：37.

二、《纺织品与服装协议》

纺织品与服装贸易是“乌拉圭回合”15 个谈判议题之一，1993 年 12 月发达成员方和发展中成员方达成了《纺织品与服装协议》，该协议是一个阶段性协议，旨在 1995 年 1 月 1 日到 2004 年 12 月 31 日的 10 年有效期内，逐步取消纺织品与服装贸易限制，进而推动贸易自由化。

（一）《纺织品与服装协议》概述

纺织品与服装贸易是世界贸易的重要组成部分，大约占世界贸易总额的 20%，它也是发展中国家和地区出口贸易中的支柱产业。发展中国家（地区）的生产成本相对较低，因而具备在该行业的很多产品上的比较优势，这无疑对发达国家（地区）的相关产业构成了威胁。发达国家（地区）从 1961 年开始，先后与发展中国家（地区）达成了《短期棉花安排》、《长期棉花安排》，直到 1974 年达成了《多种纤维协议》（MFA），并成立了专门的纺织品监督机构。随后的 20 多年里，发展中国家和地区对发达国家和地区的纺织品与服装贸易就是在《多种纤维协议》规则的框架下进行的。《多种纤维协议》规定，如果进口的某一纺织品或服装产品，对进口方相关产品的市场产生扰乱或扰乱威胁，进口方可以采取选择性进口数量限制，即针对特定国家（地区）实行进口配额限制。这与GATT的非歧视原则和一般禁止数量限制原则严重背离，使得纺织品和服装贸易成为了长期游离于GATT约束以外的一种“特殊商品”，违背了GATT贸易自由化的宗旨。

“乌拉圭回合”将纺织品与服装贸易列为15个谈判议题之一，并确定了将纺织品与服装贸易纳入GATT规则的谈判目标。经过发展中成员方与发达成员方的共同努力，最终于1993年12月达成了《纺织品与服装协议》，从而使纺织品与服装贸易纳入自由贸易的轨道。

《纺织品与服装协议》是一个阶段性协议，主要目的是在1995年1月1日到2004年12月31日的10年有效期内，逐步取消纺织品与服装贸易限制。协议的前言揭示了《纺织品与服装协议》的基本原则：（1）对于纺织品与服装协议的谈判旨在在加强GATT规则的基础上将该部门整合到GATT中；（2）一体化过程应该遵从多边贸易谈判乌拉圭回合的缔结，以渐进方式进行；（3）最不发达成员享有特殊待遇。该协议已经于2005年1月1日终止生效。

该协议由1个序言，9个条款和1个附件组成，协议的主要内容包括：一般规则；适用产品范围；一体化进程；自由化进程；反规避行为；过渡性保障条款；强化规则与纪律；管理机构等内容。

（二）一体化进程

协议的第2条是整个协议的中心内容，它具体确立了纺织品和服装与关贸总协定一体化的过程。其具体规定是，在《世贸组织协议》生效前各成员方根据《多种纤维协议》有关规定在双边协定内保持的数量限制，必须在《世贸组织协议》生效后的60天内将有关情况详细通知纺织品监督机构，未通知的限制措施应立即取消。除协议和关贸总协定另有规定外，各方不得采用任何新的限制措施。

各成员方应自《世界贸易组织协议》生效之日（1995年1月1日）起将不少于其1990年附件①所列产品进口总量16%的产品纳入关贸总协定产品，这些一体化产品应包括毛涤和纱、毛织品、已制成的纺织品和服装中的每一组产品。未列入一体化

---

① 有关纺织品问题，乌拉圭回合谈判达成了《纺织品与服装协议》（ATC），该《协议》最终把纺织品和服装部门纳入到关贸总协定框架中，协议规定自1995年1月1日起，应把1990年《多种纤维协议》时期签定的有关纺织品和服装产品范围附件中所列产品总进口量的16%纳入到《1994年关贸总协定》产品范围中。

的产品应按协调制度分3个阶段纳入关贸总协定一体化进程，纺织品和服装贸易一体化进程确定的是为期10年的过渡期，在过渡期内，各成员方的纺织品按规定的百分比分阶段逐步纳入一体化。这3个过渡阶段具体为：第一阶段，在《世界贸易组织协议》生效后第37个月的第一天（1998年1月1日），将不少于1990年附件所列产品总进口量17%的产品纳入一体化；第二阶段，在《世界贸易组织协议》生效后第85个月的第1天（2002年1月1日），将不少于上述1990年附件进口总量18%的产品纳入一体化；第三阶段，在《世界贸易组织协议》生效后第121个月的第1天（2005年1月1日），将纺织品和服装部门纳入关贸总协定，所有依据该协议采取的限制应一律取消。对于实施《纺织品与服装协议》的4个阶段我们可以通过表5.11来进行直观的了解。

表5.11　　实施《纺织品与服装协议》的4个阶段

	纳入GATT1994的产品比例/%	剩余配额的年增长率/%
第一阶段（1995年1月1日到1997年12月31日）	16	6.96
第二阶段（1998年1月1日到2001年12月31日）	17	8.7
第三阶段（2002年1月1日到2004年12月31日）	18	11.05
第四阶段（2005年1月1日起）	49	配额全部取消

注：（1）表中"纳入GATT1994的产品比例"是以1990年附件所列产品进口量为基数的。

（2）表中"剩余配额的年增长率"是以1994年《多种纤维协议》下使用的年增长率6%为基础的。从1995年1月1日起，在《多种纤维协议》规定的年增长率基础上增加16%作为第一阶段的年增长率；从1998年1月1日起，在第一阶段年增长率基础上再增加25%作为第二阶段的年增长率；从2002年1月1日起，在第二阶段的年增长率基础上再增加7%作为第三阶段的年增长率。实际上，由于被限制的成员和产品不同，所适用的基础年增长率也有所不同。

资料来源：WTO. Trading into the future［EB/OL］.［2008-03-25］. http://www.wto.org/english/res_e/doload_e/tif.pdf。

三、《信息技术产品协议》

早在乌拉圭回合谈判结束时，美国、加拿大、欧盟和日本这四大贸易伙伴，对有关信息技术产品贸易自由化就达成了初步的意向，决定在 1994 年后继续对诸如半导体、计算机及零部件等主要信息技术产品贸易自由化进行磋商。1996 年 4 月 19 日四大贸易伙伴在日本神户召开会议，推动了全球范围内的正式信息技术产品贸易谈判，在这次会议上提出在 2000 年前消减信息技术产品关税，并游说所有 WTO 成员都参加到该项谈判中来。

世界贸易组织 1996 年 12 月 9 日至 13 日的新加坡部长级会议上，由 29 个成员方达成了《信息技术产品协议》（Information Technology Agreement，ITA）①，该协议于 1997 年 4 月 1 日生效，并于当年 7 月 1 日起正式开始实施关税减免。其参加方式是较为自由的，对世界贸易组织成员和申请加入国或单独关税区等国家和地区采取自愿参加的方式，但参加方在《信息技术产品协议》承担的义务是在最惠国待遇基础上实施的，因此所有其他世界贸易组织成员均可获得好处。在参加主体上，它类似于多边贸易协议；在适用对象上，则与多边贸易协议相同。

《信息技术产品协议》指出，如果代表信息技术产品世界贸易约 90% 份额的参加国家或地区同意加入，则将实现零关税。截至 1997 年 9 月 30 日，有以下 WTO 成员和正在申请加入 WTO 的国家或单独关税地区同意加入，总体而言，他们代表了信息技术产品世界贸易约 93% 的份额，这些国家和地区是：澳大利亚，加拿大，捷克共和国，哥斯达黎加，萨尔瓦多，爱沙尼亚，中国香港，冰岛，印度，印度尼西亚，以色列，韩国，中国澳门，马来西亚，新西兰，挪威，菲律宾，波兰，罗马尼亚，中国台湾、澎湖、金门和马祖的独立关税区，新加坡，斯洛伐克共和国，瑞士，泰国，土耳其和美国。迄今为止，该协议的参加方已经增加到 70 个国家和地区，代表了信息技术产品世界贸易 97% 的份额。

《信息技术产品协议》的宗旨是：提高社会水平及扩大商品生产和贸易，实现信息技术产品全球贸易的最大自由化，鼓励世界范围内信息技术产业持续性技术进步，并对信息技术对全球经济与福利的积极贡献予以关注。

ITA 完全是一个削减关税的机制。要成为该协议的参加方，参加者必须要遵从 4 个原则：① 要包括宣言中所列的所有产品；② 所有产品必须削减到零关税的水平；③ 所有其他的关税和费用（ODCs）必须削减到零，该协议应用于其所涵盖的所有产品，但是对于敏感性项目，可以允许给予实施一定的延期；④《信息技术产品协议》承担的义务在最惠国待遇基础上实施，未参加该协议的其他世贸组织成员方也应享受

① 《信息技术产品协议》全称应是《关于信息技术产品贸易的部长宣言》。当时，该协议并不是多边贸易协议，只是一个信息技术产品关税的减让机制，加入该协议的成员被称为“参加方”，而加入 WTO 其他多边贸易协议的成员被称为“签约方”。

协议参加方削减信息技术产品进口关税的待遇，但要正式加入则需要谈判，参加方要提交时间表和执行产品覆盖表。

第三节　非关税措施协议

一、《实施动植物卫生检疫措施的协议》

《实施动植物卫生检疫措施的协议》（简称 SPS 协议）是乌拉圭回合达成的一个新协议，其宗旨是指导世界贸易组织成员制定、采用和实施动植物卫生检疫措施并将这些措施对贸易的消极影响降到最低程度。

关贸总协定在 1973 年 9 月到 1979 年 11 月进行的第 7 轮即东京回合的谈判中，产生了《技术性贸易壁垒协议》（简称 TBT 协议），TBT 协议对安全、健康、环境保护等方面的工作作出了规定，贯彻了关贸总协定中非歧视、透明度等原则。在关贸总协定乌拉圭回合谈判中，又专门把动植物检疫问题从 TBT 协议中抽出来，制定了 SPS 协议，以此来协调国际贸易与动植物检疫的关系，减少或避免不公平、不科学的检疫措施对国际贸易的影响。

SPS 协议是关贸总协定的原则渗透到动植物检疫工作中的产物。SPS 协议建立的初衷是为了在不导致不必要的国际贸易障碍的前提下，达到以下目的：保护成员领土内的人类和动物的生命或健康免受食品、饮料或饲料中的添加剂、污染物、毒素或致病有机体所产生的风险；保护成员领土内的人类生命或健康免受动物、植物或动植物产品携带的病虫害的传入、定居或传播所产生的风险；保护成员领土内的动物或植物的生命或健康免受病虫害、带病有机体或致病有机体的传入、定居或传播所产生的风险；防止或控制成员领土内因虫害的传入、定居或传播所产生的其他损害。

虽然 SPS 协议表明实施动植物检疫措施是必需的，但同时强调要把动植物检疫对贸易的不利影响降到最低限度，避免造成对国际贸易的变相限制，并把关贸总协定中的非歧视、透明度等原则引入到 SPS 协议之中，成为其共同遵循的规则；同时提出了国际标准化、科学管理等要求，以便于协调国际检疫纠纷。

二、《技术性贸易壁垒协议》

《技术性贸易壁垒协议》（Agreement on Technical Barrier to Trade of World Trade Organization），全称为《世界贸易组织技术性贸易壁垒协议》，简称 WTO/TBT。其宗

旨是指导世界贸易组织成员方采用国际标准和合格评定程序，制定、采用和实施正当的技术性措施，以保证这些措施既不构成不必要的国际贸易障碍，又达到维护国家基本安全、保护人类及动植物生命和健康、保护环境、防止欺诈行为、保证产品质量的目标。

TBT 协议的产生是社会发展的需要，一方面，随着经济发展和人民生活水平的不断提高，各国对环保、安全、卫生的要求日趋严格，消费者对产品的安全和质量要求进一步提高，特别是对环保产品日渐重视；另一方面，由于技术和经济发展水平不同，各国技术规定和标准差别较大、难以统一，滥用和随意制定技术法规、标准和合格评定程序的现象时有发生，给生产者和出口商造成了诸多困扰。为了保障人类健康安全、保护生态环境、防止欺诈行为和保证产品质量，迫切需要制定统一的国际规则，这为 TBT 协议的产生创造了客观条件。

最先认识到这一点的是欧共体的一些成员方。他们发现各成员方在技术法规、标准和合格评定程序上的差别已经影响到欧共体成员之间贸易的发展，阻碍了欧洲共同体统一大市场的建立。欧共体在统一大市场建立前的一项研究报告表明，技术性壁垒是其主要商务成本之一。为此，欧共体于 1969 年制定了《消除商品贸易中技术性壁垒的一般性纲领》，第一次提出了在国际贸易中制定限制技术性贸易壁垒的贸易规则。

1970 年，GATT 成立了一个政策工作组，专门研究技术标准与质量认证程序方面的问题，并负责起草协议草案。1979 年 3 月，东京回合谈判通过了 TBT 协议，并于 1980 年 1 月生效。1986 年至 1994 年 4 月的乌拉圭回合谈判对其作了进一步的修改、补充和完善，并正式定名为《技术性贸易壁垒协议》。1995 年 1 月 1 日，TBT 协议正式生效，成为世界贸易组织非关税壁垒协议中最重要的一个。

三、《与贸易有关的投资措施协议》

《与贸易有关的投资措施协议》（Agreement on Trade-Related Investment Measures，简称 TRIMs 协议）在历史上首次将投资问题纳入多边贸易调节机制，是国际投资法的延伸和发展。它的产生表明，原属于资本输入国国内法管辖的部分事项开始受到多边约束，这意味着东道国外资约束的权利受到了挑战和削弱，需要做出重大调整。同时，国际投资者在 TRIMs 协议的保护下，可以在更多领域自由投资，在更大程度上享有自由竞争的环境。

TRIMs 协议首先在序言部分阐明了该协议的宗旨，即：避免和取消可能引起贸易限制和扭曲作用的投资措施；期望促进世界贸易的扩大和逐步自由化，便利国际投资，在确保自由竞争的同时，促进所有贸易伙伴，尤其是发展中成员方的经济增长；考虑发展中成员方，尤其是最不发达成员方在贸易、发展和财政方面的特殊需要。

四、WTO《海关估价协议》

海关估价（Customs Valuation）是一国海关为了征收关税，根据统一的价格准则，确定某一进口（或出口）货物价格的过程，由此确定的价格称为海关完税价格或海关价格（Customs Value）。WTO《海关估价协议》为海关估价制度设计了一套相对公平、中立而统一的国际性规则，其目的是避免不合理的估价方法。

（一）《海关估价协议》概述

GATT 通过 8 轮关税减让谈判，使各缔约方的关税水平大幅度降低。同时，由于海关估价具有变相提高税率的作用，许多缔约方开始利用海关估价来限制来自其他缔约方的进口，使其逐渐发展成为一种新的贸易壁垒措施。

GATT1947 第 7 条在历史上第一次就海关估价这一课题达成国际协议，规定了一个国际统一的估价标准和估价的基本原则；然而，由于该条款过于笼统，所以无法在海关估价方法上实现具有实际意义的统一。随着关贸总协定向世界贸易组织的演变，海关估价制度也不断完善，大致经历了 3 个阶段。

20 世纪 50 年代出台的《布鲁塞尔海关估价公约》是完善海关估价制度的第一步。1950 年，为了进一步统一国际海关估价制度，30 多个国家加入《布鲁塞尔海关估价公约》，公约于 1953 年 7 月 28 日正式生效。该公约是世界上第一个专门为海关估价制定具体制度的国际公约，也是世界上实施范围最为广泛的估价制度。但是，美国、加拿大等当时的贸易大国没有参加这一公约。此外，布鲁塞尔估价制度对实际采用该公约的国家在有关实施和解释方面存在的差异也留有很大的余地，统一国际海关估价制度的目标仍未达到。

“东京回合”谈判进一步发展了有关海关估价的规定。1973 年 9 月至 1979 年 4 月进行的关贸总协定第七轮谈判，即“东京回合”谈判，在限制非关税壁垒方面取得了重大进展，达成了 6 项重要协议。其中，《关于履行关税与贸易总协定第七条的协议》（即 GATT《海关估价协议》）是一项对海关估价制度作出比较详细规定的国际多边协议，它对统一、协调和简化各国海关估价制度起着重要的作用。该协议由关贸总协定的缔约方自愿决定是否加入，并于 1981 年 1 月 1 日正式生效。

《海关估价协议》最终在“乌拉圭回合”谈判中达成。1986 年至 1993 年进行的关贸总协定第八轮谈判，即“乌拉圭回合”谈判，达成了包括《关于执行 1994 年关税与贸易总协定第七条的协议》（即WTO《海关估价协议》）在内的一揽子协议。各成员方一经签署，《海关估价协议》的实施范围就扩大到WTO的所有成员方，使协议名副其实地成为统一的国际海关估价制度。WTO《海关估价协议》对GATT《海关估价协议》作了进一步修订和完善，但在法律框架和实体内容上基本保持了后者的原貌。

（二）海关估价的方法

WTO《海关估价协议》的核心是确立了各成员方海关机构应遵循的估价方法。协议按运用顺序具体规定了进行海关估价的6种方法，只有在前一种方法不足以进行估价时，才能援用后一种方法，但当进口商提出要求时，可以把第四种和第五种方法的顺序颠倒。协议规定的可供使用的估价方法包括（按优先顺序排列）：成交价格；相同货物成交价格；类似货物成交价格；倒扣价格；计算价格；合理估价。

1. 成交价格方法

成交价格是海关估价的基本价格，是指有关货物出口到进口国时的实付或应付价格，即买方为进口货物已支付或将支付给卖方的货款总额。

根据协议第1条的规定，成交价格必须具备以下4个条件。第一，买方对进口货物的处置和使用不受限制，即如果买方对进口货物的处置权或者使用权受到某些限制，那么进口货物就不适用成交价格的方法，因为建立在这种限制基础上的交易是不公平的，相应的价格也会受到影响。但有3种限制对交易价格没有实质性影响：第一种是法律、法规或规章规定的限制；第二种是对货物转售地域的限制；第三种是对货物价格无实质影响的限制。

第二，货物的价格不应受到导致该货物成交价格无法确定的条件或因素的影响，即如果销售或价格受到某些条件或因素的影响，海关可以拒绝采用成交价格方法。

第三，卖方不得直接或间接从买方获得因转售、处置或使用进口货物而产生的任何收益，除非按照协议第8条的规定作出调整。

第四，买卖双方之间没有关联关系，如果有关联关系，应当符合协议第15条的规定。根据协议第15条的规定，买卖双方有关联关系这个事实本身并不能成为海关拒绝成交价格的理由，只是要引起海关的重视，并对这种关系是不是影响双方的成交价格进行审查。审查可以从以下方面进行：首先，要审查买卖双方的交易本身，也就是对双方的销售环境进行审查；其次，了解买卖双方的交易价格是怎样达成的，是否符合该行业的正常定价惯例，是否符合卖方向无关联关系的第三方的销售价格和利润，是否符合同类货物的利润水平等。

特别需要注意的是，协议规定，根据具体情况，成交价格可以加上以下各项费用：① 除购货佣金以外的佣金和经纪费；② 集装箱使用费以及包装费（包含劳动力和材料的费用）；③ 出口商以免费或减价形式向进口商直接或间接提供的、与进口货物的使用或销售有关的物品或劳务价格；④ 专利费、许可费和其他知识产权费用；⑤ 因进口货物的转售、处理或使用而由进口商直接或间接向出口商支付的有关费用；⑥ 如以到岸价格进行海关估价，还可包括运费、保险费以及装卸费等费用。在确定成交价格时，除上述费用外，不得再增加任何额外费用。另外，能够从实付价格或应付价格中区分出来的费用或成本，不得加入海关估价之中，这些费用包括：货物进入进口国关境后产生的运费；进口之后产生的建设、装配、安装、维护或技术援助等费用；进口国的关税和税收①。

2. 相同货物成交价格方法

相同货物是指在相同国家生产的，所有方面都相同的货物，包括物理特性、质量和信誉等方面都相同的货物，但允许外形上有细小差别。相同货物成交价格估价法是指当海关无法按成交价格估价法确定进口货物完税价格时，以与被估价的货物同时或大约同时交易的相同货物的成交价格为基础，确定完税价格的估价方法。

3. 类似货物成交价格方法

类似进口货物是指在相同国家生产的，各方面都相似，具有类似的特征并由类似的材料组成，在功能上、商业上可以互换的货物，货物质量、声誉和生产商、商业品牌是认定类似货物的重要标准。类似货物成交价格估价法是指当海关无法按成交价格估价法和相同货物成交价格估价法确定进口货物的完税价格时，以与被估价的货物同时或大约同时交易的类似货物的成交价格为基础，确定完税价格的估价方法。

在使用相同和类似货物成交价格法时，海关和进口商之间可以进行磋商，在无损商业机密的条件下使双方各自掌握的情报资料得以充分的交流。由于海关和进口商都难以掌握全面的资料和信息，所以，相同和类似货物成交价格法的使用概率不高。

4. 倒扣价格方法

倒扣价格是指在进口货物或与其相同或类似货物在进口商国内转售价格的基础上，扣除与进口价格无关的因素后所得的价格，海关以这种价格为进口货物估价的方法叫做倒扣价格估价法。进口商有权利选择该估价法与计算价格估价法的适用顺序，但必须经过海关的认可。如果优先使用计算价格估价法难以确定完税价格，海关仍应再使用倒扣价格估价法进行估价。这里的“转售价格”包括两种类型：一种是货物按进口时的原状态转售，其最大销售总量的单位价格；另一种是货物经进一步加工后出售的最大销售总量的单位价格。

---

① 邓福光．世贸组织《海关估价协议》对我国海关估价的影响及对策．国际贸易问题，2001（4）：21.

5. 计算价格方法

计算价格估价法是指在普遍接受的会计原则下，利用有关资料，将进口货物生产商的成本加上从出口国出口销售到进口国通常发生的利润及一般费用，并以在此基础上计算得到的价格作为对货物估价的方法；其计算基础不是货物的成交价格或转售价格，而是生产成本。

6. 合理估价方法

合理估价法是指在允许合理偏差的条件下，重复使用前述5种估价方法来确定被估货物的完税价格的估价方法，又被称为“追溯估价法”（fall- back method）。只有在这5种方法都不能使用时，海关当局才能“追溯”其他方法，以确定进口货物的价格。可见，合理估价法其实不是一种具体的估价方法，而是一种“不是办法的办法”，它体现出协议的灵活性特点。

另外，协议同时还禁止海关当局使用一些方法，包括：根据进口货物的国内竞争货物的销售价格进行估价；两种备选价格从高估价；使用出口国市场上或另一出口市场上的销售价格；除根据第五种方法估算价格外，以其他方法使用生产成本；最低限价；以及使用武断的或虚构的方法进行海关估价。

五、《装船前检验协议》

装船前检验（Preshipment Inspection，缩写为 PSI）是指进口国授权独立的专业检验机构对即将进口的贸易商品在装船前进行检验，依据一定的程序在该贸易商品的出口国对其数量、质量、价格、货币兑换率、货物关税类别等进行检查和核实的活动。通过运用装船前检验，可保证出口成员方所申明的贸易商品及其发票价格真实地反映其商品的价值，以便对低估或高估进口货物的发票价格以及其他不公平或不正当行为进行控制，确保进口成员方所购商品符合合同规定的规格和品质标准等。

装船前检验是现代国际贸易中常用的一种检验方法，它是成员方进行自我保护的一种手段，很多进口商为了避免进口贸易的风险，都要求实施装船前检验。装船前检验已成为世界上普遍接受的一种国际惯例，对世界进出口贸易的健康发展起到了保障作用。

然而，装船前检验也可以作为一种非关税措施，妨碍国际贸易的发展，因此，应当规范装船前的检验活动，建立国际装船前检验制度。1986年9月关贸总协定在乌拉圭的埃斯特角城开始举行的第八轮多边贸易谈判（乌拉圭回合）中将装船前检验列为一个重要议题，经过多年的谈判和磋商，达成了《装船前检验协议》，建立了国际装船前检验制度，以约束进口方政府利用装船前检验来限制商品进口。协议规定进口成员方政府应在无歧视的国民待遇原则下，根据供销双方确定的标准，授权或委托装船前检验机构，在保持透明度的情况下进行装船前检验活动，出口成员方则必须公开国内有关的法律和规章，并对进口方政府提供所需的技术援助。

六、《原产地规则协议》

《原产地规则协议》（Agreement on Rules of Origin）的主旨是推进世界贸易的自由化和贸易的发展，加强关贸总协定的作用，增进总协定体制对国际经济环境变化的应对能力。该协议的实施，确保了原产地规则本身不会对贸易造成不必要的障碍，不会损害各成员在GATT1994下享有的权益；确保了原产地规则以一种相对公正、透明、可预见、一致的和无歧视的方式制定并实施；确保了快速、有效和平等地解决协议下发生的争端。

产品的原产地，又称产品的"法定国籍"，通常是货物的原产国（地区）。所谓"货物的原产国（地区）"是指为实施海关税则、数量限制或其他有关贸易措施而要加以确定的生产或制造货物的国家（地区）。原产地规则是指任一成员为确定货物原产地而实施的普遍适用的法律、法规及行政决定。原产地规则主要包括制定原则、适用范围、原产地标准、程序规则、管理机构、罚责及争端解决等组成部分。

一般来说，原产地规则并非以对不同原产国标记的商品实施差别待遇为主要目的，更多的是用于海关统计或供进口成员方分析进口商品结构，这种规则称为非优惠或一般原产地规则；为了辨别产品不同来源以实施不同优惠待遇的原产地规则，称为优惠原产地规则。随着世界经济和贸易的发展，国际分工日益加强，产品多国因素大大增加，各成员方与此相适应的原产地规则也越来越繁琐、复杂，原产地规则日益成为不仅涉及海关统计，而且涉及各成员方贸易利益的争议问题。

原产地问题原本并未列入乌拉圭回合的谈判议程，直到1990年，即谈判后期阶段，许多缔约方日益感到欧共体和美国把许多政策考虑（如反倾销、地区经济一体化、数量限制）注入其原产地规则之内，对国际贸易构成一种限制与扭曲，应该在乌拉圭回合谈判解决。同时，为避免原产地规则对国际贸易造成不必要的障碍，必须提高这方面法规的透明度。为此，非关税措施谈判组将原产地规则问题列为重要议题之一，美国、欧共体、日本、中国香港等就原产地规则及其多边协议提交了各自的建议。至1993年年底乌拉圭回合结束，关贸总协定签署了《原产地规则协议》，规定了协调各成员方非优惠原产地规则的工作计划，《原产地规则协议》被列入《乌拉圭回合多边贸易谈判结果最后文件》，供缔约方一揽子接受。

协议规定，在WTO和WCO（世界海关组织）框架下，分别建立原产地规则委员会和原产地规则技术委员会，作为原产地规则协调工作的执行机构和协议的监督管理机构。

WTO 原产地规则委员会，由每一成员的代表组成。委员会应选举自己的主席，并应视需要召开会议，但每年应至少召开一次会议。WTO 秘书处应担任委员会的秘书处。原产地规则委员会的主要职责包括：第一，协调工作期间负责裁决原产地规则技术委员会提交的争议问题；第二，执行 WTO 原产地规则技术标准；第三，协调工作完成后负责对协议的执行情况进行磋商和年度审议；第四，履行协议或 WTO 货物贸易理事会规定其承担的其他职责；第五，可要求原产地规则技术委员会就与协议有关的事项提供信息和建议。

WCO（CCC）秘书处应担任原产地规则技术委员会的秘书处。原产地规则技术委员会的主要职责包括：第一，协调工作期间负责拟定 WTO 原产地规则的技术标准，定期向 WTO 原产地规则委员会提交原产地规则协调工作情况报告；第二，协调工作完成后负责从技术方面对协议的实施情况进行年度审议，就协议的运作和实施情况编制和发布定期报告；第三，在 WTO 原产地规则生效后，应成员方的要求审查实施 WTO 原产地规则中的具体问题，提供解决建议；第四，就成员方提出的原产地认定事项提供信息和咨询意见；第五，履行 WTO 原产地规则委员会要求其承担的其他职责；第六，从技术方面负责 WTO 原产地规则的维护和修订（需考虑条款的修订、技术的发展、原产地规则的可操作性）。

七、《进口许可程序协议》

进口许可制，也称进口许可证制（Import License System），指进口成员方政府规定某些商品的进口必须先提出申请，在获得进口许可证后方可进口。进口许可是对进口的一种行政管理程序，既包括进口许可证制度本身的程序，也包括作为进口前提条件的其他行政管理手续。《进口许可程序协议》（Agreement on Import Licensing Procedures）是为了规范进口许可制的实施而建立的，其宗旨是保证进口许可程序的实施和管理的透明、公平和公正，避免对产品进口造成障碍或限制。

进口许可制是非关税壁垒的重要手段之一，自其出现开始就备受诟病。20 世纪 30 年代，西方国家出现经济危机，进口许可制被许多国家用作直接限制进口的主要措施之一，烦琐的进口许可证发放程序构成了对进口的严重阻碍；直到第二次世界大战后的经济恢复时期，许多西方国家仍在广泛采用进口许可制。在这种情况下，国际上关于限制进口许可制的呼声越来越高。

《进口许可程序协议》的产生经历了漫长的过程。1947 年签订的《关税与贸易总协定》规定，缔约方应废除一切数量限制，其中就包括进口许可制。在关贸总协定的监督下，有些惯用进口许可制来限制进口的缔约方受到了一定的制约，但是，许多缔约方出于不同的原因，仍然在使用进口许可制来限制某些比较敏感的商品的进口。20世纪70年代中期，西方国家爆发了新的经济危机，新贸易保护主义盛行，进口许可制这种行之有效的非关税壁垒又出现了蔓延之势。而后，1979年结束的"东京回合"贸易谈判正式达成了《进口许可程序协议》，但此时的协议只是对进口许可制的实施进行了初步的规范；直到1994年结束的"乌拉圭回合"，才又对进口许可制作了详细的规定，《进口许可程序协议》最终成为世界贸易组织的一项重要协议。

案例5.1　美国诉日本农产品进口限制措施案（WT/DS76）①

本案涉及的是日本对部分农产品实行的进口限制。1950年6月30日，日本农业部发布植物法实施条例，禁止从某些国家进口8种可能带有苹果蠹蛾的农产品，美国是被禁止进口的国家之一。1987年日本农林渔业部公布了两部试行检测指南："取消进口禁令指南——蒸熏"和"昆虫死亡率比较测试指南——蒸熏指南"，前者规定了取消禁令的相关测试标准，后者规定了批准额外种类产品进口的测试标准。对此美国存在异议，并向WTO争端解决机构提起诉讼。美国在本案中投诉的是日本第二个指南中的"品种测试要求"，认为它不符合SPS协议的规定。1997年4月7日，美国要求与日本进行磋商，内容涉及日本限制农产品进口的措施，美国认为该措施违反了SPS协议第2条（基本权利和义务）、第5条（风险评估和适当的卫生与动植物卫生保护水平的确定）、第8条（控制、检查和批准程序），以及GATT第11条（数量限制的一般取消）和《农业协议》第4条（市场准入）的规定，损害了美国的利益。1997年6月5日，双方举行了磋商，但未取得满意结果。同年10月3日，美请求成立专家组。

一、专家组的分析与裁定

1997年11月18日，争端解决机构（DSB）决定成立专家组。专家组组成如下：

① 本案例来自于：中华人民共和国商务部科技发展和技术贸易司网站 http：//kjs. mofcom. gov. cn/aarticle/ztxx/ab/ai/200406/20040600236187. html。

主席是 Kari Bergholm，成员有 Germain Denis、Eirikur Einarsson。欧盟、巴西和匈牙利作为第三方参与。1998 年 4 月 2 日、3 日，专家组与当事方会晤。6 月 23 日，专家组向科技专家咨询。6 月 24 日，专家组再次与双方会晤。10 月 6 日，专家组报告分发给各成员方。

（一）专家组对程序问题的分析与裁定

关于专家组的职权范围，日本提出，美国在磋商时并没有涉及 SPS 协议第 7 条，在成立专家组的请求中才第一次提出，因此对此问题的审查不属于专家组的职权范围。专家组指出，其职权范围应由成立专家组的请求决定，而不是由磋商内容决定，因此它有权审理此项投诉。

案件争议措施的确定应以投诉成立专家组的请求为准。本案中，美国在提交的请求中明确指出：争议措施是日本对可能带有苹果蠹蛾的任何种类农产品实行禁止进口的措施，该措施直至经蒸熏或蒸熏加冷冻综合处理的效果得到确认时方可以解除。因此专家组决定对措施涉及的 8 种水果都进行分析，分析的内容是蒸熏或蒸熏加冷冻综合处理的方法。

（二）专家组对实体问题的分析与裁定

1. 违反 SPS 协议第 2 条第 2 款

日本为其实施的品种测试法提供的根据是同样的杀虫方法对同一个产品的不同品种效果不同，因此认为有必要要求不同的杀虫方法，而美国提供的证据则表明在一个品种上成功的方法对其他品种的试验结果都一样。SPS 协议第 2 条第 2 款规定，成员方实施的卫生与动植物检疫措施应有科学的根据，专家组据此要求技术专家就品种测试法和双方提供的证据作出评论。技术专家一致认为，尽管理论上存在不同品种之间的差别，但目前仍没有确切证据支持日本的品种测试标准。专家组在听取技术专家的意见后，认为日本实施的措施缺乏科学根据，违反 SPS 协议第 2 条第 2 款。

日本在审理中提出以 SPS 协议第 5 条第 7 款作为抗辩。根据 SPS 协议第 2 条第 2 款的规定，第 5 条第 7 款规定的情况可以作为适用第 2 条第 2 款的例外。SPS 协议第 5 条第 7 款的规定是："在有关科学证据不充分的情况下，一成员方可根据可获得的有关信息，包括来自有关国际组织以及其他成员方实施的卫生与动植物检疫措施的信息，临时采用卫生与动植物检疫措施。在此种情况下，各成员方应寻求获得更加客观地进行风险评估所必需的额外信息，并在合理期限内据此审议卫生与动植物检疫措施。"专家组认为，第 5 条第 7 款允许成员方采取临时措施，但必须满足两个条件：有关科学证据不足；根据已经获得的证据可以做出决定。同时也规定了成员方在采取临时措施后的义务：设法获取补充资料；在合理期限内审议该措施。专家组根据本案的具体情况指出，日本第一次对美国产品实施争议措施是在20多年之前，而此后日本既未设法获取补充资料，也没有定期审查该措施，因而认定日本的措施不符合SPS第5条第7款的规定。

2. 违反SPS协议第5条第6款

SPS协议第5条第6款规定：各成员方应保证所采取的措施不超过必要的限度。该条款的注释进一步明确了超过必要的限度是指，从技术和经济可行性考虑存在可合理获得的另一措施，该措施可实现适用的卫生与动植物保护水平，并且对贸易的限制大大减少。专家组据此认为，如果本案存在这样的替代措施，日本的措施就是违反第5条第6款。美国和技术专家组向专家组提出了两种替代方法：产品测试法和附着程度测试法。专家组经审理认为后者可以满足上述要求，因而认为日本的措施超过了适当的保护程度，违反了SPS第5条第6款。

3. 违反SPS协议第7条

美国指出，日本没有公布两部测试指南的标准，违反SPS协议第7条。专家组指出，该条要求各成员根据SPS协议附录B（卫生与动植物卫生法规的透明度——法规的公布）公布其植物检疫规定，只要是已经采取的、普遍适用的植物检疫规定都应予以公布。据此专家组认定日本的两个指南是应当公布的规定，日本没有公布这些规定，违反了SPS协议第7条。

二、上诉及裁定

1998年11月24日，日本提出上诉。12月9日，日本提交了上诉方材料。12月9日，美国也提交了材料。12月21日，双方提交了各自的应诉材料。上诉庭组成如下：主席是Christopher Beeby，成员有Julio Lacarte-Muro、Mitsuo Matsushita。1999年1月19日，上诉庭审理了本案。2月22日，上诉机构报告做出。3月19日，DSB通过了上诉机构报告和修改后的专家组报告。上诉机构的分析与裁定如下。

关于SPS协议第2条第2款：双方对该条的争议主要集中在如何理解“充分的科学依据”上。上诉机构认为，“充分”是一个关联概念，要求在植物检疫措施和科学依据之间存在足够的关联。上诉机构据此认为，专家组的分析是正确的。

关于SPS协议第5条第6款：日本对该条提起的上诉主要是认为专家组对证据的认定有误；上诉机构认为根据“关于争端解决规则与程序的谅解”（DSU）第17条（上诉审议——常设上诉机构）第6款（上诉应限于专家组报告涉及的法律问题和专家组所作的法律解释），对事实的认定和证据的分析不是上诉机构的职权范围，因而驳回了日本的此点上诉意见。

关于SPS协议第5条第7款：上诉机构认为，SPS协议第5条第7款的两句话规定了适用临时措施的4个条件，成员方只有在全部满足这4个条件的情况下才可以适用临时措施，日本提出的只要符合第一句规定的两个条件即可适用临时措施的主张是错误的。上诉机构同意专家组的结论，即日本没有设法获取补充资料，也没有在合理期限内审查这些措施，不符合第5条第7款的规定。

关于SPS协议第7条和附录B：SPS协议第7条和附录B是有关透明度的要求，日本认为它实施的测试指南不属于SPS协议附录B规定的法规范围。上诉机构认为，SPS协议附录B第1段的注释指出，这里的法规是指普遍适用的法律、法令或命令，这只是一个列举性规定，并没有包括所有的规定，根据该段的规定，应当还包括其他普遍适用的文件。日本实施的品种测试标准是普遍适用的，带有法律、法令或命令的性质，因而上诉机构维持了专家组有关日本违反SPS协议第7条和附录B的裁定。

关于替代措施的举证责任：上诉机构指出，本案专家组认定的替代措施——附着程度测试法是由技术专家提出的，而投诉方美国既没有提出也没有分析这一方法是否符合SPS协议规定。虽然DSU第11条第2款规定专家组有权征求技术专家的意见，但技术专家的意见不能代替投诉方提供初步证据的举证责任。上诉机构因而推翻专家组的这一裁定。

三、简评

本案涉及了实施卫生与动植物检疫措施中的若干重要问题，对理解适用SPS的各项规定具有重要意义，具体反映在以下几个方面.

第一，本案有关程序问题的结论告诉我们，无论是专家组的职权范围，还是争议措施的内容，都应以成立专家组的请求为依据，而不是以磋商的内容或其他标准来确定。

第二，在实施高于国际标准的措施时，必须要有充分的科学依据。对于SPS协议第2条第2款的规定，可以解释为：在实施检疫措施的成员应当证明实施的措施有充分的科学依据。如果一成员要以第5条第7款的适用来排除适用第2条第2款，它必须符合第5条第7款规定的全部4个条件，即：有关科学证据还不充分；根据已经获得的相关资料；成员方应设法获取补充资料；在合理期限内审查这些措施。

第三，上诉应限于专家组报告涉及的法律问题和专家组所作的法律解释。按照DSU第17条第6款规定，如果当事方对专家组认定的事实依据有争议而提出上诉，上诉机构会认为自己没有这方面的权限而予以驳回。

第四，正确认识透明度原则。SPS 协议第 7 条和附录 B 是关于透明度的规定和注释，按照此条款，成员方应当对普遍适用的有关卫生与动植物检疫措施的法律、法令和命令等予以公布。需要注意的是，这里关于是否应当公布的问题不是以相关措施的出现形式为准，而是以其是否普遍适用于卫生与动植物检疫中为准，即只要是普遍适用的就必须予以公布。

第五，投诉方负有举证责任。根据 DSU 的规定，投诉方对其主张负有提供初步证据的举证责任，对于投诉没有提出的事项，专家组无权就此事作出结论。本案中，美国没有提出具体的替代方法，更没有证明这一方法是否符合协议规定，而专家组仅凭技术专家的意见认定替代方法的存在，是不符合 DSU 的规定的。

案例 5.2 印度影响汽车部门贸易投资措施案①

欧盟（1998 年 10 月 6 日）和美国（1999 年 5 月 1 日）分别要求就关于印度实施的影响汽车部门进出口贸易的措施进行磋商。这些措施包括："进出口政策 1997—2002"、"ITC（工业培训理事会）进出口政策 1997—2002"、"进出口政策公告 NO. 60（PN/97 - 02）"（1997 年 12 月 12 日）、其他相关法律机构和管理部门发布的相关条款，以及印度政府和某些汽车制造商签署的相关文件。欧盟和美国认为这些规定使当地企业在进口整车或者某些零部件时易受到非自动进口许可系统的限制。例如，按照印度"进出口政策公告 NO. 60（PN/97 - 02）"的规定，当地合资企业要想获得进口许可，必须与印度政府签署一项协议，要求企业保证其进口量与去年的出口量相符，印度政府的这一规定，是为了达到平衡进出口额、保持国际收支平衡的目的。

印度方面与欧盟和美国方面就投资措施的范围界定问题展开了争论。印度政府认为，它没有将该汽车计划视为投资计划，该措施也没有由负责制定投资政策的当局通过，因此不应视为投资措施。专家组认为协议条文中并没有表明某一措施仅仅因为某一成员方没有这样定性，或者该措施没有明确作为投资规章通过，而不被认为是投资措施。专家组审查一个措施是否是投资措施，并不依据东道国的国内立法分类，成员方对措施性质没有解释权。专家组也没有对"投资措施"下一个完整的定义，认为

---

① 本案例参考了 WTO 官方网站的文件，http://www.wto.org/english/tratop_e/dispu_e/cases_e/ds175_e.htm。

只要通过分析认定该措施具有投资目的和投资特征，并提及投资计划，旨在鼓励当地产业的发展，就可以判定它为投资措施，即使它在国内法上并不作为投资措施。

2001 年 12 月 21 号，专家组向各成员方发布报告，内容如下："印度违反了 GATT1994 的第 3 条第 4 款和第 6 条的规定，建议争端解决机构对其进行裁决。" 2002 年 5 月 2 日，印度向 DSB 申请延期执行，并与欧盟和美国达成协议，推迟 5 个月。2002 年 11 月 6 号，印度通知 DSB，其已经按照 DSB 的决定，于 2002 年 8 月 19 号发布了第 3 号公告，终止了贸易平衡规定。

复习思考题

1. 根据 WTO 的相关规则，关税减让的要求与形式是怎样的？

2. 《农产品协议》对农产品国内支持的规定有哪些？

3. 根据 ITA 参加者必须要遵从的 4 个原则是什么？

4. 《实施动植物卫生检疫措施的协议》、《技术性贸易壁垒协议》与技术性贸易壁垒之间有怎样的关系？

5. TRIMs 协议的宗旨是什么？

6. WTO《海关估价协议》中规定的进行海关估价的 6 种方法是什么？

7. 装船前检验也可以作为一种非关税措施，妨碍国际贸易的发展，《装船前检验协议》与它有什么样的关系？

8. 《原产地规则协议》的主旨是什么？

9. 进口许可制是非关税壁垒的重要手段之一，《进口许可程序协议》与它有什么样的关系？

第六章　世界贸易组织货物贸易规则（下）

本章摘要

在WTO框架内，“贸易救济”包括三种形式：反倾销、反补贴和保障措施，前两项针对价格歧视这种不公平贸易行为，后一项是针对公平贸易条件下进口产品激增的情况。

在进行反倾销调查时，倾销、损害的确定，以及国内产业的认定。

与WTO一般保障机制不同，特定产品过渡性保障机制只针对从特定的国家和地区进口的产品。

贸易救济（Trade Remedy）是指，当外国进口对一国国内产业造成负面影响时，该国政府所采取的减轻乃至消除该类负面影响的措施。它是WTO所允许和规范的，也为美国、欧盟等主要贸易成员所广泛适用。一般而言，采取的贸易救济措施表现为：经过国内产业或其代表申请或者经一国主管当局认为有必要而自行发起之后，主管当局发起一项反倾销、反补贴或者保障措施调查，最终确定对外国进口加征关税或者实行配额管理（保障措施中可能两者并用）。

第一节　反倾销与反补贴

多年以来，中国一直是世界上遭受反倾销措施最多的国家，中国的出口由此造成的损失也比较大。2008年由美国开始蔓延全球的经济金融危机助长了贸易保护主义的泛滥，美国等国家和地区开始频繁地使用反补贴等方式限制中国的出口。

一、反倾销

GATT第6条和WTO《反倾销协议》是当前国际反倾销所应适用的国际规则。GATT第6条可以说是反倾销的原则性条款，它需要一套详细的法律规则加以实施，WTO《反倾销协议》正是实施反倾销的具体规定。

（一）倾销的确定

关于倾销的定义，GATT第6条规定，一国产品以低于正常价值（Normal Value）的价格挤入另一国市场，如因此对某一缔约方领土内已经建立的某项产业造成实质损害或产生实质损害威胁，或者对某一国内产业的建立造成实质阻碍，则构成倾销，应该予以谴责。从该定义可以看出，构成倾销必须同时具备三个条件：一是产品价格低于正常价值；二是给有关国家同类产品的产业造成实质损害，或产生实质损害威胁，或对该产业的建立造成实质阻碍；三是低于正常价值的销售与损害之间存在因果关系。

WTO《反倾销协议》第2条第1款对倾销所下定义是：如一产品自一国出口至另一国的出口价格低于在正常贸易过程中出口国旨在用于消费的同类产品的可比价格，即以低于正常价值的价格进入另一国的商业，则该产品被视为倾销。根据修改后的我国《反倾销条例》，倾销是指在正常贸易过程中进口产品以低于其正常价值的出口价格进入中华人民共和国市场。上述定义虽不完全相同，但都表明在判断某一进口产品是否构成倾销时，应首先确定该产品的正常价值，其次确定该产品的出口价格，再次是比较这两种价格，若出口价格低于正常价值，即构成倾销，两者间的差额即为倾销幅度（Margin of Dumping）。

1. 正常价值的确定

WTO《反倾销协议》和各国的反倾销法都没有对正常价值的定义作出具体的解释，只是规定了确定正常价值的方法。WTO《反倾销协议》规定了三种确定正常价值的方法：第一，在正常贸易过程中出口国旨在用于消费的同类产品的可比价格，即出口国国内市场价格（Home Market Price）。第二，在正常贸易过程中同类产品出口至一适当第三国的可比价格，即向第三国出口的价格；不过，这个价格需要具有代表性。第三，出口产品原产国的生产成本加合理金额的管理、销售和一般费用及利润，即结构价格。这三种方法适用于市场经济国家，如果出口方不是市场经济国家，则采取其他标准。

（1）出口国国内市场价格（Domestic Price）

不论是WTO《反倾销协议》还是我国《反倾销条例》，都把出口国国内市场价格（又称国内销售价格，Domestic Sale Price）作为确定正常价值的首选方法；只有在出口国（地区）国内市场的正常贸易过程中没有销售的，或者该同类产品的价格、数量不能据以进行公平比较的情况下，才使用其他方法。

使用出口国国内市场价格，必须符合几个条件：

首先，与被指控倾销产品进行比较的产品必须是同类产品。

根据WTO《反倾销协议》，“同类产品”一词应解释为指相同（Identical）的产品，即与考虑中的产品在各方面都相同的产品，或如果无此种产品，则为尽管并非在各方面都相同，但具有与考虑中的产品极为相似特点的另一种产品。欧共体反倾销法对“同类产品”的定义直接引用了WTO《反倾销协议》的定义。美国反倾销法在确定正常价值时使用的是“此种或者相似的产品”（such or similar merchandise）的概念。判断是否是“此种或者相似的产品”有三个标准：第一，受调查的商品，或者其他与该商品在物理特征上一致并且属于同一国家（或地区）同一生产商所生产的产品。第二，与受调查的商品在同一国家（或地区）由同一生产商所生产，零部件或者原材料以及使用目的与受调查的商品相同并且与受调查的商品的商业价值大致相等的产品。第三，与受调查的商品属于同一类别或者种类（same general class or kind），并且在同一国家（或地区）由同一生产商所生产，与受调查的商品在使用目的方面相同，并且美国商务部认为可以合理地与涉案商品进行比较。三个标准达到一个即可。我国《反倾销条例》第十二条规定，同类产品是指与倾销进口产品相同的产品；没有相同产品的，以与倾销进口产品的特性最相似的产品为同类产品。

其次，同类产品必须用于出口国（或地区）的国内消费，并且国内市场的销售数量达到一定的比例，即具备足够的代表性。

WTO《反倾销协议》规定，出口国（或地区）国内市场用于消费的同类产品的销售量如果占被调查产品销往进口成员方销售量的5%或5%以上，通常应被认为是确定正常价值的足够数量；但是，如有证据表明，较低比例的国内销售量仍然具有足够的数量以供进行适当的比较，则此较低比例应该被采用。

最后，国内市场价格必须是在正常贸易过程中形成的。

“正常贸易过程”是在自由的不受限制的市场条件发生作用的情况下进行贸易的过程，也就是说没有任何人为压低产品价格并使之偏离生产成本以至于影响其正常价值的确定。出口商与进口商之间如果存在某种合伙关系或有补偿协议的销售，或以低于成本销售，或在非市场经济下销售，均被视为在非正常交易过程中的销售。

如果产品在某一中间国而不是原产地国出口，如何选用出口国价格？针对这个问题，WTO《反倾销协议》第2条第5款规定：在产品不直接从原产国进口、而自一中间国出口至进口成员方的情况下，该产品自出口国向进口成员方销售的价格通常应与出口国中的可比价格进行比较。但是如产品仅为通过出口国转运，或此类产品在出口国无生产，或在出口国中不存在此类产品的可比价格，则也可以与原产国的价格进行比较。我国也作了类似的规定。根据修改后的中国《反倾销条例》第四条，进口产品不直接来自原产国（地区）的，如果进口产品的同类产品，在出口国（地区）国内市场的正常贸易过程中有可比价格的，以该可比价格为正常价值；但是，在产品仅通过出口国（地区）转运、产品在出口国（地区）无生产或者在出口国（地区）中不存在可比价格等情形下，可以以该同类产品在原产国（地区）的价格为正常价值。

（2）向第三国出口的价格（第三国价格，Third-Country Price）

第三国价格，又称向第三国出口价。WTO《反倾销协议》规定，不存在出口国国内市场价格时，以同类产品出口到第三国的价格来确定正常价值。“不存在出口国国内市场价格”是指，在出口国国内市场上没有同类产品在正常贸易过程中销售，或者，出口国国内市场上虽然有这种销售，但是由于特殊的市场情况或销售量较低，使得这种销售无法用来进行适当的比较。

在以第三国价格方法确定正常价值时，怎样选择第三国是一个问题。WTO《反倾销协议》只是规定，这个价格应该具有代表性，至于怎样的第三国价格是具有代表性的，WTO《反倾销协议》没有具体规定。我国反倾销条例也没有对此作明确的规定。依据美国商务部的规则，美国商务部在选择第三国时，按照以下标准作出决定：第一，不仅出口到该第三国的此种产品或类似产品的数量是足够多的，而且与出口到其他国家的产品相比，出口到该国的产品与被控产品更为相似；第二，除出口国市场和美国市场外，在该第三国市场的销售数量是最大的，并且达到5%比例要求；第三，从组织和发展的角度看，该国的市场结构与美国最为相似。如果没有任何一个国家满足以上条件，美国商务部可以将产品由出口国出口到几个国家的数量进行合计，以确定被控产品的正常价值。

从实践来看，采用第三国价格来确定正常价值的情况并不多见。原因是，出口商如果在被控市场进行倾销，也很可能在其他市场上进行倾销，所以第三国价格很难确定真实的正常价值。在欧盟对美国双苯酚案中，欧盟委员会拒绝以第三国价格的方法确定正常价值，它的理由是这样做不能排除出口国向第三国进行倾销的可能性。

（3）结构价格（Constructed Value）

结构价格，又称推定价格或者构成价格。WTO《反倾销协议》第2条指出，结构价格是指同类产品在原产国的生产成本加上合理数量的管理费、销售费、一般费用再加上合理利润之和。在无法以出口国国内市场价格作为确定正常价值的标准时，向第三国出口价格和出口国结构价格是用于确定正常价值的两种平行方法，进行反倾销调查的当局既可以选择向第三国出口的价格，也可以选择出口国结构价格，两者之间没有先后顺序。不过，在美国、欧盟等发达国家和地区的反倾销实践中，反倾销调查当局通常更倾向于采用结构价格。

结构价格由三部分构成：一是生产成本，一般包括原材料费、加工或制造费、工资、厂房租金、设备维修保养费等，但应以被调查的出口商或生产商保存的记录计算，只要该记录符合出口国普遍接受的会计准则，并合理反映了与生产有关的成本和被调查产品的销售情况；二是合理的管理费、销售费和一般费用，它指的是除生产成本以外的成本费用，其数额应基于被调查的出口商或生产商的同类产品与生产和销售有关的实际数据；三是合理利润，即原产国国内市场销售同类产品所能够正常获得的利润。为了确保结构价格的真实性，WTO《反倾销协议》还强调以上各项费用和利润必须是在正常交易过程中产生的，否则不能作为确定正常价值的基础。

依据 WTO《反倾销协议》，管理、销售和一般费用以及利润的金额应依据被调查的出口商或生产者在正常贸易过程中生产和销售同类产品的实际数据。如果此类金额不能在此基础上确定，则该金额可以在下列基础上确定：第一，所涉出口商或生产者在原产国国内市场中生产和销售同一大类产品所产生和实现的实际金额；第二，被调查的其他出口商或生产者在原产国国内市场中生产和销售同类产品所产生的加权平均实际金额；第三，任何其他合理方法，但是如此确定的利润额不得超过其他出口商或生产者在原产国国内市场中销售同一大类产品所通常实现的利润额。

（4）低于成本销售

不管是采用出口国国内市场价格，还是向第三国出口价格，都有一个前提，即有关的销售价格必须不低于成本。除了法定许可的情况外，任何低于成本的销售都是不正当的竞争行为，不能作为确定正常价值的标准。关于如何确定价格是否是低于成本的，《反倾销协议》规定，如果在出口国国内市场上同类产品的销售，或者向一个第三国的销售，其价格低于每单位（固定和可变的）生产成本加管理费、销售费和一般费用，在满足并且只有满足以下条件时，该销售可以因为其价格原因被视为非正常贸易过程中的销售，从而在确定产品的正常价值时可以被忽略。这个条件是：当局确定该销售的绝大部分是在一个持续时间内作出的，并且确定该销售的价格不能保证在一段合理的时间内收回其全部成本。如果价格低于每单位成本，但是高于在调查期间的加权平均单位成本，则该价格应被视为能在一段合理时间内收回成本。关于"销售的绝大部分"，《反倾销协议》规定，如果当局（主管机关）证实为确定正常价值而被调查的交易的加权平均销售价格低于加权平均单位成本时，或者这些交易中的低于单位成本的销售数量占为确定正常价值而被调查的交易的销售量的百分比等于或大于 20% 时，则这些交易的绝大部分是低于每单位成本的。另外，"一个持续时间"通常是指一年，在任何情况下都不能少于6个月。

2. 出口价格的确定

根据WTO《反倾销协议》的规定，出口价格有三种确定方法。第一，从出口国出口到进口国销售产品实际支付或应当支付的价格，也即指“产品离开出口国时的价格而非该产品进口的价格”。第二，如果不存在出口价格或据有关主管机关看来，由于出口商与进口商或第三者之间的联合或补偿性安排，而使出口价格不可靠，则出口价格可在进口产品首次转售给一独立购买者的价格基础上推定。具体来说，是将该进口产品首次转售给一个独立购买者的价格扣除进口至转售之间所增加的费用，比如运输费、保险费、装卸费、进口关税、转售费用、合理利润等等。第三，如果该产品未转售给一独立购买者或未按进口时的状态转售，则可在主管机关确定的合理基础上推定。

3. 正常价值与出口价格的调整和比较

WTO《反倾销协议》第2条第4款规定，对出口价格和正常价值应进行公平比较。此比较应在相同贸易水平上进行，通常在出厂前的水平上进行，且应尽可能针对在相同时间进行的销售。应根据每一案件的具体情况，适当考虑影响价格可比性的差异，包括在销售条件和条款、税收、贸易水平、数量、物理特征方面的差异，以及其他能够证明影响价格可比性的差异。在第3款所指的情况下①，还应对进口和转售之间产生的费用（包括捐税）及所产生的利润进行减免。如在这些情况下价格的可比性已经受到影响，则主管机关应在与推定的出口价格相同的贸易水平上确定正常价值，或进行适当减免。主管机关应向所涉各方指明为保证进行公平比较所必需的信息，并不得对这些当事方强加不合理的举证责任。

（1）正常价值的调整

从正常价值的确定方法来看，由于结构价格可以直接计算到出厂价，所以不需要再进行调整，出口国国内市场价格和向第三国出口价格需要相应的调整。

以出口国国内市场价格作为正常价值时，需要调整的项目主要有：第一，根据销售条件不同进行调整。调整的项目主要是仓储费、信贷、运输费用、包装费、回扣、质量保证费用、说明书费、广告费、服务费、佣金，等等。在进行这种调整时，必须具备合理的成本数据，而且必须是直接与销售有关的费用才能扣除。第二，由于价格受到销售数量的影响，所以应该根据销售数量的不同进行调整。美国反倾销法律规定，对销售数量不同作价格调整的，应该符合下面两个条件之一：对至少占出口国国

① 即：出口价格在进口产品首次转售给一独立购买者的价格基础上推定，或者如果该产品未转售给一独立购买者或未按进口时的状态转售，在主管机关确定的合理基础上推定，这两种情况。

内销售产品总量20%的产品提供了至少6个月的折扣，或者，出口商必须证实价格折扣是由于不同数量生产成本节余的结果。第三，根据产品差别进行调整。美国商务部对产品差别进行调整时，主要考虑的是生产成本的不同，如果生产成本相同而外观不同，则不予以调整。第四，根据贸易环节不同而进行调整。根据美国反倾销法的规定，被诉方需要证明出口价格与正常价值不是处于同一贸易环节上，并且这种不同导致了偏差，美国商务部才会同意进行调整。

以向第三国出口价格作为正常价值时，需要作出的调整除了以上一些以外，还要对汇率的影响进行调整。另外，已经包含在价格中的运输费用、佣金、折扣、回扣、进口关税等相关费用，也应该扣除。

（2）出口价格的调整

对出口价格的调整一般涉及以下几个方面。第一，根据产品差异进行调整。如果在两个市场上销售的产品在规格、质量、性能方面有较大差异，则应该加以调整。第二，根据进口税费和间接税进行调整。进口税费包括海关关税以及其他费用。间接税包括销售税、消费税、增值税、印花税、特许权税，等等。针对这些税费进行调整时，可以将这些税费全部加到出口价格上，也可以将它们全部从正常价值中扣除。第三，根据销售费用进行调整。欧盟允许调整的销售费用主要有：运费、保险费、装卸费、包装费、信贷费用、质量保证费、技术或售后服务费，等等。

（3）正常价值与出口价格的比较

WTO《反倾销协议》规定了出口价格与正常价值进行比较的两种方法：即平均对平均比较法和交易对交易比较法。前者是将加权平均正常价值与所有出口交易的可比加权平均价格进行比较；后者是将每笔交易的正常价值与每笔交易的出口价格进行比较。如果主管机关认为一种出口价格在不同购买者、地区或时间之间差异很大，并且就为何不能通过使用加权平均对加权平均或交易对交易进行比较的方法对这些差异进行适当考虑作出说明，则在加权平均基础上确定的正常价值可以与单笔出口交易的价格进行比较。

根据以上公平原则和比较法进行比较后，当产品出口价格低于正常价值时，即构成倾销，两者之间的差额即为倾销幅度。产品的出口价格等于或高于正常价值时，不构成倾销，倾销幅度为零。但对于构成倾销，而倾销幅度不足2%者（微量倾销），可忽略不计，欧美现行反倾销法也都将倾销幅度不足2%的视为微不足道，可忽略不计。

（二）损害的确定

WTO《反倾销协议》第三条对损害（Injury）的定义是："在本协议项下，'损害’一词，除非另有规定，否则应理解为指对一国内产业的实质损害、对一国内产业的实质损害威胁或对此类产业建立的实质阻碍，并应依照本条的规定予以解释。”

1. 损害

(1) 实质损害（Material Injury）

实质损害通常指重大的或者严重的损害，即倾销行为对进口国相同产品的销售产生了实质性影响，严重损害了进口国生产商的利益及其产业发展，这样一种事实状态。有的法律学者认为，损害是否具有“实质性”，这是一个事实问题，不是一个法律问题，要法律为“实质损害”规定一个统一的标准是不切实际的。根据WTO《反倾销协议》的规定，实质损害的衡量标准主要参考三个方面：第一，被指控倾销商品的进口数量；第二，被指控倾销商品对进口国同类产品价格的影响；第三，被指控倾销商品对进口国的同类产品生产商的影响。

被指控倾销商品的进口数量是否增长，可以从两个方面考虑，一是被指控倾销商品的进口数量绝对增长情况，二是被指控倾销商品进口数量的相对增长情况。一般情况下，当被指控商品刚刚进入进口方市场时，其占有进口方市场的份额不高，虽然绝对数量的增长不是很大，但是由于基数较小，进口数量的相对增长却很大；当被指控商品已经占有进口方市场的一定份额以后，虽然绝对数量的增长较大，但是由于基数较大，进口数量的相对增长却很小。应该说，只有对进口国国内市场份额的挤占才能最直接地表明进口产品低价倾销的损害影响。多方面考虑影响因素，从法律的文字表达上似乎公平，但是实际上这样做的可操作性比较低，会造成确定性不强，反而有助于主观评判。

被指控倾销商品对进口国同类产品价格的影响，是指被指控的倾销产品相对于进口国国内同类产品而言，是否有大幅度的削价行为，或者造成进口国国内市场价格的显著下降、或者显著阻碍了进口国市场本来应该发生的市场价格上升。如果被控倾销的产品确实对进口国市场价格产生了有害的影响，则应该判断其削价或抑制价格上升的程度，以便确定是否构成实质损害。在审查价格影响所造成的损害时，不考虑造成进口国国内同类产品价格降低或价格抑制的最终原因，仅考虑进口产品对国内同类产品价格的损害。例如，1986年美国在调查加拿大钢管倾销案时，美国起诉方指控加拿大出口产品价格下降对美国产品造成实质损害，经立案调查，加拿大出口产品价格下降是由日本同类产品价格下降引起的，而且日本的降价幅度大于加拿大。但是美国国际贸易委员会认为，尽管加拿大产品不是率先降价，但是它仍然是导致美国相关产品降价的因素，所以已经造成价格损害。

关于倾销进口产品对国内产业影响的审查应包括对影响产业状况的所有有关经济因素和指标的评估。根据欧盟的反倾销条例，在判断倾销对国内产业的影响时，应该考虑以下因素：生产、设备利用、库存、销售、市场份额、价格、利润、投资回收、产品流通量、雇工情况。这些因素不应该被认为是穷尽的，进口国当局在有必要的情况下也可以根据其他的合理因素作出判断。包括欧盟在内的许多国家和地区对实质损害的确定会根据经济情况的变化和个案的具体情况而采用不同的判断因素，这样，一个判断实质损害的完全客观的严格标准就不存在了。进口国损害调查机关在是否对上述因素都进行调查、是否需要调查当局认为适当的其他因素以及根据这些因素的调查能得出什么结论等方面，都享有相当大的自由裁量权。

（2）实质损害威胁（Threat of Material Injury）

对于实质损害威胁的判断，WTO《反倾销协议》第三条规定：对实质损害威胁的确定应依据事实，而不是仅依据指控、推测或极小的可能性。倾销将造成损害发生的情形变化必须是能够明显预见且迫近的。在作出有关存在实质损害威胁的确定时，主管机关应特别考虑下列因素：第一，倾销进口产品进入国内市场的大幅增长率，表明进口实质增加的可能性；第二，出口商可充分自由使用的或即将实质增加的能力，表明倾销出口产品进入进口成员市场实质增加的可能性，同时考虑其他出口市场吸纳额外出口产品的能力；第三，进口产品是否以将对国内价格产生大幅度抑制或压低影响的价格进入，是否会增加对更多进口产品的需求；第四，被调查产品的库存情况。这些因素中的任何一个本身都未必能够给予决定性的指导，但被考虑因素作为整体必须得出如下结论，即更多的倾销出口产品是迫近的，且除非采取保护性行动，否则实质损害将会发生。WTO《反倾销协议》第三条强调，对于倾销进口产品造成损害威胁的情况，实施反倾销措施的考虑和决定应特别慎重。

从 WTO《反倾销协议》可以看出，实质损害威胁的构成条件主要有：第一，必须存在实质损害威胁的事实，也就是说，实质损害威胁的判断应该基于事实，而不能基于主张、臆测。第二，实质损害威胁是可能实现的，也就是说，如果不采取措施制止损害威胁，那么必然会导致倾销，造成损害事实。比如，仓库已经储存了大量低于正常价值的进口产品，进出口双方签订的合同正在履行，等等。第三，实质损害威胁是临近的而不是遥远的，也就是说，这种损害威胁已经迫近，不是在遥远的将来才可能发生的实质损害威胁。

（3）实质阻碍（Material Retardation）

实质阻碍是指倾销产品虽然没有对进口国相同产业造成实质损害或产生实质损害威胁，但是严重阻碍了进口国相同产品的新产业的建立。第一，受阻碍产业是正在建立而未建立起来的产业。主张一个新的产业不能建立，必须有充分的证据。不能因为倾销产品阻碍了建立一个新产业的设想或者计划而裁定造成了实质阻碍，必须是一个新产业在建立过程中受到了阻碍。第二，受阻碍的产业是新产业。新产业是相对于进口国原来的情况而言的，只要是进口国从前没有的产业就是新产业，而不管这个产业是朝阳产业还是夕阳产业。第三，预期的经济目标不能实现。关于实质阻碍的定义和评定标准，WTO《反倾销协议》和各国的反倾销法规基本上没有作出规定，相应的判例也很少。美国国际贸易委员会曾经指出，一个正在建立但是还没有投入运营的企业，在倾销产品大量涌入而造成市场价格大幅度下跌的情况下，这个企业将不能实现其预期的利润和效益，或者企业投入运营后将导致损失等，据此可以确定这个新企业的建立受到实质阻碍。

在判断新产业预期利润等的时候，需要确定国内价格。由于新产业还没有生产出产品进行销售就已经被扼杀，所以确定其国内价格就比较难。有三种方法可以选择：第一，根据新产业投资者的投资可行性报告对于成本和投资回报率的分析进行确定，不过，这样确定的国内价格可能偏高。第二，参照相同产品的国际市场价格确定，不过，国际市场的同类产品已经相对成熟，所以比进口国新建立的产业价格偏低。第三，根据国内可替代品的价格及其受到影响的程度进行判定，不过需要注意对替代品和新建立产业产品的差异进行适当的调整。

2. 累积评估

WTO《反倾销协议》第 3 条规定，如果来自一个以上国家的某一产品的进口同时接受反倾销调查，则调查主管机关只有在确定以下内容后，方可累积评估此类进口产品的影响：第一，对来自每一国家的进口产品确定的倾销幅度大于第 5 条第 8 款定义的微量倾销幅度，且自每一国家的进口量并非可忽略不计；第二，根据进口产品之间的竞争条件和进口产品与国内同类产品之间的竞争条件，对进口产品的影响所作的累积评估是适当的。

WTO《反倾销协议》第 5 条第 8 款规定，如果倾销幅度按出口价格的百分比表示小于 2%，则该幅度应被视为属微量；如来自一个特定国家的倾销进口产品的数量被查明占进口成员中同类产品进口的不足 3%，则该倾销进口产品的数量通常应被视为可忽略不计，除非占进口成员中同类产品进口不足 3% 的国家合计超过该进口成员中同类产品进口的 7%。需要注意的是，在进行累积评估时，应该把累积进口量与进口国总进口量进行比较，以此来确定损害是否存在，不是拿累积进口量与进口国同类产品的生产总量或者市场消费总量进行比较。

（三）因果关系

反倾销法规定的因果关系，是进口国国内产业受到损害与进口产品倾销之间存在的某种关系。由于进口产品本身并不必然导致对进口国国内产业的损害，所以反倾销法要求进口国调查机关在确认对某一倾销产品征收反倾销税之前，必须证明倾销与损害之间存在因果关系（Causation）。

目前，WTO《反倾销协议》和各国的反倾销法都采用一般因果关系的标准，而不是主要因果关系（或直接因果关系）。一般因果关系是指，进口国国内产业的损害是由倾销产品及其他有关因素共同作用的结果，也就是说，倾销只是造成损害的因素之一；主要因果关系是指，进口国相关产业的损害完全或者主要由倾销产品造成，进口产品的低价格倾销直接导致了进口国有关产业的损害。

WTO《反倾销协议》第3条第5款规定，证明倾销进口产品与对国内产业损害之间存在因果关系应以审查主管机关得到的所有有关证据为依据。主管机关还应审查除倾销进口产品外的、同时正在损害国内产业的任何已知因素，且这些其他因素造成的损害不得归因于倾销进口产品。在这方面可能有关的因素特别包括未以倾销价格销售的进口产品的数量和价格、需求的减少或消费模式的变化、外国与国内生产者的限制贸易的做法及它们之间的竞争、技术发展以及国内产业的出口实绩和生产率。

（四）国内产业

国内产业指的是进口国的特定产业，而不是进口国的所有产业或者任何产业。WTO《反倾销协议》第4条第1款规定，就本协议而言，“国内产业”一词应解释为指同类产品的国内生产者全体，或指总产量构成同类产品国内总产量主要部分的国内生产者。如果生产者与出口商或进口商有关联，或他们本身是被指控的倾销产品的进口商，则“国内产业”是指除他们外的其他生产者。

第一，进行反倾销指控的生产商是进口国同类产品生产商全体的时候，或者说他们所生产的产品是进口国同类产品全部的时候，这些生产商构成“国内产业”。

第二，当进行反倾销指控的生产商所生产的产品是进口国同类产品总产量的“大部分”时，这些生产商也构成“国内产业”。一般来说，这些生产商的产量占到进口国同类产品总产量的50%以上时，它们才能被认为是“国内产业”；不过，在国际反倾销实践中，产量份额低于50%的生产商往往也可以作为国内产业。我国原外经贸部颁布的《反倾销调查立案暂行规则》第二章“申请人资格”中规定：国内产业或者代表国内产业的自然人、法人或者有关组织可以提起反倾销调查申请；国内产业是指中华人民共和国国内同类产品的全部生产者，或者其总产量占国内同类产品全部总产量的50%以上的生产者；申请人的产量占国内同类产品总产量虽不足50%，但如果表示支持申请和反对申请的国内生产者中，支持者的产量占支持者和反对者的总产量的50%以上，并且表示支持申请的国内生产者的产量不低于同类产品总产量25%的，该申请应被视为代表国内产业提出。

第三，当进口国国内生产商与倾销产品的出口商或者进口商有关联时，或者他们就是被指控进行倾销的进口商时，进口国国内产业仅指除它们之外的其他生产商。按照 WTO《反倾销协议》第四条的规定，在以下情况下，生产方被视为与出口商或者进口商有关联：他们中的一方直接或者间接控制另一方，他们直接或者间接被一个第三者控制，他们直接或者间接共同控制一个第三者；但是应该有理由相信或者怀疑此种关系的后果是使有关生产者的行为不同于无关联的生产者。如果一方在法律上或经营上处于限制或者指导另一方的地位，那么前者应该被视为控制后者。

第四，在特殊情况下，对所涉生产，一个成员的领土可分成两个或两个以上的竞争市场，如果符合下面的两个条件，每一市场中的生产者均可被视为一个独立产业：第一，该市场中的生产者在该市场中出售他们生产的全部或几乎全部所涉产品；第二，该市场中的需求在很大程度上不是由位于该领土内其他地方的所涉产品生产者供应的。在这样的情况下，只要倾销进口产品集中进入该孤立市场，且只要倾销产品正在对该市场中全部或几乎全部产品的生产者造成损害，就可以认为存在损害，即使全部国内产业的主要部分并没有受损害。如果国内产业被解释为指某一地区的生产者，则反倾销税只能对供该地区最终消费的所涉产品征收。

第五，WTO《反倾销协议》第 4 条第 3 款指出，如果两个或者两个以上国家已经根据 GATT1994 第二十四条第 8 款（a）项达到具有单一统一市场特征的一体化水平，则整个一体化地区的产业应该被视为“国内产业”。

（五）公共利益

国内产业利益与公共利益不是完全一致的。WTO《反倾销协议》并没有直接定义公共利益，从 WTO 成员方的反倾销立法和实践来看，公共利益大致可以理解为包括国内生产商、进口商、工业用户、消费者等利害关系方利益在内的国家或者地区的整体利益。考虑公共利益的意义在于，即使某一进口产品已经被确定构成倾销、存在损害、并且两者之间有因果关系，当局也有可能基于公共利益的考虑而不采取反倾销措施。WTO《反倾销协议》第 6 条第 12 款强调，主管机关应向被调查产品的工业用户，或在该产品通常为零售的情况下，向具有代表性的消费者组织提供机会，使其能够提供与倾销、损害和因果关系调查有关的信息。

欧盟反倾销法中的“共同体利益”就是我们这里所说的公共利益。欧共体反倾销基础条例以一条的篇幅专门界定了“共同体利益”，规定当确定是否需要根据共同体利益进行干预时，应将所有各种利益作为一个整体来考虑，包括国内产业、用户和消费者的利益；并且只有在所有当事方都有机会发表意见后，才能按照反倾销基础条例作出认定。欧共体反倾销条例规定，在诉讼程序中，不仅仅是申诉方，倾销产品的进口商、使用者、消费者团体以及他们各自的协会都有资格在委员会规定的期限内表达他们各自的利益，他们也可以就欧共体利益问题向委员会提出举行听审。他们还可以要求获得其他当事方提交的非保密信息。

（六）中国反倾销调查程序

修改后的我国《反倾销条例》对于我国反倾销的发起、调查、裁决等程序进行了规定。

1. 反倾销调查的主管机构

根据修改后的我国《反倾销条例》，我国反倾销调查的主管机构是混合型的。对倾销的调查和确定，由中国商务部（具体部门为进出口公平贸易局）负责。对损害的调查和确定，由中国商务部（具体部门是产业损害调查局）负责；其中，涉及农产品的反倾销国内产业损害调查，由中国商务部会同中国农业部进行。关于临时反倾销措施，当征收临时反倾销税时，由中国商务部提出建议，国务院关税税则委员会根据中国商务部的建议作出决定，由中国商务部予以公告；要求提供保证金、保函或者其他形式的担保，由中国商务部作出决定并予以公告，而且，海关自公告规定实施之日起执行。可见，我国负责反倾销事务的机构主要有：商务部进出口公平贸易局、商务部产业损害调查局、国务院关税税则委员会、海关总署、农业部等国务院有关部门。

2. 反倾销的发起、调查、裁定和终止

根据修改后的我国《反倾销条例》，国内产业或者代表国内产业的自然人、法人或者有关组织（以下统称申请人），可以依照条例的规定向中国商务部提出反倾销调查的书面申请。在特殊情形下，中国商务部没有收到反倾销调查的书面申请，但有充分证据认为存在倾销和损害以及两者之间有因果关系的，可以决定立案调查。

申请书应当包括下列内容：申请人的名称、地址及有关情况；对申请调查的进口产品的完整说明，包括产品名称、所涉及的出口国（地区）或者原产国（地区）、已知的出口经营者或者生产者、产品在出口国（地区）或者原产国（地区）国内市场消费时的价格信息、出口价格信息等；对国内同类产品生产的数量和价值的说明；申请调查进口产品的数量和价格对国内产业的影响；申请人认为需要说明的其他内容。申请书应当附具下列证据：申请调查的进口产品存在倾销；对国内产业的损害；倾销与损害之间存在因果关系。

中国商务部应当自收到申请人提交的申请书及有关证据之日起60天内，对申请是否由国内产业或者代表国内产业提出、申请书内容及所附具的证据等进行审查，并决定立案调查或者不立案调查。在决定立案调查前，应当通知有关出口国（地区）政府。

在表示支持申请或者反对申请的国内产业中，支持者的产量占支持者和反对者的总产量的50%以上的，应当认定申请是由国内产业或者代表国内产业提出，可以启动反倾销调查；但是，表示支持申请的国内生产者的产量不足国内同类产品总产量的25%的，不得启动反倾销调查。

立案调查的决定，由中国商务部予以公告，并通知申请人、已知的出口经营者和进口经营者、出口国（地区）政府以及其他有利害关系的组织、个人（以下统称利害关系方）。立案调查的决定一经公告，中国商务部应当将申请书文本提供给已知的出口经营者和出口国（地区）政府。

中国商务部可以采用问卷、抽样、听证会、现场核查等方式向利害关系方了解情况，进行调查。商务部应当为有关利害关系方提供陈述意见和论据的机会。中国商务部认为必要时，可以派出工作人员赴有关国家（地区）进行调查；但是，有关国家（地区）提出异议的除外。中国商务部进行调查时，利害关系方应当如实反映情况，提供有关资料。利害关系方不如实反映情况、提供有关资料的，或者没有在合理时间内提供必要信息的，或者以其他方式严重妨碍调查的，中国商务部可以根据已经获得的事实和可获得的最佳信息作出裁定。利害关系方认为其提供的资料泄露后将产生严重不利影响的，可以向中国商务部申请对该资料按保密资料处理。中国商务部认为保密申请有正当理由的，应当对利害关系方提供的资料按保密资料处理，同时要求利害关系方提供一份非保密的该资料概要。按保密资料处理的资料，未经提供资料的利害关系方同意，不得泄露。中国商务部应当允许申请人和利害关系方查阅本案有关资料；但是，属于按保密资料处理的除外。

中国商务部根据调查结果，就倾销、损害和两者之间的因果关系是否成立作出初裁决定，并予以公告。初裁决定确定倾销、损害以及两者之间的因果关系成立的，中国商务部应当对倾销及倾销幅度、损害及损害程度继续进行调查，并根据调查结果作出终裁决定，予以公告。在作出终裁决定前，应当由中国商务部将终裁决定所依据的基本事实通知所有已知的利害关系方。反倾销调查，应当自立案调查决定公告之日起12个月内结束；特殊情况下可以延长，但延长期不得超过6个月。

有下列情形之一的，反倾销调查应当终止，并由中国商务部予以公告：申请人撤销申请的；没有足够证据证明存在倾销、损害或者两者之间有因果关系的；倾销幅度低于2%的；倾销进口产品实际或者潜在的进口量或者损害属于可忽略不计的；中国商务部认为不适宜继续进行反倾销调查的。

二、反补贴

在国际贸易实践中，各国（地区）通常都会程度不同地运用各种补贴形式，以影响国际市场上的货物流向。因此，补贴经常被各国用作刺激本国（地区）产品出口或限制他国（地区）产品进口的一种手段。与倾销一样，补贴也被世界贸易组织认为是国际贸易中不公平的贸易行为，各成员方均有权采取必要措施抵制和消除这种行为对本国（地区）有关产业的不利影响。

反补贴调查程序是指一国（地区）反补贴行政主管部门，根据国内因国外进口产品补贴而遭受损害的相关产业的申请，对被指控补贴产品进行调查所应遵循的程序。反补贴调查的基本程序通常包括：申请、磋商、调查、初裁、终裁等几个阶段。

与反倾销不同，反补贴救济方法有两种，除了通过国内反补贴法律程序进行救济以外，还可以直接通过 WTO 争端解决机制的反补贴救济程序进行救济。

WTO 关于补贴的规定主要是：《1994 年关税与贸易总协定》（GATT）第 6 条、《1994 年关税与贸易总协定》（GATT）附件 1 注释和补充规定中"关于第 6 条"、《1994 年关税与贸易总协定》（GATT）第 16 条、《1994 年关税与贸易总协定》（GATT）附件 1 注释和补充规定中"关于第 16 条"、《补贴与反补贴措施协议》（以下简称《反补贴协议》）。

是否存在补贴、是否造成了损害、两者之间是否有因果关系，这些是 WTO 相关协议规定的实施反补贴措施的条件。另外，WTO 还规定了对发展中成员以及向市场经济转型成员的特殊待遇。

（一）补贴行为的界定

补贴行为的确定是实施反补贴措施的前提之一。本部分介绍 WTO《补贴与反补贴措施协议》对于补贴的定义、WTO《反补贴协议》对补贴的分类和相应的规定。

1. 补贴的行为

WTO《反补贴协议》对补贴做了较为明确的法律定义，根据该协议第 1 条和第 2 条的规定，补贴是指一成员方政府或任何公共机构向某些企业（指其辖区内的一个企业或产业或一组企业或产业）提供的财政资助以及对价格或收入的支持，以直接或间接增加从其领土出口某种产品或减少向其领土进口某种产品，或者对其他成员方的利益造成或威胁造成损害的政府性措施。

根据 WTO《反补贴协议》，下列情况应当视为存在补贴行为：第一，政府或任何公共机构直接转让资金，如赠款、贷款、控股，潜在的直接转让资金或债务的转移，如贷款担保；第二，政府或任何公共机构放弃本应征收的财政收入，这被称为"放弃税收"或变相不征收税收，比如税收抵免之类的财政扶持；第三，政府提供一般基础设施之外的货物、服务或购买货物；第四，政府向筹资机构付款，或委托、指令私营机构履行上述一项或者多项通常应当属于政府的职能，而且私营机构的做法同政府通常采用的做法并无实质上的差别；第五，构成1994年关贸总协定第16条意义上的任何形式的收入或价格支持，以及由此授予某种利益。这里的“公共机构”通常是指政府之外的承担社会公共服务或公共事务管理职能的诸如协会、商会、金融机构等为企业服务的社会团体等各种公益性机构。“授予某种利益”可以认为是，如果财政资助不能够给被资助方带来利益，那么这样的财政资助是不能构成补贴行为的。但是关于判断补贴是否授予利益的标准，反补贴协议没有规定直接的指导原则。

综上所述，补贴只有在同时满足下列三个条件时才成立：第一，提供了财政资助；第二，资助是世界贸易组织成员领土内的公共机构提供的；第三，资助授予了某项利益。

2. 补贴行为的专向性

根据WTO《反补贴协议》对补贴作出的概括性定义，补贴是一个十分广泛的概念，许多政府行为都可被认为是补贴。例如，各国政府为维护社会安定而建立和实施的社会失业救济、医疗卫生补贴、对一般科学和技术研究活动进行的补贴等，这些补贴对全人类的文明和进步都具有十分重要的意义，但这些补贴也会落入以上对于补贴的定义中。再如，许多国家，特别是经济发达国家，为保持整个国家的经济活力，避免由于垄断窒息经济发展，对于中小企业给予各种形式税收减免、加速折旧、使用公共设施的优惠条件等，以及为解决残疾人就业对雇佣残疾人的企业给予税收减免等。这些措施也符合《补贴与反补贴协议》对补贴的定义。如果允许各国对他国的此类补贴采取反补贴措施，则会严重扰乱各国的社会政治、经济秩序，也有悖于建立WTO的根本宗旨。因此，必须设法将上述各类合法合理的补贴排除出反补贴措施的适用范围。

专向性补贴是《反补贴协议》的一个非常重要的概念，WTO成员方只有在发现其他成员方实施专向性补贴时，才可依据《反补贴协议》或其国内立法采取反补贴措施。也就是说，存在专向性补贴是WTO成员方采取反补贴措施的基本前提之一。

（1）专向性补贴的定义

即使一项补贴行为属于《反补贴协议》第1条意义上的补贴，但是如果不属于专向性补贴（Specific Subsidy），则该补贴不受《反补贴协议》的约束和调整。

《反补贴协议》第2条为适用第1条“定义”进一步规定了专向性的含义。协议第2条规定，凡是专用于授予有关当局管辖范围内的一个企业或产业，或者一类企业或产业，或某一地理区域的补贴，即为专向性补贴。具体而言，凡是确立这种补贴制度的法律、法规明确规定，或执行此项法律、法规的当局明确表示，该种补贴只给特定的企业、产业或地区，则属于专向性补贴。专向性是协议的核心概念，要采取反补贴措施，首先应确定补贴的专向性，才可针对这种“被禁止的”或“可申诉的”专向补贴实施所规定的补救措施。专向性可能导致资源配置扭曲和不正当竞争行为的发生，因而必须加以反对和限制。反补贴法主要调整专向性的补贴行为。

（2）确定是否属于专向性补贴的原则

在现实生活中，即便是普遍受用的补贴也不是全社会任何一个企业或个人都可以享受的，事实上任何补贴都只能是符合一定条件的企业或个人才能享受的特定补贴。因此判断一项补贴是专向性的还是非专向性的，并不是十分容易的。对此，《反补贴协议》第 2 条第 1 款规定了判断是否是专向性补贴的原则，这些原则包括：如下。

第一，如果授予补贴的机关或此类机关所依据的立法规定“将补贴的获得明确限于某些企业，则此种补贴应属专向性补贴”。

第二，如果授予补贴的机关或此类机关所依据的立法制定了获得补贴的资格和补贴数量的客观标准和条件（这种标准或条件应当是中性的，不对某一企业偏向），能严格遵守这些标准和条件，符合其规定者，便能自动获得补贴，则该补贴就不具有专向性。要使上述补贴不被视为具有“专向性”，进行补贴的成员方还需以法律、法规或其他官方文件的形式，将上述客观标准和条件作出明确规定。

第三，如果根据上述两项所规定的原则，一项补贴表面上符合非专向性，但别国其他成员又有理由认为此项补贴事实上具有“专向性”，那么就必须考虑其他因素。在现实中有些政府补贴，从文字规定或说明上看，似乎是使社会的每个成员都受益，或者是给社会许多生产部门的，但真正受益的却是某个生产部门。

第四，补贴授予机关只对指定的地理区域内的某些企业给予的补贴，该补贴具有专向性。但不得将有授予资格的各级政府所采取的确定或者改变普遍适用的税率的行动视为专向性补贴。

第五，《反补贴协议》规定的禁止性补贴应视为是具有专向性的补贴。

第六，根据上述原则，对专向性补贴的确定应当依据肯定性的证据加以明确的证明。

在现实生活中，判断一项补贴是属于专向性的还是非专向性的，还有诸多疑难问题。比如，对于一项农业生产部门都可受用的补贴来说，是否是非专向性的？农业生产是个很宽的行业，内部还分为若干更细的不同部门，如谷物、牛肉、奶制品等。若加以专向与非专向区分，又应遵循什么样的标准呢？WTO《反补贴协议》第 2 条第 1 款（c）款项指出“可考虑其他因素”，这些因素包括：在某一补贴项目的使用方面，某一些特定企业是否占有压倒其他企业的优势；主管机关是否不按比例地将某一补贴项目中的巨大份额授予某一特定企业；授予补贴的主管机关在决定给予补贴时是否有很大的自由裁量权。同时应该考虑到授予机关管辖范围内经济活动的多样性程度和已经实施补贴计划的持续时间。

3. 补贴的基本类型

反补贴协议的目的并不是完全限制成员方政府的所有补贴行为，而是禁止或不鼓励政府使用那些对其他成员方贸易造成不利影响的补贴。WTO《反补贴协议》将补贴分为禁止性补贴、不可申诉补贴、可申诉补贴。协议旨在禁止或不鼓励成员方政府使用那些对其他成员方的贸易和产业会造成不利影响的补贴措施。

(1) 禁止性补贴 (Prohibited Subsidies)

禁止性补贴，在贸易实践中又称“红箱补贴”，是指世界贸易组织反补贴协议规定禁止成员方给予或者予以维持的补贴行为。禁止性补贴措施会直接对贸易产生扭曲作用，明显违背了世界贸易组织公平竞争的基本原则，因此，反补贴协议对此类补贴以及维持此类补贴的行为予以严格禁止。

《反补贴协议》第3条和附件1对哪些补贴行为属于禁止性补贴作了比较明确的规定。《反补贴协议》第3条将禁止性补贴分为出口补贴和进口替代补贴两个类别。

A. 出口补贴

出口补贴，是指法律上或事实上依靠出口实绩而给予的补贴，此类补贴的提供是以出口作为唯一条件或多个条件之一。出口补贴行为被认为是一种不公平的贸易行为。它是一种直接扭曲进出口贸易的补贴措施，是明显违背了WTO公平竞争基本原则的做法，因此《反补贴协议》将其列入禁止之列，规定其成员既不得授予，更不得维持这种补贴措施。

《反补贴协议》附件1中专门列举了12项禁止使用的出口补贴清单，主要内容是：政府按出口实绩给予企业或产业的直接补贴。外汇留成或其他类似的出口奖励。政府或政府授权为出口货物提供优于国内货物的装运条件和运费。政府或政府的代理机构为用于出口商品生产的进口的或国内的产品或服务提供的条件或费用，优于用于国内消费品生产的同类产品或直接竞争的产品或服务，同时这些条件比该国成员的出口者通过商业办法从世界市场取得的条件更为优惠。对出口产品的企业全部或部分免除、降低或缓征直接税（包括工资、利息、租金、提成和所有其他形式的收入税及不动产税）或社会福利费用。在计算应征收的直接税的基础上，给予出口企业以特殊的税收减让，其优惠幅度高于给予内销产品生产的优惠。超额退还或免除出口产品的生产和分销的间接税（包括销售、许可、营业、增值、特许、印花、转让、发明和设备等征税）。超额免除或延缓征收用于出口产品生产的货物或服务的前期累积间接税。超额退还或减免用于生产出口产品的进口产品的进口费用；在特定的情况下，企业可用部分其质量和性能相当于进口产品的国产产品来代替进口产品，以便从本规定中得到好处，但进口及相应的出口交易需发生在一段合理的期限内，一般不超过两年。政府（或政府控制的特殊机构）提供的出口信贷担保或保险计划、针对出口产品成本增加或外汇风险计划的保险或担保计划，保险费率不足以弥补长期营业成本和计划的亏损。政府（或政府控制的和/或根据政府授权活动的特殊机构）给予的出口信贷，利率低于它们使用该项资金所实际应付的利率（或如果它们为获得相同偿还期和其他信贷条件且与出口信贷货币相同的资金而从国际资本市场借入时所应付的利率），或它们支付给出口商或其他金融机构为获得信贷而产生的全部或部分费用，只要这些费用保证在出口信贷方面能获得实质性的优势；不过，如果一个成员属一个官方出口信贷国际承诺的参加方，且截至 1979 年 1 月 1 日至少有 12 个《反补贴协议》创始成员属该国际承诺的参加方（或创始成员所通过的后续承诺），或如果一成员实施相关承诺的利率条款，则符合这些条款的出口信贷做法不得视为本协定所禁止的出口补贴。政府以低于国际资本市场借入时应付的利率提供出口信贷，或政府代为支付全部或部分信贷费用。1994 年 GATT 第 16 条指出的任何其他构成出口补贴的公共开支的项目。

在判断某项资助构成补贴之后，还要确定这一补贴是否取决于出口。这里有两个不同的含义，“法律上（de jure）取决于出口”和“事实上（de facto）取决于出口”的补贴。

“法律上取决于出口”的补贴，指一国的法律、法规明确规定，根据出口情况给予补贴。申诉方只要证明了一个成员方存在对出口给予补贴的强制性法律规定，就满足了举证责任。这里有一个要注意的问题，只有法律明确规定了强制性的义务，申诉方才可以直接就法律提出申诉。如果法律只是给予行政机关一定的权力，行政机关可以自行确定实施法律的具体形式，如果行政机关选择的形式不符合 WTO 判断补贴的相关规定，则并不构成“法律上取决于出口”。

“事实上取决于出口”的证明比较困难，仅仅证明受到补贴的是出口企业，还不能满足举证责任，申诉方必须还要证明“如果没有出口或预期的出口，就不会给予补贴”。在巴西与加拿大关于民用飞机出口措施纠纷一案中，加拿大指出，受到补贴的企业并没有增加出口，因此，补贴不是取决于出口的。专家组和上诉庭都认为，确定“事实上取决于出口”的补贴，应当考虑与授予或维持补贴有关的一切因素，包括补贴的性质、其结构和运行，以及提供的环境等；要审查的是给予补贴时的意图，而不看补贴是否真的刺激了出口。只要有事实证明补贴与实际的或预期的出口相关联，就构成“事实上取决于出口”。根据反补贴协议规定，如果事实证明补贴的给予虽然没有在法律上以出口实绩为条件，但在事实上与实际或者预期的出口或者出口收入相联系，那么此种补贴也属于禁止性补贴的范围。此外，判定补贴是否属于禁止性补贴的范围，不能仅仅基于将补贴给予从事出口的企业这一事实本身的原因而定。

B. 进口替代补贴

进口替代补贴，又称当地成分补贴，是指政府以使用国产货物而不使用进口货物为唯一的或其中一个条件而给予的补贴，即国内含量补贴。补贴的形式包括给予进口替代产业或企业以优惠贷款、优先提供商品或服务、外汇留成和使用条件优惠、减免或抵扣应纳税额等。关于国内含量补贴，《反补贴协议》并未作进一步的界定。进口替代补贴减少了进口及外汇支出，发展了国内产业，在客观上阻碍了外国产品进入本国市场。

根据《反补贴协议》规定，世界贸易组织农业协议规定可以给予或可以维持的补贴被排除于禁止性补贴之外。禁止性补贴不适用于《农产品协议》。

(2) 不可申诉补贴（Non-actionable Subsidies）

不可申诉补贴，又称"绿箱补贴"，是指不会招致其他成员方提起反补贴申诉的补贴行为。各成员方在实施这类补贴过程中一般不受其他成员方的反对，因此不会导致其他成员方采取相应的反补贴措施。

根据《反补贴协议》第 8 条规定，不可诉补贴包括两种类型：一种是不具有专向性的补贴，即那些具有普遍性的补贴，这种补贴不会引起根据《反补贴协议》而采取的任何反补贴措施；另一类是政府对科研、落后地区以及环保的补贴，即使这类补贴具有专向性，也属于不可申诉的补贴，但必须具备反补贴协议规定的条件。具体条件有以下一些：

第一，基础研究和竞争前开发活动补贴。这是对企业开展研究的资助，或对与企业有合同关系的高等院校或科研机构开展研究活动的资助。该类补贴不能超出项目成本的指定比例，且只能用于某项开支。具体说，高等院校、科研机构在合同基础上进行研究的补贴，该补贴额不超过工业研究成本的 75%，或竞争前开发活动成本的 50%。而且，这些补贴只能用于以下开支：人事成本（研究活动中专门雇佣的研究人员、技术人员和其他辅助人员）；专门和永久（在商业基础上处理时除外）用于研究活动的仪器、设备、土地和建筑物的成本；专门用于研究活动的咨询和等效服务的费用，包括外购研究成果、技术知识、专利等费用；因研究活动而直接发生的额外间接成本；因研究活动而直接发生的其他日常费用（如材料、供应品和同类物品的费用）。

第二，落后地区发展援助。根据地区发展总体规划，对处于落后地区的非用于特定企业或产业的补贴被视为是不可申诉补贴，且该补贴需要满足下列条件：(1) 有明确界定的区域以及可确定的经济或行政特征。(2) 该地区依据中性和客观的标准被视为属落后地区，表明该地区的困难不是因临时情况产生的；此类标准必须在法律、法规或其他官方文件中明确说明，以便能够进行核实。(3) 标准应包括对经济发展的测算，此种测算应依据下列至少一个因素：人均收入或人均家庭收入二者取其一，或人均国内生产总值，均不得高于有关地区平均水平的85%；失业率，必须至少相当于有关地区平均水平的110%。以上均按三年期测算，但是该测算可以是综合的并可包括其他因素。

第三，环境保护资助补贴。环境保护资助补贴是指为适应新的环保要求、扶植改进企业现有设备而提供的补贴。这些改造对企业构成很大负担，则政府可以资助。其条件是：这种补贴应是一次性、非周期性的；资助的数额在改造工程成本的20%以内；资助不应包括对辅助性设施的安装与投试费用，这项费用应由企业负担；资助必须与企业减少污染有直接和适当的关系，但不应包括任何制造业为降低成本的开支；而且资助应当是普遍的，所有能使用新设施或新方法的企业都应当能获得资助。

不可申诉补贴除有上述条件限制外，《反补贴协议》还对其作了另外的限制，目的是为了防止其滥用或挪作他用。《反补贴协议》规定，不可申诉补贴的规定临时适用5年，自《WTO协议》生效之日起计算，5年后再决定是否延长或修改①；还规定，若有些不可申诉补贴对其他成员产生了“严重不利影响”或“难以补救的损害”，则该成员可请求磋商并“可将此事提交委员会”。

（3）可申诉补贴（Actionable Subsidies）

可申诉补贴，实践中又称“黄箱补贴”，是指在一定范围内允许实施，但如果在实施过程中对其他成员方的经济贸易利益产生了不利影响，因这类补贴措施而导致不利影响的成员方就可以向使用这类补贴措施、或实施这类补贴的成员方提出反对意见和提起申诉，要求磋商和向DSB提起申诉。可申诉补贴并不受到禁止，除非这种补贴对另一成员方的利益造成不利影响。可申诉补贴存在着被起诉或被征收反补贴税的可能性，但是必须满足一定条件。

根据《反补贴协议》第5条的规定，任何成员方不得因实施《反补贴协议》定义的补贴而对其他成员国的利益造成“不利影响”。协议并没有给“不利影响”下一个明确的定义，但协议第5条列举了不利影响的表现形式，包括以下3种情况：第一，损害另一成员方的国内产业，这里“损害国内产业”的表述与协议第五部分“反补贴措施”中的表述具有相同意义；第二，使其他成员方在《1994年关贸总协定》享有的直接或间接获得的利益（特别是关税减让的利益）丧失或减损，这里

---

① 经查询世贸组织网站，《补贴与反补贴措施协议》中有关“不可申诉补贴”条款已于1999年12月31日终止执行，未予延长适用期限，也没有新的替代条款产生。这意味着“不可申诉补贴”的措施已不可运用。但是，从《补贴与反补贴措施协议》的法律关系和逻辑关系来看，事实上可以将“不可申诉补贴”措施合为“可申诉补贴”措施并用。从现实来看，目前我国只能运用《补贴与反补贴措施协议》中的“可申诉补贴”条款来对相关产业和企业实施有理有节的补贴措施。

“丧失或减损”与《1994年关贸总协定》相关条款的表述具有相同的意义，但这种丧失或减损的存在应当根据实施这些条款的惯例来确定；第三，严重损害另一成员方的利益，这里的“严重损害另一成员方的利益”与《1994年关贸总协定》第16条第一款关于补贴问题的相关表述具有相同的意义。

根据反补贴协议规定，上述对可申诉补贴的界定也不适用于WTO农业协议规定的对农产品维持的补贴。

（二）损害的确定

采取反补贴措施的另一个条件是对一成员方已建立的产业造成实质性损害或实质性损害威胁，以及对某一国内工业的新建造成实质性阻碍。涉及的损害包括损害其他成员方的国内产业；消除或妨碍了其他成员方在GATT中直接或间接享有的利益，特别是根据关税减让获得的利益；严重损害了另一成员方的利益。在损害确定的过程中，需要界定一系列问题，如同类产品、国内产业、累积评估等。

1. 损害的定义及其分类

在上述可申诉补贴中提到《反补贴协议》涉及的损害包括3种，下面分别作具体阐述。

（1）损害其他成员方的国内产业

对国内产业的损害与反倾销法中的用语是相同的。所谓国内产业，是指生产同类产品的全体国内生产商，或者虽不能构成全体，但合计总产量占全国该产品产量较大部分的生产商。如果某些国内产业生产商和受调查的出口商与进口商有关联，或者自己本身就是受指控倾销产品的进口商，那么，在确定“国内产业”时可以将这部分厂商排除在外。

反补贴法中所称的损害可以分为3种形式。第一，实质性损害，是指进口补贴产品对国内相关产业从数量、价格和市场份额等方面造成了重大的损害，并能提供充分的证据。第二，实质性损害威胁，是指进口成员方国内的相关产业尚未受到实质性损害，而事实表明将要导致实质性损害。这种事实是真实的、迫近的和可预见到的，而不是一种假设、遥远或不可测的，也要有充足的证据。第三，实质性阻碍，是指补贴产品的大量进口使进口国成员方国内相关产业的新企业或工厂的实际建立过程受到阻碍。这里的“实质性”也可以理解为“重大的”。《反补贴协议》未对“实质性”给出明确的定义，但是规定了确定损害时必须客观地验证补贴进口的数量和补贴进口对国内市场相似产品的市场价格的冲击影响，以及补贴产品的进口对国内相似产品生产商的后续冲击。在反补贴实践中，提供充足的证据证明这3类损害的存在是证明补贴的事实存在的核心问题。

根据《反补贴协议》第15条的内容，主管机关在确定WTO其他成员方的补贴是否构成对国内产业的损害时，主要依据以下3组指标或数据：第一，受到他国（地区）补贴的进口产品的数量的大小。调查当局应从绝对量或与进口成员方的生产和消费比较的相对量方面考虑，如果受到他国（地区）补贴的进口产品的数量增长迅猛，则无论是受补贴的进口产品绝对数量的大幅增长，还是相对于进口成员方国内生产量或消费量的相对数量的大幅增长，均可以作为主管机关认定存在损害的一个重要的正面依据。第二，受到他国（地区）补贴的进口产品对进口成员方国内市场相同或相似产品价格的影响。调查当局应考虑，如果受到他国（地区）补贴的进口产品造成了进口成员方国内相似产品大幅降价，或对进口成员方国内相似产品的价格构成了实质性的抑制，或对进口成员方国内相似产品价格本应上涨的趋势构成了实质性的阻碍，则在其他条件具备的情况下，主管机关可以认定补贴对国内产业构成损害。第三，进口产品对国内同类产品产业的影响。调查当局应对该产业状况的一切有关经济因素和指数作出判断，比如国内相似产业的销售额、市场份额、利润、投资回报、生产能力利用等是否实际或潜在下降，以及上述受补贴的进口是否对现金流量、存货、就业水平、工资水平、工资增长幅度、筹资能力、投资水平产生实际或潜在的负面影响，等等。

反补贴法在认定损害时，所涉及的国内产业是指生产同类产品的生产部门。所以，同类产品的认定是国内产业认定的基础和关键。《反补贴协议》将同类产品定义为相同的产品，即与考虑中的产品在各方面都相同的产品，或如果无此种产品，则为尽管并非在各方面都相同，但具有与考虑中的产品极为相似特点的另一种产品。“同类产品”的界定不仅仅强调物理特征，更着眼于用途等各方面特性都相同或相似。只有同时满足各方面特性都相同或相似时，才是同类产品。这样的规定有助于防止反补贴措施的滥用。

（2）使其他成员方在GATT1994享有的直接或间接获得的利益丧失或减损

《反补贴协议》第5条第2款的注释明确规定，“本协议所指的‘丧失或减损’与GATT1994有关条款为同一含义，对丧失或减损的认定也应使用这些条款”。GATT1994第23条规定，一成员方认为自己在总协定所直接或间接可享受的利益，由于另一成员方的行为而丧失或受到损害，或者总协定规定目标的实现受到阻碍，可以向有关成员方提出请求或建议。如果在合理时间内不能达成满意的调整方法，可以提交给成员方全部处理。

什么样的损害才能构成对基于GATT的利益丧失或减损呢？下面我们结合“澳大利亚化肥补贴案”来理解这一问题。在第二次世界大战期间，澳大利亚政府为平抑物价，对农用化肥采取了补贴制度。当时澳大利亚国内使用的化肥有两种：一是从智利进口的硝酸钠，俗称“智利硝”或“硝肥”；另一种是澳大利亚本国产的硫酸铵，俗称“铵肥”。1947年进行关税减让谈判时，达成了给智利硝以免除关税的约定税率，并且对两种化肥均给予财政补贴。后来，鉴于蔗农爱用铵肥等情况，澳大利亚于1949年取消了对智利硝的补贴，但仍保持对本国产铵肥的补贴，这实际上等于给铵肥在价格上以25%的优惠。为此，智利政府在缔约方全体会议上提起诉讼，称澳大利亚政府的新补贴政策抵销或严重威胁了智利从约定的关税减让中应得的利益。处理此案件的GATT工作组根据当时《关税与贸易总协定》争端解决机制于1952年提出的报告指出，澳大利亚政府打乱硝肥和铵肥竞争关系的行动，是智利政府在谈判智利硝肥关税减让时所未曾合理预见到的。工作组认为，智利政府在谈判关税减让时，有理由作如下设想：在取消对铵肥的补贴之前，不会取消对硝肥的补贴。因此，澳大利亚政府的上述新补贴政策使智利政府丧失或减损了依1947年《关税与贸易总协定》直接或间接享有的利益。此案的重要性，在于它确立了认定丧失或减损的“合理预期”标准。这一标准后来在关贸总协定争端解决机制中得到了广泛的援引，成为总协定解决争端的专门术语。尽管上述例子是关于一个缔约方根据1947年《关税与贸易总协定》固定关税减让的利益丧失或减损，但这对我们更好地理解一个缔约方在1994年《关税与贸易总协定》下的利益丧失或减损，尤其是对1994年《关税与贸易总协定》固定的关税减让所带来的利益丧失或减损的标准和含义，是很有帮助的。就补贴而言，如果GATT缔约一方的补贴措施是缔约另一方在关税减让谈判时未曾合理预期到的，那么该种补贴就可以被认定为是丧失或减损了缔约一方在GATT下的利益。

（3）严重侵害其他成员方的利益

《反补贴协议》并没有给“对其他成员方利益的严重侵害”下定义，但是该协议第6条对哪些情况构成“严重侵害其他成员方的利益”作了非常详细的规定。《反补贴协议》指出，上述“严重侵害”的测试方法有两种，一种为“表面证据测试法”，另一种为“后果测试法”。

在“表面证据测试法”之下，只要补贴达到一定的数量，或属于某一种性质，即可认定“严重侵害”存在，并不看补贴之后果。协议第6条第1款规定了以下3种情况：第一，对一产品从价补贴的总额超过5%（此项中的最低限度不适用于民用航空器）。第二，用以弥补一产业承受的经营亏损的补贴；不过，用以弥补一企业承受的经营亏损的补贴，但仅为制定长期解决办法提供时间和避免严重社会问题而给予该企业的非经常性的和不能对该企业重复的一次性措施除外。第三，直接债务免除，即免除政府持有的债务，及用以偿债的赠款。另外，如果因民用航空器的实际销售低于预测的销售，而使以专利权使用费为基础的民用航空器计划的筹资不能得到全部偿还，则此点本身不构成就本项而言的严重侵害。

在“后果测试法”下，只有当补贴造成法定的后果时，才能认定“严重侵害”存在。《反补贴协议》第6条第3款列举了4种情况：第一，补贴的影响在于取代或阻碍另一成员同类产品进入提供补贴成员的市场；第二，补贴的影响在于在第三国（地区）市场中取代或阻碍另一成员同类产品的出口；第三，补贴的影响在于与同一市场中另一成员同类产品的价格相比，补贴产品造成大幅价格削低，或在同一市场中造成大幅价格抑制、价格压低或销售损失；第四，补贴的影响在于与以往3年期间的平均市场份额相比，提供补贴成员的一特定补贴初级产品或商品（除非其他多边议定的具体规则适用于所涉产品或商品的贸易）的世界市场份额增加，且此增加在给予补贴期间呈一贯的趋势。

2. 累积评估

累积评估是指对于从一个以上国家或地区进口的某项产品同时进行反补贴调查，进口成员方调查机关在确定产业损害时可以同时考虑来自不同国家或地区的补贴产品对其国内相关产业造成的综合损害影响。即使一成员方出口产品的数量和金额并不至于造成实质性损害，但若满足累积评估的条件，调查机关对于多个企业或者多个国家或地区的累积评估也有可能判定损害存在，并进一步采取反补贴措施。

《反补贴协议》第15条第3款规定，如果来自一个以上国家或地区的一种产品的进口同时接受反补贴税调查，则调查主管机关只有在确定以下内容后，方可累积评估此类进口产品的影响：第一，对来自每一国家或地区的进口产品确定的补贴金额大于第11条第9款定义的微量水平（如补贴不足从价金额的1%，则补贴金额应被视为属微量），且自每一国家或地区的进口量并非可忽略不计；第二，根据进口产品之间的竞争条件和进口产品与国内同类产品之间的竞争条件，对进口产品的影响所作的累积评估是适当的。

（三）补贴与损害间因果关系的确定

采取反补贴措施的最后一个要件是补贴与损害之间有因果关系。WTO《反补贴协议》第15条第5款规定，证明补贴进口产品与对国内产业损害之间存在因果关系应以审查主管机关得到的所有有关证据为依据。主管机关还应审查除补贴进口产品外的、同时正在损害国内产业的任何已知因素，且这些其他因素造成的损害不得归因于补贴进口产品。在这方面可能有关的因素特别包括未接受补贴的所涉及的产品的进口数量和价格、需求的减少或消费模式的变化、外国和国内生产者的限制贸易做法及它们之间的竞争、技术发展以及国内产业的出口实绩和生产率。

值得注意的是，《反补贴协议》并未强调补贴与损害之间要有内在的、本质的、必然的联系。自东京回合之后，各成员方反补贴法普遍奉行这样一个原则，即补贴与损害之间存在因果关系并不意味着补贴是损害的全部原因，也不必是损害的主要的、大部分的或重大的原因。在某种程度上，如果可以证明在同一时间内，补贴产品的数量增长、价格下跌，而国内产业正在遭受损害，则一般可以认定补贴和损害之间存在因果关系，即只要反补贴当局能证明补贴产品是造成重大损害的原因之一即可。在大量的反补贴案件的审理中，极少有由于因果关系不成立而被驳回的申诉。

为防止成员国滥用反补贴措施，《反补贴协议》第11条第2款规定，申请进行反补贴调查的，必须提交充分的证据，证明存在某项补贴，存在对国内产业的损害，以及受补贴产品和宣称受损害之间的因果关系。

（四）WTO反补贴调查程序规则与通过WTO争端解决机制的反补贴救济程序进行救济

根据WTO《反补贴协议》，一项反补贴行动要经历的程序，可以分为以下几个阶段：申请阶段，由国内产业受害人依照反补贴规则提出书面投诉。磋商阶段，在决定立案调查前，就有关补贴事项向被调查的成员方发出磋商的邀请，并达成各成员方能接受的解决方法。调查阶段，也称初裁阶段，即从调查单位开始直至“确认有补贴的事实并决定损害的程度”为止。作为初裁，其结论如果是存在补贴，就将有可能导致采取临时措施，即征收临时反补贴税，或者在被调查成员方的价格承诺后取消调查。终裁阶段，也称公告裁决，即经过调查提出证据后，必须对受害人的投诉给出明确的结果并予以相应的公告裁决。终裁的结果，如果案件不成立则终止调查，案件成立则宣布征收反补贴税。

与反倾销不同，反补贴救济方法有两种，除了通过国内反补贴法律程序进行救济以外，还可以直接通过WTO争端解决机制的反补贴救济程序进行救济。

直接通过WTO争端解决机制的反补贴救济程序与通过国内反补贴法律程序的救济方法有重要区别：两种方法的参与主体不同，前者只能由成员方政府提起并参与，后者主要是代表国内产业的自然人或企业；两者救济内容不同，前者的救济方法可以是取消补贴，修改补贴，补偿或采取报复措施，后者主要是对补贴产品征收反补贴税。

另外，如果一成员方对另一成员方关于补贴和反补贴的裁定与救济措施有异议，可以通过WTO争端解决机制的相关规定解决。《反补贴协议》第30条规定，由《争端解决谅解》详述和适用的GATT 1994第22条和第23条应适用于本协议项下的磋商和争端解决，除非本协议另有具体规定。

第二节　保障措施与特保条款

一、保障措施

1995 年 1 月 1 日世界贸易组织在取代关贸总协定以完善多边贸易体制的同时，也完善了保障措施，新的保障措施主要通过乌拉圭回合达成的《保障措施协议》和特定产品过渡性保障机制、纺织品过渡性保障机制、农产品特殊保障机制、服务贸易紧急保障措施的有关条款体现出来，与原来的 GATT1947 第 19 条相比，新的保障措施更完善、更合理、更具有可操作性。

（一）保障措施的实施条件

根据 WTO《保障措施协议》第 2 条的规定，一成员只有确定正在进口至其领土的一产品的数量与国内生产相比绝对或相对增加，且对生产同类或直接竞争产品的国内产业造成严重损害或严重损害威胁，方可对该产品实施保障措施。而且，保障措施应针对一正在进口的产品实施，而不考虑其来源。

1. 不可预见情况下的进口激增

（1）进口激增

进口激增是实施保障措施的第一条件，即由于进口国（地区）加入 WTO 多边贸易体制而必须履行市场开放义务，如降低进口关税、逐步取消和规范非关税壁垒，造成大量某种产品进入国内市场。实施保障措施成员的政府在调查进口数量激增的时候，有几个需要掌握的要点：一是调查某种进口产品的数量，而不能用金额作为激增的数据；二是要调查最近几年的进口增长数据，而不能在进口高峰过去之后，再用马鞍形的进口变动线作为激增的数据，如果在这种前提下实施保障措施，很容易引起其他成员的质疑；三是进口激增有两种统计方式，即绝对增长数量和相对增长数量，进口成员政府在进行调查时可根据情况选择最有利的统计方式，如表 6.1 所示。

表 6.1　保障措施案审理中进口增长的两种统计方式比较

年份	进口绝对增加数量		进口相对增加数量		
	进口数量	比上年增长	进口数量	国内生产数量	进口占总量比
1999	150		150	170	46.9%
2000	165	10%	152	120	55.9%

续表

年份	进口绝对增加数量		进口相对增加数量		
	进口数量	比上年增长	进口数量	国内生产数量	进口占总量比
2001	180	9.1%	148	100	59.7%
2002	250	38.9%	145	90	61.7%
2003	370	48%	142	75	65.4%
2004	560	51.4%	140	60	70%
2005	720	28.6%	140	50	73.7%

从表6.1可以看到两种不同统计方式的差异。在表6.1中，用进口绝对增长数量统计一段时间内某种产品的年进口数量，结论是大幅度增长，6年内进口数量增长3.8倍。用这样的数据说明近几年进口增加的数量很大，有一定说服力。用进口相对增加数量则不然，从表中可以看到，进口绝对数量并没有增长，有些年份进口数量不变，有些年份进口数量还出现减少，但是由于国内此种产品的生产数量逐年减少，造成了这种产品的进口数量在国内市场的占有份额逐年提高。这种统计数据虽然也表示了进口对国内相关产业的发展带来不利影响，但是其说服力不足，会引起出口成员方的质疑，即进口产品相对增长虽然不断提高，但不是外国产品进口数量增加造成的，而是国内同类产品生产减少造成的；同时，国内产品生产减少可能是多种原因造成的，如国内产业结构的主动调整、国内企业生产效率降低、国内某些经济参数变动造成的生产成本上升、国内朝阳工业逐步转化为夕阳工业等原因，在保障措施实施后出口成员方发动的争端解决中进口成员方可能会因此处于被动地位。

WTO《保障措施协议》第9条规定，对于来自发展中成员的产品，只要其有关产品的进口份额在进口成员中不超过3%，即不得对该产品实施保障措施，但是进口份额不超过3%的发展中成员份额总计不得超过有关产品总进口的9%。

(2) 不可预见的发展

“不可预见”是指，一事件在成员作出关税减让承诺和承担其他WTO协定义务时，是不可预见的。换句话说，如果预见到了，该成员就不会做出那些承诺。

WTO《保障措施协议》没有明确规定“不可预见的发展”是采取保障措施的前提条件。不过，GATT1994第19条第1款(a)项规定，如因不能预见的情况和一缔约方在本协定下负担包括关税减让在内义务的影响，进口至该缔约方领土的产品数量增加如此之大且情况如此严重，以致对该领土内的同类产品或直接竞争产品的国内生产造成严重损害或者严重损害威胁，则该缔约方有权在防止或者补救此种损害所必需的限度和时间内，对该产品全部或者部分中止义务或撤销或修改减让。GATT1994 第 19 条第 1 款（a）项明确规定“因不能预见的情况”是实施保障措施的条件。

WTO 成员方在实施保障措施时应该遵守 WTO 与保障措施相关的所有协议，而且，WTO《保障措施协议》第 1 条“总则”明确指出，《保障措施协议》为实施保障措施制定规则，此类措施应理解为 GATT1994 第 19 条所规定的措施。所以，不可预见的发展是进口激增条件的一个方面。

不可预见的发展与进口增长之间必须有因果关系，这种因果关系体现在不可预见的发展对特定产品的影响以及两者在时间上的联系。一成员在保障措施实施前，应该证明“不可预见的发展”导致了将被采取保障措施的特定产品的进口增长，而不是说明“不可预见的发展”带来的一般性经济冲击或对一般产品进口条件的影响。如果不可预见的发展发生在进口增长之后，就不能认为不可预见的发展与进口增长之间存在因果关系。不可预见的发展和进口增长之间距离很远时间的话，也不能认为它们之间存在因果关系，至少不是近因和直接原因。

2. 国内产业受到严重损害或严重损害威胁

保障措施对产业损害使用的是“严重损害或严重损害威胁”，而不同于反倾销与反补贴中所用的“实质性损害或威胁”，从中可以看出保障措施对产业损害要求得更为严格。

根据 WTO《保障措施协议》第 4 条的规定，“严重损害”应理解为指对一国内产业状况的重大全面减损，“严重损害威胁”应理解为明显迫近的严重损害。对存在严重损害威胁的确定应根据事实，而非仅凭指控、推测或极小的可能性。在确定增加的进口是否对一国内产业已经或正在威胁造成严重损害的调查中，主管机关应评估影响该产业状况的所有有关的客观和可量化的因素，特别是有关产品按绝对值和相对值计算的进口增加的比率和数量，增加的进口所占国内市场的份额，以及销售水平、产量、生产率、设备利用率、利润和亏损及就业的变化。

在确定损害或损害威胁时，“国内产业”指一成员领土内进行经营的同类产品或直接竞争产品的生产者全体，或指同类产品或直接竞争产品的总产量占这些产品全部国内产量主要部分的生产者。

3. 进口激增和产业损害成因果关系

根据 WTO《保障措施协议》第 4 条的规定，根据客观证据证明有关产品增加的进口与严重损害或严重损害威胁之间存在因果关系后，才能确定进口对一国内产业已经或正在威胁造成严重损害。如果增加了的进口之外的因素正在同时对国内产业造成损害，那么此类损害不得归因于增加了的进口。在美国圆形焊接碳质条形管保障措施案中，上诉机构再次重申，主管机关必须通过有依据的、足够的解释，明确证明其他因素造成的损害并没有被归因于进口增长；而且，这种解释必须是明确的、毫不含糊的、采用明示方式的直接解释，而不能仅仅是暗示或者建议。

（二）实施保障措施的程序法

WTO《保障措施协议》没有对保障措施的调查程序等作出类似 WTO《反倾销协议》和《补贴与反补贴措施协议》的详细规定。

1. 调查

按照 WTO《保障措施协议》第 3 条的规定，一成员只有在其主管机关根据以往制定的程序进行调查并按 GATT1994 第 10 条进行公开后，方可实施保障措施。该调查应包括对所有利害关系方作出的合理公告，及进口商、出口商和其他利害关系方可提出证据及其意见的公开听证会或其他适当方式，包括对其他关系方的陈述作出答复并提出意见的机会，特别是关于保障措施的实施是否符合公共利益的意见。主管机关应公布一份报告，列出其对所有有关事实问题和法律问题的调查结果和理由充分的结论。但是，WTO《保障措施协议》没有具体规定，“以往制定的程序”具体是指什么。

关于机密信息，WTO《保障措施协议》规定：任何属机密性质的信息或在保密基础上提供的信息，在说明理由后，主管机关应将其视为机密信息。此类信息未经提供方允许不得披露，可要求机密信息的提供方提供一份此类信息的非机密摘要，或如果此类提供方表明此类信息无法摘要，则应提供不能提供摘要的理由。但是，如主管机关认为有关保密的请求缺乏理由，且如果有关方不愿披露该信息，或不愿授权以概括或摘要形式披露该信息，则主管机关可忽略此类信息，除非它们可从有关来源满意地证明该信息是正确的。

2. 保障措施的实施

关于保障措施的实施，WTO《保障措施协议》规定：一成员应仅在防止或补救严重损害并便利调整所必需的限度内实施保障措施。如果使用数量限制，则该措施不得使进口量减少至低于最近一段时间的水平，该水平应为可获得统计数字的、最近 3 个代表年份的平均进口，除非提出明确的正当理由表明为防止或补救严重损害而有必要采用不同的水平。各成员应选择对实现这些目标最合适的措施。

（1）临时保障措施

WTO《保障措施协议》第 6 条规定，在迟延会造成难以弥补的损害的紧急情况下，一成员可根据关于存在明确证据表明增加的进口已经或正在威胁造成严重损害的初步裁定，采取临时保障措施。临时措施的期限不得超过 200 天。而且，此类措施应采取提高关税的形式，如果按照 WTO《保障措施协议》第 4 条第 2 款进行的随后调查未能确定增加的进口对进口成员国内产业已经造成或威胁造成严重损害，则提高的关税应予迅速退还。

（2）配额的确定

WTO《保障措施协议》规定，配额在供应成员之间进行分配的情况下，实施限制的成员可就配额份额的分配问题寻求与在供应有关产品方面具有实质利益的所有其他成员达成协议。在该方法并非合理可行的情况下，有关成员应根据在供应该产品方面具有实质利益的成员在以往一个代表期内的供应量占该产品进口总量或进口总值的比例，将配额分配给此类成员，同时适当考虑可能已经或正在影响该产品贸易的任何特殊因素。

进口方也可以不按照上面的方法（达成协议或者按照比例）进行配额分配，不过需要满足以下条件：在保障措施委员会主持下根据 WTO《保障措施协议》第 12 条第 3 款进行磋商，并向委员会明确证明，在代表期内自某些成员进口增长的百分比与有关产品进口的总增长不成比例，不按照达成协议或者比例分配配额的理由是正当的，而且这样做的条件对有关产品的所有供应商是公正的。任何此种措施的期限不得延长超过第 7 条第 1 款规定的最初期限。以上所指的背离不允许在严重损害威胁的情况下使用。

3. 保障措施的期限

WTO《保障措施协议》第 7 条规定，一成员仅应在防止或补救严重损害和便利调整所必需的期限内实施保障措施。一般情况下，该期限不得超过 4 年。如果进口成员的主管机关经过符合 WTO《保障措施协议》相关条款的程序已经确定保障措施对于防止或补救严重损害仍然有必要，且有证据表明该产业正在进行调整，在第 8 条和第 12 条的有关规定得到遵守的前提下，保障措施的实施期限可以延长。不过，一项保障措施的全部实施期，包括任何临时措施的实施期、最初实施期及任何延长，不得超过 8 年。另外，根据 WTO《保障措施协议》第 9 条，一发展中成员有权将一保障措施的实施期在 8 年的最长期限基础上再延长 2 年。

在一项保障措施的预计实施期限超过 1 年的情况下，为便于调整，实施该措施的成员应在实施期内按固定时间间隔逐渐放宽该措施。如果措施的期限超过 3 年，则实施该措施的成员应在不迟于该措施实施期的中期审议有关情况，如果条件成熟应撤销该措施或加快放宽速度。延长的保障措施不得比在最初期限结束时更加严格，而应该继续放宽。

4. 通知和磋商

（1）通知

根据 WTO《保障措施协议》第 12 条，一成员在下列情况下应立即通知保障措施委员会：第一，发起与严重损害或严重损害威胁相关的调查程序及其原因；第二，就因增加的进口所造成的严重损害或严重损害威胁提出调查结果；第三，就实施或延长保障措施作出决定。

一成员应在采取临时保障措施之前，向保障措施委员会作出通知。提议实施或延长保障措施的成员应向保障措施委员会提供所有有关信息，其中应包括增加的进口所造成严重损害或严重损害威胁的证据、对所涉及的产品和拟议措施的准确描述、拟议采取措施的日期、预计的期限以及逐步放宽的时间表。在延长措施的情况下，还应提供有关产业正在进行调整的证据。货物贸易理事会或保障措施委员会可要求提议实施或延长该措施的成员提供其认为必要的额外信息。

磋商的结果、中期审查的结果、WTO《保障措施协议》第 8 条第 1 款所指的任何形式的补偿以及第 8 条第 2 款所指的拟议减让或其他义务的中止，均应由有关成员立即通知货物贸易理事会。

各成员应迅速向保障措施委员会通知它们与保障措施有关的法律、法规和行政程序以及任何修改。

WTO《保障措施协议》第 12 条规定，任何成员可将本协定要求其他成员通知的而其他成员未通知的本协定处理的所有法律、法规、行政程序及任何措施或行动通知保障措施委员会。而且，任何成员可将第 11 条第 3 款所指的任何非政府措施通知保障措施委员会。

向货物贸易理事会作出的所有通知通常应通过保障措施委员会作出。另外，有关通知的规定不要求任何成员披露会妨碍执法或违背公共利益或损害特定公私企业合法商业利益的机密信息。

（2）磋商

WTO《保障措施协议》第 12 条还规定，提议实施或延长保障措施的成员应向有实质利益的产品出口成员提供事先磋商的充分机会，重要的目的包括审议进口方提供的信息、就该措施交换意见，以及就相关方式达成谅解。磋商应在采取措施后立即开始。

WTO《保障措施协议》第 8 条规定，如果磋商未能在 30 天内达成协议，则受影响的出口成员有权在不迟于该保障措施实施后 90 天内，并在货物贸易理事会收到此中止的书面通知之日起 30 天期满后，对实施保障措施成员的贸易中止实施 GATT1994 项下实质相等的减让或其他义务，只要货物贸易理事会对此中止不持异议。不过，此中止的权利不得在保障措施有效的前 3 年内行使，只要该保障措施是由于进口的绝对增长而采取的，且该措施符合《保障措施协议》的规定。

5. 监督

根据 WTC《保障措施协议》第 13 条，WTO 设立保障措施委员会，由货物贸易理事会管理，对任何表示愿意在其中任职的成员开放。该委员会的职能是：第一，监督并每年向货物贸易理事会报告《保障措施协议》的总体执行情况，并为改善《保障措施协议》提出建议；第二，应一个受影响成员的请求，调查《保障措施协议》中与一项保障措施有关的程序性要求是否得到遵守，并向货物贸易理事会报告其调查结果；第三，如各成员提出请求，在各成员根据《保障措施协议》规定进行的磋商中提供协助；第四，审查《保障措施协议》第10条和第11条第1款涵盖的措施，监督此类措施的逐步取消，并酌情向货物贸易理事会报告；第五，在采取保障措施的成员请求下，审议中止减让或其他义务的提议是否是"实质相等"，并酌情向货物贸易理事会报告；第六，接收和审议《保障措施协议》规定的所有通知，并酌情向货物贸易理事会报告；第七，履行货物贸易理事会可能确定的、与《保障措施协议》有关的任何其他职能。

另外，为协助委员会行使其监督职能，秘书处应根据通知和可获得的其他可靠信息，就《保障措施协议》的运用情况每年准备一份事实报告。

二、中国入世特保条款

中国入世特保条款，是指《中华人民共和国加入世界贸易组织议定书》（简称《入世议定书》）和《中国加入工作组报告书》（简称《工作组报告》）中包含的、适用于中国和其他WTO成员之间的保障措施例外条款。《入世议定书》第16条和《工作组报告》第245～250节规定了特定产品过渡性保障机制，《工作组报告》第242节规定了纺织品特别保障措施。

（一）中国入世特保条款的形成

WTO规则是建立在市场经济基础上的，其核心理念是减少政府干预对市场的扭曲，让市场在世界范围内对资源配置起基础性作用。我国早已确立了建设社会主义市场经济的目标，而且我们的市场化改革已经取得了显著成效并得到了世界很多国家的高度赞扬；但是，我国加入世贸组织时各WTO成员方还没有正式承认我国为市场经济国家，而是将我国作为经济转型国家看待。在其他世贸组织成员看来，与存在明显政府干预的中国进行贸易对他们是不公平的，因此，要求将我国还没有完成市场经济建设的这段时间设定为过渡期，过渡期内在某些方面适用特殊规则，这些规则与乌拉圭回合达成的世贸组织规则不完全一致。

根据《入世议定书》可知，入世后，我国在反倾销、补贴与反补贴、保障措施方面均要执行相应的过渡期安排。其中，在保障措施方面，关于我国针对其他成员产品实施保障措施方面没有过渡安排，而在我国产品承受其他成员的保障措施方面，主要规定了两种过渡期安排。第一，纺织品服装产品以外的产品过渡期为12年，过渡期内适用“特定产品过渡性保障机制”；第二，纺织品服装产品过渡期为7年，从加入起到2008年12月31日止，适用纺织品服装产品的特别保障机制。

正式的对华特保条款最早见于1999年11月15日签订的《中美WTO市场准入协定》，该协定第四部分“协定书”中包含“按具体产品采取的特别保障条款”和“有关纺织品的中国工作组报告书文案”，其中分别包含了对一般产品和纺织品的过渡性保障机制。从原则和基本制度来看，《入世议定书》和《工作组报告》基本上照搬了中美协定中包含的“按具体产品采取的特别保障条款”和“有关纺织品的中国工作组报告书文案”内容。

其他WTO成员对华采取特保措施不能为所欲为，起码应当遵守以下两点：第一，除非经过必要和正当的程序，任何进口成员政府均不得随意对中国进口产品采取特保措施。只有经过正当的调查、通知并作出决定之后才可以采取特保措施，在此程序中应当充分保障进口商、出口商及利害关系方提供证据和作出评论的权利。在采取措施之前，应当与中国政府进行磋商（除非在迟延会造成难以补救的损害的紧急情况下采取的特保措施）。任何发起、磋商或者采取措施的行动都应当立即通知WTO保障措施委员会。第二，进口成员采取的保障措施应当控制在必要的水平和期限范围内，其目的和作用仅限于防止和补救市场扰乱或者重大贸易转移。

（二）外国对华特保程序

外国对华的特定产品过渡性保障措施将在中国入世12年后终止，纺织品特别保障措施的实施期限是2008年12月31日。另外，《工作组报告》第242节（g）项规定，特定产品过渡性保障措施和纺织品特别保障措施不得对同一产品同时适用。

1. 特定产品过渡性保障措施的实施程序

根据《入世议定书》和《工作组报告》，特定产品过渡性保障机制包括两种情形，分别是针对市场扰乱采取的措施和为防止或纠正重大贸易转移而采取的措施。《入世议定书》和《工作组报告》只规定了针对市场扰乱采取的措施，但一般情况下两者均需遵循以下程序。

（1）国内调查程序

根据《入世议定书》第16条第5款和《工作组报告》第246节，只有在进口成员主管机关根据已经确立而且公众知悉的程序进行调查后，方可针对市场扰乱采取行动；拟采取措施的成员主管机关发起特定产品保障措施调查前应当发布通知，并在此后的合理时间内举行公开听证或提供其他适当方法以允许进口商、出口商及利害关系方提供证据，对此措施是否适当陈述观点及对其他各方的陈述作出答复。

《入世议定书》第 16 条第 5 款规定，在采取措施之前，采取此项行动的 WTO 成员应向所有利害关系方提供合理的公告，并应向进口商、出口商及其他利害关系方提供充分机会，供其就拟议措施的适当性及是否符合公众利益提出意见和证据。该 WTO 成员应提供关于采取措施的决定的书面通知，包括采取该措施的理由及其范围和期限。

《工作组报告》第 246 节的相关规定包括：（a）处理市场扰乱的行动只有在该 WTO 进口成员主管机关根据以往确定的且公众可获得的程序进行调查后方可采取；（b）该进口成员主管机关将公布关于根据议定书（草案）特定产品保障措施开始进行任何调查的通知，并将在此后合理时间内，举行公开听证会或提供其他适当方法，以允许利害关系方提供证据和他们关于采取措施是否适当的观点，以及对其他各方的陈述作出答复；（d）有关主管机关将公布任何拟议采取的措施，并如提出请求，将提供包括公开听证在内的机会或提供其他适当方法，以供进出口商和其他利害关系方提交他们关于拟议措施适当性以及该措施是否符合公众利益的看法和证据；（e）主管机关将迅速公布关于实施措施决定的通知，包括关于该决定依据的说明及该措施的范围和期限。

（2）磋商、通知与临时保障措施

根据《入世议定书》第 16 条第 1 款，如原产于中国的产品在进口至任何 WTO 成员领土时，其增长的数量或所依据的条件对生产同类产品或直接竞争产品的国内生产者造成或威胁造成市场扰乱，则受此影响的 WTO 成员可请求与中国进行磋商，以期寻求双方满意的解决办法，包括受影响的成员是否应根据《保障措施协议》采取措施。任何此种请求应立即通知保障措施委员会。

《入世议定书》第 16 条第 7 款规定，在迟延会造成难以补救的损害的紧急情况下，受影响的 WTO 成员可根据一项有关进口产品已经造成或威胁造成市场扰乱的初步认定，采取临时保障措施。在此种情况下，应在采取措施后立即向保障措施委员会作出有关所采取措施的通知，并提出进行双边磋商的请求。临时措施的期限不得超过 200 天。

（3）自动限制出口或者采取保障措施

《入世议定书》第 16 条第 2 款规定，如在这些双边磋商过程中，双方同意原产于中国的进口产品是造成此种情况的原因并有必要采取行动，则中国应采取行动以防止或补救此种市场扰乱。任何此类行动应立即通知保障措施委员会。

《入世议定书》第 16 条第 3 款规定，如磋商未能使中国与有关 WTO 成员在收到磋商请求后 60 天内达成协议，则受影响的 WTO 成员有权在防止或补救此种市场扰乱所必需的限度内，对此类产品撤销减让或限制进口。任何此类行动应立即通知保障措施委员会。

这就是说，双边磋商以60天为期，先要求中国主动自愿节制出口，否则对方就有权采取相应的保障措施。

（4）“公共利益”条款

在认定市场扰乱和采取过渡性保障措施的问题上，专门设立了“公共利益”条款。也就是说，不仅要考虑拟采取的保障措施对所有利害关系方的利益，还要考虑并重视是否符合包括消费者在内的公众利益。

《入世议定书》第16条第5款规定，在采取措施之前，采取此项行动的WTO成员应向所有利害关系方提供合理的公告，并应向进口商、出口商及其他利害关系方提供充分机会，供其就拟议措施的适当性及是否符合公众利益提出意见和证据。该WTO成员应提供关于采取措施的决定的书面通知，包括采取该措施的理由及其范围和期限。

（5）“落日”条款

《入世议定书》第16条第6款规定，一个WTO成员只能在防止和补救市场扰乱所必需的时限内采取措施。如果一个措施是由于进口水平的相对增长而采取的，而且如该项措施持续有效的期限超过2年，则中国有权针对实施该措施的WTO成员的贸易暂停实施GATT1994项下实质相当的减让或义务。如果一个措施是由于进口的绝对增长而采取的，而且如该措施持续有效的期限超过3年，则中国有权针对实施该措施的WTO成员的贸易暂停实施GATT1994项下实质相当的减让或义务。中国采取的任何此种行动应立即通知保障措施委员会。

（6）措施实施的时间

《工作组报告》第246节关于措施实施时间的规定有3个方面。

首先，一WTO成员只能在防止或补救市场扰乱所必需的时间内实施一项措施。

其次，除正当理由外，不得根据议定书（草案）第16条在前一次调查结束后少于一年的时间内对同一主题事项进行调查。

最后，保障措施的适用期可以延长，只要该WTO进口成员主管机关确定仍有必要采取行动以防止或补救市场扰乱。该WTO进口成员主管机关应该公布关于开始审议是否延长行动期限的任何程序的通知，并应该在此后合理时间内，举行公开听证会或提供其他适当方法，以允许利害关系方提供证据和看法，以及对其他各方的陈述作出答复。

（7）为防止或纠正贸易转移而采取措施的实施程序

《入世议定书》第16条第8款规定，如一WTO成员认为中国或者其他WTO成员方的保障措施行动造成或威胁造成进入其市场的重大贸易转移，则该成员可请求与中国和/或有关WTO成员进行磋商。此类磋商应在向保障措施委员会作出通知后30天内举行。如此类磋商未能在作出通知后60天内使中国与一个或多个有关WTO成员达成协议，则请求进行磋商的WTO成员在防止或补救此类贸易转移所必需的限度内，有权针对该产品撤销减让或限制自中国的进口。此种行动应立即通知保障措施委员会。

关于为防止或纠正贸易转移而采取措施的时间，有两个方面的规定。第一，《工作组报告》第249节规定，为处理重大贸易转移而采取的措施将在所涉一个或多个WTO成员针对来自中国的进口产品采取的措施终止后不迟于30天终止。第二，《工作组报告》第250节规定，如采取行动以处理市场扰乱的一个或多个WTO成员向WTO保障措施委员会通知一项行动的任何修改，则处理贸易转移的WTO成员主管机关将确定重大贸易转移是否仍然存在，并决定是否修改、撤销或维持所采取的行动。

2. 纺织品特别保障措施的实施程序

根据《工作组报告》第242节，其他WTO成员对华实施纺织品特别保障措施一般需要遵循以下程序。

（1）国内调查程序

尽管《工作组报告》没有明确要求国内调查程序，但根据第242节（a）项，要求就纺织品保障措施进行磋商的成员应当向中国提供关于磋商请求的原因和理由的详细事实声明，还要求磋商请求成员提供数据以证明下面两个问题：市场扰乱的存在或威胁，在该市场扰乱中原产于中国产品的作用。所以，WTO成员在提出磋商或采取措施之前，应当进行调查并收集相关证据。只有在有证据表明原产于中国的纺织品对其国内产业造成市场扰乱或者市场扰乱的威胁，并妨碍其有序发展时，进口成员才能据此采取进一步措施。

（2）磋商和通知

根据《工作组报告》第242节（b）项，磋商将在收到磋商请求后30天内进行。双方将在收到此种请求后90天内，尽一切努力就双方满意的解决办法达成协议，除非双方同意延长该期限。也就是说，收到磋商请求后，中外双方应当在30日内进行磋商。通常情况下，磋商应当在收到请求后90日内完成，以达成双方满意的解决办法。如果双方同意，磋商时间可以延长。

（3）自动限制出口或采取保障措施

收到磋商请求后，一般有两种处理方式。

第一，中国同意控制出口增量。根据《工作组报告》第242节（c）项，在收到磋商请求后，中国同意将对这些磋商所涉及的提出磋商请求成员的一个或多个类别的纺织品或纺织制成品的装运货物，控制在不超过提出磋商请求的当月前的最近 14 个月中前 12 个月进入该成员数量的 7.5%（羊毛产品类别为 6%）的水平。

第二，在 90 日内未能达成双方满意的解决办法时，提出磋商请求的成员可以对磋商涉及的纺织品或纺织制成品实行限制（磋商继续进行）。《工作组报告》第 242 节（d）项规定，如在 90 天磋商期内，未能达成双方满意的解决办法，则磋商将继续进行，提出磋商请求的成员可继续根据（c）项对磋商涉及的一个或多个类别的纺织品或纺织制成品实行限制。

另外，从理论上说，磋商还可能有以下结果。一是中方认为提出磋商请求的成员没有进行合适的调查，调查缺乏证据，已有证据无法证明进口增长造成市场扰乱或贸易转移，或者存在市场扰乱或贸易转移的威胁，此时，磋商可能中止或者终止。当然，以后会进入其他程序。二是磋商各方采取灵活的处理方式以化解贸易纠纷，比如实行不同贸易部门之间的补偿等。

（4）措施实施的时间

根据《工作组报告》第 242 节的规定，纺织品特别保障措施只是在提出磋商请求之日起至提出磋商请求当年的 12 月 31 日止的期限内有效，或者，如果提出请求时该年只余 3 个月或更少的时间，则对提出磋商请求后 12 个月结束的期限有效。而且，纺织品特别保障措施的有效期不得超过 1 年，且不得重新实施，除非有关成员与中国之间另有议定。

（三）特保措施的实施条件

本小节介绍针对市场扰乱采取的特定产品过渡性保障措施、为防止或纠正贸易转移而采取的过渡性保障措施和纺织品特别保障措施的实施条件。

1. 特定产品过渡性保障措施的实施条件

（1）针对市场扰乱采取的特定产品过渡性保障措施

针对市场扰乱采取特定产品过渡性保障措施需要符合以下条件：第一，原产于中国的产品在出口至任何 WTO 成员领土时出现“数量增长或者所依据的条件”之变化。第二，“数量增长或者所依据的条件”之变化，对进口成员境内生产同类产品或直接竞争产品的生产者造成或威胁造成市场扰乱。

《入世议定书》第 16 条第 1 款规定，如原产于中国的产品在进口至任何 WTO 成员领土时，其增长的数量或所依据的条件对生产同类产品或直接竞争产品的国内生产者造成或威胁造成市场扰乱，则受此影响的 WTO 成员可请求与中国进行磋商，以期寻求双方满意的解决办法，包括受影响的成员是否应根据《保障措施协定》采取措施。任何此种请求应立即通知保障措施委员会。

什么是“市场扰乱”呢?《入世议定书》第16条第4款规定:“市场扰乱应在下列情况下存在:一项产品的进口快速增长,无论是绝对增长还是相对增长,从而构成对生产同类产品或直接竞争产品的国内产业造成实质损害或实质损害威胁的一个重要原因。在认定是否存在市场扰乱时,受影响的WTO成员应考虑客观因素,包括进口量、进口产品对同类产品或直接竞争产品价格的影响以及此类进口产品对生产同类产品或直接竞争产品的国内产业的影响。”

《工作组报告》第246节(c)项要求,在确定是否存在市场扰乱时,包括是否存在快速增长的进口产品,无论是绝对增长还是相对增长,与对国内产业的任何实质损害或实质损害威胁之间的因果关系时,有关主管机关将考虑客观因素,包括:属调查对象的产品的进口量;该产品进口对该WTO进口成员市场中同类或直接竞争产品价格的影响;该产品的进口对生产同类或直接竞争产品的国内产业的影响。

第三,“数量增长”与实质损害或实质损害威胁之间存在因果关系。

《入世议定书》第16条第4款规定,市场扰乱应在下列情况下存在:一项产品的进口快速增长,无论是绝对增长还是相对增长,从而构成对生产同类产品或直接竞争产品的国内产业造成实质损害或实质损害威胁的一个重要原因。从字面上理解,“重要原因”至少包含两层含义:首先,该原因应当是重要的,而非一般的;其次,该原因不必是唯一的,或者最重要的。

(2)为防止或纠正贸易转移而采取的过渡性保障措施

根据《入世议定书》第16条第8款和《工作组报告》第247~250节,为防止或纠正针对市场扰乱采取措施之后导致重大贸易转移而采取的措施应当符合以下条件:第一,为防止或纠正市场扰乱的目的,中国或者其他WTO成员已经采取了救济措施。贸易转移是根据市场扰乱采取行动的后续行为,针对贸易转移应当以中国或者其他成员已经采取救济措施为前提。第二,中国或者其他成员采取措施的产品对其他成员市场造成或威胁造成重大贸易转移。什么叫“贸易转移”?《工作组报告》第247节下定义说,贸易转移指由于中国或其他WTO成员根据议定书(草案)第16条第2、3或7款采取行动而使来自中国的一产品进入一WTO成员的数量增加。而且,确定的任何贸易转移都应是重大的。

《工作组报告》第248节进一步指出,工作组成员同意在确定为防止或补救市场扰乱的行动是否造成或威胁造成重大贸易转移时应适用客观标准。需审查的因素包括:(a)进口至WTO进口成员的中国产品市场份额的实际或迫近增长;(b)中国或其他WTO成员拟议采取行动的性质或程度;(c)由于采取或拟议中的行动造成的来自中国的进口产品的实际或迫近增长;(d)有关产品在该WTO进口成员市场中的供求关系;(e)来自中国的产品对于根据议定书(草案)第16条第2、3或7款实施一措施的一个或多个 WTO 成员和对于 WTO 进口成员的出口程度。

第三，针对市场扰乱采取的措施与贸易转移之间存在因果关系。《工作组报告》第 247 节要求，拟针对贸易转移采取措施的成员应当证明，为处理市场扰乱而采取的行动造成或威胁造成了此种重大贸易转移。

特别值得注意的是，按这种“贸易转移”采取保障措施并不需要证明该转移对该进口成员生产相同或直接竞争产品的行业造成实质性损害（Material Injury），只需按“客观标准”查明为防止或补救市场扰乱的行动是否造成或威胁造成重大贸易转移。

2. 纺织品特别保障措施的实施条件

《工作组报告》第 242 节 a 项规定，如一 WTO 成员认为《纺织品与服装协议》所涵盖的原产于中国的纺织品和服装产品自《WTO 协议》生效之日起，由于市场扰乱，威胁阻碍这些产品贸易的有序发展，则该成员可请求与中国进行磋商，以期减轻或避免此市场扰乱。

可以看出，一个 WTO 成员如果要对中国的纺织品实施纺织品特别保障措施，需要满足 3 个条件：第一，该 WTO 成员的某种（一种或多种）《纺织品与服装协议》所涵盖的纺织品和服装产品所属产业已经出现市场扰乱的情形；第二，原产于中国的此类纺织品与服装产品威胁、阻碍进口成员此类产品贸易的有序发展；第三，原产于中国的上述产品是形成进口成员相关产业市场扰乱的原因。

案例 6.1　美国钢铁保障措施案[①]

美国钢铁保障措施案是 WTO 争端解决案例中参与方最多的案例之一，也是中国加入 WTO 后作为起诉方之一的第一个案例。

一、美国实施保障措施

美国是一个钢铁生产和出口大国，其钢产量在 1953 年就已经超过 1 亿吨，成为世界第一产钢大国。但是在 20 世纪 60 年代到 80 年代间美国的钢铁产业没有进行大规模的技术改造，装备落后，竞争能力逐年下降。在钢铁工业技术迅速发展的欧洲和

① 本章内容参考了 WTO 相关文件，我国原对外贸易经济合作部、原国家经济贸易委员会、商务部的各次公告，特别是：杨国华．中国入世第一案：美国钢铁保障措施案研究．北京：中信出版社，2004.

日本同类产品的冲击下，美国的钢铁产量不断下降，钢材产量从最高时的1.36亿吨下降到1984年的6 000万吨，当时美国许多竞争力差的企业被迫关闭，关闭企业总产钢量约7 000多万吨。从2001年3月开始，美国经济整体进入萧条时期，大多数企业生产与销售都处于不景气状态，对于钢铁产业来说更是如此。到2002年第一季度，美国30余家大型钢铁企业已经倒闭和申请倒闭，近7万钢铁工人失业。在这种情况下，2002年3月美国以振兴国内衰落的钢铁部门为由，对从欧盟以及一些拉美和亚洲国家进口的多种钢铁产品征收保障关税。

（一）调查的发起

美国国际贸易委员会（ITC）是保障措施调查的主管机关。ITC对钢铁的调查，是依据2001年6月22日美国贸易代表致ITC主席的一封信而发起的。在这封信中，贸易代表称，布什总统已经宣布了一项应对美国钢铁行业所面临挑战的全面计划，其中之一就是指示贸易代表要求ITC根据美国1974年贸易法"201条款"，就钢铁进口对美国钢铁行业的影响发起调查。此外，还包括与其他钢铁生产国就全球钢铁限产进行谈判，并制定纪律约束补贴和其他扰乱市场的做法。

ITC于2001年7月3日在"联邦公报"上发布公告，宣布开始调查。7月26日，ITC又收到美国参议院财政委员会的一份决定，要求进行同样的调查。ITC依职权决定，将两项调查合并。

调查的产品分四大类。为了数据收集的需要，ITC将这四大类产品又细分为33种。ITC调查报告中使用的大部分数据，都是从调查问卷中获得的。此外，也使用了一些其他来源的信息，例如对于美国进口的官方统计。

发放、分析问卷，只是ITC调查的一部分。ITC就损害进行了八次听证会，就救济举行了三次听证会，在ITC委员就损害和救济分别进行表决后，最终于2001年12月19日将决定和建议的报告提交美国总统。

（二）法律依据

在进行保障措施调查时，ITC依据的是美国1974年贸易法"201条款"。ITC传统上将该法所规定的标准分为三个方面，即如果要做出肯定的决定，ITC必须认定：有关产品进口的数量增加（不管是实际数量，还是相对于美国国内生产的数量）；美国国内生产相似或直接竞争产品的产业正在受到严重损害或者严重损害的威胁；进口是国内产业受严重损害或严重损害威胁的实质性原因（Substantial Cause）。ITC从以下五个方面对有关产品进行调查：

第一，生产与进口产品相似或直接竞争产品的国内产业。

ITC首先对“生产与进口产品相似或直接竞争产品的国内产业”（the domestic industry producing an article that is like or directly competitive with the imported article）予以限定。法律对“国内产业”的定义是相似或直接竞争产品的全体生产商，或者相似或直接竞争产品的总产量占这种产品国内全部产量主要比重的生产商。ITC对每一种相似或直接竞争产品的国内产业进行限定，并评估相关进口对生产每种产品的设备和工人的影响。

“相似”（Like）是指在固有或内在特性方面（即制作原料、外观、质量、质地等）实质上相同（Substantially Identical in Inherent or Intrinsic Characteristics）。在确定哪些是相似产品时，ITC一般考虑的因素有：产品的物理特性、在海关的处理、制造过程、用途、产品销售的营销渠道等。没有哪个因素是决定性的。ITC一般是注重产品的明确分界线，而不考虑细小的差异。

“直接竞争”是指在商业用途上实质上相同，即适用于相同的用途并基本上可以互换。在确定何谓生产相似或直接竞争产品的国内产业的问题上，ITC有广泛的自由决定权，一般坚持的原则是：产业的界定方式应根据“201条款”的立法历史，对法定的标准进行有意义的分析。反倾销和反补贴所针对的是进口可能从不公平贸易中获得的具体利益，而保障措施的目的是为了防止或者补救所有进口对国内生产性资源（Productive Resources）的严重损害。ITC既考虑生产性设备和过程，也考虑市场。

第二，进口增加。

做出肯定决定的三个法定要件中的第一个，就是进口数量必须增加。按照美国法律的规定，实际增加和相对于国内生产增加，都属于增加。ITC一般考虑最近五年的进口趋势，但也可以在适当时考虑更长或更短的时间，以及最近的时间。

第三，严重损害或威胁。

做出肯定决定的三个法定要件中的第二个要件是国内产业是否正在受到严重损害，或者正在受到严重损害的威胁。美国法律将“严重损害”定义为“国内产业重大全面减损”（Significant Overall Impairment in the Position of a Domestic Industry），而“严重损害威胁”则为明显迫近的严重损害。在确定严重损害或者威胁是否存在时ITC考虑它认为相关的所有经济因素。

第四，实质性原因。

做出肯定决定的三个法定要件中的第三个要件是正在增加的进口是否为严重损害或者威胁的实质性原因。美国法律对“实质性原因”的定义是重要并且不比其他原因次要的原因（A Cause Which is Important and Not Less Than Any Other Cause）。在这方面，美国法律规定，ITC应考虑其认为有关的所有经济因素，包括但不限于进口增长和国内生产商所占国内市场的份额的下降。

第五，有关来自北美自由贸易协定（NAFTA）国家进口的调查结果。《北美自由贸易协定实施法》规定，如果ITC做出了肯定的决定或者委员会表决正反票数相当，则ITC应查明：单独考虑来自NAFTA国家的进口是否占整个进口的实质性份额；单独考虑或者在例外情况下一起考虑来自NAFTA国家的进口，是否对进口所造成的损害起到了重要的作用。根据该法的规定，如果一个NAFTA国家最近三年的进口份额在被调查的产品中没有列入前五位，则一般不应认为占整个进口的实质性份额。来自NAFTA国家的进口只要是重要原因，而不一定是最重要原因，就应认定为对进口所造成的损害起到了重要的作用。在确定这些进口是否起到了重要作用时，ITC应考虑从NAFTA国家进口份额的变化、从这些国家进口水平及其变化。如果在损害性进口增长期内，进口的增长率比同期整个进口的增长率更低，则一般不应认为对严重损害起到了重要的作用。

（三）ITC的调查报告

ITC调查报告于2001年12月作出。ITC六名委员全部参加了调查。调查报告共1 150页，分三卷。

第一卷是"决定和委员的观点"（Determinations and Views of Commissioners）。首先是委员会就调查结果所作的共同决定，以及对国内产业进行救济所提出的建议。这个部分的附件对有关产品的物理特点做了描述，列出了其相应的海关税号。随后，就损害和建议，分产品进行了分析，即具体说明是否存在损害，以及应当采取什么相应的措施。这是整个报告的核心部分。但值得提及的是，根据ITC的惯例，对是否存在损害和应当采取何种救济的不同观点也列在报告的相应部分。

在调查的基础上，ITC确定：某些钢铁产品进口的增加是生产相似或直接竞争产品的国内产业受到严重损害或者严重损害威胁的实质性原因。根据《北美自由贸易协定实施法》的规定，认定来自加拿大的普通碳素和合金热轧棒材、冷轧棒材、焊管类产品、管接头、不锈钢棒材和管接头，在整个进口中占有实质性份额，在进口所造成的严重损害或者威胁中比重大。认定来自墨西哥的普通碳素和合金板材（板坯、中厚板、热轧钢、冷轧钢和涂镀钢）、普通碳素和合金管接头，以及不锈钢管接头在整个进口中占有实质性份额，在进口所造成的严重损害或者威胁中比重很大。建议对某些产品实施为期四年的关税和配额计划。

第二、三卷是以图表表示的调查中获得的大量信息。主要有三个部分：① 总体情况（Overview），包括背景信息，例如过去有关钢铁保障措施的调查；有关产品的生产工序和用途的描述；全球钢铁产业状况，例如产量、生产能力和就业趋势，进出口状况，亚洲金融危机，苏联解体后的情况，技术发展，外国政府的计划等；美国钢铁产业的情况，例如生产能力、库存、原材料成本，就业和相关成本，金融和投资趋势，销售趋势，定价，汇率等。② 有关产品的情况，包括产品的描述和用途，美国生产商情况，对实施救济的立场，以及进口增加情况等。③ 其他信息，包括“联邦公报”（Federal Register）上有关开始调查的通知，听证会情况（时间、地点、参加人员及其在有关问题上的立场等），以及所有图表概览。

美国贸易代表办公室（USTR）收到ITC报告后，于2001年1月3日致函ITC，要求提供下列信息：未预见发展、救济措施的经济分析、加拿大和墨西哥之外进口所造成的损害。ITC于1月9日提交了有关救济措施经济分析的补充情况，另外两个方面的情况于2月4日提交给USTR。比如，USTR要求提供未预见发展的说明，即“引起有关产品进口增加，从而导致成为严重损害实质性原因的未预见发展”的说明。ITC答复，未预见发展是指东南亚危机、前苏联解体、美国的钢铁需求持续强劲。

（四）美国总统采取措施

ITC提交总统的报告由USTR审查，就是否及如何采取措施向总统提出建议，由总统决定并对外宣布。总统采取的措施可以与ITC的建议不同，为此，USTR也进行了独立的调查。2001年10月26日，在ITC完成其调查前，USTR就可能采取的保障措施征求公众意见，包括国内产业对调整措施的书面意见、排除产品的请求以及总统应当采取的措施。2002年1月，USTR与有关当事方举行了一系列会谈，征求他们的意见。

美国总统于2002年3月5日发布命令，宣布对钢铁产品采取保障措施。该命令有五个部分组成：总统声明（Statement by The President）；总统令（President Proclamation）；总统令附件（Annex to President Proclamation），即对美国协调关税税则的修改（Modifications to Harmonized Tariff Schedule（HTS）of the United States）；具体救济清单（Section 201 Steel Remedy List）；发展中国家排除及不排除的产品（Developing Countries Exclude / Not Exclude from Remedy）。

二、争端解决过程

2002年3月5日，美国总统宣布，对10种进口钢材采取保障措施，在为期3年的时间里，加征最高达30%的关税，这10种产品是：板材，包括板坯、中厚板、热轧钢、冷轧钢和涂锡板；热轧棒材；冷扎棒材；螺纹钢；焊管类产品；普通碳素和合金管接头；不锈钢棒材；不锈钢杆材；镀锡类产品；不锈钢线材。欧共体、日本、韩国、中国、瑞士、挪威、新西兰和巴西等成员将美国限制钢铁进口的措施提交WTO争端解决机制。在WTO中共同起诉美国的国家多达八个，是WTO争端解决中起诉方最多的案件之一。本案还有七个第三方：加拿大、中国台湾、古巴、墨西哥、泰国、土耳其、委内瑞拉。另外，马来西亚撤出了第三方。

（一）起诉与裁决

3月14日，中国要求与美国进行《保障措施协议》项下的磋商。3月22日，中美《保障措施协议》项下的磋商在华盛顿举行。欧共体、日本、韩国、中国、瑞士和挪威六方与美国的磋商于4月11—12日在WTO举行，新西兰和巴西与美国的磋商于6月13日举行。由于磋商没有解决争议，DSB同意设立专家组审理此案，并且于7月25日确定了专家组人员。7月29日，专家组与当事方召开组织会议（Organizational Meeting），确定了本案的时间表和和工作程序。9月6日，起诉方提交第一次书面陈述的摘要。10月4日，美国提交第一次书面陈述。10月11日，美国提交第一次书面陈述的摘要。10月18日，本案的第三方提交书面陈述。10月23日，马来西亚通知专家组不再作为本案的第三方。10月24日，本案的第三方提交书面陈述摘要。10月29、30日，专家组第一次实质性会议在日内瓦召开。11月12日，对专家组提出的问题提交回复。2002年12月10—12日，专家组第二次实质性会议在日内瓦召开。2003年1月6日，对专家组提出的新问题提交回复。1月28日，美国要求专家组根据《争端解决谅解》DSU第9条第2款散发单独的报告，起诉方于1月30日提出反对。2月6日，专家组向当事方散发专家组报告的描述部分。2月19日，当事方对专家组报告描述部分提交意见。3月26日，专家组向当事方散发中期报告。4月9日和4月16日，当事方就专家组中期报告提交意见。5月2日，专家组向当事方散发了专家组报告（英文版），认定美国的措施违反了WTO规则。7月11日，专家组向WTO所有成员散发了专家组报告，认定美国的措施违反了WTO规则。2003年7月11日，八个起诉方就专家组的裁决发表联合声明，敦促美国撤销措施。2003年7月31日，八个起诉方要求DSB召开特别会通过专家组报告。

根据《争端解决谅解》（DSU）第9条第1款的规定，由于本案涉及多个起诉方，应由单一专家组审理。但各方磋商请求的时间不一样，最早的是欧共体（2002年3月7日），最晚的是巴西（5月21日），这就涉及如何将前后相差两个多月的争议合并到一个专家组的问题。DSB分别在其五次会议上（2002年6月3日、6月14日、6月24日、7月8日和7月29日）设立了专家组，统一由同一专家组审理本案主要是当事方协调的结果。当事方在设立单一专家组问题上，起着主导作用。在该案中，八方为了使案件审理顺利进行，多次开会协调立场和观点，使得各自书面陈述（Written

Submission）的内容避免冲突，并且统一用语，共用附件。在专家组开庭审理时，八方也对众多的法律点作了分配，分工陈述，相互补充。因此，在多个起诉方的案件中，起诉方之间的协调是一项非常重要的工作。

（二）上诉与执行

经过上诉过程，美国赢得了继续保护国内钢铁产业的时间；WTO 争端解决机构对于美国败诉的裁决，使得美国必须终止该保障措施。依据 ITC 的中期评审报告，美国总统认为，保障措施已经实现了目的，可以终止了，于是 2003 年 12 月 4 日宣布终止保障措施。

1. 上诉和裁决过程

2003 年 8 月 11 日，美国通知 DSB 对专家组报告提出上诉。8 月 12 日，上诉机构组成审理此案的分庭。8 月 21 日，美国提交了上诉方的陈述。8 月 26 日，八个起诉方也提起“附条件上诉”。9 月 5 日，作为第三方参加上诉的成员方（加拿大、古巴、墨西哥、中国台湾、泰国、土耳其、委内瑞拉）要求作为第三方参加上诉程序，但未提交书面陈述。9 月 29—30 日，上诉机构听证会在日内瓦召开。专家组报告于 2003 年 11 月 10 日作出，全面维持了之前专家组的裁决。2003 年 12 月 1 日，专家组和上诉机构报告在 DSB 会议上通过。

2003 年 11 月 10 日，八个起诉方发表联合声明，对上诉机构的报告表示欢迎，敦促美国撤销措施。2003 年 12 月 4 日，美国总统宣布终止保障措施。

2. ITC 中期评审报告与美国总统宣布终止保障措施

耐人寻味的是，在美国总统宣布终止保障措施时，并不是依据 WTO 的要求，而是依据 ITC 的中期评审报告。

ITC 提交的中期评审报告包括两个部分：“监督国内产业的发展”（Monitoring Developments In the Domestic Industry）和“钢铁消费产业竞争状况”（Steel-consuming Industries: Competitive Conditions with Respect to Steel Safeguard Measures）。该报告分三卷，约 1 000 页。在“监督国内产业的发展”部分，ITC 调查发现，采取保障措施后钢铁产业进行了重大的重组和合并，一些破产公司的财产已经由其他公司获得。钢铁业工人与公司达成了新的协议，以降低固定成本、提高生产力和保护退休人员福利。很多寻求破产保护的生产商停止或调整了雇员养老金福利计划，一些州政府也采取了比较新的计划帮助钢铁生产商。在“钢铁消费产业竞争状况”部分，ITC 调查发现：多数钢铁产业的钢铁价格上升了；对于继续或终止保障措施的可能影响，多数钢铁消费公司认为，继续或终止都不会改变就业、国际竞争力或资本投资状况。

美国贸易代表指出，ITC 报告是总统作出决定的重要依据。他把 ITC 的调查结果总结为三个方面。第一，保障措施起到了作用。第二，采取保障措施后的经济情况发生了变化。进口不再压低美国价格，进口处于十年来最低水平；亚洲和俄罗斯的需求恢复：中国的钢铁消费每年上升22%；相对价格的变化减少了进口压力，增加了出口机会。第三，保障措施不可避免地对消费者产生了一些压力，但这对美国经济的成本是有限的。因此，美国总统认为，保障措施已经实现了目的，现在可以终止了。

三、美国实施钢铁保障措施的影响

美国实施对钢铁产品的保障措施，不仅对国内经济有影响，还引起了世界钢铁市场的变化，引起其他国家对钢铁业的保护。

（一）提高美国国内价格

第一，美国国内钢铁价格上升，使钢铁企业获得利润。

美国对钢铁产品实施保障措施限制了国外钢铁产品的进入，使美国国内的钢铁价格大幅度上升，美国钢铁业集团因此改变了过去经济效益长期不景气的状况，变得利润丰厚。比如，美国钢板的价格由实施保障措施前的每吨396美元上涨到实施保障措施后的428美元，每吨上涨34美元。2002年第三季度美国最大的钢铁集团US Steel获得1.06亿美元的利润，而2001年该集团同期是亏损2 300万美元，这一季度的销售额也由2001年的17亿美元增长到2002年的19亿美元。

第二，以钢铁为投入品的产业受到损害。

美国的钢铁保障措施既保护了国内生产企业，也伤害了国内消费者及以钢铁为投入品的产业。美国的市场是一个高度依赖进口的市场，其中也包括汽车行业所需要的钢铁产品，因此美国钢铁保障措施势必对以钢铁产品为中间投入品的行业产生不利影响。美国汽车业和建筑业是钢铁的两大需求来源，其需求大规模转向美国国内钢铁生产企业，长期萧条的各个美国大型钢铁企业正开足马力满负荷生产，美国政府启动保障措施以恢复国内钢铁产业的目的已经基本达到了；但是汽车业、建筑业等行业在购买钢铁时必须支付更多的美元。从2002年3月20日保障措施实施到2003年3月为期一年的时间里，美国的汽车生产商深受其害。他们以前有约95%的钢铁是从国内购买，实行钢铁保障措施后，与国内钢铁相关的原材料成本上升了20%到50%，他们不得不解雇工人或关闭工厂。与按照国际价格购买钢铁原料的外国竞争者相比，美国的供应商丧失了大量业务。

钢铁保护导致使用钢铁作为中间产品的行业出现大量失业，一些小的企业将会倒闭。在一些厂商缩减生产规模、解雇工人的同时，另外的工厂则可能决定以低于以前的速度扩张。这些关联行业出现的负面现象都是钢铁保障措施带来的后果。美国消费行业贸易行动联合会（CITAC）的研究表明，钢铁保障措施的实施将通过钢铁本身的关税和其他因素，造成国内钢铁价格的上涨以及相关行业5万至20万个工人失去职位。2002年6月美国钢桶制造商表示，由于钢铁保障措施他们面临着钢铁价格的急剧上涨和供应短缺。几家美国钢桶公司的代表在消费行业贸易行动联合会（CITAC）举行的会议商称，自从实行保障关税以来，冷轧平板的价格上涨了40%到50%，而这种价格的上涨又难以转嫁，使一些钢桶制造商不得不减产。他们已对所需产品提出豁免申请，这是他们唯一的指望。

美国表示实施保障措施也考虑了小企业的利益，为减小钢铁保障措施对小企业的冲击，在考虑豁免产品名单时已对其加以照顾。2002年所豁免的727项产品中许多是小企业提出的，如北卡罗来纳州一家雇用38人的小公司，该公司所提请的锯用冷轧卷豁免得到批准。赫德斯姆公司位于宾夕法尼亚州，雇用500多人，生产秋千架、蹦床，该公司所提请的用于其最终产品的镀锌钢板也得到豁免。斯达姆克公司是俄亥俄州一家为汽车工业提供配件的小公司，该公司对热轧卷的豁免请求得到批准。最终确认产品名单在2003年3月公布。

（二）引起其他国家对钢铁业的保护

美国对钢铁产业的保护，伤害了国外钢铁产品的生产商和出口商的利益。美国钢铁保障措施的最大受害者是向美国大量出口钢铁产品的国家，主要是欧共体、日本、韩国、俄罗斯和中国等国家和地区。

美国限制钢铁进口的措施，使得原来向美国出口的钢铁流向其他国家，一些国家对这种“贸易转移”可能产生的对本国钢铁行业的影响进行了调查，并采取了限制进口的措施。钢铁保护之风盛行有可能引起国际钢铁贸易格局的动荡，减少钢铁市场和价格的可预见性。

为了防止“贸易转移”的负面效应，一些国家和地区也实施了对钢铁产品的保障措施。欧盟于2002年3月对进口钢铁产品采取临时保障措施。另外，中国自2002年5月21日开始对部分钢铁进口产品进行保障措施调查，并从5月24日起的180天内，采取临时保障措施：对9种钢铁进口产品（普通中厚板、普薄板、硅电钢、不锈钢板、普盘条、普通条杆、普通型材、无缝管和钢坯）实施关税配额；关税配额内进口产品仍执行现行进口关税税率，关税配额外进口产品在执行现行进口关税税率的基础上加征7%～26%的特别关税。2002年11月19日，原中国外经贸部发布公告：第一，自2002年11月20日起，对五类进口钢铁产品实施最终保障措施。最终保障措施采取“关税配额，先来先办”的方式，在规定数量内，进口产品仍执行现行试用关税税率，规定数量外的进口产品在执行现行试用关税税率的基础上加征关税（10.3% ~23.2%）。最终保障措施在实施期限将逐步放宽。第二，最终保障措施的实施期限为3年（包括临时保障措施的实施期限），自2002年5月24日至2005年5月23日。第三，不适用最终保障措施的临时保障措施涉案产品在临时保障措施实施期间加征的关税将予以退还，有关办法另行公布。第四，进口份额不超过该类产品进口总量3%的、原产于发展中国家（地区）的产品不适用最终保障措施，但进口商须提供来自不适用最终保障措施国家（地区）的产品原产地证明。第五，最终保障措施实施期间，原中国外经贸部可以根据有关情况的变化，审查最终保障措施的形式和水平。此次对钢铁产业的保护，是中国正式采取的第一个保障措施。2003年12月4日，美国总统宣布终止美国的钢铁保障措施。2003年12月26日，已经取代外经贸部的中国商务部发布公告，称鉴于当前钢铁贸易形式的发展，经国务院关税税则委员会批准，决定自2003年12月26日起，终止上述钢铁保障措施的实施，不再对该措施项下的进口钢铁产品加征关税。

如果一项保护措施带来全球范围内的连锁反应，带动其他国家和地区纷纷采取贸易保护措施，那么这种连锁反应有可能不仅仅对全球钢铁贸易带来负面影响，还有可能在更大的范围内对世界贸易产生影响，不利于贸易自由化目标的实现。

复习思考题

1. 贸易救济、反倾销、反补贴、保障措施、中国入世特保条款各指什么？
2. 在进行反倾销调查时，倾销、损害是如何确定的？国内产业是如何认定的？
3. 中国的反倾销调查程序是怎样的？
4. 在反补贴过程中，补贴行为是如何界定的？损害是怎样确定的？
5. WTO反补贴调查程序规则与通过WTO争端解决机制的反补贴救济程序进行救济有何异同？
6. 保障措施的实施条件有哪些？
7. 保障措施的调查和实施程序是怎样的？
8. 中国入世特保条款是指哪些内容？
9. 特保措施的实施条件有哪些？

第七章　减少针对中国出口的贸易摩擦

本章摘要

中国常年巨额贸易顺差引发了与贸易伙伴国大量贸易摩擦与纠纷。中国在解决对外贸易顺差问题时，从抑制出口方面入手并不可取，而应该在不减少出口的情况下鼓励、扩大进口，以此达到中国贸易基本平衡的目的。

中国应该鼓励企业扩大对外投资、在贸易伙伴国当地进行组装销售。日本有以对外直接投资缓解日美贸易摩擦的经验，中国彩电行业也利用对外直接投资应对贸易摩擦。

美国和欧盟的对华出口管制是不合理的，并且，美国和欧盟的出口管制进一步扩大了它们的贸易逆差、诱发贸易摩擦。中国应该继续敦促美国和欧盟放松对华高新技术产品出口管制措施。

提高中国高新技术产品与高附加值产品出口能有效减少贸易摩擦，中国应该继续采取措施优化产业结构、提高高新技术产品与高附加值产品的出口比例。

中国正处于工业化过程中，制造业发展是这个阶段的主要特征之一，这决定了中国需要对外贸易，需要有大量的出口。中国不能为了减少贸易摩擦而采取抑制出口这种因噎废食的做法，以此来追求“贸易平衡”。但是，随着中国顺差规模与对外贸易规模的急剧扩张，中国与贸易伙伴间的贸易摩擦也不断增加。处理好与贸易伙伴间的贸易摩擦，对中国对外贸易乃至对中国的经济增长都有着长远的影响。如何尽量避免由于“顺差”引起与贸易伙伴的纠纷、减少贸易摩擦，这是中国对外贸易面临的一个重要议题。

第一节　在不减少出口的情况下鼓励扩大进口

一、减少贸易摩擦首先要从解决巨额的贸易顺差问题入手

中国持续的巨额贸易顺差是引发与贸易伙伴之间不断增多的贸易摩擦的主要原因之一，处理好贸易顺差问题是缓解对外贸易摩擦与纠纷的关键因素之一。对外贸易是国际收支平衡表中经常项目的最重要组成部分之一，对外贸易顺差也是经常项目顺差的最主要来源之一。在20世纪90年代，中国的贸易顺差额基本上是围绕着经常账户顺差额上下波动，经常账户顺差额与贸易顺差额有趋同的趋势，这说明在这段时间中，贸易顺差是中国国际收支平衡表中经常账户顺差产生的主要来源（见图7.1）。进入21世纪后，在2001年年底中国加入世界贸易组织以来，经常账户顺差额与贸易顺差额之间的差额有不断扩大的趋势，尤其是2008年，两者之间的差额近1 300亿美元，即使如此，贸易顺差额仍然占了当年经常账户顺差额的约70%，而且两者之

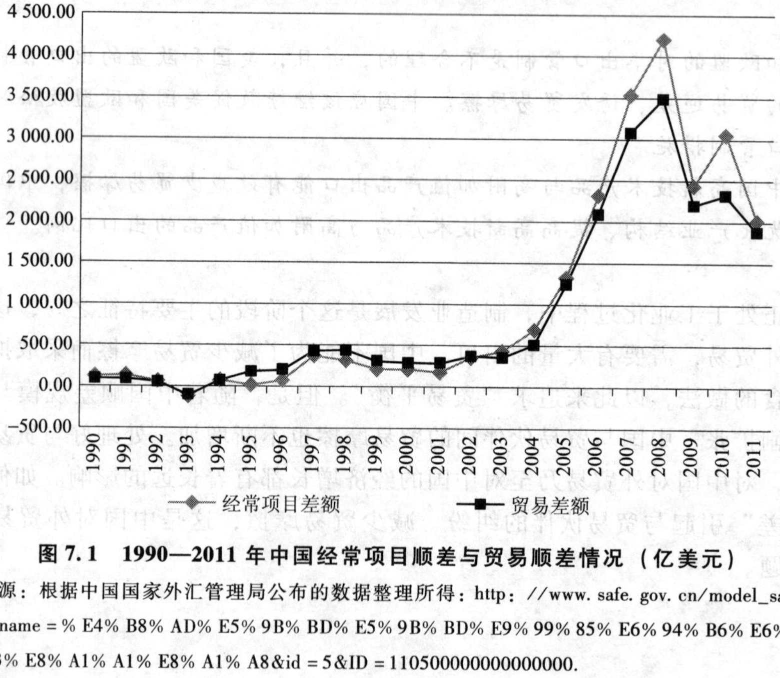

图7.1　1990—2011年中国经常项目顺差与贸易顺差情况（亿美元）

数据来源：根据中国国家外汇管理局公布的数据整理所得：http：//www. safe. gov. cn/model_safe/tjsj/tjsj_list. jsp？ ct_name = % E4% B8% AD% E5% 9B% BD% E5% 9B% BD% E9% 99% 85% E6% 94% B6% E6% 94% AF% E5% B9% B3% E8% A1% A1% E8% A1% A8&id = 5&ID = 110500000000000000.

间同步变化的趋势愈加明显，这说明对外贸易顺差额仍然是经常账户顺差产生的最主要的根源。解决对外贸易顺差问题不仅有利于解决经常项目失衡以及由此带来的汇率纠纷问题，也有利于解决由此引发的大量贸易摩擦与纠纷。

中国常年巨额的贸易顺差引发了与贸易伙伴国大量贸易摩擦与纠纷。2008 年全球性金融危机爆发后，各国贸易保护主义抬头，中国的大量出口、巨额的贸易顺差更授人以柄，成为许多国家政客为转移国内视线、妄加指责的对象。加之中国的市场经济地位得不到关键国家和地区的承认，更为这些国家发动针对中国的反倾销等贸易救济措施提供了便利。仅 2009 年前三季度，就有 19 个国家对中国产品发起了包括反倾销 57 起、反补贴 9 起、保障措施 15 起、特保 7 起，共 88 起贸易救济调查，涉案金额达 102 亿美元。同年，美国商务部做出最终裁决，以中国油井管存在补贴为由，对相关产品征收 10.36%～15.78% 的反补贴税，该案涉案金额达 27 亿美元，是美国对华进行贸易制裁的最大案件之一。

为减少中国与贸易伙伴之间的贸易摩擦与纠纷，需要从解决中国的贸易顺差入手，减少中国的贸易顺差，平衡对外贸易。理论上讲，减少贸易顺差可以从两方面入手：一是从进口方面入手，鼓励扩大进口，使得进口额与出口额基本保持平衡；二是从出口方面入手，采取措施抑制出口增长速度，减少出口。在 20 世纪 80 年代，日本为了解决对美国的贸易顺差问题，曾经签订了自愿出口限制协议，限制日本对美国的出口，从而将日本对美国出口的汽车、纺织品等产品的数量与规模控制在一定范围内。不过，通过限制出口来平衡对外贸易并不适用于中国，因为出口是中国经济增长的主要动力之一，也是中国工业化的主要方式之一。2008 年全球性金融危机爆发后，中国在外需不振的情况下采取了“家电下乡”等一系列扩大内需措施，试图降低中国经济增长对于投资和对外贸易的依赖，但效果并不显著。可以预计在将来很长一段时间内，对外贸易仍然是中国经济活动的主要组成部分，出口仍将是拉动中国经济增长的主要动力之一。尤其是在中国经济一直保持着高速增长的时候，二元经济格局与投资增长较快引发的产能过剩问题也日益突出，对外贸易为缓解国内就业压力、转移国内过剩的生产能力起到了很大作用。中国在解决对外贸易顺差问题时，从抑制出口方面入手并不可取，而应该在不减少出口的情况下鼓励、扩大进口，以此达到中国贸易基本平衡的目的。

二、中国采取措施扩大进口、缓解贸易摩擦

中国政府对持续的贸易顺差以及由此引发的大量贸易摩擦与纠纷给予了广泛关注，并连续出台了许多措施。解决思路也主要是从扩大进口方面入手。

为进一步鼓励和扩大进口，促进贸易平衡，中国商务部于2010年9月6日在北京举办了“2010中国进口论坛”。论坛的主题为“开放的中国市场与全球贸易”，旨在为中外各方搭建沟通的平台，诠释中国在扩大进口方面采取的措施和成效，分析和探讨中国市场的潜力和机遇，增进贸易伙伴对中国市场的了解和认识，促进中外业界交流，深化企业互利合作，推动进口持续发展。中国商务部国际贸易谈判副代表崇泉介绍说，中国今后将在优化进口结构、推动进口便利、完善促进体系等三个方面，采取8项措施，鼓励扩大进口。这八项措施分别是：1. 按照产业政策要求，积极进口资源、先进技术和关键装备等；2. 妥善处理贸易摩擦和争端，鼓励增加来自主要贸易顺差国进口；3. 进一步优化进口关税结构，引导企业扩大进口；4. 继续提高贸易便利化水平，简化和放宽进口管理，降低进口费用和成本；5. 不断完善进口公共信息服务体系，营造良好贸易环境；6. 举办各类进口商品展览会、博览会、推介会等，带动中外经贸合作交流；7. 积极研究运用各种金融、税收等手段支持扩大进口；8. 继续组织各种形式的投资贸易促进团，积极赴国外开展投资贸易促进活动。

2011年年初，为积极扩大先进技术、关键零部件、国内短缺资源和节能环保产品进口，更好发挥进口贴息政策对促进自主创新和结构调整的积极作用，中国国家发展和改革委员会（以下简称发改委）、财政部、商务部联合发布2011年新版的《鼓励进口技术和产品目录》，该目录自发布之日起开始实施。这是继前述三部委联合发布的《关于发布鼓励进口技术和产品目录（2009年版）的通知》所附的《鼓励进口技术和产品目录（2009年版）》之后，国家发改委、财政部、商务部根据情况需要，对目录进行的新的调整。这份目录涵盖“鼓励引进的先进技术”、“鼓励进口的重要设备”、“鼓励发展的重点行业”和“资源性产品、原材料”四大类，421个项目和品种。

2011年9月29日，由中国商务部主办的2011中国进口论坛在上海举行。商务部副部长兼国际贸易谈判副代表钟山出席并发表题为《继续加强进口工作，促进贸易协调发展》的主旨演讲。钟山在演讲中指出，中国充分认识到进口对国民经济的作用，加强进口是转变经济发展方式、调整经济结构的必然要求，加强进口是实现对外贸易可持续发展的必然要求。钟山强调，加强进口工作要把握“六个坚持”：坚持进口与出口协调发展；坚持进口与国内产业协调发展；坚持进口与国内流通相结合；坚持进口与走出去相结合；坚持进口与市场多元化相结合；坚持市场机制与政府引导相结合。同时，扎实推进“四个优化”：优化进口商品结构，优化进口国别结构，优化进口主体结构，优化贸易方式结构。围绕上述总体要求，要认真做好以下工作：(1) 完善相关政策。加大财税支持力度，优化关税结构，支持开展进口公共服务。改善金融服务，鼓励进口信贷，推动进口信用保险体系建设。(2) 营造有利环境。

进一步优化进口环节管理，清理不合理限制与措施，降低交易成本。加强产业损害预警机制建设，切实维护国内产业安全。（3）加强进口促进。完善进口公共服务，发挥各类商务平台的积极作用。加强多、双边交流与合作，鼓励行业和企业赴境外开展贸易促进活动。（4）改进行业服务。中介组织要充分发挥作用，更加注重自身建设，不断增强行业指导和协调能力，进一步提升为企业服务的质量和水平。（5）做强企业主体。企业要充分重视进口人才培养，主动适应市场变化，勇于开拓创新，加快转型升级，不断增强企业核心竞争力。

第二节　鼓励企业扩大对外投资、在贸易伙伴国当地进行组装销售

出口国企业可以直接向进口国出口产品，这有可能引起贸易摩擦，也可以通过出口国企业对外直接投资、在贸易伙伴国当地进行组装和销售的方式来缓解贸易摩擦，日本企业在这方面积累了经验，中国企业也越来越重视这种方法。

一、通过对外直接投资缓解贸易摩擦的理论基础

关于对外直接投资与对外贸易之间的关系，存在两种截然不同的观点，即贸易替代理论和贸易补充理论。贸易替代理论主要是根据第二次世界大战后美国对西欧各国直接投资的实践提出的，认为大规模的投资能够减少双方的贸易额。贸易补充理论主要是根据20世纪60年代日本开始对东南亚发展中国家直接投资的实践提出来的，认为大规模的投资会进一步扩大双方的贸易额。

对外直接投资与国际贸易关系的经典理论模型是蒙代尔（Robert Mundell）的国际贸易与对外投资的替代模型和小岛清（K. kojima）的对外直接投资与国际贸易的互补模型，这两个经典理论模型也对对外直接投资与贸易摩擦的关系进行了分析。蒙代尔①首先对国际贸易与国际直接投资之间的关系展开研究，提出了贸易与投资的相互替代模型，认为如果两国的生产函数相同，根据H－O－S定理，可以得出国际贸易与国际直接投资之间是完全替代的。由于进行国际直接投资的投资母国的生产能力部分地转移到了接受投资的东道国，所以两者之间贸易将减少，随着投资母国出口的减

---

① Mundell, Robert A.（1957）. International trade and factor mobility. *American Economic Review* 47（3）: 321－335.

少，两者之间的贸易摩擦也会减少。蒙代尔的贸易与投资替代理论适用于经济发展水平相近的国家为绕开贸易摩擦而进行的直接投资，但对其他类型的国际直接投资难以做出科学的解释。虽然对外直接投资可以规避贸易摩擦，但现实中投资壁垒的存在使得投资对国际贸易的替代不可能是完全的；贸易壁垒与投资壁垒的并存，意味着投资对国际贸易的完全替代不可能是最佳选择。小岛清①则将国际贸易与国际投资统一于国际分工，提出了国际直接投资与国际贸易互补的小岛清模型，该模型认为国际直接投资是资金、技术、管理经验的综合转移，通过改变东道国的生产函数和消费水平，可以减少贸易摩擦，同时促进两国贸易的发展。

也有学者认为对外投资是否能够起到缓解贸易摩擦的作用还取决于其他一些条件，不能确定对外直接投资能否起到缓解贸易摩擦的作用。Markusen & Svensson② 利用要素比例模型解释了商品贸易和要素流动之间的相互关系，指出这两者之间表现为替代效应还是互补效应，依赖于贸易和非贸易要素之间的合作关系如何。如果是合作关系，则商品的贸易和生产要素的流动将表现为一种互补关系，否则，则会表现为一种替代关系。Bhagwati③ 从政治经济学的角度阐述了贸易双方彼此之间采取贸易保护措施的威胁和化解这种威胁的努力会产生补偿性投资。

对于中国的对外直接投资能否起到缓解贸易摩擦的作用，国内许多学者的研究结论基本持肯定态度。苑涛④在其《反倾销的经济影响：对中国的分析》一书中发现累计的国外对华反倾销发起数的上升，会增加中国对外直接投资的可能性，对华反倾销与中国对发起国进行直接投资之间存在明显的正相关关系，这也意味着对外直接投资可以缓解与贸易伙伴国的贸易摩擦与纠纷。贾杉⑤在研究贸易保护与中国对美国的直接投资关系时发现类似的结果，美国贸易保护与中国对美国直接投资之间存在着明显的正相关关系。

对外投资、在贸易伙伴国当地进行组装销售作为一个能够有效地规避贸易壁垒的手段，已经成为当今经济全球化的一股重要力量。Feenstra⑥ 将影响双边贸易流量的

---

① Kojima, K.. *Direct Foreign Investment : A Japanese Model of Multination Business Operations.* London: Groon Helm.

② Markusen, James R. & Lars E. Sevensson. Trade in goods and factors with international differences in technology. *International Economic Review* 26 (1): 175 - 192.

③ Bhagwati, Jagdish N.. Trade and development Theory and Policy: a synthesis exists. *Economic and Political Weekly* 22 (22): 859 - 860.

④ 苑涛. 反倾销的经济影响：对中国的分析. 北京：人民出版社，2009.

⑤ 贾杉. 贸易保护与中国对美国的直接投资研究. 统计与决策，2011 (12).

⑥ Feenstra, Robert C. Review: Multinational firms amd the theory of international trade by James R. Markusen. *Journal of Economic Literature* 42 (1): 181 - 182.

主要因素分为三种：贸易国家经济规模的大小，贸易自由化程度，以及贸易壁垒的大小。因此，在存在贸易壁垒时，有效的规避贸易壁垒，能对一国贸易状况起到很大的改善作用。鼓励中国企业“走出去”，扩大对外投资和在贸易伙伴国当地进行组装销售，能够在提升、优化中国产业结构的同时，有效减少贸易摩擦，改善与贸易伙伴国的贸易状况。

二、日本以对外直接投资缓解日美贸易摩擦的经验

虽然日本在第二次世界大战后不同时期对外直接投资的主要目的、地区不同，但规避贸易壁垒、缓解贸易摩擦始终是其发起对外直接投资的主要动因之一。从20世纪50年代日美纺织品贸易摩擦开始，日本就将对外直接投资作为缓解贸易摩擦的主要对策之一。20世纪50~60年代纺织业对外直接投资是为了规避纺织品贸易摩擦；20世纪70年代彩电、钢铁、机床的对外直接投资是为了缓解彩电、钢铁、机床的贸易摩擦；20世纪80年代对汽车和录像机的对外直接投资是为了规避汽车、录像机的贸易摩擦。

20世纪70年代初，日美贸易摩擦加剧，日本为缓解这种状况，加速扩张对外直接投资的规模，尤其是进一步扩大了对亚洲纺织品和电器的直接投资。日本加大对亚洲各国投资力度的目的在于，将一部分出口能力转移到东亚国家，利用这些国家廉价的劳动力和自然资源形成生产能力，通过这种迂回的方式向欧美国家出口，以缓解贸易摩擦。这样，通过亚洲生产基地的产业递次转移，一方面带动日本本国零部件、成套设备等资本品和中间产品的出口，保证日本国内出口的稳定增长；另一方面，将东亚国家变成日本进军国际市场特别是欧美市场的“出口加工地”和“海外集散地”。20世纪70年代末80年代初，随着日本实现产业结构的重工业化，在汽车、半导体、彩电、录像机、通信器材等领域形成了较强的国际竞争力，并对美国市场大量出口，引发了大量的贸易摩擦。美国为此对日本采取了自愿出口限制、产品进口配额、反倾销等贸易保护手段。为保证出口、缓解贸易摩擦，日本开始增强了对美国商业和服务业的投资。另外，日本对外直接投资的内容和地区结构也发生了很大变化。在投资领域上，商业和服务业的投资超过了制造业投资和资源开发类的投资；地区结构上，虽然仍以发展中国家为主，但增加了对发达国家的投资以规避贸易壁垒、缓解贸易摩擦。到了20世纪80年代中期，随着日美贸易失衡的进一步加剧，贸易摩擦也进一步激化。在1985年，美国成为日本巨额贸易顺差的主要来源地，占日本当年贸易顺差额的76.8%；同时，日本也成为美国巨额贸易逆差35.6%的来源国。随着1985年日元开始大幅度升值，以及日益激化的大量贸易摩擦，日本从1986年开始对外直接投

资总规模与对美国的直接投资规模都开始迅速扩大（见图 7.2）。1979—1985 年这段时间中，尽管日本对外直接投资额保持持续增长趋势，但涨幅并不是太大；而 1985 年之后，日本不论是全部对外直接投资总额还是单就对美国的直接投资额都急速增加，日本对美国的直接投资额从 1985 年的 53.95 亿元增加到了 1989 年的 320 亿美元，增长了 6 倍！

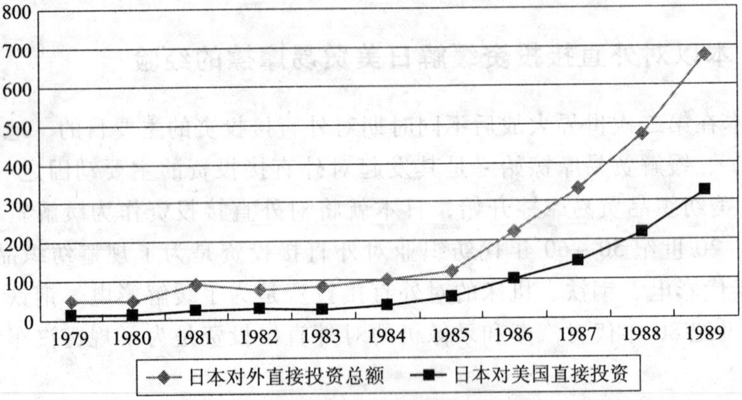

图 7.2　日本 1979—1989 年对外直接投资总额与对美国直接投资额的情况（亿美元）

资料来源：1979—1988：根据日本财务省《财政金融统计月报》第 452 号第 9 页的数据绘制。1989：The Statistics Bureau of Japan, http: //www. esri. cao. go. jp/en/sna/kakuhou/kekka/h22_kaku/24annual_report_e. html.

日本一些相关机构曾经对日本的对外直接投资减少贸易顺差的效果做出估测。日本经济企划厅 1990 年估测，认为日本直接投资在 5 年后可减少日本对外贸易顺差 113.8 亿美元；野村综合研究所 1989 年估测日本对外直接投资在 1992 财年和 1995 财年分别减少对外贸易顺差额 156 亿美元和 287 亿美元；富士综合研究所 1989 年估测日本对外直接投资在 1992 财年可减少对外贸易顺差 200 亿美元；日本债券信用银行 1990 年估测日本对外直接投资在 1992 财年和 1995 财年可分别减少对外贸易顺差 226 亿美元和 618 亿美元，其中 1992 财年日本对外直接投资可减少对美国贸易顺差额 158 亿美元。从这些机构的估测情况可以看出，它们认为增加日本的对外直接投资会对贸易顺差的减少和贸易摩擦的缓解产生很大的作用。

三、中国彩电行业利用对外直接投资应对贸易摩擦

彩电行业作为中国发展较快的行业之一，其出口是近年来中国出口的亮点。然而在进

入国际市场时，由于面临贸易壁垒等各种问题，在国际市场中遭受了比较严重的挫折。

（一）欧美与中国在彩电业方面的贸易摩擦情况

从20世纪80年代末开始，中国彩电业就遭到了欧盟方面的投诉。1988年，欧盟对中国出口的小尺寸彩电进行反倾销立案调查。1992年，欧盟把倾销调查对象扩大化，中国出口的42厘米以上的大彩电也被牵涉进倾销案件中。1995年4月1日，欧盟做出最终裁决，判定所有中国家电企业必须缴纳25.6%的最终反倾销税。此次裁决过了不到一个月，欧盟又提出对小彩电进行复审的要求。经过40个月的复审后，1998年12月2日，在飞利浦的申诉下，欧盟决定对所有来自中国的彩电征收44.6%的反倾销税，致使当时中国彩电业基本退出了欧盟市场。直至2002年底，经过多次谈判，中国7家彩电企业——厦华、海信、海尔、康佳、长虹、创维、TCL的产品获准进入欧盟市场，但它们必须分享40万台传统彩电的配额限制。同时，根据双方协议，七家彩电制造商必须共同承诺，以不低于最低价格在欧洲市场上销售其产品，并接受欧盟每年例行的现场价格核查。任何一家企业违反"价格协议"的承诺，将视为所有企业都违反了规定。

2003年5月美国开始对中国彩电业实施反倾销调查。2003年5月2日，美国五河电子公司（FREI）、电子工人国际兄弟会（IBEW）、电子产品、家具和通信国际工会（IUE-CWA）三方针对马来西亚、中国彩电企业向美国出口的彩电，正式向美国商务部和美国国际贸易委员会（USITC）提出反倾销诉讼。2003年5月13日，美国国际贸易委员会宣布正式对中国与马来西亚出口的彩电进行调查。2003年11月24日，美国商务部初步裁定中国出口到美国的彩色电视机存在倾销行为。2004年4月13日，美国商务部公布了对中国彩电企业征收反倾销税最终裁决结果。这对中国彩电业造成了沉重的打击。据统计，当时中国出口到美国市场的彩电已经超过400万台。在美国对中国彩电征收高额反倾销税后，中国彩电业基本只剩下本土、东南亚、中东、南美等局部市场，中国彩电有超过1 500万台的生产能力被闲置。

（二）中国彩电企业通过国际直接投资应对欧美贸易摩擦

面对欧美的反倾销壁垒，中国彩电企业开始走出国门，采取到反倾销发起国或第三国直接投资的方式重新打开市场。

1. TCL对反倾销发起国进行直接投资

2002年9月，TCL宣布通过其新成立的全资子公司Schneiger Electronics GmbH，与德国Schneider Electronics AG之破产管理人达成收购资产协议，收购其主要约820万欧元的资产。施耐德是一家有上百年历史的家电生产厂家，在2002年宣布破产前其在欧洲有着高达2亿欧元的销售额和多于41万台彩电的市场份额，超过了欧盟给中国七家彩电业企业所有配额的总和。因此，TCL希望通过收购施耐德绕过欧盟对中国彩电的贸易壁垒。同时，希望能够借助施耐德的品牌效应及其遍布全世界的销售渠道和强大的技术力量，帮助TCL进一步开拓欧洲乃至全世界市场的业务。

在随后的2003年，TCL集团又与法国汤姆逊签订彩电业务合同与重组协议，由双方共同出资设立一个合资公司TTE，TCL集团持有其67%的股份。TCL集团力争把该合资公司打造成全球最大的彩电厂商。TCL集团将其在中国大陆、越南及德国的所有彩电及DVD生产厂房、研发机构、销售网络等业务投入新公司；而汤姆逊则把其位于墨西哥、波兰及泰国的彩电市场厂房、所有DVD的销售业务以及所有彩电和DVD研发中心投入新公司。汤姆逊是北美及欧洲的主要彩电厂商，拥有领先的RCA与THOMSON两个品牌及庞大的销售网络，生产线临近多个欧美消费中心。TCL收购它以后，在亚洲市场及新兴市场以推广TCL品牌为主，在欧洲市场以推广THMOSON品牌为主，在北美市场以推广RCA品牌为主，这样TCL便成功绕开欧美的反倾销壁垒，扩大在欧美市场上的销售规模。

2. 其他彩电厂家以第三国投资的方式来应对反倾销贸易壁垒

在2003年遭到美国的反倾销调查后，康佳首先调整了生产基地布局，通过海外基地供货来减弱美国反倾销裁定带来的影响。在美国提出反倾销指控不久，康佳于2003年10月在墨西哥建立生产基地，该基地在2004年5月全面投产，专门生产针对美洲市场的产品。2005年9月，康佳又提出了“1568大航海计划”，为海外扩张进行战略布局，不仅扩张其主要的五大制造基地——墨西哥、印度尼西亚、土耳其、泰国、中国，同时还在中国、美国、日本、韩国、法国、印度建立六个研发中心。

海信也宣布将以技术、质量、品牌、设备投入的方式，与总部设在美国的全球最大电子产品生产服务供应商伟创力公司进行合作，在匈牙利建设年生产100万台的彩电工厂，以避开欧盟40%的反倾销税，争夺欧盟高达3 000万台的彩电市场。

长虹集团则利用在海外相继成立的澳大利亚长虹、印度尼西亚长虹等企业，以及在美国、中东、俄罗斯、欧洲等国家和地区连续开设的经营及研发机构，加大对高清背投等高端产品的出口力度。

第三节 鼓励美国和欧盟向中国出口更多高技术产品

出口管制是造成美国与欧盟对华贸易逆差、进而诱发与中国贸易摩擦的一个重要原因。中国应该采取措施，促使美国和欧盟放松对中国的高技术产品出口管制，这既有利于解决中国和美国、欧盟的贸易失衡问题，也有利于中国相关产业的健康发展。

一、美国对华出口管制的历史与现状

出口管制指的是一国为达到特定的政治、军事和经济目的，所采取的限制和禁止某些物资和技术出口的措施。第二次世界大战后，西方国家为防止敏感物资和技术出口到社会主义国家，先后成立了“巴黎统筹委员会”（简称“巴统”，1949 年成立，1994 年解散）和“瓦森纳安排”（全称是《关于常规武器和两用物品及技术出口控制的瓦森纳安排》，1996 年成立），美国恰是这两次全球性出口管制的领导者和主要实施者。同时，欧盟及其成员国对中国也一直实行严格的出口管制政策。

1949 年 11 月，以美国为首的西方主要国家在巴黎发起组织“向共产党国家出口统筹委员会”（简称“巴统”），协调美国和西方国家对社会主义国家的出口管制措施。1950 年 7 月 17 日，朝鲜战争爆发后，美国政府正式宣布“巴统”的贸易管制范围扩大到中国和朝鲜，美国商务部将中国列入全面禁运的管制范围之内。中美正式建交以后，1983 年美国进一步调整对华出口管制策略，将中国名义上划归与北约成员国家同等待遇的组别，但对中国进行个案出口审批的严格控制，公布了新的《对华出口指导原则》和七类电子产品对华出口的技术界限，允许美国对中国出口的产品和技术水平是对苏联出口的两倍，并规定无需“巴统”审查的出口将由美国商务部审查而不需要跨部门审查。

在 20 世纪 80 年代，由于“中美两国在对付苏联中形成了共同战略目标”①，美国向中国转让了大量的军事产品和技术或者军民两用的产品和技术。但 1989 年后，美国对中国采取了严格的制裁措施，禁止向中国出口军事产品和技术，严格控制向中国出口军民两用产品。1989 年后美欧对华武器禁运，一是停止已经松动的对华武器出口，二是巴统取消进一步放宽对中国出口控制的决定。1989 年 7 月，美国参众两院通过一系列提案敦促老布什政府对华采取更严厉的措施，重新研究对华高技术输出及产品出口，冻结实施对华技术出口已给予的优惠待遇。这样，禁止商业性武器出口的禁令中断了至少 300 项对华出口许可的审批。美国国会在 1990 年和 1991 年《对外关系授权法》中规定，禁止向中国出口列在美国军火清单上的防务用品和用中国火箭发射美国制造的商用卫星，但是，使用中国火箭发射美国商用卫星需要总统豁免权的除外。这样，中国原拟进口的军民两用技术以及真正用于民用的技术进口受阻。在

---

① 何永江．美国贸易政策．天津：南开大学出版社 2008：462.

1994 年 3 月巴统宣布解散和 1996 年成立自愿的多边管制协定《瓦森纳安排》后，美国对中国歧视性的出口管制政策并未有大的改变。

美国政府一直相信中国是一个有力的竞争者，并要防止中国学习美国的技术。美国审计署曾经向美国参议院发布了很多关于通过出口控制防御中国的报告，其中包括：*Some Controls Over Missile-Related Technology Exports to China Are Weak*（NSIAD－95－82，May 17，1995），*Sensitive Machine Tool Exports to China*（NSIAD－97－4，Nov 21，1996），*Sale of Telecommunications Equipment to China*（NSIAD－97－5，Nov 21，1996），*Rapid Advances in China's Semiconductor Industry Underscore Need for Fundamental U. S. Policy Review*（GAO－02－620，Apr 19，2002），*Challenges with Commerce's Validated End-User Program May Limit Its Ability to Ensure That Semiconductor Equipment Exported to China Is Used as Intended*（GAO－08－1095，Oct 27，2008），等等。大部分报告都在强调对中国实施出口控制的重要性。

2002 年 2 月，美国审计署向参议院提交了《出口限制：美国急需就中国半导体产业快速发展作基本政策评估》的报告，重点讨论了向中国实施出口限制的可能性。2003 年 1 月 1 日，美国国务院指责休斯顿电子公司和波音卫星系统公司向中国提供卫星和火箭技术，并向联邦法院提交了"指控书"。2006 年 7 月，美国商务部的产业和安全局公布了《对中国出口和再出口管制政策的修改和澄清及新的授权合格最终用户制度》的草案，拟扩大对华出口管制的范围。

自从 2007—2011 年美国商务部工业和安全局陆续发布很多影响对中国出口管理条例的规章制度后，针对中国更加严重的出口控制是惊人并且明确的。这些规章制度包括：*Revisions and Clarification of Export and Reexport Controls for the People's Republic of China*（*PRC*）；*New Authorization Validated End-User*；*Revision of Import Certificate and PRC End-User Statement Requirements*（06/19/07，72 FR 33646），*Approved End-Users and Respective Eligible Items for the People's Republic of China*（*PRC*）*Under Authorization Validated End-User*（*VEU*）（10/19/07，72 FR 59164），*Approved End-Users and Respective Eligible Items for the People's Republic of China*（*PRC*）*Under Authorization Validated End-User*（*VEU*）；*Correction*（10/24/07，72 FR 60408），*Approved End-Users and Respective Eligible Items for the People's Republic of China*（*PRC*）*Under Authorization Validated End-User*（*VEU*）；*Correction*（10/31/07，72 FR 61512），*Additions and Revisions to the List of Approved End-Users and Respective Eligible Items for the People's Republic of China*（*PRC*）*Under Authorization Validated End-User*（*VEU*）（04/29/09，74 FR 19382），*Authorization Validated End-User*：*Amendment to Existing Validated End-User Authorizations in the People's Republic of China*（*PRC*）*and India*（12/23/09，74 FR 68147），*Addition to the List of*

Validated End-Users in the People's Republic of China (*PRC*) (01/15/10, 75 FR 2435), *Addition to the list of Validated End-Users*: *Advanced Micro Devices China, Inc.* (05/10/10, 75 FR 25763), *Revisions to the Authorization for Validated End-User Applied Materials China, Ltd.* (05/14/10, 75 FR 27185), *Additions to the List of Validated End-Users in the People's Republic of China*: *Hynix Semiconductor China Ltd.*, *Hynix Semiconductor* (*Wuxi*) *Ltd. and Lam Research Corporation* (10/12/10, 75 FR 62462), *Amendment to Existing Validated End-User Authorization in the People's Republic of China*: *Semiconductor Manufacturing International Corporation* (11/01/10, 75 FR 67029), *Additions and Revisions to the List of Validated End-Users in the People's Republic of China*: *CSMC Technologies Corporation and Advanced Micro Devices China, Inc.* (01/18/11, 76 FR 2802), *Revision to the Validated End-User Authorization for CSMC Technologies Corporation in the People's Republic of China* (06/28/11, 76 FR 37634), *Amendment to Existing Validated End-User Authorizations in the People's Republic of China*: *National Semiconductor Corporation and Semiconductor Manufacturing International Corporation* (11/09/11, 76 FR 69609)。

2009年8月，美国开始全面评估现行出口管制体系，并于2010年8月31日正式启动出口管制体系改革程序，此项改革也是贯彻奥巴马政府“五年出口倍增”计划的一项重要措施。2010年11月，美国白宫官方网站就奥巴马决定建立新出口管制体系发表文章，阐述此次改革的初衷和改革的基本思路，认为此次出口管制体系改革的重点是对管制对象、如何管制以及如何实施并管理管制进行调整，将通过重点管制最关键产品和技术，以及提高核心制造业和技术领域竞争力来促进美国国家安全。此次改革也是第二次世界大战后美国对出口管制体系改革动作较大的一次。作为美国出口管制重点限制国，中国一直对此次改革寄予极大关注，并多次在双边战略对话等场合呼吁美方放松对华出口管制，促进双边贸易平衡。美国也曾多次做出承诺，称正在考虑放松在中美贸易中纠葛已久的对华高科技产品出口限制。2010年12月，美国商务部公布了《战略贸易许可例外规定》的修改意见，并开始征求公众意见。在修改意见中，调整了164个出口目的地国家和地区的控制程序，名单上却没有中国，中国被完全排除在外。2011年6月，美国商务部发布了美国出口管制新政策《战略贸易许可例外规定》（Strategic Trade Authorization License Exception），这项被称作“美国出口管制体系改革重要一步”的规定，将中国排除在44个可享受贸易便利措施的国家和地区之外。

二、欧盟对华出口管制的历史和现状

欧盟对华管制的政策也一直较为严格。从冷战时期的“巴统”到苏联解体后成立的“瓦森纳协议”、2000年的“1334 号法令”以及欧盟各成员国各自的对华技术出口管理法规等，欧盟及其成员国一直对华实施严格的出口管制政策从新中国成立至今从未间断过。即使是在中国已经加入世界贸易组织（WTO）已十年的2011年，新材料、电子信息技术、传感与感光、船舶与海事设备等诸多领域的技术都属于严令禁止向中国出口的产品。在2009年4月，欧洲议会再次通过了维持“对华敏感技术和武器禁运”的决定。

武器出口管制一直是欧盟出口管制的一个核心组成部分。欧盟对于向中国武器出口的管制在20世纪90年代以前主要由各成员国各自实施，这是由于在1957年签订建立共同体的《罗马条约》时，各成员国在军用品出口控制问题上产生很大分歧，因此《罗马条约》便将军事产品排除出共同市场，使得各个成员国对于武器出口有着最终决定权。1993年欧盟成立，建立了共同外交与安全政策，使得欧盟通过共同外交与安全政策实现对成员国外交防务和国际事务的干预。1998年6月8日，《欧盟武器出口行为准则》被欧盟委员会正式采纳，它适用于所有武器的合法转让，包括最终用于军事用途的两用技术在内。欧盟现行的军品（包括军民两用品）出口管制制度框架正式成型，包括《准则》、军民两用品管制、预防和打击常规武器非法转移项目以及轻武器共同行动。2000年6月13日欧盟理事会通过了《欧洲武器出口行为准则》的军事设备共同清单，并于2003年进行了修改。该清单采用与《瓦森纳武器清单》一样的编号程序。自2002年以来，欧盟的年度报告都会阐述当年做出的新决定。2003年11月欧盟公布了《欧盟准则用户指南》，进一步界定和解释了1998年的《行为准则》中列举的各项规定和程序。同时，欧盟决定在布鲁塞尔欧盟理事会秘书处成立拒发出口许可证通报中心数据库，其中不仅有拒发出口许可证案例通报，也有拒发军品销售中介许可证的案例通报。2004年10个欧盟新成员国完全纳入《准则》的信息交换和磋商程序。2006年6月欧盟负责企业和工业的副主席在发表的新闻公报中表示，欧盟将通过协调、管理，保证武器出口准则的实施，进一步严格规定武器出口到危险地区的共同政策，对国防企业规定转让标准和许可证制度。

三、美国、欧盟的出口管制进一步扩大了它们的贸易逆差、诱发贸易摩擦

美国与欧盟的出口管制政策，势必会减少它们对中国的出口，增加它们对华贸易

逆差，加剧与中国的贸易摩擦。美国与欧盟是全球两个最大的技术及其相关物资设备等的供应国家（地区），它们在高技术产品的生产与出口上一直占有着很大的优势。但由于历史原因造成的出口管制问题在西方国家已经根深蒂固，西方国家（地区）依然持有冷战思维，它们认为中国如果掌握了高新技术就会用于军事。同时，美欧等西方国家也担心如果中国获取了西方国家的技术，会进一步缩短与它们的技术差距，与它们的相关产业形成激烈的竞争。它们认为，中国本身具有的产业集聚优势再加上来自西方国家的技术，会形成非常强大的竞争力。此外，以美国为首的西方国家也担心中国技术进步会使更多具有竞争力的产品进入它们的市场。随着中国经济实力的上升和潜在"威胁"的增加，尤其是2008年金融危机之后"中国威胁论"又喧嚣尘上，西方国家可能会进一步维持或者强化对中国的出口管制，以便延缓中国的技术更新速度和确保它们对华的技术优势。美欧国家对中国的高新技术产品的出口远远不能反映它们实际的实力，对中国高新技术产品的出口不多，成为它们对中国有贸易逆差的原因之一，并由此诱发许多贸易摩擦。

美国在高新技术产品的出口上一直拥有很大的顺差。根据美国航空航天工业协会的报道，1998年美国航空航天产品的对外贸易顺差额高达370亿美元（当年美国高新技术产品顺差仅为44亿美元①），是美国对外贸易盈余最高的行业，对缓解美国的贸易逆差起到了重要的作用。但随着2001年以后美国加强出口管制，尤其是加强对高新技术产品的出口管制，航空产品成为加强控制的重点对象，使得高新技术产品对外贸易在2002年出现166亿美元的逆差，2003年逆差额扩大到274亿美元。显然，在美国加强出口管制的同时，美国的出口也会随之下降，增加了美国的贸易逆差，从而引起并加剧美国与其他国家的贸易摩擦。欧盟的出口管制也会导致类似的结果。美国与欧盟对中国的出口管制政策势必进一步减少它们的出口，不利于减少它们对中国的贸易逆差，由此诱发并加剧与中国的贸易摩擦。应该采取措施促进欧美国家放松对中国的出口管制，增加对中国的高新技术出口，改善贸易不平衡情况。

四、中国敦促美国和欧盟放松对华高新技术产品出口管制措施

针对美国与欧盟对中国的出口管制措施，中国政府可以采用一定的措施促使美国与欧盟放松对中国高新技术产品出口的管制。这样既能改善美、欧对中国的对外贸易逆差，减少由此引发、加剧的与中国的贸易摩擦问题，还能够使中国获得西方先进的技术，提升自身的技术进步速度。

---

① 刘子奎．冷战后美国出口管制政策的改革和调整．美国研究 2008（2）．

中国政府可以从以下几个方面来促使西方国家（地区）放松对中国的高新技术产品出口管制。首先，中国政府可以提供资金，资助相关专家、学者等，促进他们对美国与欧盟的出口管制政策的研究，为改善欧美对中国的出口管制现状提供理论支持。其次，中国政府可以在各种场合呼吁美欧等国家和地区，尽快抛弃冷战思维，取消对华高技术产品出口限制。再次，可以取消对进入中国市场时的技术转让方面的强制性规定，并加强知识产权保护，促进欧美企业对中国的直接投资、完善中国专利技术转让的市场制度建设。最后，应该为中国企业提供更多的服务，促进中国企业合规、透明地使用高新技术，以获得美、欧高新技术产品的进口资格。

另外，我们也要认识到，真正的高新技术、最顶尖的高新技术是无法通过购买获得的；中国应该继续加强自我技术创新能力，不断提高中国的技术水平，发明和制造出更多的全世界领先的高新技术产品。事实也证明，美欧对中国的技术封锁，无法阻挡我国技术进步的脚步。中国原本希望与欧盟一起建立全球定位导航系统，在美国的强大压力下，欧盟将中国排除在外；不过，2012 年中国的自主研发的北斗定位导航系统已经开始商用，欧盟的全球定位系统还没有建立起来！

第四节 增加中国高新技术产品与高附加值产品的出口

一、提高中国高新技术产品与高附加值产品出口能有效减少贸易摩擦

从出口方面来看，中国减少与贸易伙伴国之间贸易摩擦的一个可行的、并应该积极引导的做法是优化中国的产业结构、增加中国高新技术产品与高附加值产品的出口。高新技术产品、有自主知识产权的高附加值产品，在国外市场上能够定位较高的价格。由于国内企业掌握核心技术或拥有知识产权，使得此类产品的出口企业拥有一定的市场优势，即拥有对市场的定价权而不是被动地接受现有的市场价格；同时，这些产品在国外市场上遇到类似产品的竞争程度也较低。国外消费者对这些产品存在着较强的需求，他们也有促进这类产品进口的需求与动机，而不是针对此类产品制造贸易摩擦、设置贸易壁垒，以抑制其进口。

从其他国家（地区）对中国发起贸易摩擦的情况来看，贸易摩擦多发生在低技术、低附加值的低端产品中。中国在加入 WTO 以后，与其他国家或地区发生的贸易摩擦案件除了相关政策、法律法规等方面的纠纷外，几乎全部集中在低技术水平、低附加值的低端工业产品或农业产品上。截至 2011 年 9 月，这类案件自中国加入 WTO

以来共发生了20起，占到了全部贸易摩擦案件的约65%（见表7.1）。自从2007年9月美国经济开始陷入衰退，直到2008年美国次贷危机爆发并影响波及其他国家，中国与其他国家（地区）的贸易摩擦案件发生的次数和频率也都大大高于2007年以前。在美国次贷危机爆发前的2002—2007年8月这6年左右时间中，中国对外贸易摩擦案件为9起，其中还有3起是发生在2007年的。从2007年9月美国经济开始陷入衰退后到2011年9月，中国对外贸易摩擦案件发生次数多达22起，是之前6年间内发生的约2.5倍。同时，中国对外贸易摩擦也更加集中在低端制成品和农业产品方面。2009年到2011年9月直接涉及中国的15件贸易摩擦案件中，关于低端制成品与农产品的贸易摩擦就有12起，占了这段时间内中国贸易摩擦案件的80%。在所有的直接牵涉到中国的贸易摩擦案件中，没有一起是关于中国出口的高新技术产品与高附加值产品的。这充分说明了高新技术产品、高附加值产品的出口比例上升可以有效地缓解中国与其他国家或地区的贸易摩擦。

表7.1 中国加入WTO以来与其他国家（地区）贸易摩擦案件（WTO争端解决机制下）

时间	案件
26 March 2002	Definitive Safeguard Measures on Imports of Certain Steel Products
18 March 2004	Value-Added-Tax-on Integrated Circuits
30 March 2006	Measures Affecting Imports of Automobile Parts
30 March 2006	Measures Affecting Imports of Automobile Parts
13 April 2006	Measures Affecting Imports of Automobile Parts
2 February 2007	Certain Measures Granting Refunds, Reductions or Exemptions from Taxes and Other Payments
26 February 2007	Certain Measures Granting Refunds, Reductions or Exemptions from Taxes and Other Payments
10 April 2007	Measures Affecting the Protection and Enforcement of Intellectual Property Rights
10 April 2007	Measures Affecting Trading Rights and Distribution Services for Certain Publications and Audiovisual Entertainment Products
14 September 2007	Preliminary Anti-Dumping and Countervailing Duty Determinations on Coated Free Sheet Paper
3 March 2008	Measures Affecting Financial Information Services and Foreign Financial Information Suppliers

续表

时间	案件
3 March 2008	Measures Affecting Financial Information Services and Foreign Financial Information Suppliers
20 June 2008	Measures Affecting Financial Information Services and Foreign Financial Information Suppliers
19 September 2008	Definitive Anti-Dumping and Countervailing Duties on Certain Products
19 December 2008	Grants, Loans and Other Incentives
19 December 2008	Grants, Loans and Other Incentives
19 January 2009	Grants, Loans and Other Incentives
17 April 2009	Certain Measures Affecting Imports of Poultry
23 June 2009	Measures Related to the Exportation of Various Raw Materials
23 June 2009	Measures Related to the Exportation of Various Raw Materials
31 July 2009	Definitive Anti-Dumping Measures on Certain Iron or Steel Fasteners
21 August 2009	Measures Related to the Exportation of Various Raw Materials
7 May 2010	Provisional Anti-Dumping Duties on Certain Iron and Steel Fasteners
15 September 2010	Certain Measures Affecting Electronic Payment Services
15 September 2010	Countervailing and Anti-Dumping Duties on Grain Oriented Flat-rolled Electrical Steel
13 December 2010	Measures Affecting Imports of Certain Passenger Vehicle and Light Truck Tyres
22 December 2010	Measures concerning wind power equipment
4 February 2011	Anti-Dumping Measures on Certain Footwear
28 February 2011	Anti-Dumping Measures on Shrimp and Diamond Sawblades
25 July 2011	Definitive Anti-Dumping Duties on X-Ray Security Inspection Equipment
20 September 2011	Anti-Dumping and Countervailing Duty Measures on Broiler Products

注：有些贸易摩擦案件重复出现其实是中国与不同国家（地区）之间发生的。

资料来源：WTO 官方统计数据库（http：//www. wto. org/english/tratop_e/dispu_e/dispu_by_country_e. htm）。

二、优化中国产业结构、提高高新技术产品与高附加值产品出口比例的措施

有效地优化中国产业结构、提高中国高新技术产品与高附加值产品的出口比例，与前述的几种减少贸易摩擦的方法是相辅相成的。首先，中国可以借助对外直接投资，在贸易伙伴国当地进行组装、销售的同时，学习国外企业先进的技术与管理经验、促进本国企业的技术更新与创新；同时，还可以借助对外直接投资，将低技术、低附加值产品的生产转移到生产成本更低的一些发展中国家，促进本国的产业结构升级。其次，采取措施促进美国与欧盟等国家和地区放松对中国的出口管制，鼓励它们向中国出口更多的高新技术产品，借助高新技术产品进口与技术引进，提升、优化中国的产业结构。最后，中国政府还应采取措施促进国内企业自主创新与研发能力的提升、引导中国产业结构升级；从根本上看，调整产业结构、提升出口产品附加值和技术含量，还是要依赖我国自主科技研发能力的提高。

案例 7.1　中国影响汽车零部件进口措施案

自中国加入 WTO 以来，对外贸易额不断增加，贸易摩擦也频繁出现。2008 年 7 月 18 日，世界贸易组织（WTO）争端解决机构专家组公布了裁决报告，认为中国对构成整车特征的进口汽车零部件按照整车税率征收关税，这一行为违背了中国 2001 年加入世贸组织时的承诺。这是中国加入 WTO 后首次在贸易争端中败诉。

一、争端的来龙去脉

中国影响汽车零部件进口措施案起因于中国 2005 年 4 月 1 日开始实施的《构成整车特征的汽车零部件进口管理办法》（下称《管理办法》）。《管理办法》规定，对“构成整车特征”① 的零部件进口征收与整车相同的关税（25% 左右），而不是中国

① 《管理办法》中规定的构成整车特征的三个标准是：（一）进口全散件（CKD）或半散件（SKD）组装汽车的；（二）在《管理办法》第四条规定的认定范围内：1. 进口车身（含驾驶室）、发动机两大总成装车的；2. 进口车身（含驾驶室）和发动机两大总成之一及其他 3 个总成（系统）（含）以上装车的；3. 进口除车身（含驾驶室）和发动机两大总成以外其他 5 个总成（系统）（含）以上装车的。（三）进口零部件的价格总和达到该车型整车总价格的 60% 及以上的。前两个标准已实施，第三个标准原定于 2006 年 7 月 1 日开始生效。

加入 WTO 协议中规定的 10% 到 14% 的税率。欧盟、美国和加拿大认为，中国对外国进口汽车配件的税收政策有歧视嫌疑，意在鼓励中国汽车厂商使用国内汽车配件。欧盟与美国于 2006 年 3 月 30 日正式在 WTO 向中国提出了磋商请求；随后，加拿大也加入这一行列。

2006 年 7 月 5 日，中国海关总署、国家发展和改革委员会、财政部和商务部发文，将原定于自 2006 年 7 月 1 日起实施的有关整车特征的进口价格百分比界定标准以及有关汽车总成（系统）特征的 A、B 类关键件的区分标准推迟到 2008 年 7 月 1 日实施。但欧、美、加要求中国彻底取消有关整车特征核定标准。2006 年 9 月 15 日，欧盟、美国和加拿大正式要求 WTO 争端解决机构成立专家组，审查中国对进口汽车零部件征收关税的措施。2006 年 10 月，由于各方就汽车零部件贸易关税纠纷仍无法达成一致，WTO 设立了争端解决专家小组，负责调查欧盟、美国和加拿大提出的指称中国汽车零部件关税违反国际贸易规则的申诉。

欧盟、美国认为中国《构成整车特征的汽车零部件进口管理办法》这类含有本地采购要求的贸易条款违背了中国 2001 年加入 WTO 时所承诺遵循的自由贸易原则，要求中国取消汽车零部件进口的限制。他们同时认为，这类政策妨碍了国外汽车零部件供应商进入中国汽车市场，是对欧盟、美国汽车零部件的一种歧视。在整个争端中接受审查的相关措施包括《汽车工业产业政策》（国家发展和改革委员会令第 8 号，2004 年 5 月 21 日）、《构成整车特征的汽车零部件进口管理办法》（海关总署、国家发展和改革委员会、财政部、商务部令第 125 号，2005 年 4 月 1 日起正式实施）、《进口汽车零部件构成整车特征核定规则》（海关总署第 4 号公告，2005 年 4 月 1 日起施行），以及对上述文件的任何修订、替换、补充和执行上述文件的措施或者其他相关的措施。

2008 年 2 月 13 日，WTO 争端解决机构专家组向有关成员方散发了报告书，总体上支持了美国等起诉方的意见。WTO 争端解决机构专家组于 7 月 18 日公布了关于中国与美国、欧盟和加拿大三方汽车零部件争端的裁决报告。报告认为中国对构成整车特征的进口汽车零部件按照整车税率征收关税的做法对进口汽车零部件构成歧视，因此违反相关贸易规则。这是中国加入世贸组织以来首次在贸易争端中败诉。按照世贸组织争端解决程序，中国有权就专家组的裁决结果提出上诉。如果我国上诉取得胜诉，将可以继续施行《管理办法》；如果上诉机构专家组裁定中国败诉，我国需要在规定时间内按照专家组报告书的建议修改或者取消《管理办法》。

2009 年 8 月 15 日，我国工业和信息化部、国家发展和改革委员会签发第 10 号令。第 10 号令指出，为适应我国改革开放的需要，工业和信息化部、国家发展和改革委员会决定对《汽车产业发展政策》做如下修改：一、停止执行第五十二条、第五十三条、第五十五条、第五十六条、第五十七条的规定。二、停止执行第六十条中

"对进口整车、零部件的具体管理办法由海关总署会同有关部门制订，报国务院批准后实施"的规定。此令自2009年9月1日起施行。此令对进口"整车特征"的相关政策规定做出调整，取消了相关限制政策。此前，进口零部件的关税降至10%，但某些构成整车特征的进口零部件仍执行25%的整车关税。在修改产业政策后，进口零部件将统一执行10%的关税。2009年8月28日公布的海关总署、国家发展和改革委员会、财政部、商务部关于废止《构成整车特征的汽车零部件进口管理办法》的决定指出，为适应我国汽车产业调整和发展的需要，经国务院批准，现决定废止2005年2月28日以海关总署、国家发展和改革委员会、财政部、商务部第125号令公布的《构成整车特征的汽车零部件进口管理办法》，本决定自2009年9月1日起生效。

二、《管理办法》出台的背景及原因

(一)《管理办法》出台的背景

2005年1月1日，国家取消了实行多年的汽车及其零部件进口许可证管理制度，将进口整车的关税调低到25%左右，而汽车零部件的平均关税调到只有15%左右，远远低于整车的关税水平。2005年一月份中国汽车整车进口只有8 214辆，比上年同期下降了47.9%。与整车进口形成鲜明对照的是，一月份汽车零部件进口大幅度上升。商务部和海关总署经过分析发现，进口整车数量下降的原因，除了车市不好、政策需要衔接以外，还因为一些汽车生产企业利用整车进口和零部件进口关税之间的巨大差额，从不同口岸分散进口零部件在国内进行组装整车销售，以逃避国家税收。发现上述问题后，海关总署、商务部等部门向国务院进行了汇报，引起了国务院领导的重视，《管理办法》就是在这一背景下出台的。《管理办法》的出台使多年来盛行于国内汽车行业的CKD（全散件组装）或SKD（半散件组装）① 组装汽车的模式受到重大打击，采用这种生产方式的企业受到比较大的影响。

(二)《管理办法》出台的原因

《管理办法》的出台有深刻的经济社会原因。商务部新闻发言人崇泉就《管理办

---

① KD是"进口散件装配"的英文缩写。KD有三种类型：CKD、SKD和DKD。CKD、SKD是国际通行的说法。其中CKD（全散件组装）就是进口或引进汽车时，汽车以完全拆散的状态进入，之后再把汽车的全部零部件组装成整车。这种方式生产车型的零部件可以是全部进口的，也可以是一部分零件由国内厂家生产。而SKD（半散件组装）汽车的发动机、底盘等各大部件总成基本上以半成品形式散装进口，国内厂家则就地将它们装成整车，并进行销售。

法》的出台作出明确地表示，“中国的汽车零部件进口管理规定是为了防止不法分子利用整车和零部件的税差规避海关监督、偷逃关税的行为。”我们认为，《管理办法》出台的原因有以下几个方面：

第一，企业以CKD或SKD的方式变相进口汽车整车，逃避国家税收。

由于进入中国的整车需缴纳25%左右的关税，而零部件的关税仅为15%左右，10%的税差代表着10%的利润。所以，有不少汽车生产厂家通过进口零部件的方式达到变相进口整车的目的（也就是所谓的“曲线进口”），以逃避关税从中牟取暴利。目前，在中国国产汽车中，产生于CKD或SKD方式的整车并不罕见，也就是说每年中国会有大量关税因为这种“钻空子”而白白流失。

那么为什么不把零部件的关税与整车缴纳的关税拉平，以此遏制汽车进口商通过进口零部件来逃避整车关税的行为呢？原因在于，整车税率高于汽车零部件税率能使关税对整车产业的有效保护率高于名义保护率。所谓有效保护率（实际保护率）是指关税对某一个特定工业生产的保护程度，它是该行业生产或加工中增加的那部分产品价值（增加值）受保护的情况。当制成品关税高于原材料和半成品的关税时，制成品的有效保护率高于名义保护率，这样能更好地达到保护本国制成品产业的目的。所以，国家在制定各项关税时必然会选择对零部件征收低于整车的关税。

《管理办法》的出台就是为了解决在零部件和整车关税不可能一致的情况下，汽车进口商有机可乘的问题。从而，既可以保障关税的征收，又可以有效的保护国内汽车产业的发展，可谓一举两得。

第二，CKD或SKD的方式大量进口使得无法通过征收梯度关税保护国内豪华整车产业。

基于有效关税理论，对进入中国的整车收缴25%左右的关税，而对零部件征收15%左右的关税，这种梯度关税的设置可以保护本国的整车产业，尤其是豪华整车产业。但是以CKD或SKD的方式进口整车，使进口车的税率实际上降为汽车零部件的税率，国产整车的价格优势受到削弱。中国海关总署的统计数据显示，2007年上半年，中国汽车零部件进口高达72.66亿美元。其中，一些关键汽车零部件进口增势显著：发动机进口金额6.97亿美元，同比增长16.43%；变速箱进口金额14.61亿美元，同比增长66.09%。这些关键零部件进口的增加使变相的整车进口增加，冲击了国内豪华整车产业，最初设定梯度关税以达到保护本国豪华整车产业的目的无法实现。《管理办法》的出台可以防止国外进口整车税率实际降为汽车零部件税率的情况发生，维护国产车的价格优势，保护国产整车行业。

第三，支持国内汽车零部件产业的发展。

关税的设置可以起到保护本国产业的目的，相比国外汽车零部件进口的巨额成本，国内的零部件产业更具价格竞争优势。但是一些企业以保障品质为借口（认为国内企业制造的零部件质量不如国外），通过进口散件变相进口整车，大大降低了进口整车的成本，以致中国汽车零部件工业逐步萎缩。1997 年至 2002 年中国汽车零部件的进出口贸易是顺差，2003 年则开始出现逆差，2004 年汽车零部件进出口贸易逆差达到 23.03 亿美元。《管理办法》的出台打击了外国汽车“化整为零”的进口方式，鼓励国产汽车制造行业的发展，势必增加对国产汽车零部件的需求，有利于国产汽车零部件行业的发展。

三、从贸易争端中获得经济利益是关键

（一）贸易争端胜诉或败诉不应该成为判断中国应对 WTO 是否成功的标准

中国加入 WTO 的首要目的是经济利益。我们所说的经济利益不仅仅是贸易的增长、GDP 的增加，更重要的是中国新兴高科技产业和重点产业的发展。我们分析中国在 WTO 首次败诉的案例，不应该局限于此次争端中国是胜诉还是败诉，应该把重点放在中国在此次争端中获得的利益。

作为全世界第一强国的美国，多次在贸易争端中败诉；但是美国并不斤斤计较争端的胜诉或败诉，他们关心的是通过贸易争端可以获得多少利益。以美国钢铁保障措施案为例。2001 年 6 月 22 日美国贸易代表致国际贸易委员会（ITC）主席的一封信中指出，布什总统已经宣布了一项应对美国钢铁行业所面临挑战的全面计划，其中之一就是指示贸易代表要求 ITC 根据美国 1974 年贸易法“201 条款”，就钢铁进口对美国钢铁行业的影响发起调查。ITC 于 2001 年 7 月 3 日在“联邦公报”上发布公告，宣布开始调查。美国总统于 2002 年 3 月 5 日发布命令，宣布对钢铁产品采取保障措施。欧盟、日本、韩国、中国、瑞士、挪威、新西兰和巴西等成员将美国限制钢铁进口的措施提交 WTO 争端解决机制。在 WTO 中共同起诉美国的国家和地区多达八个，是 WTO 争端解决中起诉方最多的案件之一。2003 年 7 月 11 日，专家组向 WTO 所有成员散发了专家组报告，认定美国的措施违反了 WTO 规则。2003 年 8 月 11 日，美国通知争端解决机构（DSB）对专家组报告提出上诉。9 月 29 至 30 日，上诉机构听证会在日内瓦召开。上诉机构专家组报告于 2003 年 11 月 10 日作出，全面维持了之前专家组的裁决。2003 年 12 月 1 日，上诉机构报告在 DSB 会议上通过。美国虽然败诉并且最终取消了保障措施，但是长达一年多的保护使美国国内钢铁价格上升，钢铁企业获得利润。美国钢铁企业获得了难得的喘息之机，利用这段时间提高技术含量、改善管理效率、提升产品结构。最终，美国钢铁产业获得了竞争优势，在保护措施撤

销之后依然保持了较高的竞争力。

判断中国影响汽车零部件进口措施争端败诉是否值得的标准应该是：中国是否从此次争端所涉及的措施中获得了经济利益。我们也可以像美国应对钢铁保障措施案那样，虽然在争端中败诉，但是促进国内产业的发展。同时我们也要看到，虽然《管理办法》的实施有助于保护中国汽车产业，但这种保护更多的是来自于外力的作用，而不是国内汽车产业自身的强大。而且，《管理办法》的保护是有时间限制的，在中国已经败诉的情况下，《管理办法》将被修改或者取消。当前对中国而言最为重要的是提高汽车行业的自主创新能力，应对国际挑战；努力实现汽车产品从粗放型低端技术到集约型高新技术的转变，加大高新技术、新设备、新材料、新工艺研究开发的投入，实现从注重引进技术向注重自主开发创新转变，实现从引进国外车型向独立自主开发自有车型转变。

凭借有利的政策支持和大量的人力物力的投入，国内汽车产业可以利用这段缓冲时间大力提升本国汽车产业的自主创新能力，提高国产品牌的技术含量和生产效率。最终，以更强大的竞争力来应对国际竞争中的各种风险和挑战。如果《管理办法》的实施使我国相关产业得到迅速发展，相关国内企业得到较大的利润，即使因为此我国在 WTO 争端解决机构败诉，也是值得的，从贸易争端中获得经济利益是关键。

（二）《管理办法》已经实施的事实和争端本身都能为中国保护汽车产业发挥作用

中国在此次争端中败诉，结果将是修改或者取消《管理办法》；但是《管理办法》的实施已经发挥了保护国内汽车产业的作用。《管理办法》是基于国内汽车产业中 CKD 或 SKD 生产方式的盛行而出台的，经过了一段时间的实施确实起到了对 CKD 或 SKD 生产方式的抑制作用。以 2007 年国内乘用车为例，总计生产 638 万辆，增幅为 21.94%，其中 CKD 组装产品的产量为 11.84 万辆，与 2006 年的 33.76 万辆相比，降幅达 64.94%。可见《管理办法》实施以来，已经在很大程度上保护了国内汽车产业。

争端本身也可以被利用为中国保护汽车产业的手段。WTO 争端解决机制比较长的案件审理和执行期限为各国政府发挥作用留出了空间。虽然 WTO 的争端解决机制已经对各个环节的时间进行了限制，比 GATT 时期的争端解决程序大大缩短了时间。但是，从向 DSB 提出诉讼开始，各个环节消耗的合理时间加总长达 27 个月。以美国钢铁保障措施案为例。2002 年 3 月，美国政府实施为期 3 年的钢铁产品保障措施。2003 年 7 月 11 日 WTO 争端解决机构专家小组裁决美国对进口钢铁施加高关税为非法。WTO 争端解决机构的裁决一经公布，美国立即表示将继续上诉。这就意味着，虽然美国败诉，但是其他国家依旧没有办法获得向美国出口钢材的正当权利，只有当上诉机构最终裁定美国的做法违反了 WTO 相关协议和规定，才有可能迫使美国放弃这些不合理的做法，或者寻求补偿。但是，这又是几个月之后的事情了。而且，中诉、裁决和等待执行时发生的经济损失往往巨大而没有办法得到补偿。虽然在《关于争端解决规则和程序的谅解》中的第22条涉及“补偿”，但是，那是在“建议和裁决未在合理期限内执行时可采取的临时措施”。在申诉、裁决和等待执行的“合理期限”内所发生的经济损失，没有任何条款规定进行何种程度的赔偿。美国钢铁保障措施案中，在美国取消保障措施之前的将近两年，美国依旧按照自己的安排对各种钢铁产品征收关税，这无疑对钢铁产品的出口国带来了巨大的、长时间的损失，但是，这期间各方受到的损失是没有办法获得补偿的。一国政府正是可以利用WTO争端解决机制中的这些不严密，为了最大地获得本国的经济利益，明明知道某个对外贸易的措施将引起别国的反对和在WTO体制下的起诉，而且本国在WTO争端解决机制中的胜诉几率也不大，却依旧采取这项措施。

中国2005年4月1日开始实施《管理办法》，对构成整车特征的汽车零部件进口征收较高关税；我国工业和信息化部、国家发展和改革委员会第10号令自2009年9月1日起施行，对进口整车特征的相关政策规定做出调整，取消相关限制政策。虽然我国在此次WTO贸易争端中败诉，但是该政策已经实施了四年多，对于我国汽车业的发展发挥了较好的作用。

（三）贸易政策措施需要更有策略性

我国通过对构成整车特征的汽车零部件征收整车税率的关税来防止国际贸易中的偷逃关税行为，被美欧等成员方起诉到WTO争端解决机构，而且我国败诉。这提醒我们，在运用贸易政策维护国家利益、支持国内产业的同时，这些措施本身不应该存在法律缺陷。我们可以寻求一些既不违反WTO相关规则，又能达到我们目的的贸易措施，成为我国在国际经济交往中制胜的有力武器。

由于装配有整车特征的汽车零部件对于技术没有特别要求，我国很多进行这种装配的企业规模都不大，技术水平一般。所以，对于通过CKD或SKD方式生产豪华轿车的企业，我国可以对他们进行企业规模、技术、售后等方面的规定，提高进入门槛，减少这样的装配企业，从而达到减少通过CKD或SKD方式进口豪华轿车的目的。

对于国内大型的汽车整车制造企业和零部件制造企业，我国可以对他们进行研发补贴。WTO《补贴和反补贴措施协议》（SCM）并不是反对所有补贴，我国可以在不违反《补贴和反补贴措施协议》的前提下，补贴汽车产业新产品的研发，给予经费和技术上的支持；还可以建立集中的汽车生产工业园区，在财政税收和水电使用费方面作相应的减免。

总之，在WTO争端中的胜败并不是判断一个国家应对WTO成功与否的标准。对此，我们应该改变以往的认为败诉必然带来不利后果的陈旧观点，以一颗平常心去看待贸易争端中的输赢，并尽量从失败的教训中总结经验，更好地掌握和利用世贸规则。我们需要注意的是如何在国际贸易争端中获取最大的经济利益，支持本国相关产业的发展。

复习思考题

1. 你认为中国在不减少出口的情况下鼓励扩大进口能解决中国的贸易顺差问题吗？为什么？

2. 中国应该采取哪些措施以扩大进口、缓解贸易摩擦？

3. 中国鼓励企业“走出去”、扩大对外投资、在贸易伙伴国当地进行组装销售对于解决中国贸易顺差问题有帮助吗？为什么？从日本以对外直接投资缓解日美贸易摩擦和中国彩电行业利用对外直接投资应对贸易摩擦当中能够得出怎样的经验和教训？

4. 美国、欧盟的出口管制为什么是不合理的？

5. 中国应该采取怎样的措施来促使美国和欧盟放松对华高新技术产品出口管制措施？

6. 为什么说增加中国高新技术产品与高附加值产品的出口能有效减少贸易摩擦？中国应该采取哪些措施来优化中国产业结构、提高高新技术产品与高附加值产品的出口比例？

表 7.2　1990—2010 年中国国际收支经常账户顺差、贸易顺差额变化情况　（亿美元）

年份	经常账户顺差	贸易顺差	年份	经常账户顺差	贸易顺差
1990	120	92	2001	174	281
1991	133	87	2002	354	374
1992	64	52	2003	431	358
1993	－119	－107	2004	689	512
1994	77	73	2005	1 324	1 246
1995	16	181	2006	2 318	2 089
1996	72	195	2007	3 532	3 080
1997	370	428	2008	4 206	3 488
1998	315	438	2009	2 433	2 201
1999	211	306	2010	3 054	2 321
2000	205	289	2011	2 017	1 883

数据来源：根据中国国家外汇管理局公布的数据整理所得：http://www.safe.gov.cn/model_safe/tjsj/tjsj_list.jsp?ct_name=%E4%B8%AD%E5%9B%BD%E5%9B%BD%E9%99%85%E6%94%B6%E6%94%AF%E5%B9%B3%E8%A1%A1%E8%A1%A8&id=5&ID=110500000000000000.

表 7.3 日本 1979—1989 年对外直接投资总额与对美国直接投资额 （亿美元）

年份	对外直接投资总额	对美国直接投资额	年份	对外直接投资总额	对美国直接投资额
1979	49.90	13.45	1985	122.17	53.95
1980	46.93	14.84	1986	223.20	101.65
1981	89.32	23.54	1987	333.64	147.01
1982	77.08	27.38	1988	470.22	217.01
1983	81.45	25.65	1989	675.4	325.4
1984	101.55	33.59			

资料来源：1979—1988：日本财务省《财政金融统计月报》第 452 号第 9 页。1989：The Statistics Bureau of Japan，http：//www.esri.cao.go.jp/en/sna/kakuhou/kekka/h22_kaku/24annual_report_e.html.

第八章　服务贸易总协定（GATS）

本章摘要

GATS的宗旨和基本框架。

GATS的适用范围。

根据GATS，服务贸易的4种方式为跨境提供、境外消费、商业存在和自然人流动。

最惠国待遇原则、透明度原则是GATS规定的一般性义务，是《关税与贸易总协定》所确定的非歧视原则的核心内容。市场准入和国民待遇原则属于GATS的特定义务。

《服务贸易总协定》的一般例外与安全例外、紧急保障措施例外、保障国际收支例外、政府采购例外。

由于服务贸易的复杂性，GATS目前无法对所有服务产业的自由化确立具体标准和规则。各成员需要通过对各个具体服务部门的深入谈判，推进服务贸易自由化进程。

在WTO框架下达成协议的服务部门主要有金融服务、基础电信服务和空运服务等。

由于海运服务业对于各国国家安全、经济增长有着举足轻重的意义，各成员尚未就此达成协议。

《服务贸易总协定》（General Agreement on Trade in Service，GATS）是世界贸易组织管辖的一项多边贸易协定，是历史上第一个专门调整服务贸易的国际条约。

第一节 《服务贸易总协定》的达成和基本框架

自1947年以来在《关税与贸易总协定》（GATT）框架下进行的多边贸易谈判，在乌拉圭回合之前都是围绕着货物贸易展开的，目的是通过多轮关税减让谈判，逐步消除妨碍世界贸易发展的关税壁垒与非关税壁垒，并取得了实质性的成果。随着谈判的逐步深入和全球经济一体化的深入，GATT面临着新的问题。长期游离于《关贸总协定》之外的农产品贸易和纺织品贸易亟须被纳入谈判范围，快速增长的服务贸易为多边贸易谈判提供了新的议题。此外，其他一些新的领域，比如与贸易有关的投资措施、与贸易有关的知识产权问题等，也在经济全球化的背景下凸显出来，成为需要在多边贸易框架下解决的新贸易议题。乌拉圭回合把农产品贸易、纺织品贸易、服务贸易、与贸易有关的知识产权和与贸易有关的投资措施等纳入谈判范围，并在不同程度上取得了可喜的成果。

作为乌拉圭回合的谈判成果，《世界贸易组织协议》内容广泛，其中的《服务贸易总协定》（GATS）更是因为是历史上第一个专门调整服务贸易的国际条约而备受瞩目。GATS由三大部分组成：框架协定、部门协议和各成员的市场准入承诺清单。虽然GATS只是一个关于服务贸易的框架性协定，仅仅是WTO成员在服务贸易领域多边谈判的一个初步成果，但《服务贸易总协定》具有开创性的意义。首先，它明确了各成员在服务贸易领域应当遵循的各项基本原则，包括作为一般性义务的最惠国待遇原则和透明度原则，作为特定义务的国民待遇原则和市场准入原则。考虑到发展中国家和地区服务产业以及相关法律发展的特殊情况，还确立了给予发展中国家和地区更多参与权的原则，并作为一般性义务的一部分。其次，考虑到服务部门的特殊性质，GATS并没有为成员在市场准入和国民待遇的给予方面设定统一的标准，而是允许各成员根据国内服务市场的发展程度作出切实可行的市场准入和国民待遇承诺，并严格执行。最后，GATS确立了逐步实现服务贸易自由化的总目标。这些原则、义务和目标为各个具体服务部门的进一步谈判奠定了法律基础，提供了一般性的准则和依据。

一、《服务贸易总协定》与服务贸易谈判

世界服务贸易的迅速发展使关于服务贸易自由化的多边协定的出现和逐步深化成

为必然。随着战后世界经济结构的调整、产业结构的升级和新技术革命的兴起，20 世纪 70 年代以来服务业迅速发展。在中等发达国家，服务业收入已占其国民总产值的 50%，即使在最贫穷的国家，这一比例也超过 30%①。随着全球经济一体化的不断深入，世界服务贸易飞速发展，除个别年份以外，服务贸易总额连续 20 年保持快速增长。到 2005 年，世界服务贸易出口总额已经超过了 24 000 亿美元，大约是当年世界货物贸易出口总额的 1/4②（见图 8.1）。2000—2005 年间，虽然世界经济面临很多不利的影响，世界服务贸易仍然保持了 10% 的平均年增长率，特别是除运输和旅游之外的其他商业服务，包括金融服务、电信服务、各项专业服务等在内，平均年增长率达到了近 12%（见表 8.1）。

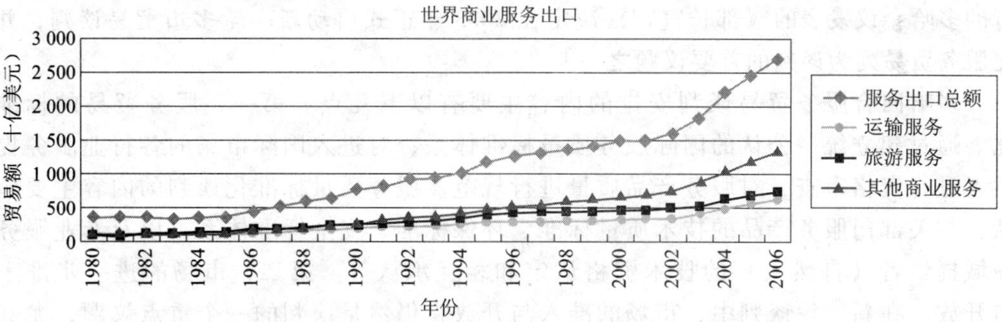

图 8.1　世界服务贸易的增长（1980—2006）（10 亿美元）

资料来源：根据世界贸易组织 World Trade Statistics Database 2007 数据整理。

表 8.1　　世界商业服务出口分类数据（2005）　　（10 亿美元，%）

	贸易额	比重		年增长			
	2005	2000	2005	2000－2005	2003	2004	2005
所有商业服务	2 415	100.0	100.0	10.1	14.2	19.6	10.5
运输	570	23.3	23.6	10.3	13.3	24.3	11.9
旅游	685	32.1	28.4	7.4	9.9	18.2	7.7
其他商业服务	1 160	44.6	48.1	11.8	17.5	18.2	11.4

资料来源：WTO. World Trade Statistics，2007。

① 见 OECD，GATS. The case for open service markets. OECD Publication Service，2002：18.

② 根据 WTO 的统计数据，2005 年世界货物贸易出口总额为 101 210 亿美元。

在欧美等国家的推动下，GATT成功地将服务贸易议题纳入1986年启动的乌拉圭回合谈判之中。作为谈判成果，谈判各方签署了《服务贸易总协定》。至此，1995年成立的世界贸易组织首次将服务贸易纳入到多边贸易规则框架之中。

作为推动服务市场开放的第一步，乌拉圭回合服务贸易谈判结束时，仅要求各成员在可选择性基础上视经济发展的情形与需要，以减让承诺表的形式提出对特定服务行业和服务提供方式的市场准入承诺。另外根据GATS规定，各成员应当在WTO协议生效之日起5年内开始，定期开展连续回合的谈判，以推进服务贸易渐进的和更高程度的自由化。

1995年至2000年间，GATS成员就金融、电信、自然人流动、海运服务等议题进行了技术性讨论与谈判，并在前3个议题上取得了实质性的成果。2001年11月举行的多哈会议发表的《部长宣言》决定在2003年正式启动新一轮多边贸易谈判，并把服务贸易列为谈判的首要议题之一①。

多哈回合服务贸易谈判安排的内容主要有以下几点。第一，服务贸易的标准化。通过建立统一公认的国际服务质量标准体系，对进入国际市场的各行业服务提供者进行资格审查，对服务产品质量进行规范。服务质量标准化谈判的内容主要包括：相关部门服务产品的技术质量标准、环保标准、安全标准体系，以及专业服务领域提供者（自然人）的技术资格认定和相互承认等。第二，市场的进一步准入与开放。在新一轮谈判中，市场的准入与开放，仍然是谈判的一个重点议题，尤其是在传统服务业部门市场准入与开放的地域范围、时间表、策略、限制性条件等方面。第三，尚未达成协议的敏感部门的自由化。乌拉圭回合谈判结束以后，根据部长会议通过的有关决定，先后于1996年12月和1997年2月分别达成了《金融服务协议》和《全球基础电信协议》，自然人流动领域也取得了一定的成果。但在海运服务问题上，因各方分歧巨大而未能取得预期的成果，服务贸易理事会不得不在1996年决定中止该议题的谈判；另外，在分销服务、建筑服务以及政府采购项下的服务等领域的谈判也有待深化。第四，新兴服务部门与项目。随着服务产业的不断发展，新的服务门类不断产生，如航空器的商业发射服务、新衍生金融服务等。虽然在《服务贸易总协定》关于服务贸易分类表中，许多部门下都有“其他”一项，用以涵盖可能产生的新兴服务部门与项目，但操作中要求对这些新兴产业开展技术性谈判。第五，发展中成员方的更多参与。GATS将给予发展中成员方适当优惠，促进其服务产业发展，以便于这些成员能够更多地参与世界服务贸易作为一项

---

① 多哈回合谈判议题包括：农业、非农产品市场进入、服务业、贸易便利化、环境、贸易规则（反倾销与反补贴）、知识产权、发展以及修改关于争端解决的谅解等。

重要的原则。西雅图会议上，发展中成员方提出它们还不能熟练地掌握和应用《服务贸易总协定》的诸多条款。服务贸易自由化的逐步进行仍然是一项重要的议题。

总之，新一轮 WTO 服务贸易谈判以已经签订的《服务贸易总协定》为基础和起点，深化和拓展新的谈判领域；在继续推动服务贸易自由化的同时，全面导入服务贸易标准化的谈判进程；新一轮谈判依然会将服务贸易与货物贸易进行捆绑式谈判，使世贸组织各成员方之间的利益在总体上获得适度的平衡。

二、GATS 的宗旨和基本框架

《服务贸易总协定》作为乌拉圭回合谈判取得的最重要的成果之一，为服务贸易自由化在全球范围内提供了一套市场准入和非歧视待遇的基本规则。其目标就是在无歧视原则下，通过各成员作出本国服务市场开放的承诺，锁定各成员现有的服务贸易限制措施和歧视政策，并通过持续不断的多边谈判，逐步实现服务贸易自由化。

（一）GATS 的宗旨和基本框架

《服务贸易总协定》在其序言中明确规定了服务贸易总协定的宗旨和制定协定的各项原则，指出《服务贸易总协定》的目标就是建立一个服务贸易原则和规则的多边框架，以期在透明和逐步自由化的条件下扩大世界服务贸易，并以此为手段促进所有贸易伙伴的经济增长和发展中成员方的发展。

GATS 认为，要想达到上述目标，必须在充分尊重成员方各自政策目标的基础上，通过多边服务贸易谈判，在互利的基础上逐步实现服务贸易自由化。特别考虑到发展中成员方服务业发展程度较低，并缺乏相应的法律法规等因素，考虑到最不发达成员方特殊的经济状况及其在发展、贸易和财政方面的需要而存在的严重困难，GATS 强调要给予这些成员相应的帮助，以增强这些成员方国内服务部门的能力、效率和竞争力，使其能够更充分和更全面地参与全球服务贸易。

《服务贸易总协定》由三个部分组成。第一部分是全体成员方在服务贸易领域应该共同遵守的框架协定，包括成员方一般性纪律和义务的最惠国待遇和透明度原则，包括作为成员方特定义务的市场准入和国民待遇原则，包括要求给予发展中成员方更多参与权的原则等，还包括紧急保障措施、政府采购和国内规章等例外的规定。第二部分是关于具体服务业部门的附录，包括航空运输、金融、海上运输和电信服务附录，以及关于自然人流动和最惠国待遇豁免等附录。第三部分是各个成员方承担服务贸易自由化义务的具体承诺表。每一个成员方应根据市场准入和国民待遇原则要求对于其承担的服务贸易自由化的义务以及条件在承诺表中详细列明，承诺表应当包括具体承诺开放的服务部门，市场准入限制和条件，各项承诺实施的时间表等。

（二）GATS 的适用范围

根据 GATS 第 1 条（范围和定义）的规定，GATS“适用于各成员影响服务贸易的措施”。因此原则上讲，GATS 适用于所有的服务部门，但是有以下两个例外。

第一，第 1 条第 3 款规定，GATS 不适用于“行使政府职权时提供的服务”。“行使政府职权时提供的服务”指既不依据商业基础提供，也不与一个或多个服务提供者竞争的任何服务，比如社会治安或其他诸如健康、教育等公共服务。

第二，《关于空运服务的附件》中明确排除了 GATS 以及其争端解决程序在“空运交通权”（Air Traffic Right）或与该交通权的直接行使有关的服务的措施方面的适用。

在这里，“成员的措施”包括由成员中央、地区或地方政府和主管机关所采取的措施，也包括由这些政府或机关授权行使权力的非政府机构如商会、协会等组织和机构所采取的措施。可见，GATS 所定义的“影响服务贸易的措施”是一个宽泛的概念，因为 GATS 对各成员地方政府或非政府机构没有直接的约束力，因此进一步规定“在履行本协定项下的义务和承诺时，每一成员应采取其所能采取的合理措施，以保证其领土内的地区、地方政府和主管机关以及非政府机构遵守这些义务和承诺”。

（三）GATS 对服务贸易的定义

对于“服务贸易”，GATS 在第 1 条第 2 款中作了定义，服务贸易的 4 种方式为跨境提供、境外消费、商业存在和自然人流动。

1. 跨境提供（Cross-border Supply）

跨境提供是指“自一成员领土向任何其他成员领土提供服务”。这种贸易形式一般不需要人员、设备和资金的跨境流动即可实现。例如，国际卫星通信服务、国际金融服务、互联网信息服务等。

2. 境外消费（Consumption Abroad）

境外消费是指在某一成员境内向任何其他成员的消费者提供服务。例如，国际旅游服务、跨国教育、医疗服务等。它需要一国的服务消费者到服务提供者所在地进行消费，比如外国游客只有到中国才能接受中国旅行社提供的导游服务，而到美国留学的中国学生需要到美国大学才能接受相应的教育。

3. 商业存在（Commercial Presence）

商业存在这种服务贸易提供方式是指一成员的服务提供者在任何其他成员境内以商业存在的形式提供服务。商业存在是指以提供服务为目的，在某一成员方领土内的任何形式的商业或者职业存在。这种存在既可以是通过购并建立，也可以通过创办独资子公司、合资企业、合作企业、代表处或其他形式的分支机构实现。比如一成员方企业或个人在其他成员方境内设立宾馆、批发零售企业，或者开办律师事务所、会计师事务所、企业管理咨询机构等。

4. 自然人流动（Movement of Natual Persons）

自然人流动是指一成员方的服务提供者在任何其他成员境内以自然人的形式提供服务。也可以理解为外国的个人入境为本国服务消费者提供服务。比如外国客座教授来本国讲学，歌唱家以个人身份到另一成员方境内举办演唱会等。

第二节《服务贸易总协定》的基本规则

最惠国待遇原则、透明度原则是 GATS 规定的一般性义务，是《关税与贸易总协定》所确定的非歧视原则的核心内容。最惠国待遇原则要求一成员给予来自任何其他成员的类似服务和服务提供者以同等的待遇。透明度原则要求成员方所制定和实施的与服务贸易有关的措施（法律、法规、政策和做法）以及有关的变化情况在实施之前向所有其他成员方进行公布，同时将这些信息通知世界贸易组织。透明度原则是 GATS 其他各项原则得以实现的重要制度保证。此外，GATS 充分考虑到各成员之间经济发展水平的不平衡给服务贸易自由化进程带来的阻力，赋予发展中成员方在一定范围之内和在一定条件之下对本国服务业提供一定程度保护的权力，同时要求 GATS 成员应作出具体的承诺，以便于发展中成员方更多地参与世界服务贸易。

一、最惠国待遇原则

非歧视原则、透明度原则、自由贸易原则和公平竞争原则是 GATT/WTO 的基本原则。其中非歧视原则主要通过最惠国待遇原则和国民待遇原则加以体现。它保证了外国产品（服务）和产品（服务）提供者之间以及外国同本国产品（服务）和产品（服务）提供者之间具有同等的市场地位，是多边贸易体制的基石。在 GATS 中，最惠国待遇原则是适用于所有成员的一般性义务，是保证服务贸易自由化目标得以实现的基本保证。

（一）GATS 关于最惠国待遇的规定

GATS 第 2 条第 1 款规定“关于本协定涵盖的任何措施，每一成员对于任何其他成员的服务和服务提供者，应立即和无条件地给予不低于其给予任何其他成员同类服务和服务提供者的待遇。”具体而言，如果一个成员方在服务贸易方面给予另外一个成员方某种优惠待遇，这种优惠应当立即、无条件地同时适用于其他所有的成员方。这就意味着，各个成员方在服务贸易方面不得对来自其他任何成员方的服务或者服务提供者实施差别待遇（或称“歧视性待遇”）。

与 GATT 的最惠国待遇的“刚性”原则不同，服务贸易总协定的最惠国待遇原则给予成员方一定的弹性空间，允许各成员在作出市场准入具体承诺时提出最惠国待遇例外。但希望实施这些例外措施的成员，必须将例外措施作成一份“豁免清单”。对于豁免清单中的项目，其他任何成员均无权依照最惠国待遇原则要求享受该成员给予某特定成员的优惠。

（二）最惠国待遇原则的遵守

根据 GATS 第 2 条第 1 款的规定我们可以推知，判断一项贸易措施的实施是否遵守了最惠国待遇原则需要考虑以下三点：第一，该措施是否受 GATS 约束；第二，涉及的外国服务和服务提供者是否是“类似的”；第三，外国“类似”服务和服务提供者之间所享受的待遇是否存在差别。

一旦确定一项影响服务贸易的措施应受 GATS 的管辖，我们就需要考虑该措施所影响的外国服务和服务提供者是否是“类似的”。只有存在“类似的服务”和“类似的服务提供者”并且这些服务和服务提供者之间享受的待遇是有差别的，该措施才被视为违反了最惠国待遇的原则。GATS 本身并没有对服务和服务提供者的“类似性”作出定义，在以前的服务贸易争端案例的裁决中也没有对此进行具体的界定。一般认为，是否是“类似的服务”和“类似的服务提供者”应当从下面几点出发进行判断：（1）服务或服务提供者的特征；（2）这些服务在联合国中心产品分类（United Nations Central Product Classification）中的分类和描述；（3）与这些服务或服务提供者相关的消费者习惯或者偏好。

我们还应注意到，“类似服务”的提供者并不一定就是“类似的服务提供者”。企业的法律形式、规模、所有权属性、技术和专业等因素都应当给予充分的考虑。显然，相对于 GATT1994 所适用的“类似的产品”和“类似的产品提供者”的概念而言，GATS 当中“类似的服务”和“类似的服务提供者”的概念更难以界定。

第三个要素是外国类似服务和服务提供者所享受的待遇之间是否有差别。GATS 第 2 条没有对“无差别待遇”或者“有差别待遇”作出明确的解释。但是我们可以参考 GATS 第 17 条关于国民待遇的规定①：“……如形式上相同或不同的待遇改变竞争条件，与任何其他成员的同类服务或服务提供者相比，有利于该成员的服务或服务提供者，则此类待遇应被视为较为不利的待遇。”

这样一来，我们可以对最惠国待遇中的“无差别待遇”作如下理解：一成员方可以给予来自其他成员方的“类似”服务和服务提供者形式上相同或者不同的待遇，以使它们享受的待遇实质上相同，如果这些形式上相同或者不同的待遇对一部分其他成员方的服务或服务提供者造成了不利的竞争条件（相对于另外一部分其他成员方服务和服务提供者），则视为不符合最惠国待遇的原则。

（三）最惠国待遇的例外

1. 关于第 2 条豁免的附件

如前所述，与 GATT 1994 不同，GATS 允许成员提出最惠国待遇义务的例外。GATS 第 2 条第 2 款规定：“一成员可维持与第 1 款（注：最惠国待遇原则）不一致的措施，只要该措施已列入《关于第 2 条豁免的附件》，并符合该附件中的条件。”根据该项规定，各成员可以在《关于第 2 条豁免的附件》中列出最惠国待遇的豁免。目前成员提出的对该项的豁免主要涉及海运服务、视听通信服务、金融服务和专业服务领域。

成员提出的豁免请求应当包括以下内容（见表 8.2）：（1）对豁免所涉及产业的描述；（2）对限制措施的描述，说明该措施与 GATS 第 2 条第 1 款的规定不一致之处；（3）该措施对哪些成员实施；（4）计划实施该措施的期限；（5）提出该项豁免的充分理由。

原则上，此类豁免的期限不应当超过 10 年。此外，服务贸易理事会应对所给予的超过 5 年期的豁免进行审议。服务贸易理事会在审议中应审查产生该豁免的条件是否仍然存在，并确定任何进一步审议的日期。第一次审议应在《WTO 协议》生效后不超过 5 年进行。

---

① 请参考本章第三节国民待遇部分。

表 8.2　　中国第 2 条豁免清单中关于海运部分的实例

部门或者分部门	与第 2 条不一致措施的描述	措施适用的国家	计划期限	产生豁免必要性的情形
海运 国际运输 货物和旅客	通过双边协定，有关方可以根据中国关于合资企业和外商独资企业的法律，在中国设立合资企业或外资独资子公司形式的实体，为其承运人所拥有或经营的船舶从事日常业务	未明确	不可预见	根据签署方之间目前的贸易状况
	货载分配协议	阿尔及利亚、阿根廷、孟加拉国、巴西、泰国、美国、扎伊尔	根据有关协定的有效期限	根据签署方之间目前的贸易状况

注：实际上，由于关于海运服务贸易具体承诺的谈判尚无结果，GATS 第 2 条关于最惠国待遇豁免的规定目前暂不适用于该部门，中国实际上并未援用该项豁免。

资料来源：The People's Republic of China, Final List of Article Ⅱ (MFN) Expeptions, GATS/EL/135, 14 February 2002。转引自：房东．《服务贸易总协定》法律约束力研究．北京：北京大学出版社，2006：126.

2. 边境贸易例外

与 GATT1994 类似，GATS 还针对最惠国待遇原则规定了边境贸易例外。根据第 2 条第 3 款，“本协定的规定不得解释为阻止任何成员对相邻成员方授予或给予优惠，以便利仅限于毗连边境地区的当地生产和消费的服务的交换”。

该项例外允许 GATS 成员为边境贸易提供较为宽松的环境，对相邻成员方给予更为优惠的措施，比如减免所得税等。对于这些优惠，非毗连的其他成员无权依照最惠国待遇的原则提出享受同等优惠的请求。

边境服务贸易优惠措施的提供也要受到一定的限制，即给予优惠的边境地区不得超过边境半径 15 公里的区域。对于人烟稀少的荒漠边境地带，此范围可以扩大到 60 公里以内。

3. 区域经济一体化例外

GATS 并没有对最惠国待遇原则的区域经济一体化例外进行明确规定，但是根据

GATS 第 5 条（经济一体化）规定，“本协定不得阻止任何成员参加或达成在参加方之间实现服务贸易自由化的协定，只要此类协定：（a）涵盖众多服务部门，并且（b）规定在该协定生效时或在一合理时限的基础上，对于（a）项所涵盖的部门，在参加方之间……不实行或取消第 17 条（注：国民待遇）意义上的实质上所有歧视”。根据此项规定，符合条件的经济一体化协定参加方可给予其他参加方更为优惠的待遇，而协定以外的其他 GATS 成员则不能享受这些成果。

GATS 对此类经济一体化协定也作了一定的限制，此类协定“……应旨在便利协定参加方之间的贸易，并且与订立该协定之前的适用水平相比，对于该协定外的任何成员，不得提高相应服务部门或分部门内的服务贸易壁垒的总体水平”。

二、透明度原则

透明度原则要求成员方所制定和实施的与服务贸易有关的措施（法律、法规、政策和做法）以及有关的变化情况，在实施之前要向所有其他成员方进行公布，同时将这些信息通知世界贸易组织。成员方所参加的影响国际贸易政策的有关国际协定也应公布和通知。

透明度原则是 WTO 的重要原则，在 WTO 的主要协定和协议中都有所体现。该原则要求所有世贸组织成员方必须承担公布其所有与贸易有关的法律、法规、政策、司法判决和行政裁定的义务，以便于 WTO 的其他成员方及其贸易商知晓。其目的在于防止成员方之间进行不公平的贸易，造成歧视。因此，该原则是 WTO 非歧视原则的重要保证。

（一）GATS 第 3 条关于透明度原则的规定

根据 GATS 第 3 条的规定，实施透明度原则的具体措施主要有以下几个方面。(1) 所有成员方均应将可能影响 GATS 实施的所有措施立即向所有成员方公布，最迟应在这些措施生效之前公布，若其他成员对这些措施或者国际协定具体内容提出请求，应当迅速给予答复。(2) 对于新颁布的法律、法规和行政措施，或者对现行法律、法规和行政措施的修改，如果对该成员业已作出的“承诺”构成严重影响，应立即向服务贸易理事会报告，或者至少每年向服务贸易理事会报告一次。(3) 各成员必须建立至少一个咨询点，以便于其他成员对该成员在服务贸易方面所实施的国内措施或其他相关资料进行查询。(4) 如果其他成员认为某一成员所实施的措施影响了 GATS 的实施，可以就此直接通知服务贸易理事会。

(二) 其他涉及透明度原则的条款①

透明度原则贯穿GATS的始终，除了第3条的规定以外，还有很多其他条款都涉及这项原则。具体如下。

第一，序言规定，GATS的目标是“希望建立一个服务贸易原则和规则的多边框架，以期在透明和逐步自由化的条件下扩大此类贸易，并以此为手段促进所有贸易伙伴的经济增长和发展中成员方的发展”。

第二，第4条第2款规定，发达成员方和在可能程度上的其他成员方，应在《世界贸易组织协议》生效后的2年内建立“联系点”（Contact Point），以便发展中成员方的服务提供者获取与其市场有关的资料。

第三，第5条第7款规定，参加经济一体化协定的成员方，应立即将这类协定以及对这类协定的任何扩大或者重大修改通知服务贸易理事会，并向服务贸易理事会提供相应的资料。

第四，第6条第3款规定，成员方应根据作为申请人的服务提供者的请求，向申请人提供有关申请的审批情况。

第五，第7条第4款规定，成员方应将其与有关资格、经历等方面承认的措施，以及与这些措施有关的协议、协议谈判情况或对这些措施的重大修改，及时通知服务贸易理事会。

第六，第8条第3款和第4款规定，当一成员方有理由相信其他成员方的垄断服务提供者滥用其垄断地位，违反该其他成员方在第2条下的义务和具体承诺时，可向服务贸易理事会提出请求，服务贸易理事会可以要求建立、维持或批准上述垄断服务提供者的成员方提交有关经营的具体资料。同时，在《世界贸易组织协议》生效后，如果一成员方在其已作出具体承诺的服务提供方面授予垄断权，应在实施垄断前至少3个月通知服务贸易理事会。

第七，第9条第2款规定，在不违反国内法及有关保密责任的情况下，一成员应根据其他成员方的请求，提供与限制性贸易惯例有关的、公开的、非机密性的资料或其他资料。

第八，第12条第4款规定，成员方应将其因出现严重的收支平衡和对外财政困难或受到这方面的威胁而对已作出承诺的服务贸易采取或维持的限制，或对这些限制作出的任何变更，迅速通知总理事会。

第九，第14条附则第2款规定，对于一成员方为保护其基本安全利益或履行

① 引自杨斐．WTO服务贸易法．北京：中国对外经济贸易出版社，2003：123.

《联合国宪章》下的维持国际和平与安全义务而采取或终止的措施，该成员应尽可能充分地通知服务贸易理事会。

第十，第 15 条第 1 款规定，为进行有关补贴的谈判，成员方应交换有关其提供给本国服务提供者的所有与服务贸易有关的补贴资料。

第十一，第三部分和第四部分规定，成员方应将其同意适用市场准入和国民待遇的部门及有关适用条件或限制明确列在其具体承诺表中，并将其修改或撤销某一承诺的意向提前通知服务贸易理事会。

（三）透明度原则的例外

考虑到各成员方可能遇到的特殊情况，GATS 在透明度原则方面也规定了很多例外的情形，主要包括以下方面。

第一，机密信息的披露（GATS 第 3 条附则）。如果一成员的某些资料一旦披露，将阻碍一国的法律实施，或者有损于公共利益，或者损害特定企业的合法商业利益，那么成员可以拒绝披露相关信息。

第二，紧急情况（GATS 第 3 条第 1 款）。若紧急情况发生，成员方可以免除“迅速公布有关或影响本协定运用的所有普遍适用的措施”的义务。GATS 并没有对“紧急情况”的定义和范围进行进一步的规定，为避免该例外被滥用，遭遇“紧急情况”的成员方应当及时向其他成员方公布所发生的“紧急情况”，以便于其他成员方对该“紧急情况”是否足以影响其履行披露义务进行评判。

第三，安全例外（GATS 第 14 条附则第 1 款）。GATS 认为，协定的任何规定不得解释为“要求任何成员提供其认为如披露则会违背其根本安全利益的任何信息；或阻止任何成员采取其认为对保护其根本安全利益所必需的任何行动”。也就是说，如果一项信息的披露将使某一成员方的国家安全利益受到损害，则该成员方可以免除披露义务。

三、发展中成员更多参与的原则

考虑到各成员之间经济发展水平的不平衡，GATS 赋予发展中成员在一定范围之内和在一定条件之下对本国服务业提供一定程度保护的权力，以利于发展中成员方的经济发展。GATS 第 4 条规定了发展中成员方更多参与的内容，按照该条的规定，GATS 成员应作出具体的承诺，以便于发展中成员更多地参与世界服务贸易。

第一，增强发展中成员的国内服务能力、效率和竞争力，促进他们在商业基础上对技术的获得；改善发展中成员进入分销渠道和利用信息网络的机会；在对其有出口利益的部门和服务提供方式上实现市场准入自由化。

第二，发达成员应在《WTO 协议》生效之日起 2 年内设立联系点，以便于发展中成员的服务提供者获得与其各自市场有关的信息，包括（a）服务提供的商业和技术方面的内容；（b）专业资格的登记、认可和获得；以及（c）服务技术的可获性信息。

第三，对最不发达的成员方应给予特殊的优惠待遇，充分考虑到这些成员特殊经济状况及其发展、贸易和财政需要，在服务市场开放的具体承诺方面给予特殊待遇，以促进其服务产业竞争力的增强。

（一）发展中成员的定义与范围

发展中成员是一个宽泛的概念，GATT 并没有对此作具体的定义，也没有制定判断一缔约方是否属于发展中成员的标准。在世贸组织（WTO）的很多协议中都有“发展中成员”的提法，并且有的条款是专门为“发展中成员”制定的。从世贸组织的协定、协议来看，世贸组织成员基本上可分为三大类：最不发达成员方、发展中成员方和发达成员方。

第一，对于最不发达成员方，WTO 采用了联合国的定义和标准，目前联合国确认的最不发达国家和地区有 50 个。截至 2007 年 8 月，其中的 32 个国家是 WTO 的成员，具体见表 8.3。

表 8.3　　WTO 确定的最不发达成员方

中文国名	英文国名	中文国名	英文国名	中文国名	英文国名
安哥拉	Angola	几内亚	Guinea	尼泊尔	Nepal
孟加拉国	Bangladesh	几内亚比绍	Guinea Bissau	尼日尔	Niger
贝宁	Benin	海地	Haiti	卢旺达	Rwanda
布基纳法索	Burkina Faso	莱索托	Lesotho	塞内加尔	Senegal
布隆迪	Burundi	马达加斯加	Madagascar	塞拉利昂	Sierra Leone
柬埔寨	Cambodia	马拉维	Malawi	所罗门群岛	Solomon Islands
中非共和国	Central African (R.)	马尔代夫	Maldives	坦桑尼亚	Tanzania
乍得	Chad	马里	Mali	多哥	Togo
刚果民主共和国	Congo (D. R. of)	毛里塔尼亚	Mauritania	乌干达	Uganda
吉布提	Djibouti	莫桑比克	Mozambique	赞比亚	Zambia
冈比亚	Gambia	缅甸	Myanmar		

注：截至 2007 年 8 月。可以通过 WTO 官方网站查看最新的变化：

http：//www.wto.org/english/thewto_e/whatis_e/tif_e/org7_e.htm。

目前（2007 年 8 月），10 个最不发达国家正在申请加入世贸组织。它们是：阿富汗、不丹、佛得角、埃塞俄比亚、老挝、圣多美和普林西比、萨摩亚、苏丹、瓦努阿图和也门。此外，赤道几内亚是世界贸易组织的观察员。

第二，对于“发展中成员方”和“发达成员方”，WTO 并没有给出明确的界定。WTO 成员的“发展中成员”资格通过自我选择（Self - selection）机制确定。但各成员“自我选择”的结果并不会得到 WTO 所有机构的自动承认。

（二）GATS 对发展中成员方优惠待遇的具体规定

WTO 对发展中成员方的优惠安排，主要体现在以下几个方面：（1）发展中成员方承担与其政治经济发展水平相适应的较低水平的义务；（2）实行较长时间的过渡期安排，以减轻过快的开放市场对其经济的冲击；（3）要求发达成员对发展中成员实行较优惠的待遇；（4）对发展中成员提供技术援助；（5）对最不发达的成员实行更为优惠的待遇。

WTO 的这些原则同样体现于 GATS 当中，GATS 规定，允许发展中成员根据国内服务业发展水平、竞争力等因素自主决定服务贸易开放的方式和范围，并允许对服务业实施一定程度的补贴和保护。除了 GATS 第 4 条的规定以外，还具体体现在下面几个方面。

第一，《服务贸易总协定》序言认为，GATS 各成员可以为实现国家政策目标而对其领土内的服务提供进行管理和采用新的法规，发展中成员由于服务法规发展程度方面比较落后，特别需要行使此项权力。希望借此增强其国内服务能力、效率和竞争力，促进发展中国家更多地参与服务贸易和扩大服务出口。同时考虑到经济最不发达成员的特殊经济状况，以及在发展、贸易和财政方面的需要，它们更需要行使此项权力。

第二，GATS 第 3 条第 4 款规定，在建立咨询站的时间限制方面，可以分别给予各个发展中成员适当的灵活性。

第三，GATS 第 5 条第 3 款规定，任何 GATS 成员均可参加服务贸易自由化的经济一体化组织协定，这类协定应在参加方之间通过取消现有歧视性措施或禁止新的或更多的歧视性措施的方式，不实行或取消歧视。但如果发展中成员是该类协定的参加方，应该根据有关成员在这些服务部门和分部门的发展水平，予以灵活对待。如果参加协议的成员均为发展中成员，则可给予参加方的自然人所拥有或控制的法人更优惠的待遇。

第四，GATS 第 15 条第 1 款规定，各成员应通过谈判取消补贴，消除其对服务贸易的扭曲作用。但在有关补贴的谈判中，应认识到补贴在发展中成员发展计划中的作用，并考虑到各成员、特别是发展中成员在该领域需要灵活性。

第五，GATS 第 19 条第 2 款和第 3 款规定，为实现服务贸易自由化的目标，各成员应进行连续回合的谈判。但自由化进程的进行应适当尊重各成员的国家政策目标及其总体和各部门的发展水平。对于个别发展中成员可以首先开放较少的部门，放开较少类型的交易，以符合其发展状况的方式逐步扩大市场准入。服务贸易谈判准则应为给予最不发达成员的特殊待遇制定模式。

第六，GATS 第 25 条规定，给予发展中成员的技术援助应在多边一级由秘书处提供，并由服务贸易理事会决定。

第三节 《服务贸易总协定》的特定义务

市场准入和国民待遇原则都属于《服务贸易总协定》的特定义务。市场准入原则并非成员的普遍义务，而是经过各方谈判，各成员根据自身的服务业发展水平和相关法律的完善程度等情况作出市场开放的具体承诺，确定服务贸易开放的部门范围、服务提供方式、期限、限制和条件，并将其列入承诺表。国民待遇的提供以减让承诺表为基础，在减让表中承诺开放的服务部门，一成员应当给予来自任何其他成员的服务和服务提供者国民待遇。

一、市场准入

市场准入是指一成员允许来自其他成员方的服务和服务提供者进入本国市场的程度。市场准入是服务贸易自由化的基本要素，也是乌拉圭回合多边贸易谈判的 15 项议题之一，几乎涉及所有货物和服务贸易的谈判。按照 GATS 的规定，每个成员都应在谈判的基础上作出市场准入的承诺并严格遵守。

（一）市场准入壁垒

GATS 没有对市场准入壁垒作具体的定义，但在第 16 条第 2 款（a）项至（f）项中对不符合市场准入原则的服务贸易措施作了详细的列举，包括：（1）以数量配额、垄断、专营服务提供者的形式，或者以经济需求测试要求的形式，限制服务提供者的数量；（2）以数量配额或经济需求测试要求的形式限制服务交易或资产总值；（3）以配额或经济需求测试要求的形式，限制服务业务总数或以指定数量单位表示的服务产出总量；（4）以数量配额或经济需求测试要求的形式，限制特定服务部门或服务提供者可雇用的、提供具体服务所必需且直接有关的自然人总数；（5）限制或要求服务提供者通过特定类型法律实体或合营企业提供服务的措施；（6）以限制外国股权最高百分比或限制单个或总体外国投资总额的方式限制外国资本的参与。

这些限制措施总括起来有3点：数量限制；对服务提供者的法律实体形式的限制；对外资股权参与比例的限制。我们注意到，这些限制措施可能是歧视性的，比如规定外国电影不能在周末播放；也可能是非歧视性的，比如要求所有的营利性电影放映者，无论本国的还是外国的，必须采取有限责任公司的形式。GATS第16条既适用于歧视性措施，也适用于非歧视性措施。

（二）市场准入义务的要求

GATS第16条第1款规定，对于通过第1条确认的服务提供方式（跨境交付、境外消费、商业存在和自然人流动）实现的市场准入，每一成员对任何其他成员的服务和服务提供者给予的待遇，不得低于其在具体承诺减让表中同意和列明的条款、限制和条件。也就是说，市场准入是通过各成员遵守其在承诺表中对市场准入的期限和条件作出的承诺来实现的。市场准入并非成员方的普遍义务，而是通过服务贸易谈判，特定成员对特定的服务项目作出市场准入的承诺，确定服务贸易开放的部门范围、服务提供方式、期限、限制和条件，并将其列入承诺表。成员方一旦在承诺表中对市场准入作出承诺，就应当严格遵守，不能对来自任何其他成员方的服务和服务提供者实施比承诺表所承诺的条件更为严格的限制措施。市场准入承诺的实施必须遵守最惠国待遇原则。

市场准入的目的在于通过降低或消除服务贸易壁垒，减少或降低服务行业的垄断经营，扩大来自其他成员方的服务和服务提供者更广泛的市场参与权，逐步实现服务贸易自由化。GATS同时也注意到，服务贸易自由化进程需与各个成员方服务产业和相关法律发展水平相适应，需要承认不同成员在服务产业方面存在巨大发展水平差异的现实情况，渐进地推进服务贸易自由化的进程。因此，GATS并不要求所有成员方立即、完全取消对服务贸易的限制措施，而是要求通过谈判，各个成员根据本国服务业发展水平作出切合实际的市场准入承诺。在各成员现有承诺水平的基础上，通过持续的逐步升级的服务贸易自由化谈判，逐步扩大承诺范围，减少限制措施，以最终实现服务贸易自由化。

（三）市场准入原则的实施

第一，市场准入清单。根据GATS第20条规定，通过服务贸易谈判，每一成员应在减让表中列出市场准入的具体承诺；并且对于作出准入承诺的部门，应当在减让表中列明以下内容：（a）市场准入的条款、限制和条件；（b）国民待遇的条件和资格；（c）与附加承诺有关的承诺；（d）在适当时，实施此类承诺的时限；（e）此类承诺生效的日期。

第二，减让表的修改。GATS 第 21 条第 1 款规定，一成员（修改成员）可以在减让表中任何承诺生效之日起 3 年期满后的任何时间修改或撤销该项承诺，但必须在不迟于实施修改或撤销的预定日期前 3 个月将其修改或撤销该承诺的意向通知服务贸易理事会。由于减让表是各成员谈判的结果，GATS 规定修改成员在修改或撤销前应尽通知的义务，并在受到请求的情况下与可能受影响的成员进行谈判。

由于修改或者撤销承诺可能会影响到其他成员的利益。因此 GATS 第 21 条第 2 款规定，在受影响成员（在该协定项下的利益可能受到根据第 1 款拟议修改或撤销影响的任何成员）的请求下，修改成员应和受影响成员进行谈判，以便于就任何必要的补偿性调整达成协议，并且应努力维持互利承诺的总体水平，使其不低于在此类谈判之前具体承诺减让表中规定的对贸易有利的水平，补偿性调整应在最惠国待遇基础上作出。无法通过谈判达成一致的，应通过仲裁解决争端。

（四）经济需求测定

GATS 并没有对经济需求测定作明确定义，但一般认为“经济需求测定”是指一成员方国内法规、规章或措施所规定的，基于对国内市场“需求”的估计而对服务提供者的进入所采取的具有限制效果的测定标准①。作为市场准入限制措施的依据，“经济需求测定”既可以针对外国服务提供者，也可以针对本国服务提供者。

由于该措施的不确定性和缺乏透明度，对于根据经济需求测定制定的市场准入限制措施是否具有歧视性也就缺乏统一的判断标准。比如一成员以某地区现有的医疗机构已经能够满足当地居民的医疗需求为由限制设立新的医疗机构，尽管该措施对本国和外国服务提供者都是适用的，不具有歧视性，但其实施结果显然有利于本国现有的服务提供者。

为防止此类“经济需求测定”成为服务贸易壁垒措施，GATS 第 6 条（国内法规）第 1 款规定各成员“在已作出具体承诺的部门中，……应保证所有影响服务贸易的普遍适用的措施以合理、客观和公正的方式实施”，保证措施的制定和实施具有透明度，以确保外国服务提供者有权及时获取国内法规和行政措施方面的信息，并赋

---

① OECD. Trade in service: negotiating issues and approaches. OECD Publications Service, 2001. 转引自李国安. WTO 服务贸易多边规则. 北京：北京大学出版社，2006：26.

予国外服务提供者司法和行政审查救济的权利。

（五）服务提供者资格的要求与承认

基于管理、规范和保护消费者权益等目的，一国需要对服务提供者设置资格要求，比如要求律师从业人员持有律师资格证，会计从业人员持有会计资格证，或者要求医疗机构具备相应的专业资格并获得行政部门的审查和批准等。为防止此类资格要求与审批程序成为服务贸易的阻碍措施，GATS 第 6 条第 4 款规定："为保证有关资格的要求和程序、技术标准和许可要求的各项措施不致构成不必要的服务贸易壁垒，服务贸易理事会应通过其可能设立的适当机构，制定任何必要的纪律……"在多边纪律生效之前，"在一成员已作出具体承诺的部门中，该成员不得……实施使此类具体承诺失效或减损的许可要求、资格要求和技术标准"（第 6 条第 5 款）。此项规定要求有关的许可要求、资格要求和技术标准应当：（1）依据客观的和透明的标准作出；（2）不得比为保证服务质量所必需的限度更难以负担；（3）如为许可程序，则这些程序本身不成为服务提供的限制。

由于各成员对上述资格要求、许可要求和技术标准的认定大都由本国特定政府部门或者非政府机构作出，如果一成员的服务提供者在其本国获得的资格许可无法得到其他成员的承认，则该服务提供者将无法在其他成员方境内提供服务，或者为获得其他成员的类似或相同资格许可而付出额外的成本，因此 GATS 鼓励成员之间相互承认此类资格许可。GATS 第 7 条第 1 款规定"为使服务提供者获得授权、许可或证明的标准或准则得以全部或部分实施，在遵守第 3 款要求（注：非歧视性要求）的前提下，一成员可承认在特定成员方已获得的教育或经历、已满足的要求、或已给予的许可或证明。此类可通过协调或其他方式实现的承认，可依据与有关成员方的协定或安排，也可自动给予。"

此类资格的承认应当在非歧视的基础上给予。GATS 第 7 条第 3 款规定："一成员给予承认的方式不得构成在适用服务提供者获得授权、许可或证明的标准或准则时在各成员之间进行歧视的手段，或构成对服务贸易的变相限制。"关于承认的多边纪律生效之后，资格的相互承认则应当以多边议定的准则为依据。此外，GATS 鼓励各成员与有关政府间组织或非政府组织合作，以制定和采用关于承认的共同国际标准和准则，以及有关服务行业和职业实务的共同国际标准。

二、国民待遇

国民待遇原则要求一成员方给予外国服务和服务提供者的待遇不得低于给予本国

相同的服务和服务提供者的待遇。根据GATS第17条第1款规定，对于列入减让表的部门，在遵守其中所列任何条件和资格的前提下，每一成员在影响服务提供的所有措施方面给予任何其他成员的服务和服务提供者的待遇，不得低于其给予本国同类服务和服务提供者的待遇。

（一）国民待遇与市场准入

国民待遇的实施是以市场准入为前提的。市场准入原则要求一成员允许来自其他成员的服务和服务提供者参与本国市场，国民待遇就是要确保外国服务和服务提供者进入一成员市场后的地位与该国市场主体的地位相同以利于竞争。因此，市场准入是为来自其他成员的服务或服务提供者提供国民待遇的前提条件。也就是说，只有允许外国服务或服务提供者进入本国服务领域，才涉及是否给予其国民待遇的问题。

（二）国民待遇原则的遵守

国民待遇的提供以承诺减让表的约定为基础。通过服务贸易谈判，各成员对特定的服务项目作出市场准入的承诺，确定服务贸易开放的部门范围、服务提供方式、期限、限制和条件，并将其列入承诺表。在减让表中确定开放的服务部门，一成员应当给予来自任何其他成员的服务和服务提供者国民待遇。一项贸易措施是否符合国民待遇原则的要求，要从下面几个方面考虑：第一，该措施是否应受GATS管辖并为该成员方的国民待遇义务所涵盖；第二，外国服务和服务提供者与本国服务和服务提供者是否是“类似的”；第三，外国服务和服务提供者所享受的待遇是否低于本国同类服务和服务提供者。

根据GATS第1条规定：“本协定适用于各成员影响服务贸易的措施。”也就是说只要是成员实施的影响服务贸易的措施都应受GATS管辖，但是如果该项措施所影响的服务是一成员“行使政府职权时提供的服务”，或者属于“空运交通权”或与该交通权的直接行使有关的服务，则不受GATS约束。

国民待遇的提供以减让承诺表的约定为基础，只有影响列入成员减让承诺表中的服务项目的措施才涉及是否符合国民待遇原则的问题。GATS第17条（国民待遇）第1款规定：“对于列入减让表的部门，……每一成员在影响服务提供的所有措施方面给予任何其他成员的服务和服务提供者的待遇，不得低于其给予本国同类服务和服务提供者的待遇。”

确定了某项服务贸易措施应受GATS管辖并为该成员方的国民待遇义务所涵盖后，我们接下来应当考虑该措施所影响的外国服务和服务提供者与本国服务和服务提供者是否具有“类似性”。与前面最惠国待遇中对外国服务和服务提供者是否具有“类似性”相同，这里的“类似性”也要从3个方面进行判断：（1）服务或服务提供者的特征；（2）这些服务在联合国中心产品分类中的分类和描述；（3）与这些服务或服务提供者相关的消费者习惯或者偏好。

我们还应注意到，“类似服务”的提供者并不一定就是“类似的服务提供者”。企业的法律形式、规模、所有权属性、技术和专业等因素都应当给予充分的考虑。

第三个要素是外国服务和服务提供者与本国同类服务和服务提供者所享受的待遇之间是否有差别。GATS第17条第2款规定“一成员可通过对任何其他成员的服务或服务提供者给予与其本国同类服务或服务提供者的待遇形式上相同或不同的待遇，满足第1款（国民待遇）的要求。”也就是说，国民待遇原则所要求的“同等待遇”（或“无差别待遇”）可以在形式上有所差别。接下来第17条第3款又规定“如形式上相同或不同的待遇改变竞争条件，与任何其他成员的同类服务或服务提供者相比，有利于该成员的服务或服务提供者，则此类待遇应被视为较为不利的待遇”。

这样一来，我们可以对最惠国待遇中的“无差别待遇”作如下理解：一国可以给予来自外国的“类似”服务和服务提供者形式上相同或者不同的待遇，以使它们享受的待遇与本国服务和服务提供者实质上相同，如果这些形式上相同或者不同的待遇对外国的服务和服务提供者造成了不利的竞争条件（相对于本国服务和服务提供者），则视为不符合国民待遇的原则。可见服务领域的国民待遇是一种事实上的平等待遇，而非形式上的。因此，有些从表面上看完全相同的限制条件，如果在实际实施过程中有利于本国服务或服务提供者而不利于来自其他成员的服务或服务提供者，则构成对国民待遇原则的违反。

第四节《服务贸易总协定》的例外及其限制

最惠国待遇原则、透明度原则、市场准入原则和国民待遇原则的目的都是为了保证服务贸易自由化的实现。但各成员在履行义务，遵守各项承诺时，可能因公共秩序原因，或者为保护国民生命健康，或者由于国际收支出现了严重的不平衡等原因而无法执行或不得不暂时放弃执行协定。GATS将这些事项定义为“例外”，由于这些原因造成的对GATS条款的不执行不视为对GATS的违反。

一、一般例外与安全例外

（一）一般例外

一般例外包括下面几种情形。

第一，为保护公共道德或维护公共秩序所必需的措施。当一成员因执行 GATS 的规定，或者履行其在承诺减让表中的承诺，使得本国的公共道德标准或者公共秩序稳定遭受严重的威胁时，该成员可以援引公共秩序例外，作为其免除《服务贸易总协定》的义务，或者采取与《协定》相违背措施的理由。对该项例外的援引有两个条件：相关措施的目的是为了保护公共道德或者维护公共秩序，而且这种措施是“必需的”。需要注意的是，GATS 认为，援引公共秩序例外需要严格的条件，只有在社会的某一根本利益受到真正的和足够严重的威胁时方可援引该例外。

援引该例外的一个典型例子就是“美国赌博服务案”①。该案中，美国的一项重要抗辩理由就是，其禁止远程赌博服务（包括互联网赌博）的法律规范目标就是保护公共道德或维护公共秩序，认为远程赌博带来了对公共道德和公共秩序的诸多威胁，比如有组织犯罪、洗钱、欺诈和其他刑事犯罪活动，对未成年人的危害，对人体健康的危害等②。

与货物贸易相比，很多服务部门直接涉及社会的基本价值观念，服务贸易很可能对社会道德标准和价值观念产生影响，比如色情服务，赌博服务，含有暴力、意识形态或宗教内容的音像书籍出版物等。这些服务对于很多国家的民众而言是很难接受的，这些国家一般都会采取禁止或限制该类服务进口的措施。由于各国间社会文化和历史传统不同，“公共道德”和“公共秩序”也有不同的含义与内容。在不存在统一的道德评价标准的情况下，各国可以根据自身的价值体系援引该条款。

“必需的”一词经常出现在 GATT/WTO 有关协议的例外条款中。在 GATT 争端解决的实践中，“必需的”通常解释为“最低贸易限制标准”：为了实现 GATT 第 20 条的标准所列举的政策目标，不存在合理的与 GATT 义务相符的替代措施，即除了违反 GATT 义务以外别无选择；在所有可供选择的措施中，其所采用的是“违法性”最小

---

① WTO. United States：measures affecting the cross – border supply of gambling and betting service//Report of the Appellate Body，WT/DS285/AB/R，10 Nov，2004：paras. 6. 455.

② 房东 . WTO《服务贸易总协定》法律约束力研究 . 北京：北京大学出版社，2006：156 – 157.

（对贸易限制最小）的一种①。从服务贸易争端解决专家组的观点来看，上述标准同样适用于GATS例外援引的案例。

第二，保护人类、动物或植物的生命或健康例外。GATS第14条（b）项规定该项例外是“为保护人类、动物或植物的生命或健康所必需的措施”。援引该项例外有两个条件：采取相关措施的目的是为了保护人类、动物或植物的生命或健康，并且这些措施是实现这一目标所必需的。

援引该例外的一个典型例子就是在SARS（Severe Acute Respiratory Syndrome）风波中，一些国家为保障本国国民的生命健康安全，禁止中国居民到本国旅游，或者限制本国居民到中国旅行。鉴于SARS病毒的高致病性、感染者的高死亡率和缺乏有效的预防措施，这些国家除了上述措施以外没有更好的选择。因此，援引该例外采取限制措施是十分必要的。

第三，保证法律、法规得到遵守的措施。GATS第14条（c）项规定，此项例外是“为使与本协定（GATS）的规定不相抵触的法律或法规得到遵守所必需的措施”，这些法律或法规包括：（1）防止欺骗和欺诈行为或处理服务合同违约而产生的影响；（2）保护与个人信息处理和传播有关的个人隐私及保护个人记录和账户的机密性；（3）安全。

援引该例外需要满足3个条件。（1）所采取的措施应当“确保遵守”其法律或者法规。对于“确保遵守”，GATS认为是指实施法律或法规项下的义务而不是确保实现法律和法规的目标。（2）上述法律或法规不得与WTO协议不一致。虽然（c）项列举了一系列“与本协定的规定不相抵触的法律或法规”，但“美国赌博服务案”专家组认为这是一项“非穷尽性清单”，如果该清单以外的相关法律法规与WTO规则一致，也可以援用第14条（c）项为违反GATS的措施免责。（3）所采取的措施应当被证明是“必需的”。对于此项条件，“美国赌博服务案”专家组回顾了上诉机构在“韩国牛肉案”中确立的权衡要求，并认为根据此项要求，专家组应当审查：（i）需要确保遵守的法律和法规旨在保护的利益或者价值的重要程度；（ii）实施措施有助于其所追求的目标实现（即所确保遵守法律和法规）的程度；（iii）实施措施的贸易影响，是否对贸易的限制最小。

第四，税收措施例外。此项例外包括GATS第14条（d）项的国民待遇原则的税收措施例外和第14条（e）项的最惠国待遇原则的税收措施例外。

对于国民待遇而言，如果一成员在特定领域作出承诺，则应保证外国服务和服务提供者享受与本国服务和服务提供者相同的税收待遇。但是，由于外国服务提供者获

---

① 房东．WTO《服务贸易总协定》法律约束力研究．北京：北京大学出版社，2006：158.

得应税收入的方式可能不同于本国服务提供者获得类似收入的方式，如果按照国民待遇对外国服务提供者进行征税，反而不能体现税收公平原则或者不能对外国服务提供者有效征税。因此，GATS 第 14 条（d）项规定，一成员为保证“对来自其他成员的服务或服务提供者公平或有效地课税或者收取直接税”，可以维持或者实施与 GATS 第 17 条（国民待遇）不一致的措施。

在国际服务贸易当中，服务提供者通过 GATS 所定义的 4 种形式向外国消费者提供服务，本国和外国都可能根据各自的国内法律对服务提供者征税。比如在“跨境提供”形式的服务贸易中，服务提供者所在国可以根据属人原则对本国国民从国外获得的收入课税。同时，消费者所在国也可以根据属地原则对外国服务提供者从本国获得的收入课税。如果两国之间不进行协调就会造成双重征税。传统上，国家之间往往通过双边协议加以避免。

要求两国之间因存在避免双重征税协定而相互给予的优惠措施根据最惠国待遇的原则适用于所有 GATS 成员是不现实的，也是不合理的。因此 GATS 第 14 条（e）项规定，如果一成员为遵守避免双重征税的协定或任何其他国际协定或安排中关于避免双重征税的规定，则可以维持与第 2 条（最惠国待遇）不一致的措施。

（二）安全例外

GATS 第 14 条附则“安全例外”对为保护成员根本安全或维护世界和平可能采取的例外措施进行了规定。根据此项例外，GATS 的任何规定在任何情况下都不能解释为：（a）要求任何成员提供其认为如披露则会违背其根本安全利益的任何信息；（b）阻止任何成员采取其认为对保护其根本安全利益所必需的任何行动，包括与直接或间接为军事机关提供给养的服务有关的行动，与裂变和聚变物质或衍生此类物质的物质有关的行动，在战时或国际关系中的其他紧急情况下采取的行动；（c）阻止任何成员为履行其在《联合国宪章》项下的维护国际和平与安全的义务而采取的任何行动。成员在援引该项例外时，仍然应当遵守最惠国待遇原则，不能因不同国家而采取不同措施，不能存在歧视。

二、紧急保障措施例外

GATS 第 10 条第 1 款规定“应就紧急保障措施问题在非歧视原则基础上进行多边谈判。此类谈判的结果应在不迟于《WTO 协议》生效之日起 3 年的某一日期生效。”按照这一规定，各成员应当通过多边谈判在 1998 年 1 月 1 日通过服务贸易的紧急保障措施。但由于各成员在相关问题上存在较大的分歧，至今未形成具体的、可操作的规则。

根据GATS第10条第2款的规定，尽管成员只能在减让表中任何承诺生效之日起3年期满后才能对承诺作出修改或者撤销（GATS第21条第1款），但当成员的产业受到进口的强烈冲击而造成严重损害时，可以申请修改或撤销其所作出的具体承诺。申请修改或撤销具体承诺应当符合下列条件：（1）应当在上述服务贸易的紧急保障措施多边谈判结果生效以前作出，该紧急保障措施在《WTO协议》生效的3年后停止适用；（2）修改或者撤销的打算应在具体承诺生效后1年后作出；（3）向理事会说明该修改或撤销不能等待第21条第1款规定的3年期限期满的理由。

三、保障国际收支例外

根据GATS第11条的规定一成员不得对与其具体承诺有关的经常项目交易的国际转移和支付实施限制。根据国际货币基金组织（IMF）的《国际货币基金组织协定》成员方则可根据自身的具体情况对资本项目交易采取一定的限制措施。对此，GATS规定："本协定的任何规定不得影响国际货币基金组织的成员在《国际货币基金组织协定》项下的权利和义务，包括采取符合《国际货币基金组织协定》的汇兑行动，……"但如果一成员根据《服务贸易总协定》对资本项目交易作出具体承诺，该成员不得对其已作出承诺的资本交易作出限制（第11条第2款）。

尽管有如上的规定，考虑到一成员可能发生严重的国际收支和对外财政困难或威胁，GATS允许该成员在此类困难或威胁发生时对其已作出承诺的服务贸易，包括与此类贸易有关的交易的支付和转移，采取或维持限制措施（第12条第1款）。这些限制措施在使用时也需遵守一定的"限制条件"（第12条第2款），包括：（1）不得在各成员之间造成歧视；（2）所实施的措施应与《国际货币基金组织协定》相一致；（3）应避免对任何其他成员的商业、经济和财政利益造成不必要的损害；（4）不得超过处理其国际收支困难或对外财政困难或威胁所必需的限度；（5）这些措施应当是暂时的，并应随着上述困难或威胁的改善而逐步取消；（6）不得为保护一特定服务部门而采取或维持此类限制。

一成员在采取上述限制措施时，要受到WTO相关机构的严格监督与评估。首先，该成员应就所采取的限制迅速通知服务贸易总理事会。其次，该成员还应当就此迅速与国际收支限制委员会（部长级会议下设的三个专门委员会之一）进行磋商。此类磋商将对该成员的国际收支状况和将要采取或维持的限制进行评估，并将特别考虑该成员的国际收支和对外财政困难的性质和程度，其所面临的外部经济和贸易环境，是否存在其他可采取的替代措施。磋商过程中，应接受国际货币基金组织提供的与外汇、货币储备和国际收支有关的所有统计和其他资料，应当以国际货币基金组织对磋商成员的国际收支状况和对外财政状况的评估为依据作出结论。此类磋商还应当特别考虑这些限制措施是否符合第 12 条第 2 款所指的限制条件。

四、政府采购例外

GATS 第 13 条规定，《服务贸易总协定》的最惠国待遇、市场准入和国民待遇规定不适用于政府机构为政府管理目的而购买服务的法律、法规或要求，即一成员方政府为实现其管理职能而购买服务时给予本国服务提供者的待遇可以高于任何其他成员方服务提供者，而不构成对最惠国待遇和国民待遇的违反。GATS 对政府采购例外的适用作了严格的限制，即这种政府购买不能用于商业转售目的，也不能为供商业销售而在提供服务过程中使用。

第五节　金融服务贸易规则

《服务贸易总协定》是第一个关于服务贸易的框架性多边协议，它确立了一系列普遍适用的基本原则和规定。相对于货物贸易而言，国际服务贸易内容庞杂、范围广泛、种类繁多、发展迅速。因此，GATS 目前无法对所有服务产业的自由化确立具体标准和规则，而仅仅为各成员在国际层面上公平地推进服务贸易自由化提供了普遍遵守的一般性准则。各成员需要在 GATS 框架内，通过对各个具体服务部门的深入谈判，达到更高层次的开放水平，从而推进全球服务贸易自由化整体水平的提高。

由于金融服务领域的特殊性与敏感性，在服务贸易谈判过程中制定了两个关于金融服务的附件。但是 GATS 及其《金融附件》并没有对成员就市场准入和国民待遇作出的承诺规定最低标准，无法满足全球金融服务自由化的要求。经 OECD 的提议，成员进一步就金融市场开放展开谈判，达成了《金融服务承诺谅解》。乌拉圭回合结束后，为使所有成员在无条件最惠国待遇基础上缔结永久性的金融服务协议，各成员继续就金融服务展开谈判，并最终于 1997 年 12 月达成了永久性的全球金融服务协定。

一、金融服务谈判与金融服务多边规则

（一）乌拉圭回合的金融服务谈判成果

在 1986 年 9 月发起“乌拉圭回合”的埃斯特角部长级会议上，有关服务贸易开

放的议题被纳入乌拉圭回合的谈判议程。由于各方的分歧较大，服务贸易谈判最终确立了一种不同于以往货物贸易谈判的程序，并按照 GATT 之外的临时法律框架进行。谈判各方在“协定框架”、“最初承担义务”和“部门附件”方面进行了激烈的讨论，最终在 GATT 总干事提交的《实施乌拉圭回合多边贸易谈判成果的最终方案》的基础上，于 1993 年 12 月乌拉圭回合闭幕时达成了作为“乌拉圭回合多边贸易谈判成果”之一的《服务贸易总协定》（GATS），并在 1994 年 4 月的马拉喀什部长级会议上正式签署。在 WTO 的法律体系中，《服务贸易总协定》及其《金融附件》是在世界范围内推动服务贸易自由化进程的重要法律文件①。

由于 GATS 及其《金融附件》并没有对成员就市场准入和国民待遇作出的承诺规定最低标准，无法满足全球金融服务自由化的要求，因此，经合组织（OECD，全称经济合作与发展组织）建议在《服务贸易总协定》的框架内以其他方式作出金融服务的具体承诺，以满足自由化的最低要求。该提议获得了其他成员的积极响应，最终达成了《金融服务承诺谅解》（以下简称《谅解》），并成为乌拉圭回合协定最终文本的一部分。《金融服务承诺谅解》鼓励各乌拉圭回合谈判参加方作出超过 GATS 第三部分的具体承诺。结果是，采用该《谅解》的成员作出了高于 GATS 第三部分的承诺，而没有采用的成员则可以维持与 GATS 第三部分相对应水平的承诺。因此，《谅解》实际上是有关金融服务贸易的选择性规定。

（二）乌拉圭回合结束后的金融服务谈判成果

1995 年 4 月，根据 GATS《金融附件二》和《关于金融服务的决定》中关于延长金融服务谈判的规定，WTO 成员方重新就金融服务问题展开谈判，目的是使所有成员同意在无条件最惠国待遇基础上缔结永久性的金融服务协议。谈判过程中，在最惠国待遇问题上，美国坚持“对等原则”，强调市场准入和国民待遇只能在“对等”的基础上作出，以避免“搭便车”（Free-rider）的行为②，并把金融方面大批服务项目列入《免除最惠国义务清单》，同时警告美国只给美国境内现有的外国金融机构以国民待遇，对新进入者将不作出任何承诺。美国的强硬立场和有限承诺使许多谈判方不愿作出永久承诺。

为避免谈判彻底失败，除美国之外的 95 个谈判方于 1995 年 7 月 28 日达成一个临时性的协议，称为《金融服务贸易过渡协定》。该协定包括《服务贸易总协定》第

① 参见李国安．WTO 服务贸易多边规则．北京：北京大学出版社，2006：111－112.

② 由于适用最惠国待遇原则，许多成员方不需要在开放金融市场方面作出让步却可以享受其他成员方给予的优惠。

二议定书及《通过第二议定书的决定》、《广义金融服务承诺的决定》和《关于金融服务的第二个决定》。《过渡协定》规定，各成员提交的承诺表和最惠国待遇的豁免清单作为第二议定书的附件，并取代此前的承诺表和免除清单；同时规定新的承诺表和豁免清单于1997年12月31日前到期，到期前60日内成员可以修改承诺表和免除清单，而无需给予其他成员赔偿。

《过渡协定》的签订标志着金融服务自由化进程取得了巨大的进展，其中29个成员方进一步优化（improve）了它们的承诺表，撤销、中止或减少了金融服务领域中的最惠国待遇例外。《过渡协定》将绝大多数通行的国际金融服务活动用法律形式固定下来，为达成永久性的金融服务协议打下坚实的基础①。

为了在《过渡协定》到期之前达成永久性的关于金融服务贸易的多边协议，金融服务谈判于1997年5月29日重新开始。经过艰苦的谈判，美国于1997年12月12日放弃其“对等承诺”的要求，并撤销了其最惠国待遇的豁免清单中的保留项目。永久性的全球金融服务协定最终达成。该协定由3个文件组成：《服务贸易总协定》第五议定书、《通过第五议定书的决定》以及《关于金融服务承诺的决定》。其中，GATS第五议定书是其核心部分，成员提交的承诺表和豁免清单作为该议定书的附件与议定书同时生效，并取代以前的承诺表和豁免清单。该议定书已在1999年1月29日之前经全体作出承诺的成员批准，并于当年3月19日起生效。

二、金融服务贸易多边规则的具体内容

在WTO框架下达成的金融服务多边贸易规则的法律文件由三部分组成。一是《服务贸易总协定》及其关于金融服务贸易的两个附件（《金融附件一》和《金融附件二》）。GATS作为服务贸易框架性协定，确定了服务贸易自由化的基本原则和通过各成员具体减让承诺实现自由化的基本方法。二是《金融服务承诺谅解》，对市场准入和国民待遇原则的实施作了进一步的规定。三是《全球金融服务协定》（即《服务贸易总协定》第五议定书），用新的承诺表和豁免清单取代了原有的承诺表和豁免清单，并针对市场准入问题进行了进一步的具体规定。

（一）《服务贸易总协定》及其金融附件

附件对GATS在金融服务领域的适用范围作了进一步的规定，对国内法律法规及相互承认、金融服务贸易争端的解决等问题也作了规定。

① 中国科学院.《金融服务协议》评述.中国科学院院报，2002（15）.

1. 范围和定义

《金融附件一》对 GATS/WTO 框架下的金融服务贸易的范围和定义作了详细的规定。按照《金融附件一》第 5 款的定义，金融服务是由一缔约服务供应者提供的任何金融性服务。具体而言，金融服务应当包括：（1）保险和与保险有关的服务，比如直接保险、再保险、保险中介和辅助性保险服务等；（2）银行服务，包含公共储蓄、贷款服务等；（3）其他金融服务（保险除外），包括融资租赁、担保、证券发行、金融顾问、风险评估等。

与 GATS 第 1 条第 2 款的规定相一致，金融服务以下列 4 种方式提供。（1）跨境提供。从一成员方境内向任何其他成员方领土提供的金融服务。这种服务贸易方式中，金融服务的提供者和消费者在交易时分别位于在地理上不同的两个国家或者地区，跨越国境的只是金融服务本身，是一种典型的"跨国界可贸易型服务"。比如一成员的银行向另一成员的客户提供贷款服务。（2）境外消费。在一成员方境内向任何其他成员方的服务消费者提供金融服务。这种服务贸易方式中，金融服务的消费者位于服务提供者所在成员方的境内。比如一国银行为来本国旅游的外国旅行者提供旅行支票兑现的服务，或者一国保险公司为来本国旅行的外国游客提供人身保险服务等。（3）商业存在。一成员方的金融服务提供者通过在任何其他成员方境内的商业存在提供金融服务。比如一国的金融机构在其他缔约国境内设立分支机构或者代理机构，提供诸如银行、保险、证券、基金、投资理财等金融服务。这是金融服务贸易最重要的方式，是金融服务贸易谈判最重要的内容之一。（4）自然人流动。是指一成员方的服务提供者在消费者所在成员方的境内提供金融服务的方式，多为与银行、保险有关的辅助性金融服务，比如风险评估、顾问、咨询等。

《金融附件一》明确规定"在行使政府职权时提供的服务"不属于上述"服务"的范围。"在行使政府职权时提供的服务"包括 3 项内容：（1）中央银行或货币管理机关或任何其他公共实体为推行货币或汇率政策而从事的活动；（2）构成社会保障法定制度或公共退休计划组成部分的活动；（3）公共实体代表政府或由政府担保或使用政府的财政资源而从事的其他活动。但是，如果一成员允许其金融服务提供者从事后面两项所指的任何活动，与公共实体或金融服务提供者进行竞争，则"服务"应包括此类活动。

2. 国内法规

随着国际经济一体化的逐步深入，金融服务贸易的自由化促进全球经济发展的同时也带来或增加了金融风险。各国要防范此类风险，就必须建立起对银行等金融机构的审慎监管法律制度，同时也要加强国际金融监管的合作。《金融附件一》第 2 款正是在这个意义上为国内金融监管提供了法律依据。《金融附件一》第 2 款规定："尽管有本协定（GATS）的任何其他规定，但是不得阻止一成员为审慎原因而采取措施，包括为保护投资人、存款人、保单持有人或金融服务提供者对其负有信托责任的人而采取的措施，或为保证金融体系完整和稳定而采取的措施。如此类措施不符合本协定的规定，则不得用作逃避该成员在本协定项下的承诺或义务的手段。……”这便是“审慎例外”条款（Prudential Carve-out Clause）。

根据该条规定，此类措施必须出于审慎的目的。由此，即使一成员方的审慎监管措施实际上与该成员在GATS项下的承诺和义务不一致，也不应视为对GATS的违反。审慎的目的包括为保护投资人、存款人、保单持有人或金融服务提供者对其负有信托责任的人而采取的措施，或为保证金融体系完整和稳定而采取的措施，但并不限于此。

考虑到各国金融制度和金融发展水平的巨大差异，无法为判断一项措施是否属于“审慎监管”订立统一的标准。对于一国而言是必需的审慎监管措施，对于其他国家而言可能并不构成审慎措施，甚至可能是贸易保护的措施。因此，GATS在给予成员方根据本国具体情况的基础上采取“审慎监管”措施的同时，也对此项权力给予一定的约束。如果成员方采取的“审慎监管”措施不符合GATS的规定，那么这些措施不得用作规避该成员在GATS项下的承诺或义务的手段；否则，则视为是对GATS的违反。

为协调成员间审慎监管措施的应用，《金融附件一》第3款对审慎措施的相互承认及其具体要求作了规定。第4款则为成员间解决因审慎措施和其他金融事项产生的争端提供了解决机制。

（二）《金融服务承诺谅解》

《金融服务承诺谅解》（以下简称《谅解》）的目的是在金融服务自由化方面形成比GATS第三部分的标准更高的规范。《谅解》鼓励各乌拉圭回合参加方作出超过GATS第三部分的具体承诺，在市场准入方面，把维持现状、不增加新的限制列为最低标准，并且大大提高了在国民待遇和最惠国待遇方面的适用范围。

1. 鼓励参加方作出更高承诺

《谅解》序言明确鼓励各乌拉圭回合参加方作出超过GATS第三部分的具体承诺，并且只要满足一定的条件，每个成员方有权以不同于GATS第三部分的方式对金融服务作出承诺。这些条件是：（1）不与GATS的规定发生抵触；（2）不损害任何成员依照该协定第三部分规定的方法将其具体承诺列入减让表的权利；（3）产生的具体承诺应在最惠国待遇基础上实施；（4）对成员在GATS项下承诺的自由化程度不作任何推断。

2. 在市场准入方面维持现状

《谅解》在市场准入方面，把维持现状、不增加新的限制列为最低标准。《谅解》A项规定："……关于具体承诺的任何条件、限制和资格应限于现有的（与GATS）不一致的措施。"《谅解》大大提高了在国民待遇和最惠国待遇方面的适用范围。如前所述，《谅解》序言中明文规定，依此谅解做成的具体承诺均应在最惠国基础上予以适用，这就排除了将这类承诺列入《免除最惠国义务清单》的可能。《谅解》有关市场准入的具体规定如下：

（1）垄断权方面。每一成员应在其有关金融服务的减让表中列出现有的垄断权，并应努力消除这些垄断权或缩小其范围。

（2）公共实体购买的金融服务方面。"……每一成员仍应保证在该成员的公共实体在其领土内购买和获得金融服务方面，应对在其领土内设立的任何其他成员的金融服务提供者给予最惠国待遇和国民待遇。"

（3）跨境贸易方面。每一成员在给予国民待遇的条件下，应允许非居民的金融服务提供者本人、或通过中间人或本人作为中间人，提供海运、商业航空和空间发射及搭载（包括卫星）保险服务、再保险和转分保服务以及金融信息和金融数据处理的提供和传送服务等。并且应允许本国居民在任何其他成员领土内购买金融服务。

（4）商业存在与人员流动方面。每一成员应对任何其他成员的金融服务提供者给予在其领土内设立或扩大商业存在的权利，包括通过收购现有企业，允许外国金融机构在本国设立并扩大其商业机构（包括全资公司、子公司、合资、合伙、独资、特许经营、分支机构、代理机构等），还要允许其服务人员中各种专家的短暂入境。在不违反GATS规定的条件下，各成员可以就批准设立和扩大商业存在设置条款、条件和程序。

（5）金融服务创新方面。一成员应允许设在其领土内的任何其他成员的金融服务提供者在其领土内提供任何新的金融服务，经营新的金融服务品种。

（6）信息传送和信息处理方面。任何成员不得采取阻止金融服务提供者开展正常业务所必需的信息传送、金融信息处理或设备转移的措施。

（7）非歧视措施方面。第一，只要根据本款采取的任何行动不对采取此类行动的成员的金融服务提供者造成不公平的歧视，每一成员应努力消除或限制下列措施对任何其他成员金融服务提供者的任何重大不利影响：（a）阻止金融服务提供者在该成员领土内以该成员确定的形式提供该成员允许的所有金融服务的非歧视措施；（b）限制金融服务提供者将其活动扩大至该成员全部领土的非歧视措施；（c）一成员的措施，如该成员对银行和证券服务的提供实施相同的措施，而任何其他成员的金融服务提供者的活动集中在提供证券服务；（d）其他措施，尽管这些措施遵守该协定的规定，但却对其他成员金融服务提供者的经营、竞争或进入该成员市场的能力造成不利影响。第二，对于前面（a）项和（b）项所指的非歧视措施，一成员应努力不限定或限制市场机会的现有程度，也不限定或限制在该成员领土内所有其他成员的金融服务提供者作为一个群体已经享有的利益，只要本承诺不对实施此类措施的成员的金融服务提供者造成不公平的歧视。

3. 扩大国民待遇的范围

《谅解》还专门对扩大国民待遇作了规定。根据给予国民待遇的条款和条件，每一成员应允许在其领土内的任何其他成员的金融服务提供者使用由公共实体经营的支付和清算系统，以及在普通业务的正常过程中可获得官方筹资和再融资便利。如果要求这些金融服务提供者参加、参与或进入任何自律组织、证券或期货交易所或市场、清算机构或任何其他组织或协会，也应当在国民待遇的条件下进行。

（三）《全球金融服务协定》

《全球金融服务协定》（即《服务贸易总协定》第五议定书）是世界贸易组织1997年12月13日谈判达成的协议。第五议定书本身很简短，仅规定了生效时间等程序性事项，协议的主要内容是所附的世界贸易组织成员关于金融服务的具体承诺减让表和《服务贸易总协定》第2条豁免清单，并以此代替以前的承诺表和豁免清单。因此，《全球金融服务协定》实际上是记载有关成员方服务贸易市场开放方面所作实际承诺的列举，本身并非有关金融服务贸易的实体规则①。该议定书已在1999年1月29日之前经全体作出承诺的成员批准，并于1999年3月19日起生效。

《全球金融服务协定》要求放宽或取消外资参与本地金融机构的股权限制，放宽对商业存在（分支机构、子公司、代理、代表处等形式）的限制，以及对扩展现有业务的限制。协议不仅涉及银行、证券和保险三大金融服务的主要领域，而且包括资产管理、金融信息提供等其他方面。作出承诺的成员允许外国公司在本国建立金融服务公司并按竞争原则运行；外国公司享受与国内公司同等的进入市场的权利，取消跨境服务的限制；允许外国资本在投资项目中的比例超过50%。同时，成员政府有采取审慎措施，保证金融体系完整和稳定的权利，如为保护投资者、储户、保险投保人而采取的措施。金融服务的范围包括：银行和其他金融服务，保险及其相关服务。

各成员提交的承诺表主要包括以下内容。（1）国民待遇和市场准入方面。发达成员方因其金融业的高度发达而普遍愿意开放金融服务市场，只对市场准入和国民待遇规定极少的限制。比如欧共体及其15个成员国允许外国金融机构全面进入欧共体

---

① 杨斐．WTO服务贸易法．北京：中国对外经济贸易出版社，2003：323.

市场，对外国资本所占的份额没有任何限制；外国金融机构只需在任何一个欧共体成员国获得许可证，就可以在整个欧共体内提供服务。日本同样承诺开放其所有金融服务部门，在市场准入和国民待遇方面几乎没有限制。发展中成员虽然也保证给予外国金融机构以国民待遇，但仍对市场准人规定了很多条件和限制。（2）关于提供服务的方式。发达成员方允许其他成员以一切可能的方式在本国设立金融机构和向本国消费者提供跨境金融服务，同时也保证允许本国公民在境外消费金融服务。发展中成员多以保护本国消费者为由，在许多部门禁止或严格限制外国金融机构跨境提供金融服务，只允许其以在国内设立分支机构的方式提供服务，以更利于监管和控制。例如，巴西只允许对船舶和飞机的保险提供跨境服务；在南非，所有外国金融机构只能通过在南非设立商业机构的方式来提供服务。（3）关于开放的具体金融部门。绝大多数成员愿意开放再保险服务和银行业中的存款和贷款业务，而对于保险业中的人寿保险、银行业中的清算和票据交换、证券业中的衍生金融产品交易等，许多发展中成员不作出具体承诺或加以严格限制。

第六节　国际电信服务贸易多边规则

电信服务是国民经济的基础部门，为其他经济部门的运转提供信息传送服务。随着电子科学和光电技术装备的发展，电信业还提供了诸如信息储存、处理、编辑、转换等服务。同时，电信还关系到一国的安全利益。因此，很多国家都规定由国有企业垄断经营，特别是在基础电信方面。电信业对私人部门开放的国家也大都对外国电信服务提供者的进入进行严格限制。经过艰苦的谈判，GATS 成员最终于 1997 年就基础电信服务达成协议，各成员在不同程度上对该行业的市场准入作出了承诺。此外，在对《关于电信管理准则的参考文件》内容全部或部分接受的基础上，各成员对与公共网络的互联、国内法规透明度和反不正当竞争行为等作出了具体承诺。

一、相关定义

电信服务是指电信业务的经营者向电信用户提供电信业务的过程。按照 GATS《关于电信服务的附件》的定义，“电信”指以任何电磁方式传送和接收信号。“公共电信传输服务”指一成员明确要求或事实上要求向公众普遍提供的任何电信传输服务。这类服务可特别包括电报、电话、电传和数据传输，其典型特点是在两点或多点之间对客户提供的信息进行实时传输，而客户信息的形式或内容无任何端到端的变化。与之相对应的一个概念是“公司内部通信”，它是指公司内部或与其子公司、分支机构进行通信的电信，在遵守一成员方国内法律和法规的前提下，还可包括与附属公司进行通信的电信，但是不包括向与无关联的子公司、分支机构或附属公司提供的商业或非商业服务，也不包括向客户或潜在客户提供的商业或非商业服务。

按照 GATS 的分类，电信服务具体包括以下项目：（1）声音通话服务；（2）分组数据交换服务；（3）电路数据交换服务；（4）电传服务；（5）电报服务；（6）传真和其他电话服务；（7）私人租借电路服务；（8）电子邮件服务；（9）语音信箱服务；（10）在线信息与数据检索；（11）电子数据交换；（12）增值传真服务；（13）编码与协议转换服务；（14）在线信息或数据处理；（15）其他电信服务。

按照国际上通行的分类方法，以上项目可分为基础电信业务和增值电信业务两大类。上述（1）~（7）项和（15）项中的移动电信、实时消费者信息传递服务等属于基础电信服务。基础电信业务的突出特点在于基础电信是一对一的用户服务，而且能保证信息的实时传输和不失真。按地域划分，基础电信业务可分为本地通信、国内长途通信和国际长途通信；按通信性质划分，基础电信业务可分为话音业务、数据业务、专线业务；按通信方式划分，基础电信业务又可分为固定通信、移动通信、卫星通信等。上述（8）~（14）项和（15）项中的其他服务则被定义为增值电信服务。增值电信业务的发展与计算机技术和互联网技术的快速发展密切相关，是在基础电信提供的公共网络基础上增加的信息服务和其他专业服务。增值电信业务的突出特点在于其服务的方式多数情况下是点对面的服务，一般情况下都是非即时性服务，要对信息的形式或内容进行加工或存储以供消费者未来使用。电子邮件、语音信箱、在线信息库存储和检索、数据交换、互联网信息服务等都属于增值电信业务。

基础电信服务和增值电信服务只是基本分类。现已达成的《基础电信协议》只是全球电信服务贸易自由化的一个开始，因为目前 GATS/WTO 关于电信服务的谈判仅仅涉及基础电信领域，并未涉及增值电信业务，并且在基础电信领域仍有很多遗留问题需要在新一轮的服务贸易谈判中解决。

二、GATS 电信服务贸易多边规则的基本框架

乌拉圭回合多边贸易谈判结束后，成员方又马上进入到电信服务自由化谈判进程当中。经过 3 年的艰苦谈判，WTO 关于基础电信服务市场准入的谈判最终于 1997 年 2 月 15 日结束。共有 71 个成员方政府提交了减让书，69 个成员方作出了市场自由化的承诺，这些承诺成员约占世界电信业年收入的 90%。谈判成果主要体现于 GATS 第四议定书中，议定书除了附有成员方市场开放承诺减让表和最惠国待遇豁免清单之

外，还有两个附件，即《关于电信管理准则的参考文件》（附件1）和《电信服务具体承诺表样本》（附件2）。该议定书已于1998年2月正式开始实施。第四议定书及其附件以及GATS的另外两个有关电信方面的附件，即《关于电信服务的附件》和《关于基础电信谈判的附件》，共同构成了目前GATS电信服务贸易的多边规则。

（一）1994年GATS电信服务贸易谈判的成果

GATS的宗旨是通过逐步自由化促进世界服务贸易的发展，各成员依照本国具体的情况对服务业开放作出承诺。与GATT不同，GATS下成员的义务和承诺分为“一般性义务”和“特定义务”两类。一般性义务适用于所有服务部门，包括最惠国待遇原则和透明度原则。特定义务则适用于成员方作出承诺的服务部门，如国民待遇和市场准入。作为框架性的协议，GATS适用于包括电信服务业在内的所有服务贸易。此外，GATS还附有两个关于电信服务的专项附件，也就是《关于电信服务的附件》和《关于基础电信谈判的附件》。前者是GATS成员就开放各自电信服务市场所作出的具体承诺，后者是关于在乌拉圭回合谈判结束后继续进行电信服务谈判的决定。

1. GATS下的一般性义务

（1）最惠国待遇

依照最惠国待遇原则，一成员应该对任何来自其他成员的服务提供者给予非歧视的市场准入机会，而不管其电信基础设施是国有的还是私有的。如果一成员在颁发经营许可证、授予联结权、分配广播频道时，对来自其他不同成员的服务提供者存在歧视，则被视为违反了电信服务上的最惠国待遇义务。

最惠国待遇是一项一般性义务，普遍适用于所有服务部门。但一成员在给予最惠国待遇时，可以排除对特定成员的适用。该成员只有在符合有关条件并在GATS第2条最惠国待遇豁免清单中列明，才能援用该项豁免。例外：根据GATS第5条的规定，符合条件的经济一体化组织成员间更为优惠的待遇可以不给予一体化协定外的成员方。

（2）透明度

各成员应当公布与电信服务贸易有关的所有国内措施和国际协定的签订与变更情况，对电信服务贸易有实质性影响的新措施应及时通知服务贸易理事会。

（3）其他服务贸易壁垒

对服务提供者的资格确认程序与标准、阻碍竞争的商业惯例和垄断者行为等可能成为阻碍电信服务贸易自由化的障碍，因此，根据GATS第6条的规定，各成员应保证影响服务贸易的行政措施的普遍适用是合理、客观和非歧视的。如授予许可证必须在对所有申请者公平的基础上实施。第7条鼓励成员之间相互承认许可证资格标准，减少服务贸易障碍。第8条规定，每一成员应保证在其领土内的任何垄断服务提供者在有关市场提供垄断服务时，应当遵守最惠国待遇的原则。也就是说垄断服务的提供不能只针对来自特定其他成员方提供者，应当对所有其他成员都是适用的。第9条规定，如果存在限制竞争的商业惯例，其他成员就此提出申诉，则应与申诉成员进行协商，并对申诉成员的要求给予“充分的考虑”。

（4）对发展中成员的特别考虑

GATS要求对发展中成员予以特别的考虑，增强发展中成员方的国内服务能力、效率和竞争力，促进他们在商业基础上对技术的获得；改善发展中成员进入分销渠道和利用信息网络的机会；在对其有出口利益的部门和服务提供方式上实现市场准入自由化。

2. GATS下的特定义务

（1）市场准入

成员作出市场准入承诺的特定服务部门，除作出承诺时特别声明的服务内容保留以外，对其他成员的服务提供者进入该成员市场不应该有任何限制。

（2）国民待遇

国民待遇原则要求在一成员作出承诺的电信服务领域，外国和本国的服务提供者拥有同等的进入公共网络的机会。市场准入原则为外国服务提供者进入本国市场创造了条件，国民待遇原则则保证了外国服务提供者与本国的市场主体具有相同的市场地位，以便于促进电信服务的竞争。鉴于该行业的敏感性，很多成员在其电信服务的承诺中都规定了国民待遇的例外。

3. GATS的电信服务附件

电信服务是国民经济中的基础部门，关系到整个国民经济的运作，并且具有自身的特殊性，它既是经济活动的独特部门，也为其他经济活动提供基本的传输手段。因此在GATS谈判中，电信服务一直是各成员间争论的焦点。作为《服务贸易总协定》的注释和补充规定，《关于电信服务的附件》对GATS中有关影响进入和适用公共电信传输网络和服务的措施进行了规范。附件保证了在一成员承诺范围之内，外国电信服务提供者能够在进入和使用其公共电信传输网络和服务时享受合理和非歧视的待遇。

（1）附件的适用范围

附件第2款规定，该附件适用于一成员影响进入和使用公共电信传输网络和服务的所有措施。这些“所有措施”并不包括影响电台或电视节目的电缆或广播播送的措施。并且第5款明确指出，该附件只适用于一成员作出减让承诺的电信服务部门。

（2）透明度要求

附件第4款规定，每一成员应保证关于影响进入和使用公共电信传输网络和服务条件的有关信息是可以公开获得的。这些信息包括：服务的收费及其他条款和条件；与此类网络和服务的技术接口规范；负责制定和采用影响进入和使用标准的机构的信息；适用于终端连接或其他设备的条件；可能的通知、注册或许可要求等。

（3）核心义务

附件第5款对公共电信传输网络和服务的进入和使用作了详细的规定。每一成员应当保证任何其他成员的任何服务提供者可按照合理和非歧视的条款和条件进入和使用其公共电信传输网络和服务，并且允许这些服务提供者：（i）购买或租用和连接终端或服务提供者提供服务所必需的其他网络接口设备；（ii）将专门租用或拥有的电路与公共电信传输网络和服务互联，或与另一服务提供者租用或拥有的电路互联；（iii）在提供任何服务时使用该服务提供者自主选择的操作规程。这些准入权利必须在最惠国待遇和国民待遇原则的基础上实施。

（4）例外

考虑到电信行业的敏感性和一成员政府管制其领土内基础电信市场的权利，一成员可以在非歧视的基础上采取必要的措施以保证信息的安全和机密性。这些措施不得构成变相的市场准入限制。此外，为保证网络或者服务的公共可获得性、公共电信传输网络或服务的技术完整性的目的，一成员还可以对公共电信传输网络和服务的进入和使用附加一定的条件。

（5）对发展中成员的优惠待遇

附件第5款规定，发展中成员可以在与其发展水平相一致的情况下，对公共电信传输网络和服务的进入和使用设置必要的合理条件，以增强其国内电信基础设施和服务能力，促进这类成员参与国际电信服务贸易。这类限制条件应当在该成员的减让承诺表中列明。另外，鼓励已经拥有发达电信系统的成员向发展中成员提供技术合作，帮助增强其国内电信服务部门。

（6）与其他国际组织和协定的关系

国际电信联盟和国际标准化组织一直致力于制定全球电信规则，推动各国间信息连接的统一性和兼容性，它们在这方面的工作早在WTO之前就开始了。GATS电信服务谈判的目标在于电信服务国内市场的开放和电信服务贸易的自由化，国际电信联盟和国际标准化组织的工作则主要是确定电信资源的分配标准和制定技术标准。GATS认识到在电信服务自由化过程中电信网络和服务的全球兼容性的国际标准的重要性，承诺通过包括国际电信联盟和国际标准化组织在内的有关国际机构的工作促进此类标准。同时，GATS也认识到国际电信联盟等政府间和非政府组织和协定在保证国内和全球电信服务的有效运营方面所起的作用，规定应就电信附件实施过程中产生的相关事项与此类组织进行积极的磋商。

（二）《基础电信协议》

1997年2月15日《基础电信协议》达成后，占有全球电信市场90%左右的电信协议各方彼此承诺彻底结束电信的垄断和封闭，按照不同国家和地区的情况，分步互相开放基础电信设施和服务的市场。《基础电信协议》所涵盖的电信服务领域包括声讯电话、数据传输、电传、传真、电报、私人线路租赁（出售或租赁传输能力）、固定和移动式卫星通信系统服务等。《基础电信协议》并非一个单独的法律文件，它是由GATS第四议定书及其所附《各成员承诺减让表》、《最惠国待遇豁免清单》、《关于电信管理准则的参考文件》（以下简称《参考文件》）和《电信服务具体承诺表样本》5部分组成。

1. 第四议定书

第四议定书并不是关于电信服务贸易的实体规则，而仅仅规定了生效时间等程序性的事项，并且规定参加《基础电信协议》各成员的减让表作为其附件，与议定书同时生效。

2.《各成员承诺减让表》和《最惠国待遇豁免清单》

《各成员承诺减让表》和《最惠国待遇豁免清单》是《基础电信协议》的主要内容。WTO成员在各自的减让表和豁免清单中，就基础电信服务作出了不同程度的市场准入承诺。基础电信承诺表的样式与GATS1994的承诺清单相同，以便于将之编入1994年清单之中（见案例8.1）。各成员提交的具体承诺减让表主要就下列问题作出承诺。

（1）透明度

透明度原则要求成员方公开所有与提供和适用电信服务有关的法规和规章，包括许可证制度、互联安排、竞争保护、法规部门的独立性、无线频点号码资源的分配、许可的技术标准与器材型号、服务费的征收、通过他国电信网络的权利、普遍服务原则等。

（2）最惠国待遇及豁免

参加基础电信谈判的各成员均承诺遵守GATS第2条有关最惠国待遇的规定。另外根据GATS第2条第2款对于最惠国待遇的豁免规定，一成员可以对影响基础电信服务的特定措施提出最惠国待遇豁免。总体而言，大多数发达成员没有采用广泛的最惠国待遇豁免，而发展中成员则对此项豁免运用较多。比如阿根廷几乎在所有的卫星通信服务上提出了豁免。

（3）市场准入

在跨境提供和境外消费方面，很多成员并没有对市场准入进行限制。一些发展中成员在这两种服务提供方式方面仍然有一些限制，但承诺逐步消除限制。在商业存在方面，40 个成员在 1998 年至 2003 年之间允许外资所有或控制全部的电信业务和设施，7 个成员在 2003 年之后允许外资所有或控制全部的电信业务和设施，10 个成员允许外资所有或控制部分电信业务和设施，另外还有 11 个成员不允许外资所有或控制电信业务和设施。在自然人流动方面，绝大多数成员都没有设置任何限制。在国民待遇方面，除了少数成员要求以商业存在形式经营的公共电信服务提供者的董事会成员必须拥有所在国的国籍以外，基本上没有任何限制。

（4）对法规环境的具体承诺

基础电信谈判的关键问题之一就是审查各成员有关阻碍电信服务贸易进行的法规及政策。谈判组采用了《关于电信管理准则的参考文件》，供成员方在作出具体承诺时参照使用。《参考文件》中列出了关于许可证授予程序、与公共网络互联、竞争政策、法规透明度和监管者独立性等内容的框架。一些成员方全部采纳了《参考文件》的内容，还有一些成员则作了部分例外规定。

3.《关于电信管理准则的参考文件》

《参考文件》是 1996 年 4 月被谈判组采纳的，其主要目的是向各成员指出电信服务提供者在试图进入国内网络时最经常遇到的一些特定的国内壁垒。在电信行业中，如果新的市场进入者必须建立自己的通信网络硬件设施，它们必然面临高昂的购置和安装费用，也会造成设施资源的浪费。这就要求现有服务提供者允许新的市场进入者进入和使用已有的通信网络设施，提供网络互联。《参考文件》认识到解决此类问题需要 WTO 成员方建立适当的监管机制，限制现有网络设施的所有者和经营者利用垄断权利，排斥竞争。并且应当建立一个公平的许可制度和收费制度，保证上诉机制的有效性和透明度。《参考文件》主要包括下列内容。

第一，保护竞争。很多国家的基础电信行业都是垄断经营的，广泛存在着滥用垄断地位的可能。比如电信基础设施的所有者和/或经营者可能排除其他服务提供者通过这些设施提供电信服务。为防止出现违反竞争的行为，成员方应当阻止国内服务提供者：（a）进行反竞争交叉补贴①；（b）使用可能造成违反竞争结果的信息；（c）对其

① 交叉补贴是基础电信中最常见的违反竞争行为。虽然交叉补贴是一种企业内部的财务策略，但通常认为这会降低企业技术开发和成本控制的动力，因此一些国家禁止交叉补贴行为。一般而言，交叉补贴有以下几种形式。一是不同顾客群之间的交叉补贴。比如从城市用户取得的收入补贴向边远地区用户提供的电信业务，或者从企业用户取得的收入补贴向家庭用户提供的电信服务。二是不同业务之间的交叉补贴。比如用从长途或国际业务获得的收入补贴当地电信服务。三是跨部门交叉补贴。比如用移动业务获得的收入补贴固话业务，或者用数据传输业务补贴语音业务等。四是其他形式的交叉补贴。比如在政府垄断电信业务经营的国家，有可能将从电信业务上获得的收入补贴给其他产业部门，包括教育、医疗或基础建设等。

他服务提供者保留有关基础设施的基本技术信息。

第二，保障互联互通。成员保证电信服务市场的新进入者能在客观、公平、合理的条件下实现与公共网络的互联，以便于其在向最终用户提供服务方面与国内电信服务提供者相互竞争，使最终用户享受更低的价格和更好的服务。《参考文件》为这种互联提供了框架性的规定：互联必须建立在最惠国待遇的基础上；技术标准和说明以及其他条件必须是透明的、合理的，并具有经济上的可行性；收费应在成本的基础上合理进行；成员方应建立独立的国内机构来处理有关基础电信服务的争端。

第三，许可证授予保持透明。电信服务的许可证授予程序可能成为进入市场的程序性壁垒，因此《参考文件》规定，各成员应当保证：（a）明确公开通常获得许可证的条件和申请许可证所需的时间；（b）对每项具体申请许可证的条款和条件要明确；（c）应公众要求，对于一项许可证申请的拒绝需提供明确的参照标准、条件和理由。

第四，独立的监管机构。各成员的电信市场监管机构应与任何基础电信服务提供者相分离。此项规定的目的在于保证监管机构在制定法规、授予许可证或者解决争端时，对所有市场参与者都是公正的，不受任何经济或政治利益的影响。

第五，稀缺资源公正的分配与使用。在电信服务中，广播波段、移动号码号段等都属于稀缺资源。对这些资源的分配和使用都要以客观的、及时的、透明的和非歧视的方式进行。

第六，普遍服务。普遍服务（Universal Service）是指向大众提供普及化的电信服务，它包含了向偏远地区和低收入地区提供电信服务的要求。这样的目标在自由竞争的市场结构下可能是无法实现的。因此，很多国家为实现普遍服务的目的而采用一定的限制或者补贴措施。《参考文件》允许成员采取必要的措施以实现普遍服务，条件是这些“必要措施”的目的不能是限制竞争，并保证管理透明、非歧视和保持中立。

第七节　空运服务多边贸易规则

在空运服务部门，GATS 目前仅仅适用于飞机的维修和保养、空运服务的销售和营销以及计算机预订系统等 3 项服务。此外，WTO 的争端解决机制也只有在涉及各成员具体承担的义务时方能引用。本节主要介绍 WTO 对空运服务的界定和乌拉圭回合在空运服务领域的谈判成果。

一、空运服务的界定

按照 WTO 服务贸易理事会评审认可的《国际服务贸易分类表》，空运服务应当包括客运、货运、包机出租、飞机维修、空运的支持服务等方面（见表 8.4）。根据 GATS《关于空中运输服务的附件》的定义：（1）“航空器的修理和保养服务”指在航空器退出服务的情况下对航空器或其一部分进行的此类活动，日常维修不包括在内；（2）“空运服务的销售和营销”指有关航空承运人自由销售和推销其空运服务的机会，包括营销的所有方面，如市场调查、广告和分销，但这些活动不包括空运服务的定价，也不包括适用条件；（3）“计算机预订系统（CRS）服务”指由包含航空承运人的时刻表、可获性、票价和定价规则等信息的计算机系统所提供的服务，可通过该系统进行预订或出票。

表 8.4　空运服务在 WTO《国际服务贸易分类表》中的位置

一、商业服务。……	C. 空运服务
二、通信服务。……	a. 客运 (731)[1]
三、建筑及有关工程服务。……	b. 货运 (732)
四、销售服务。……	c. 带有机组人员的航空器租赁 (734)
五、教育服务。……	d. 航空器的保养与维修 (8868)
六、环境服务。……	e. 空中运输支持服务 (746)
七、金融服务。……	D. 空间运输
八、健康与社会服务。……	E. 铁路运输服务。……
九、与旅游有关的服务。……	F. 公路运输服务。……
十、娱乐、文化与体育服务。……	G. 管道运输。……
十一、运输服务	H. 所有运输方式的辅助性服务。……
A. 海运服务。……	I. 其他运输服务
B. 内河航运。……	十二、其他服务。……

注 1：括号内是相对应的联合国中心产品分类（CPC）

资料来源：杨斐. WTO 服务贸易法. 北京：中国对外经济贸易出版社，2003：85.

二、乌拉圭回合关于空运服务的谈判结果

乌拉圭回合达成的涉及空运服务方面的协定包括《服务贸易总协定》和 GATS《关于空中运输服务的附件》（以下简称《空运附件》）。GATS 作为服务贸易领域的

多边框架协议，其在原则上涵盖了WTO所定义的所有12个服务部门。GATS所确立的最惠国待遇、透明度、发展中成员更多参与、市场准入与国民待遇等基本原则，原则上适用于空运服务贸易领域。但是考虑到空运服务本身的特殊性质，《空运附件》规定了一些例外，或者将一些内容暂时排除在GATS的适用范围之外。《空运附件》主要内容有以下三点。

（一）《空运附件》的适用范围

《空运附件》的适用范围在附件的第1款、第2款和第3款中都有所体现。附件适用于影响定期或不定期空运服务贸易及附属服务的措施，包括影响以下各项的措施。（1）航空器的修理和保养服务；（2）空运服务的销售和营销；（3）计算机预订系统（CRS）服务。

各方确认，在GATS项下承担的任何具体承诺或义务不得减少或影响一成员在《建立世界贸易组织的协议》（简称《WTO协议》）生效之日已生效的双边或多边协定项下的义务。并且GATS，包括其争端解决程序，不适用于空运交通权（Air Traffic Right）或与该交通权的直接行使有关的服务的措施。传统上，“交通权”主要通过国家间的双边协定来管辖，它指以有偿或租用方式，往返于一成员领土或在该领土之内或之上经营和/或运载乘客、货物和邮件的定期或不定期服务的权利，包括服务的地点、经营的航线、运载的运输类型、提供的能力、收取的运费及其条件以及指定航空公司的标准，如数量、所有权和控制权等标准。

（二）对市场准入的规定

《空运附件》第4款规定：“本协定（GATS）的争端解决程序只有在有关成员已承担义务或具体承诺、且双边和其他多边协定或安排中的争端解决程序已用尽的情况下方可援引。”也就是说，GATS争端解决程序适用于空运服务贸易争端需要下列几个条件：（1）争端双方都是WTO成员；（2）被诉成员已对争端涉及的服务内容或服务提供方式作出减让承诺；（3）可能使用的双边和其他多边协定或安排中的争端解决程序已经用尽。

这说明，一成员在其承诺开放的空运服务贸易领域，除非在其减让承诺表中列明，应当在合理的和非歧视的基础上给予外国服务和服务提供者进入市场的权利，否则将被视为违反了GATS规定的义务或者其具体承诺，有可能被诉诸GATS争端解决程序。

航空运输涉及敏感的“领空主权”问题，这在传统上是由国家间通过签订双边航空协定来解决的。GATS认识到这些双边航空协定或安排在解决航空服务贸易争端中的重要作用，因此规定只有当可能援引的双边和其他多边协定或安排中的争端解决程序已经用尽时，才可以援用 GATS 争端解决程序。

（三）定期审查制度

《空运附件》第 5 款规定，服务贸易理事会应定期且至少每 5 年审议一次空运部门的发展情况和该附件的运用情况，以便于考虑将 GATS 进一步适用于空运部门的可能性。这为 GATS 在《空运附件》的基础上进一步推动空运服务贸易多边谈判，促使 WTO 成员进一步通过减让承诺开放空运服务市场，逐步实现空运服务贸易自由化提供了法律依据。

第八节 海运服务贸易多边规则

海运服务业有着漫长的发展历史，而且对于各国国家安全、经济增长有着举足轻重的意义。传统上，国家之间往往出于政治、经济上的考虑而签订双边海运协定。此外，各国和一些国际性组织也都制定了比较完备的海运政策。本节主要介绍 WTO 体制下国际海运服务贸易谈判的历程和进展，并介绍影响海运服务贸易谈判的国际条约和各成员方国内海运政策，此外也涉及一些多哈回合海运服务贸易谈判的背景资料。

一、海运服务贸易多边规则的适用范围

根据 WTO 成员方提出的 4 个参照基准（即跨越国界的过境流动，服务目的的具体性，交易的连续性和服务时间的有限性），《服务贸易总协定》确定的服务贸易的范围可以分为 12 大类别，海运服务包括在交通运输服务大类中。按照《国际服务贸易分类表》的分类，海运服务包括：客运、货运、船舶包租、船舶的维护与修理、推船与拖船服务以及海运的支持服务等（见表 8.5）。在进一步的多边谈判中，又规定各成员的具体承诺应针对 3 个方面作出，即国际海运服务、海运附属服务和港口设施进入与使用的便利化。

根据 GATS 对服务贸易按跨境提供、境外消费、商业存在和自然人流动的分类，国际海运服务应当包括旅客及货物的国际班轮运输服务、租船运输服务、港口设施提供服务、各种辅助性服务、境外设立海运服务企业或分支机构、海员雇用服务等方面。

班轮运输是指船舶按事先制定的船期表在特定的航线上，按既定的顺序挂靠港口

进行经营的船舶运输服务。租船运输又称不定期船运输，没有预定的船期表，船舶经由航线和停靠的港口也不固定，须按照船租双方签订的租船合同来安排。租船运输服务根据其特点可以细分为航次租船、包运租船、期租船和光租船等几种形式。

海运辅助服务包括船舶代理、货运代理、装卸、仓储、集装箱场站、结关等业务，其中海运代理服务是其主要方面，包括货运代理、海运经纪和船舶代理等业务。货运代理接受进出口货物收货人或发货人的委托，以委托人或自己的名义，为委托人办理国际货运及相关业务并收取服务报酬。货运代理为货主办理租船订舱、货物仓储、货物的监装监卸、集装箱拼装拆箱、国际多式联运、报关报检、办理货物保险、缮制单证等业务。船舶代理人接受船舶经营人或船舶所有人的委托，为他们在港船舶办理各项业务和手续。比如为委托人揽货，办理装卸货物地手续，代理保管货物和向收货人交付货物，为船舶补充燃料、淡水和食品，以及代办船舶修理、船舶检验、集装箱跟踪管理，等等。海运经纪人以中间人的身份代办洽谈业务，促使承运人与托运人之间交易的成交。

港口服务在传统上包括两大类：港湾业务和港岸业务。港湾业务包括拖航、加油、给水给养、引航、维修、系泊、救难、安检、卫生检疫以及船舶检查等。港岸业务包括船舶装卸、货物转运等。

表 8.5　海运服务在《国际服务贸易分类表》中的位置

一、商业服务。……	
二、通信服务。……	
三、建筑及有关工程服务。……	
四、销售服务。……	
五、教育服务。……	
六、环境服务。……	
七、金融服务。……	
八、健康与社会服务。……	
九、与旅游有关的服务。……	
十、娱乐、文化与体育服务。……	
十一、运输服务	
A. 海运服务	
a. 客运	(7411)[1]
b. 货运	(7212)
c. 船舶包租	(7213)
d. 船舶的维护与修理	(8868)
e. 推船与拖船服务	(7214)
f. 海运的支持服务	(745)
B. 内河航运。……	
C. 空运服务。……	
D. 空间运输	
E. 铁路运输服务。……	
F. 公路运输服务。……	
G. 管道运输。……	
H. 所有运输方式的辅助性服务。	
……	
I. 其他运输服务	
十二、其他服务。……	

注 1：括号内是相对应的联合国中心产品分类（CPC）

资料来源：杨斐．WTO 服务贸易法．北京：中国对外经济贸易出版社，2003：85

二、海运服务多边谈判进程

乌拉圭回合海运服务谈判进入实质性阶段以来，经过艰苦的谈判仍然没有达成最终协议。1994 年 4 月，在结束乌拉圭回合的部长级会议上，各缔约方同意继续就海运服务展开范围广泛的谈判。但到了 1996 年 6 月，谈判各方仍然没能达成一致。为推进海运服务贸易的自由化，各成员方同意在新一轮多边贸易谈判中，在现有各方报价的基础上恢复谈判。

（一）乌拉圭回合海运服务谈判

乌拉圭回合海运服务谈判自 1991 年起进入实质性阶段，共有大约 50 多个缔约方参加。谈判以多边形式进行，中间穿插着双边谈判。谈判集中在国际海运、海运辅助服务和港口服务 3 个方面。各方都对谈判表现出极大的重视，但各方对谈判结果的期望值差异较大。由于谈判方之间分歧较大，最终只有 32 个成员方对海运服务作出了承诺，而欧盟、美国及大多数 OECD 国家都撤回或者削减了最初的报价。到 1994 年 4 月乌拉圭回合谈判结束，各方仍未就海运服务达成一致，仅仅通过了一项《关于海运服务谈判的部长级决议》。其主要内容包括：（1）在 GATS 框架内在自愿的基础上进行范围广泛的谈判，逐步取消海运服务贸易限制措施；（2）设立“海运服务谈判组”（Negotiating Group on Maritime Transport Service，简称 NGMTS）负责后续谈判；（3）海运服务谈判应当对所有成员方开放；（4）海运服务谈判组应当在 1994 年 5 月 16 日之前举行第一次谈判会议，在 1996 年 6 月底之前应当结束谈判并提交报告，并决定谈判结果实施的日期；（5）谈判结束以前，暂停实施海运服务方面的最惠国待遇义务，谈判结束前，各成员有权修改、改进和撤销乌拉圭回合中对海运服务所作的任何承诺，而不必提供任何补偿；（6）谈判结果实施日期之前，除非为反击其他成员方做出的对立措施以外，各成员不得实施影响海运服务的措施。

（二）乌拉圭回合后续谈判

由于在乌拉圭回合谈判过程中未能就海运服务贸易达成一致协议，各成员在马拉喀什（摩洛哥城市）会议上同意在《WTO 协议》生效以后继续就海运服务贸易展开谈判。乌拉圭回合中共有 32 个成员方就海运服务作出了承诺（此后又有 5 个成员作出类似的承诺），但一些主要的谈判参加方并没有作出承诺。各成员同意未来的谈判应当致力于在国际海运服务、海运附属服务和港口设施进入与使用的便利化等方面优化承诺，以便于在特定的时限内取消限制。《关于海运服务谈判的部长级决议》和

GATS《海运服务谈判附件》要求后续谈判应于1996年6月30日前结束。根据《关于海运服务谈判的部长级决议》设立了海运服务谈判组以推进谈判。谈判组自1994年4月成立以来共举行了16次会议，共有42个成员方（欧盟为一个谈判方）参加谈判，另外还有16个成员方作为观察员参加。

1995年6月底，在充分交换意见的基础上，谈判方开始提交关于海运服务承诺的“报价”（offer）草案。总共有24个成员方提交书面材料，对海运服务市场准入作出有条件承诺。由于美国认为其他成员的报价过低而不愿作出承诺，大部分成员撤回了报价。另外，奥地利和多米尼加共和国在谈判后期撤回了它们在乌拉圭回合中作出的承诺。

1996年6月28日的会议上，谈判组决定中止谈判，同时作出一项关于海运服务的决议，这一决议后来被服务贸易理事会所采纳。决议内容有以下4个方面。① 决定暂时中止谈判，并将在下一轮全面谈判（多哈回合）中恢复，并且不得晚于2000年恢复。② 对于GATS第2条义务的中止将持续到下一轮谈判结束，在此期间成员方不必就最惠国待遇豁免提出申请。③ 谈判的恢复将在现有报价或者优化承诺的基础上开始。虽然现有报价并不具有法律约束力，但谈判成员一致认为从现有承诺或者优化的承诺基础上继续谈判相对于从零开始而言，具有重要的政治意义。④ 各方同意，除非为反击其他成员做出的对立措施以外，任何成员不得增加海运服务贸易限制而增强其在未来谈判中的地位。这一“和平条款”的目的在于防止成员在海运服务领域采用新的限制措施。

（三）多哈回合海运服务贸易谈判的背景

从1996年6月海运服务谈判组宣布谈判暂停到2001年多哈回合开始的5年中，世界海运服务得到了巨大的发展。除了载货规模不断扩大以外，多式联运等新式运输方式迅速发展；随着信息技术的进步，电子交易在海运服务中的应用也日益广泛和深入；海运安全与环境保护问题也凸显出来。此外，与国际海运服务有关的多边规则、双边规则和国内法规都有新的变化。

应在2001年3月27日至28日举行的服务贸易理事会特别会议要求，2001年10月，服务贸易理事会发布了《有关海运服务贸易谈判背景资料的报告》①，该报告是对1998年版本（S/C/W/62）的改进与修订。报告对多哈回合海运服务贸易谈判所立足的背景进行了总结与概括，供谈判各方参考（见案例8.2）。

---

① 见 Council for Trade in Services. Maritime transport services: background note by the Secretariat:, Special Session, S/CSS/W/106, 4 October 2001.

案例8.1 《基础电信协议》成员减让承诺情况

根据协议，各成员将从1998年开始对其他成员分期分批开放电信市场，涉及话音、数据传输、电传、电报、传真、专线、固定和移动卫星系统和业务、移动电话、移动数据传输、寻呼和个人通信等方面的市话、长途和国际电信服务。各成员减让承诺情况如下：

第一，市场准入和国民待遇承诺方面。

55个成员承诺允许开放本地业务；52个成员承诺允许开放国内长途业务；56个成员承诺允许开放国际长途业务；42个成员承诺允许开放公众话音业务转售；63个成员承诺允许开放数据传输业务；60个成员承诺允许开放陆地移动通信业务；59个成员承诺允许开放其他陆地移动通信业务（包括PCS①、寻呼和移动数据）；51个成员承诺允许开放移动卫星业务/容量；50个成员承诺允许开放固定卫星业务/容量；55个成员承诺允许开放专线出租业务；40个成员在1998年至2003年之间允许外资所有或控制全部的电信业务和设施；7个成员在2003年之后允许外资所有或控制全部的电信业务和设施；10个成员允许外资所有或控制部分电信业务和设施；11个成员不允许外资所有或控制电信业务和设施。

第二，关于管制条例的承诺②方面。

53个成员承诺接受全部管制条例；8个成员承诺接受部分管制条例；3个成员承诺将来接受管制条例；5个成员没有作出相关承诺。

案例8.2 国际海运服务贸易谈判的事实背景

应在2001年3月27日至28日举行的服务贸易理事会特别会议要求，2001年10

① PCS是Personal Communications Service的缩写，意思是“个人通信服务”。在美国，美国联邦通信委员会（FCC）使用这个术语专指在美国部署的数字蜂窝技术。PCS包括CDMA，GSM和TDMA等。

② 关于管制的条例包括：管制应有一定的透明度；管制机构应独立于电信运营商；禁止反竞争的交叉补贴；不得滥用从竞争对手处获得的信息；占主导地位的公司应及时提供关于主要设施的技术信息和有关的商业信息；保证网间互联；普遍服务和有限电信资源的管理。

月，服务贸易理事会发布了《有关海运服务贸易谈判背景资料的报告》，该报告是对1998年版本（S/C/W/62）的改进与修订。报告对多哈回合海运服务贸易谈判所立足的背景进行了总结与概括。这些事实背景主要包括以下几个方面。

第一，国际海运的发展状况。

海运仍然是最重要的国际运输方式；1999年世界海运载货量达到52.3亿吨，连续14年保持增长；1997—1999年，海运贸易的地区结构几乎没有变化（见图8.2）。

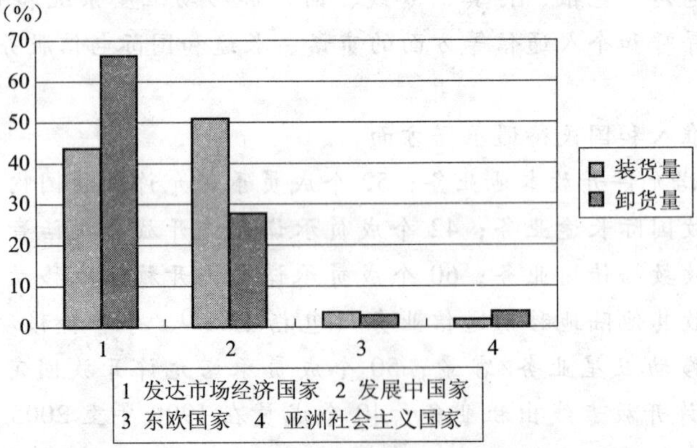

图8.2 1999年世界海运贸易地理结构（%）

资料来源：UNCTAD. Secretariat on the basis of data supplied by reporting countries and specialized sources.

第二，市场准入与自由化政策。

多边规则方面：自1998年11月以来，WTO原有成员没有提交新的承诺，10个新成员均提交了海运服务承诺；到2001年10月，《联合国班轮公会行动守则公约》成员已达到78个；到2001年10月，《联合国海洋货物运输公约》成员已达到26个；2001年6月，国际商会签署《WTO有关海运服务谈判的文件》①。

区域规则方面：2000年，OECD海运委员会签署了"共同海运原则"（Common Shipping Principles）的新原则②；1998年，OECD与非成员方达成了《OECD与非成员方有关海运原则方面的谅解》；2000年，OECD海运委员会进一步邀请埃及、印度等国家参加有关海运服务的专题讨论。

① 该文件呼吁各方应在GATS框架内，通过消除海运服务方面的各项限制性措施，以及提供大部分国家和地区参与的、非歧视性的市场准入，从而实现海运服务市场的实质性自由化。

② 这些新原则于1999年达成，包括：海运辅助服务的准入与使用；多式联运服务的准入与使用；与安全、环境以及海运标准有关的措施。

国内立法方面：韩国在1998—1999年间，修改了《海洋运输法》，取消了远洋运输、货物归类以及对大货主对海运投资的限制，允许外资在韩并购或设立新海运企业；在世界银行要求下，一些西非国家也通过各种方式推进海运服务自由化政策。

第三，港口服务与其他辅助服务。

1998年9月，联合国贸发会议出版了《有关港口辅助服务私有化方面的政府与港口当局行为指南》；2000年，OECD通过涉及海运辅助服务的“共同海运原则”第14个原则；1997年10月，日本内河运输协会、日本港口运输协会、日本船主委员会以及交通部达成协定，增加港口服务与海运辅助服务方面的透明度与简化程序。

第四，竞争政策。

评审期间，一些成员对于班轮联营、联盟、公会①等享受的反垄断法豁免待遇予以重新考虑；1999年，OECD秘书处发布“对改革管制的评论”，支持对班轮公会的价格体系适用反垄断法；1999年5月，美国《1998年海运改革法》正式生效；评审期间，日本重新评估《反垄断法》，并修改了《海运法》；1999年，加拿大重新评估了《1987年班轮公会豁免法案》。

第五，政府扶持措施。

各国仍然广泛使用各种扶持措施；1998年和2000年，德国与英国分别实行吨位税；1998年，爱尔兰为每个海员提供5 000英镑的税收补贴；1998年，韩国设立第二次注册制度，允许雇用外国船员。

第六，安全措施。

评审期间，国际海事组织（IMO）的几项条约修正案开始生效；2000年，OECD通过了《有关安全、环境以及不合标准的海运的措施》；2000年6月，英国、西班牙、法国和新加坡建立情报共享体制，搜集与国际货物运输安全有关的各种信息；随后，美国和日本加入情报共享体制。

第七，班轮运输。

评审期间，班轮运输的集中化趋势明显；2000年，全球最大的20家班轮公司的全球市场占有率达到了近70%（1997年的占有率不足50%）。

---

① 班轮公会是指在国际海上货物运输中，主要海运国家和地区经营班轮运输的航运公司为保护和协调彼此间的权益而组成的航运垄断组织。班轮公会的任务是规定共同遵守的最低运价；通过对船舶发航次数、船舶吨位和挂靠港口的限制，控制会员公司之间的竞争；采用折扣、回扣、延期回扣和合同优惠等办法给货主一定优惠，以控制货源，排挤会外航运公司和垄断航线上的班轮业务。

复习思考题

1. GATS 的宗旨和基本框架是怎样的？
2. GATS 的适用范围是怎样的？
3. GATS 对服务贸易的定义是怎样的？
4. 《服务贸易总协定》的基本规则有哪些？
5. 《服务贸易总协定》的特定义务有哪些？
6. 《服务贸易总协定》一般例外与安全例外有哪些？
7. 请简述《服务贸易总协定》紧急保障措施例外。
8. 请简述《服务贸易总协定》保障国际收支例外。
9. 请简述《服务贸易总协定》政府采购例外。
10. 请简述金融服务贸易多边规则。
11. 《金融服务承诺谅解》的主要内容是什么？
12. 《全球金融服务协定》的主要内容是什么？
13. GATS 电信服务贸易多边规则的基本框架是怎样的？
14. 《基础电信协议》的主要内容是什么？
15. 空运服务多边贸易规则的主要内容是什么？
16. 海运服务贸易多边规则的主要内容是什么？

第九章　中国服务贸易的发展

本章摘要

GATS有关服务贸易的分类法具有里程碑意义，但也对服务贸易的统计工作提出了新的要求。从实践的角度来看，国际货币基金组织与世贸组织这两大世界经济组织对服务贸易的统计数据都来源于各国的国际收支平衡表。

中国服务贸易的发展阶段，中国服务贸易的进出口规模，中国服务贸易的逆差情况，中国服务贸易的结构。

中国分项目的服务贸易差额是不断变化的。从近两年的服务分项目进出口差额看，中国服务贸易的主要逆差项目包括运输服务、专有权利使用费和特许费、旅游、保险服务。

截止到2010年，中国服务贸易的主要顺差项目包括其他商业服务，建筑服务，咨询、计算机和信息服务。

从近年中国的服务贸易分项目进出口差额来看，中国服务贸易的小规模项目包括通信服务、金融服务、广告宣传和电影音像，进出口差额的绝对值大多在10亿美元之下。

第一节　服务业和服务贸易

一个国家服务业的发展与这个国家服务贸易的发展有紧密的关系，同时它们之间又互相影响。

一、服务业的定义

按照目前国际通行的产业概念，服务业是指除农业、工业和建筑业以外的其他所有行业。随着经济社会不断发展，三次产业不断融合，服务行业交叉叠加，服务业的外延不断拓宽，对于不同的国家、地区及不同的发展阶段，服务业的内容往往也有所不同，对服务业内涵的准确界定国内外尚无统一标准。在中国国民经济核算实际工作中，将服务业视同为第三产业，即将服务业定义为除农业、工业之外的其他所有产业部门。但随着产业不断融合，目前在农业、工业、建筑业中的部分服务业，尚未纳入第三产业统计范畴，因此事实上服务业与第三产业是有区别的，服务业的范畴大于第三产业统计范畴。

二、中国服务业的基本情况

改革开放以来，中国服务业发展迅速，一些新兴的服务业从无到有，基本形成了较为完整的服务业体系。1978 年到 2010 年的 30 多年间，服务业平均增速超过 10%，高于同期国内生产总值的平均增长速度。2010 年，中国第三产业约占中国国内生产总值（GDP）的 43.1%，虽然相比 2001 年第三产业占中国国内生产总值 40.5% 有所

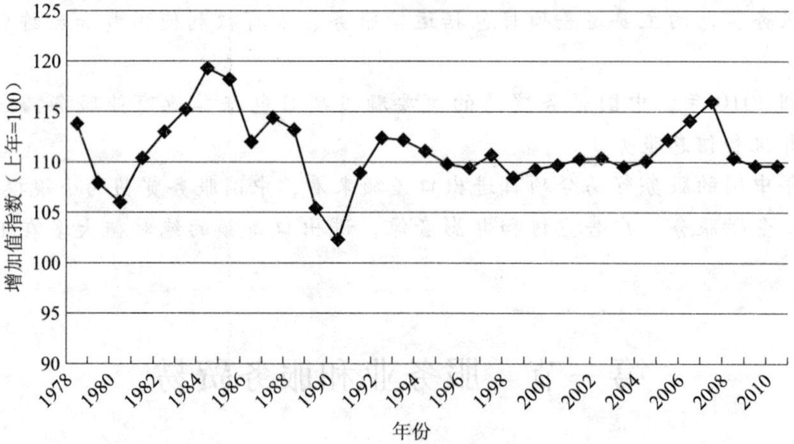

图 9.1　1978—2010 年中国第三产业增加值指数

注：数据按当年价格计算。

资料来源：《中国统计年鉴 2011 年》，中华人民共和国国家统计局编。http：//www.stats.gov.cn/tjsj/ndsj/2011/indexch.htm。

增长，但是全世界发展中国家服务业占国内生产总值的比重平均为52%①，中国第三产业占国内生产总值的比重还是偏低。2010年，中国服务业主要包括批发和零售（占全部服务业的20.7%），房地产（占全部服务业的12.9%），金融（占全部服务业的12.1%），交通运输、仓储和邮政（占全部服务业的11.0%），住宿和餐饮（占全部服务业的4.7%），和其他服务（租赁和商务服务，科学研究、技术服务和地质勘查，水利、环境和公共设施管理，教育，卫生、社会保障和社会福利，文化、体育和娱乐，公共管理和社会组织，居民服务等，共占全部服务业的38.7%）。相关统计数据见图9.1、表9.1、图9.2。

表9.1　　2001—2010年中国国内生产总值构成　　(%)

年份	第一产业	第二产业	第三产业
2001	14.391 72	45.052 72	40.455 56
2002	13.742 75	44.789 8	41.467 45
2003	12.797 35	45.968 96	41.233 68
2004	13.393 14	46.225 34	40.381 51
2005	12.123 02	47.366 36	40.510 62
2006	11.113 45	47.958 51	40.938 04
2007	10.769 71	47.338 78	41.891 51
2008	10.731 57	47.546 46	41.821 97
2009	10.333 15	46.341 56	43.425 29
2010	10.103 04	46.754 85	43.142 11

注：本表按当年价格计算。

资料来源：《中国统计年鉴2011年》，中华人民共和国国家统计局编。http://www.stats.gov.cn/tjsj/ndsj/2011/indexch.htm。

① 见WTO，Trade Policy Review Report by the Secretariat People's Republic of China，2006-2-28，p207.

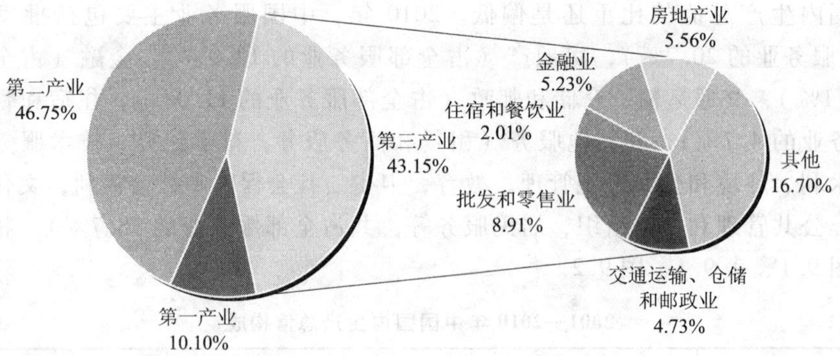

图 9.2　2010 年中国国内生产总值构成

注：数据按当年价格计算。因保留二位小数，末位数字有误差。

资料来源：《中国统计年鉴 2011 年》，中华人民共和国国家统计局编。http：//www. stats. gov. cn/tjsj/ndsj/2011/indexch. htm。

三、服务贸易的模式和统计

随着服务业在全球的崛起，1986 年 9 月开始的关贸总协定乌拉圭回合谈判首次将“服务贸易”列入谈判议题，从而引发了全球研究服务贸易的热潮。此次谈判的重要结果是产生了《服务贸易总协定》（General Agreement on Trade in Services, GATS)。GATS 将服务贸易按提供方式分为 4 种形式：(1) 从一成员境内向任何其他成员境内提供的服务，即过境交付；(2) 在一成员境内向任何其他成员的服务消费者提供的服务，即境外消费；(3) 一成员的服务提供实体通过在其他任何成员境内商业存在的方式所提供的服务，即商业存在；(4) 一成员的自然人在任何其他成员境内提供的服务，即自然人流动。

GATS 有关服务贸易的分类法具有里程碑意义，但也对服务贸易的统计工作提出了新的要求。从实践的角度来看，国际货币基金组织与世贸组织这两大世界经济组织对服务贸易的统计数据都来源于各国的国际收支平衡表（Balance of International Payments, BOP）的统计，这种分类和 GATS 最大的不同在于“商业存在”这种模式几乎被排除在了统计之外。由于 BOP 对于居民的定义是在所在国居住达到一定时间即可，因此对商业存在这类生产者移动至消费国的服务贸易统计存在极大的不足。

四、中国服务贸易的发展阶段

中国是一个发展中大国，虽然服务行业开放的时间相对较晚，但立足于自身优势，服务贸易取得较快发展。我们可以把中国的服务贸易发展大致分成三个阶段：第一阶段（1949—1979 年）中国服务贸易额极小。在这一阶段，中国的服务业发展较慢，同时中国还没有对外开放，所以在这个阶段中国几乎没有服务贸易。第二阶段（1980—2001 年）中国服务贸易得到较快发展。中国进行改革开放后，服务业的发展得到政府大力支持，服务贸易得到迅速发展，在 1982 年中国的服务贸易进出口总额只有 44 亿美元，占世界服务贸易总额的比重仅为 0.6%，而 2001 年中国服务贸易的进出口总额已经达到 719 亿美元（见图 9.3），占世界服务贸易的比重也提高到了 2.4%。第三阶段（2002 年至今）中国服务贸易得到爆发式增长。中国加入世界贸易

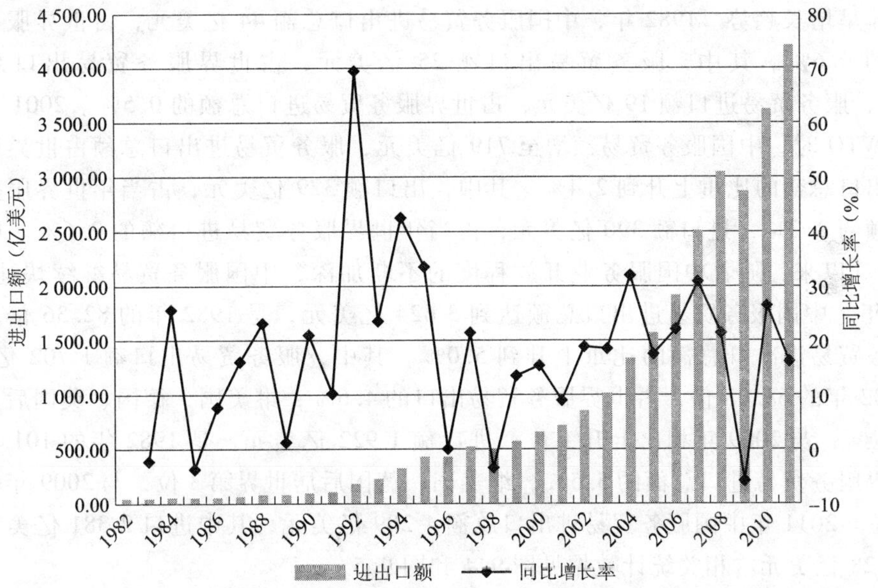

图 9.3　1982—2011 年中国服务贸易进出口额

注：遵循 WTO 有关服务贸易的定义，中国服务进出口数据不含政府服务。

资料来源：① 1982—2010 年资料来源于《中国服务贸易统计 2011》，中国商务部服贸司发布。http：//tradeinservices. mofcom. gov. cn/c/2012 - 06 - 13/98568. shtml。

② 2011 年资料来源于《中国国际收支平衡表》，国家外汇管理局发布。http：//www. safe. gov. cn/model_safe/tjsj/tjsj_detail. jsp？ID = 110500000000000000，49&id = 5。

组织后，服务业领域的开放程度不断扩大，服务贸易增长极快，中国服务贸易的总额不断在提高，创造了一次次的飞跃。2003 年，中国服务贸易进出口总额达到 1 013 亿美元，首次突破 1 000 亿美元大关，进入世界前 10 大服务贸易强国。2008 年中国服务贸易进出口总额突破 3 000 亿美元，2011 年达到了 4 209 亿美元。通过 1982 年至 2010 年间中国服务贸易的发展数据也可以看出，加入世贸以前中国的服务贸易虽然增长很快，但是中国在加入世贸以后服务贸易得到了爆发式增长。

第二节 中国服务贸易的总体情况

一、中国服务贸易的进出口规模

从中国服务贸易进出口额及其占世界服务贸易进出口额的比重来看，中国服务贸易总体呈增长趋势。1982 年，中国服务贸易进出口总额 44 亿美元，占世界服务贸易总额的 0.6%。其中，服务贸易出口额 25 亿美元，占世界服务贸易出口总额的 0.7%，服务贸易进口额 19 亿美元，占世界服务贸易进口总额的 0.5%。2001 年中国加入 WTO 时，中国服务贸易额增至 719 亿美元，服务贸易进出口总额占世界服务贸易进出口总额的比重上升到 2.4%。其中，出口额 329 亿美元，占当年世界服务贸易出口额的 2.2%，进口额 390 亿美元，占当年世界服务贸易进口额的 2.6%。中国加入 WTO 以来，随着中国服务业开放程度的不断加深，中国服务贸易继续快速发展。2010 年，中国服务贸易进出口总额达到 3 624 亿美元，是 1982 年的 82.36 倍，占世界服务贸易进出口总额的比重上升到 5.0%。其中，服务贸易出口额 1 702 亿美元，是 1982 年的 68.08 倍，占世界服务贸易出口的 4.6%，继美国、德国、英国后居世界第 4 位①，与 2009 年相比上升 1 位；进口额 1 922 亿美元，是 1982 年的 101.16 倍，占世界服务贸易进口总额的 5.5%，继美国、德国后居世界第 3 位，与 2009 年相比上升 1 位。2011 年中国服务贸易进出口总额 4 209 亿美元，其中进口 2 381 亿美元，出口 1 828 亿美元。相关统计数据见图 9.4 和图 9.5。

中国服务贸易的增长相对稳定，个别年份出现巨幅波动情况。1992 年中国服务贸易进出口总额增幅最大，为 69.4%；加入世贸组织后，中国服务贸易规模逐渐加大，2002 年到 2008 年间，年均增幅达到 19%，超过同期 GDP 的增长率。中国服务

① 见 WTO 官方网站：http://stat.wto.org/ServiceProfile/WSDBServicePFView.aspx?Language=E&Country=CN。

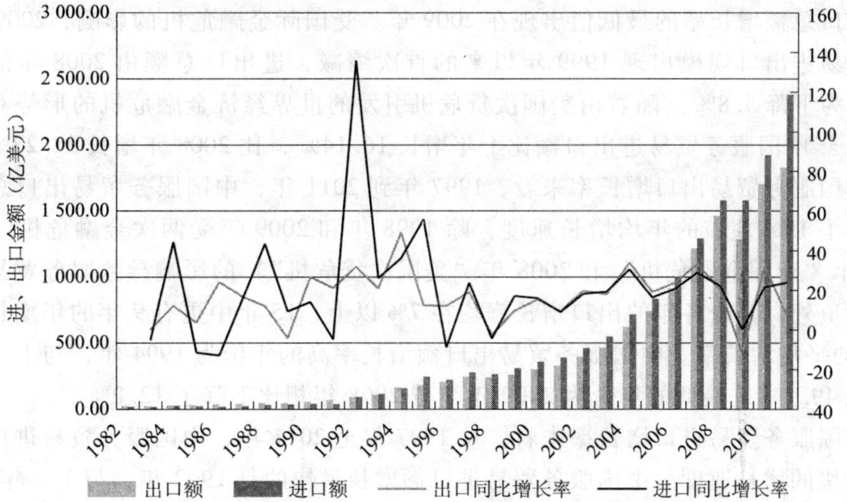

图 9.4 1982—2011 年中国服务贸易进口额和出口额的变化

注：遵循 WTO 有关服务贸易的定义，中国服务进出口数据不含政府服务。

资料来源：① 1982—2010 年资料来源于《中国服务贸易统计 2011》，中国商务部服贸司发布。http：//tradeinservices. mofcom. gov. cn/c/2012 - 06 - 13/98568. shtml

② 2011 年资料来源于《中国国际收支平衡表》，国家外汇管理局发布。http：//www. safe. gov. cn/model_safe/tjsj/tjsj_detail. jsp？ID = 110500000000000000，49&id = 5。

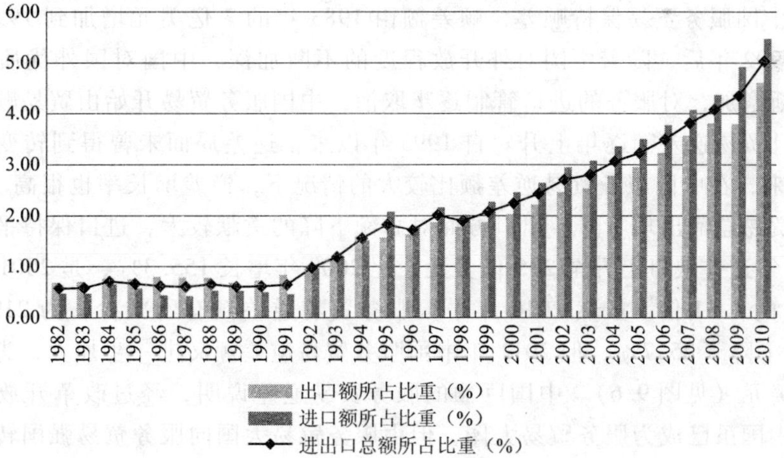

图 9.5 1982—2010 年中国服务贸易额占世界服务贸易总额的比重

注：遵循 WTO 有关服务贸易的定义，中国服务进出口数据不含政府服务。

资料来源：中国商务部服贸司，《中国服务贸易统计 2011》，http：//tradeinservices. mofcom. gov. cn/c/2012 - 06 - 13/98568. shtml。

贸易进出口总额增长率的最低值出现在2009年。受国际金融危机的影响，2009年中国服务贸易进出口规模出现1999年以来的首次缩减，进出口总额由2008年的增长21.4%转为下降5.8%。随着由美国次贷危机引发的世界经济金融危机的形势有所好转，2011年中国服务贸易进出口额比上年增长16.14%，比2008年增长38.23%。

从中国服务贸易出口增长率来看，1997年到2011年，中国服务贸易出口总额整体上保持了15%左右的年均增长速度，除1998年和2009年受两次金融危机（分别是1997年"亚洲金融危机"和2008年"美国次贷危机"）的影响导致服务贸易出口增长率为负外，其余各年的出口增长率均在7%以上，15年中更有9年的年增长率高于15年的平均增长率。中国服务贸易出口额增长率高的年份为1994年，与上一年相比增长了49.1%，最低的年份为2009年，与2008年相比下降了12.2%。

从中国服务贸易进口增长率来看，从1997年至2011年，中国服务贸易进口同样保持了较快的增长速度。中国服务贸易进口额增长最快的是1992年，与上一年相比，服务贸易进口增长了135.9%，最低为1986年，与上一年相比服务贸易进口减少了13.04%。

二、中国服务贸易的逆差情况

从历年中国服务贸易差额情况看，中国服务贸易的逆差现象比较严重。1983—1991年间中国服务贸易保持顺差，顺差额由1983年的7亿美元增加到1991年的30亿美元。1992年后，随着中国对外开放程度的不断加深，中国对国外优质服务产品的需求不断增加，对服务的进口管制逐步取消，中国服务贸易开始由贸易顺差变为贸易逆差，且贸易逆差额逐年上升。自1995年以来，逆差局面未曾得到转变，特别是2007年以来，在中国服务贸易逆差额比较大的情况下，逆差增长率也很高。2009年，中国服务贸易总额出现下降，出口方面对总额下降的贡献较大，进口保持平稳，因此导致2009年逆差缺口上升至295亿美元，比2008年增长155.3%，是2001年中国加入WTO时的4.81倍。虽然2010年中国服务贸易逆差额有所减少，为219亿美元，比2009年下降了25.7%，但2011年中国服务贸易逆差额又进一步加大，为历年之最的552亿美元（见图9.6）。中国巨额的服务贸易逆差说明，经过改革开放三十几年的发展，中国虽已成为服务贸易大国，但由服务贸易大国向服务贸易强国转变尚有很长的一段路要走。

中国在传统服务贸易中的运输服务和其他服务贸易中的很多项目长期处于逆差。旅游服务于2009年出现自1997年以来的首度逆差，并且2010年和2011年逆差缺口持续扩大，长期顺差的局面被打破。1997年至2011年间，保险服务及专有权利服务

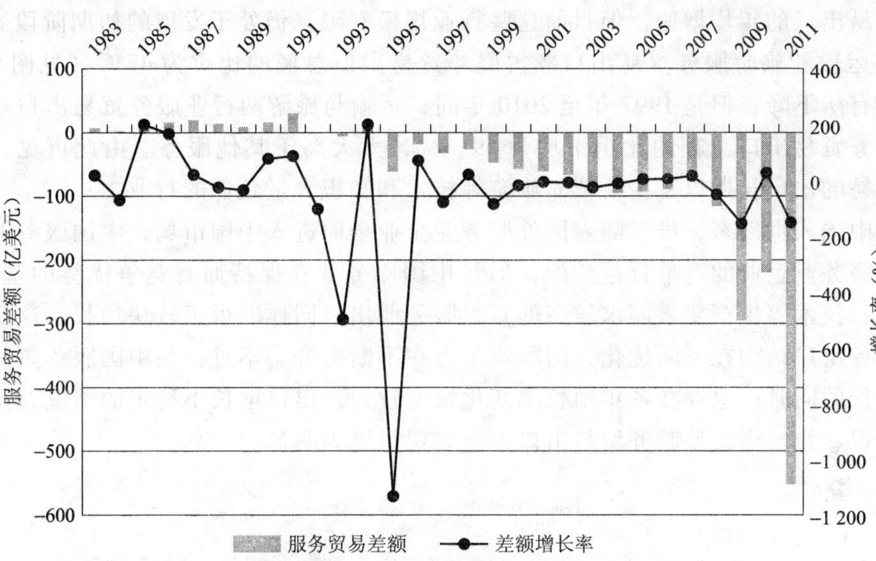

图 9.6 1983—2011 年中国服务贸易逆差情况

注：遵循 WTO 有关服务贸易的定义，中国服务进出口数据不含政府服务。

资料来源：① 1982—2010 年资料来源于《中国服务贸易统计 2011》，中国商务部服贸司发布，http：//tradeinservices. mofcom. gov. cn/c/2012 - 06 - 13/98568. shtml。

② 2011 年资料来源于《中国国际收支平衡表》，国家外汇管理局发布，http：//www. safe. gov. cn/model_safe/tjsj/tjsj_detail. jsp？ID = 110500000000000000，49&id = 5。

③ 1983—1996 年顺差额及增长率数据根据 1983—1996 年中国服务业进出口金额计算所得。

方面长期逆差且逆差缺口较大，金融服务除 2001 年和 2011 年外都处于逆差状态。2011 年中国服务贸易主要逆差类别是运输服务、旅游、保险服务、专有权利使用费和特许费、电影音像，逆差金额分别为 449 亿美元、241 亿美元、167 亿美元、140 亿美元和 3 亿美元。与此同时，中国服务贸易有七类服务实现顺差，其中其他商业服务、建筑服务、咨询、计算机和信息服务在顺差规模上分列前四位，合计实现顺差 431 亿美元。

三、中国服务贸易的结构

从中国服务贸易的出口行业结构来看，以运输服务、旅游服务等传统服务行业为主，而在全球服务贸易额较大的金融、保险、通信、计算机与信息服务、广告宣传和电影音像、专利服务、咨询等技术密集和知识密集的行业，尽管其出口增速高于全国服务贸易出口的年均增速，但目前这些行业规模有限，仍处于发展的初期阶段。2010年中国运输和旅游服务贸易出口额占服务贸易出口总额的比重为47%（见图9.7），比往年有所下降，但是1997年至2010年间，运输与旅游两行业服务贸易出口额所占中国服务贸易出口总额的比重平均为59.3%，大大高于其他服务。由此可见，中国服务贸易的出口长期以来主要依靠旅游等技术和知识含量较低的行业。

自中国入世以来，虽然随着国外服务业企业全面进入中国市场，中国服务业企业与国外服务业企业的竞争日益激烈，但是中国服务业在保持原有竞争优势的基础上，对资本、技术等生产要素需求较高的新兴服务业出口同样取得了较快增长，这反映出中国服务出口结构在不断优化，国际竞争力在不断提升。不过，在中国服务贸易出口快速增长的同时，也存在各年增长率变化幅度较大，出口增长不稳定的情况，这一现象在知识、技术密集型服务贸易出口方面表现得更为明显。

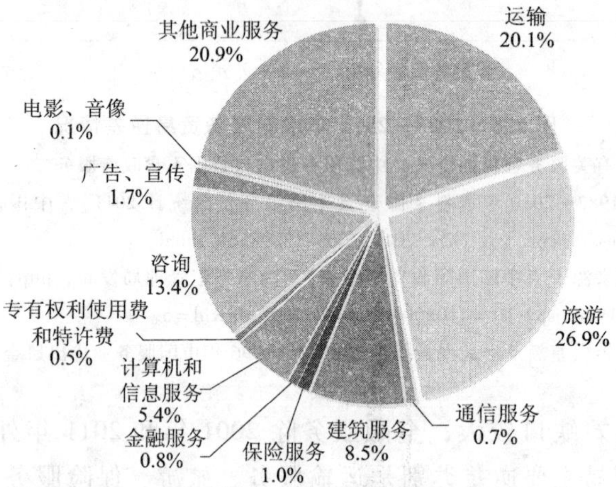

图9.7　2010年中国服务贸易出口结构

注：遵循WTO有关服务贸易的定义，中国服务进出口数据不含政府服务。

资料来源：中国商务部服贸司，《中国服务贸易统计2011》，http：//tradeinservices.mofcom.gov.cn/c/2012-06-13/98568.shtml。

从中国服务贸易的进口行业结构来看，近年来传统服务进口变化不大，传统服务行业所占比重同样大大高于其他商业服务，同时，新兴服务进口增长迅速。1997年至2010年间，运输与旅游两行业服务贸易进口额所占服务贸易进口总额的比重平均为60.71%，大大高于其他服务。2010年运输和旅游服务贸易进口额所占比重为61.5%（见图9.8），与历年平均值相比略有增高。新兴服务贸易进口逐年增加，特别是保险、专有权利使用费和特许费、咨询等部门的增长更加明显，所占份额在

2010 年分别达到了 8.2%、6.8% 和 7.9%，大大缩小了与其他商业服务的差距。这表明，加入 WTO 以后，中国新兴服务业与国外先进水平相比还有较大的差距，对国外的依赖性相对较强，中国对需要大量资本、技术和管理经验等生产要素的新兴服务的需求在不断加大，与出口相比，这些服务项类在中国服务贸易进口中占了相对更大的份额。

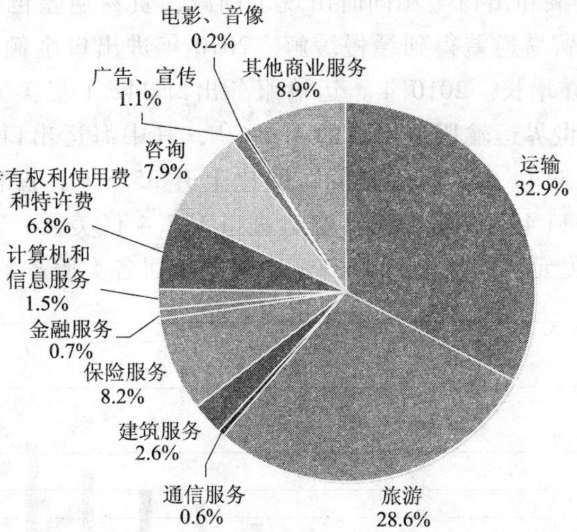

图 9.8 2010 年中国服务贸易进口结构

注：遵循 WTO 有关服务贸易的定义，中国服务进出口数据不含政府服务。

资料来源：中国商务部服贸司，《中国服务贸易统计 2011》，http://tradeinservices.mofcom.gov.cn/c/2012-06-13/98568.shtml。

总的来说，中国国内服务的生产仍以劳动密集型为主导，以知识技术为投入要素的服务生产能力相对不足，因而为满足国内知识型服务需求不得不通过服务进口这一途径。传统服务贸易在进出口两方面都占据着主要地位，与发达国家其他商业服务贸易在进出口方面都占主导的局面不同。这显示出中国在其他商业服务行业的进出口发展能力有待提高，从而可能影响了中国在国际服务贸易分工格局中的利益。

第三节 中国服务贸易的主要逆差项目

中国分项目的服务贸易差额是不断变化的。从近两年的服务分项目进出口差额看，中国服务贸易的主要逆差项目包括运输服务、专有权利使用费和特许费、旅游、保险服务。其中，保险服务的具体情况将在第十章介绍。

一、中国运输服务贸易

运输服务在中国服务进出口中长期处于逆差。由于两次金融危机的影响，1998年和2009年进口金额和出口金额同时出现了削减，贸易逆差也再次扩大。2006年到2008年间，运输的贸易逆差得到缓慢缓解。2010年进出口金额又有所回升，中国运输服务贸易逆差仍在增长。2010年，运输服务出口342.1亿美元（见图9.9），比上年上升45.2%，占世界运输服务出口的4.4%①，其中海运出口229.3亿美元，空运出口98.9亿美元；进口632.6亿美元，同比上升35.8%，占世界运输服务进口的6.6%，其中海运进口492.9亿美元，空运进口117.4亿美元；2010年中国运输服务贸易逆差290.5亿美元，同比上升26.2%，逆差额居各类服务贸易之首。

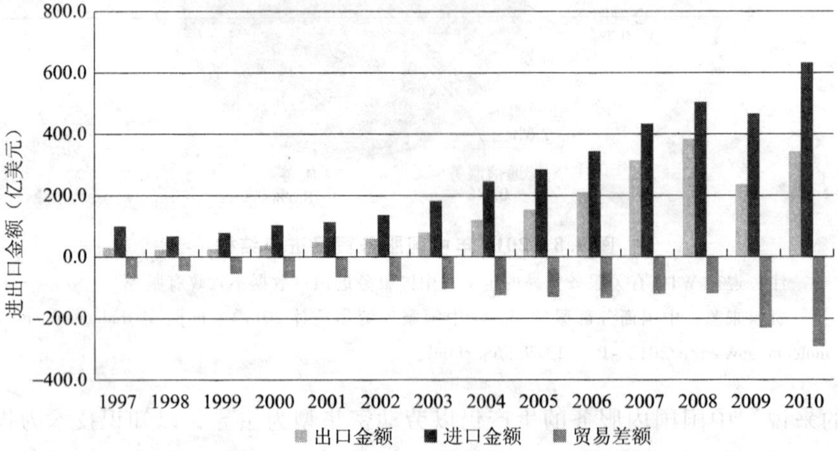

图9.9 1997—2010年中国运输服务贸易进出口金额

注：遵循WTO有关服务贸易的定义，中国服务进出口数据不含政府服务。

资料来源：《中国服务贸易统计2011》，中国商务部服贸司发布。http：//tradeinservices.mofcom.gov.cn/c/2012－06－13/98568.shtml。

从中国运输服务贸易进出口增长率的变化可以清晰地看出两次金融危机对运输进出口的影响（见图9.10）。中国运输服务贸易的进出口增长率在1998年和2009年都为负值，1999年至2008年间，运输进出口的增长率保持了基本稳定。2010年，金融危机得

① 见WTO官方网站：http：//stat.wto.org/ServiceProfile/WSDBServicePFView.aspx？Language＝E&Country＝CN。

到缓解，运输进出口又快速增长，进口增长率达到35.82%，出口增长率达到45.15%。

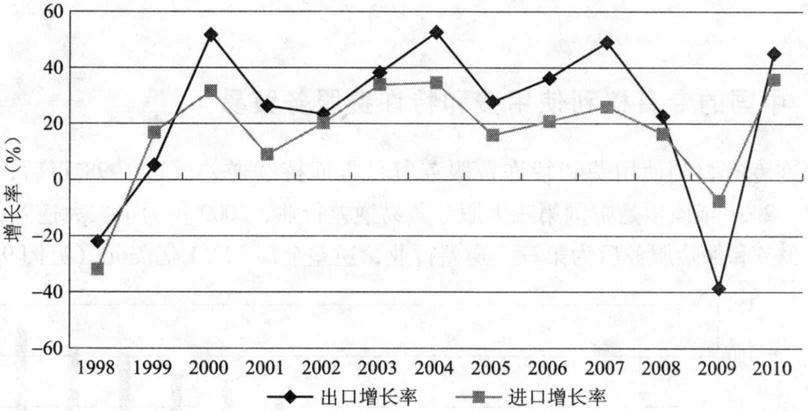

图 9.10 1998—2010 年中国运输服务贸易进出口增长率

注：遵循 WTO 有关服务贸易的定义，中国服务进出口数据不含政府服务。

资料来源：《中国服务贸易统计 2011》，中国商务部服贸司发布。http：//tradeinservices. mofcom. gov. cn/c/2012 - 06 - 13/98568. shtml。

1997 年以来，运输一直是中国的第一大服务贸易进口项目，占中国服务贸易进口总额的30%左右，虽然近年有轻微下降的趋势，但 14 年平均所占比重仍达到 31.3%。从运输服务贸易出口占服务贸易总额比率的变化来看，1999 年至 2008 年间出口占比一直呈增长趋势，继 2009 年大幅下降后 2010 年又出现了增长（见图 9.11)。不过，

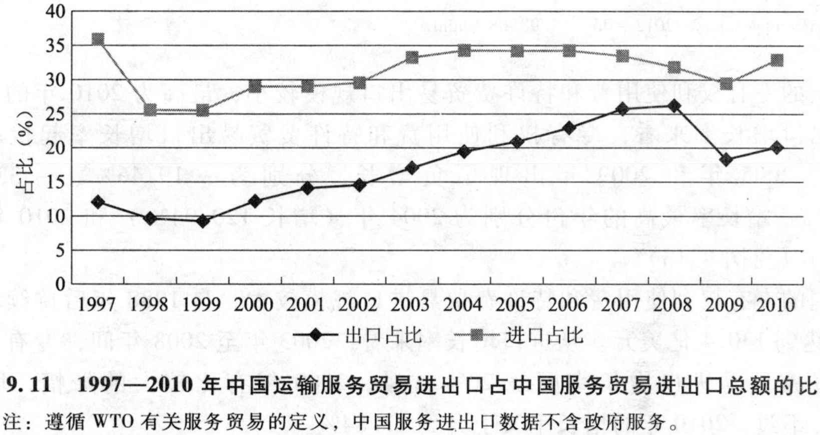

图 9.11 1997—2010 年中国运输服务贸易进出口占中国服务贸易进出口总额的比率

注：遵循 WTO 有关服务贸易的定义，中国服务进出口数据不含政府服务。

资料来源：《中国服务贸易统计 2011》，中国商务部服贸司发布。http：//tradeinservices. mofcom. gov. cn/c/2012 - 06 - 13/98568. shtml。

中国运输服务贸易的进口占比远高于出口占比，说明中国运输服务的竞争力还有待进一步提高。

二、中国的专有权利使用费和特许费服务贸易

中国在专有权利使用费和特许费服务贸易方面持续逆差。自1998年后，逆差金额持续增加，2008年该项是中国第三大服务贸易逆差行业，2009年为第二大逆差行业，2010年继运输服务和保险服务后为第三大逆差行业，逆差金额122.1亿美元（见图9.12）。

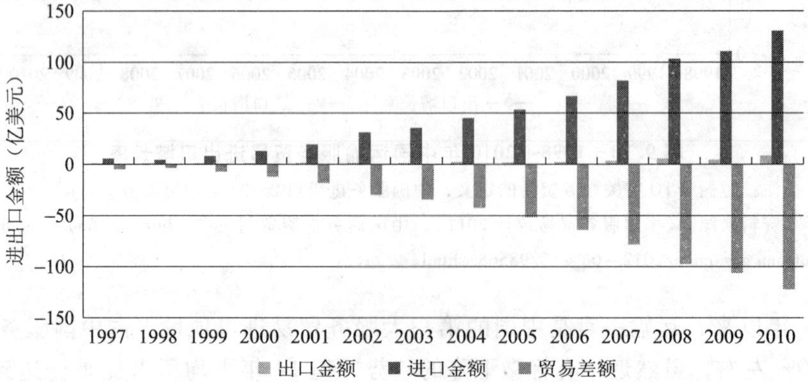

图9.12　1997—2010年中国专有权利使用费和特许费进出口金额

注：遵循WTO有关服务贸易的定义，中国服务进出口数据不含政府服务。

资料来源：《中国服务贸易统计2011》，中国商务部服贸司发布。http：//tradeinservices.mofcom.gov.cn/c/2012-06-13/98568.shtml。

中国的专有权利使用费和特许费贸易出口规模较小，最高为2010年的8.3亿美元。从出口增长率来看，专有权利使用费和特许费贸易出口增长率起伏较大，在2003年、2005年和2009年出现了负增长，分别为-19.46%、-33.41%和-24.79%，增长率最高的年份分别为2004年（增长120.94%）和2010年（增长93.38%）（见图9.13）。

中国的专有权利使用费和特许费贸易进口规模较大，自1988年后持续增长，于2010年达到130.4亿美元。从进口增长率来看，2003年至2008年间，专有权利使用费和特许费贸易进口增长率围绕20%波动，2009年有比较大的降幅，增长率是7.23%，不过，2010年的增长率又上升到17.84%。

从专有权利使用费和特许费出口额占中国服务贸易出口总额的比率上看，该项出口占比相对稳定，始终处于0.5%以下；该项进口占比在经过1998年至2002年期间

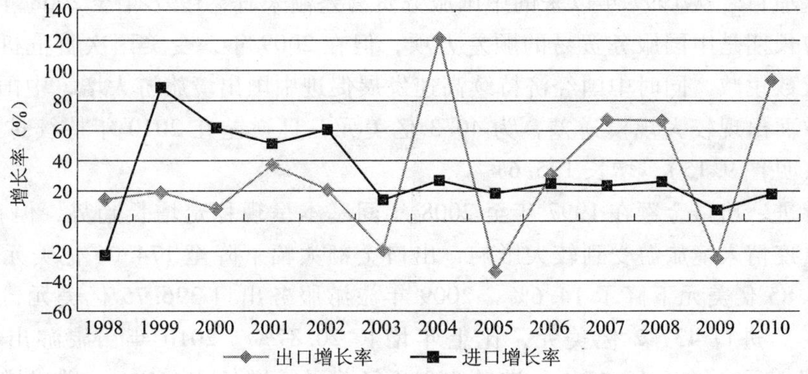

图 9.13　1998—2010 年中国专有权利使用费和特许费进出口增长率

注：遵循 WTO 有关服务贸易的定义，中国服务进出口数据不含政府服务。

资料来源：《中国服务贸易统计 2011》，中国商务部服贸司发布。http：//tradeinservices. mofcom. gov. cn/c/2012 - 06 - 13/98568. shtml。

的持续增长后，发展比较稳定，始终在 6% 到 7% 的范围内波动（见图 9. 14）。

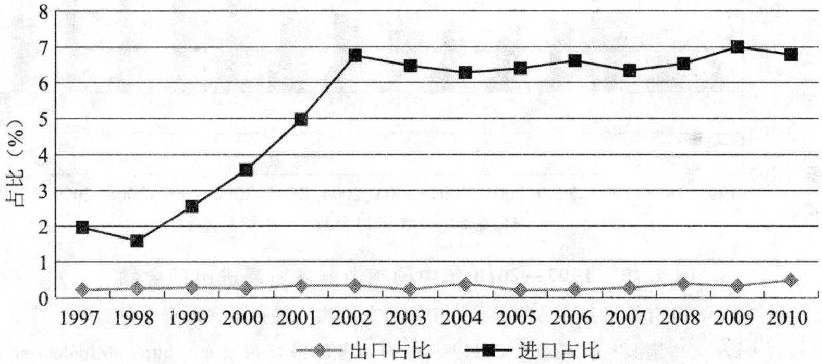

图 9. 14　1997—2010 年中国专有权利使用费和特许费进出口占中国服务贸易进出口总额的比率

注：遵循 WTO 有关服务贸易的定义，中国服务进出口数据不含政府服务。

资料来源：《中国服务贸易统计 2011》，中国商务部服贸司发布。http：//tradeinservices. mofcom. gov. cn/c/2012 - 06 - 13/98568. shtml。

三、中国旅游服务贸易

与运输、专有权利使用费和特许费不同，旅游服务在 2009 年才成为中国规模较大的逆差项目。从1997年以来的中国服务贸易差额来看，1997年至2008年间旅游服务贸易曾长期是中国服务贸易的顺差大项，但在2009年，受美国次贷危机的影响来华旅游人数锐减，同时中国经济持续高速发展促进中国出境旅游大增，中国在旅游服务贸易方面出现较大规模逆差，为40.3亿美元，且逆差在2010年持续扩大到90.7亿美元（见图9.15），增长125.6%。

旅游进、出口金额在1997年至2008年间基本呈现稳定增长趋势，但在2003年由于非典疫情入境旅游受到较大影响，出口金额大幅下降至174.06亿美元，比2002年的203.85亿美元下降了14.6%。2009年旅游服务出口396.75亿美元，比上年下降2.86%；进口437.2亿美元，比上年增长20.87%。2010年，旅游出口增加为458.14亿美元，增长15.47%；进口548.8亿美元，增长25.58%，进口增长速度明显高于出口增长速度，导致旅游服务贸易逆差进一步扩大。

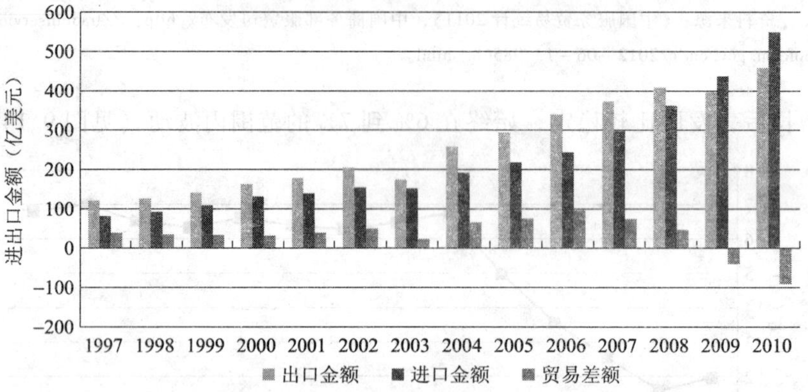

图9.15 1997—2010年中国旅游服务贸易进出口金额

注：遵循WTO有关服务贸易的定义，中国服务进出口数据不含政府服务。

资料来源：《中国服务贸易统计2011》，中国商务部服贸司发布。http：//tradeinservices.mofcom.gov.cn/c/2012-06-13/98568.shtml。

2010年，中国旅游服务出口占服务总出口的比重排名第一，进口所占比重排名第二，与2009年情况相同。从各项服务贸易出口占中国服务贸易出口总额的比重来看，1997年至2010年间，旅游服务出口一直占中国服务出口总额的26%以上，是中国的第一大服务出口项目，保持着强势地位。最高的占比发生在2001年，达到54.07%（见图9.16），最低在2010年，为26.9%，14年平均所占比重为41.97%。旅游作为中国的第二大服务贸易进口项目，2003年至2008年间占中国服务贸易进口的比重有所下降，但平均仍达到24%左右，2009年和2010年，旅游进口所占比重有少量增长。

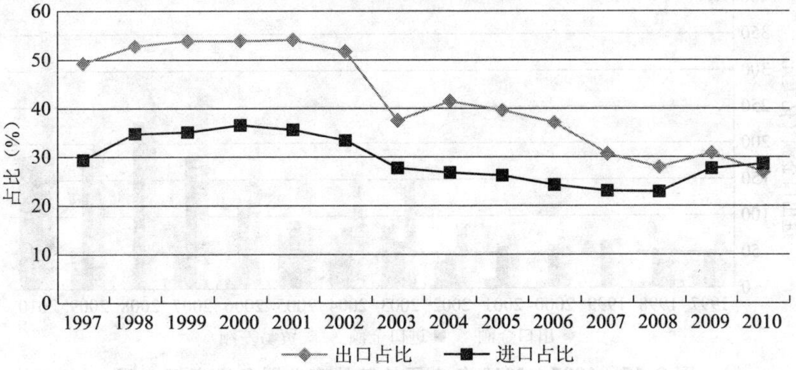

图 9.16　1997—2010 年中国旅游服务贸易进出口占中国服务贸易进出口总额的比率

注：遵循 WTO 有关服务贸易的定义，中国服务进出口数据不含政府服务。

资料来源：《中国服务贸易统计 2011》，中国商务部服贸司发布。http：//tradeinservices.mofcom.gov.cn/c/2012-06-13/98568.shtml。

第四节　中国服务贸易的主要顺差项目

截止到 2010 年，中国服务贸易的主要顺差项目包括其他商业服务，建筑服务，咨询、计算机和信息服务。

一、中国的其他商业服务

其他商业服务一直是中国服务贸易顺差的第一大项。虽然中国的其他商业服务顺差额起伏不定，但从总体上说，2010 年其他商业服务顺差 184.11 亿美元（见图 9.17），比 1997 年的顺差 24.26 亿美元增长了 6.5 倍左右。其他商业服务的出口金额自 1998 年后便呈增长趋势，但于 2008 年至 2009 年期间出现少许下跌，2010 年出口额大幅增长，达到 355.87 亿美元，比 2009 年增长 44%，同时进口金额 171.76 亿美元，比 2009 年下降 8.5%，两方面原因共同造成 2010 年中国的其他商业服务顺差大幅增长。

从中国的其他商业服务出口增长率来看，虽然变化幅度较大，发展相对不甚稳定，但是从 1998 年到 2010 年的 13 年间，只有 1998 年、2008 年和 2009 年出现负值，

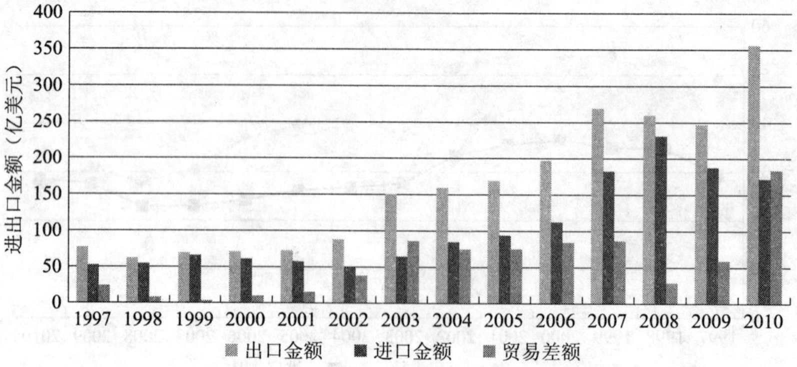

图 9.17 1997—2010 年中国的其他商业服务进出口金额

注：遵循 WTO 有关服务贸易的定义，中国服务进出口数据不含政府服务。

资料来源：《中国服务贸易统计 2011》，中国商务部服贸司发布。http：//tradeinservices.mofcom.gov.cn/c/2012-06-13/98568.shtml。

历年平均增长 14.65%，最高达到 71.8%（见图 9.18），再加上中国的其他商业服务出口金额相对较大，我们可以说中国的其他商业服务出口发展得比较好。中国的其他商业服务的进口增长率起伏也较大，历年平均增长率为 11.66%，最高为 2007 年的 62.0%，2009 年和 2010 年的进口持续负增长。

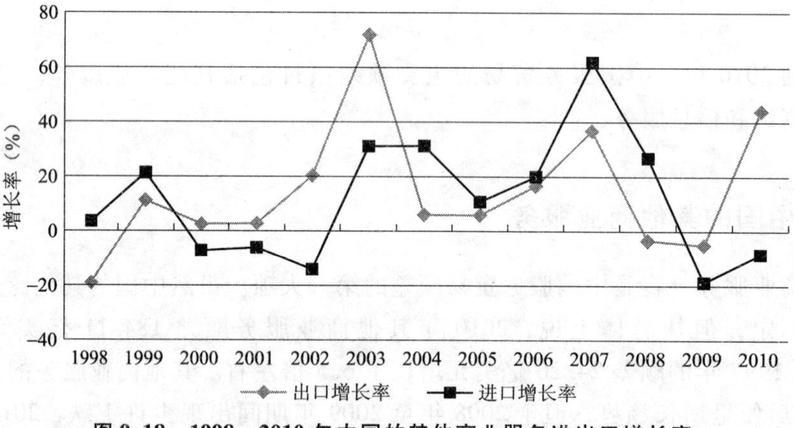

图 9.18 1998—2010 年中国的其他商业服务进出口增长率

注：遵循 WTO 有关服务贸易的定义，中国服务进出口数据不含政府服务。

资料来源：《中国服务贸易统计 2011》，中国商务部服贸司发布。http：//tradeinservices.mofcom.gov.cn/c/2012-06-13/98568.shtml。

1997 年至 2010 年间，除 2006 年至 2008 年三年中国的其他商业服务出口比重在旅游和运输之后位列第三，在其他年份其他商业服务都是中国的第二大服务出口项目，仅在旅游之后，其出口占中国服务贸易出口总额的20%左右，最高为2003年的32.47%（见图9.19），最低为2008年的17.76%，14年平均所占比重为23.87%。

1997年至2010年间，其他商业服务一直是中国的第三大服务贸易进口项目，位列运输和旅游之后，占中国服务贸易进口的比重一直在10%以上，2010年首次跌破10%，下降为8.94%，但仍在第三位。中国的其他商业服务进口在1997年至2010年间平均占中国服务贸易进口总额的14.21%，最高占比出现在1999年（21.28%），最低则在2010年。

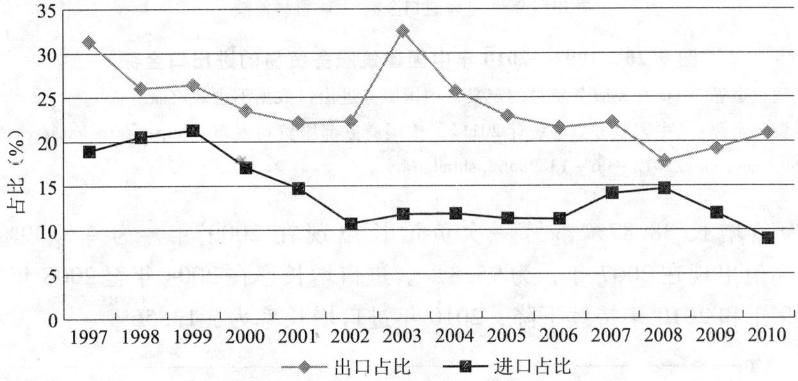

图9.19　1997—2010年中国的其他商业服务进出口占中国服务贸易进出口总额的比率

注：遵循WTO有关服务贸易的定义，中国服务进出口数据不含政府服务。

资料来源：《中国服务贸易统计2011》，中国商务部服贸司发布。http：//tradeinservices.mofcom.gov.cn/c/2012－06－13/98568.shtml。

二、中国的建筑服务

中国的建筑服务一直保持稳态发展，为中国服务贸易优势项目。虽然在1997年至2001年间中国建筑服务呈现逆差状态，但逆差缺口逐渐缩小；2001年后，随着中国经济的发展和加入WTO，建筑服务贸易持续顺差。2007年后，顺差金额有了大幅增长；虽然受金融危机影响2009年顺差额有所下降，但仍然达到36亿美元。2010年由于建筑服务出口金额快速增长到144.95亿美元，进口金额略有下降为50.72亿美元，导致中国建筑服务贸易顺差额出现历年最高值94.2亿美元（见图9.20）。

从进出口增长率来看，中国建筑服务出口呈现波动增长的趋势，最低值出现在

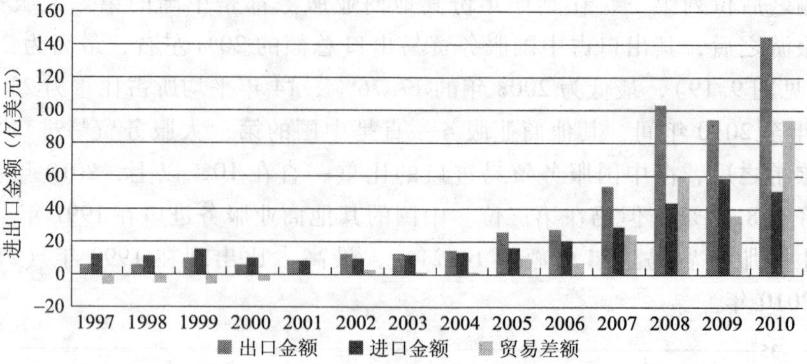

图 9.20　1997—2010 年中国建筑服务贸易的进出口金额

注：遵循 WTO 有关服务贸易的定义，中国服务进出口数据不含政府服务。

资料来源：《中国服务贸易统计 2011》，中国商务部服贸司发布。http：//tradeinservices.mofcom.gov.cn/c/2012 - 06 - 13/98568.shtml。

2000 年，为负增长 38.87%，另一次负增长出现在 2009 年，为 - 8.39%（见图 9.21）；最高值出现在 2007 年，为 95.3%。进口增长率在 2004 年至 2008 年间持续上升，在 2009 年和 2010 年持续下降，2010 年进口增长率为 - 13.56%。

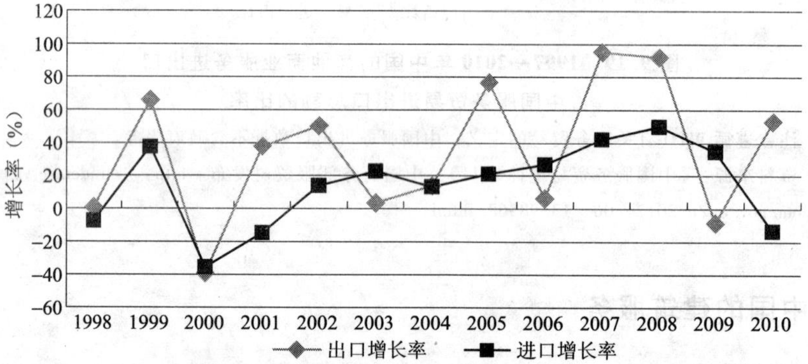

图 9.21　1998—2010 年中国建筑服务贸易进出口增长率

注：遵循 WTO 有关服务贸易的定义，中国服务进出口数据不含政府服务。

资料来源：《中国服务贸易统计 2011》，中国商务部服贸司发布。http：//tradeinservices.mofcom.gov.cn/c/2012 - 06 - 13/98568.shtml。

2007 年前，中国建筑服务出口占中国服务贸易出口总额的比率均位于 4% 以下，2007 年后这个比率持续快速上升，2010 年达到 8.51%（见图 9.22）。中国的建筑服务进口占服务贸易进口总额的比率始终在 5% 以下，最高值出现在 1999 年（4.97%），最低值出现在 2004 年（1.87%）。2009 年中国建筑服务的进、出口占比都比上年有所增加，这说明相对于其他服务行业，建筑服务受金融危机的影响相对较小。

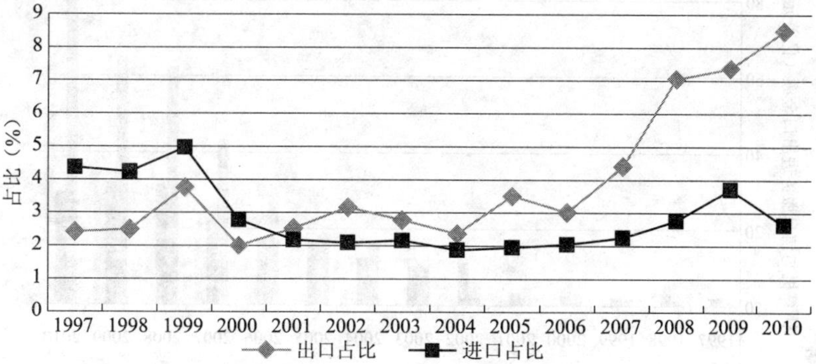

图 9.22　1997—2010 年中国建筑服务贸易进出口占中国服务贸易进出口总额的比率

注：遵循 WTO 有关服务贸易的定义，中国服务进出口数据不含政府服务。

资料来源：《中国服务贸易统计 2011》，中国商务部服贸司发布。http：//tradeinservices.mofcom.gov.cn/c/2012-06-13/98568.shtml。

三、中国的咨询、计算机与信息服务

咨询、计算机与信息服务同属于高附加值服务，中国在这两项上的进出口基本呈现持续增长的趋势，1998 年至 2010 年的出口年均增长率达到了 30% 以上，自 2007 年后一直保持顺差且顺差额逐年增长。2010 年，中国计算机和信息服务出口 92.56 亿美元（见图 9.23），比上年增长 42.1%（见图 9.24）；进口 29.65 亿美元，同比下降 8.27%；顺差 62.9 亿美元，同比增长 91.77%。2010 年，中国的咨询服务进出口总额为 378.64 亿美元，比上年增长 8.81%；出口 227.7 亿美元（见图 9.25），同比增长 22.27%（见图 9.26）；进口 150.94 亿美元，同比增长 12.5%；顺差 76.8 亿美元，同比增长 47.41%。

虽然咨询、计算机和信息服务这类资本、技术密集型的新兴服务项目的出口在中国服务贸易出口中所占比重不断上升，但总的来说所占比重还较小。从出口占比来看，中国咨询服务自 1999 年至 2009 年这 11 年间保持持续增长，其出口比重增长了 12.5 倍，从 1.07% 增加到 14.5%（见图 9.27），但在 2010 年，其出口占比出现了 11 年来的首降，下降为 13.38%；其进口占比自 2005 年以来基本维持在同一水平，大概在 8% 左右。

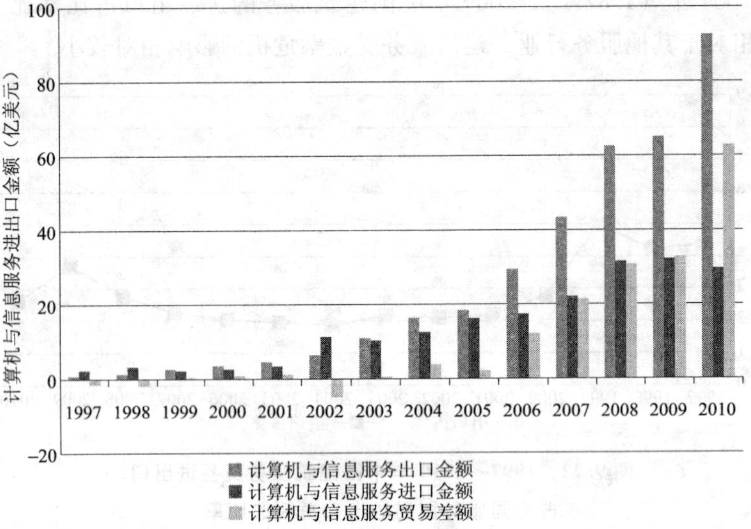

图 9.23 1997—2010 年中国计算机与信息服务的进出口金额

注：遵循 WTO 有关服务贸易的定义，中国服务进出口数据不含政府服务。

资料来源：《中国服务贸易统计 2011》，中国商务部服贸司发布。http：//tradeinservices.mofcom.gov.cn/c/2012－06－13/98568.shtml。

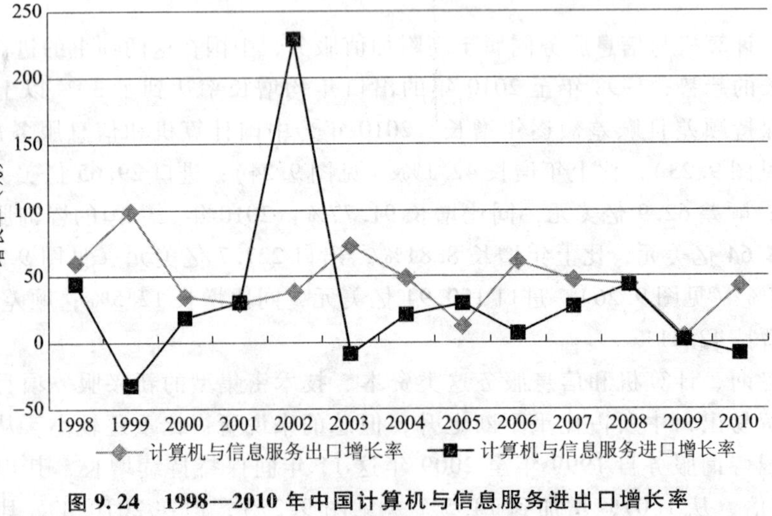

图 9.24 1998—2010 年中国计算机与信息服务进出口增长率

注：遵循 WTO 有关服务贸易的定义，中国服务进出口数据不含政府服务。

资料来源：《中国服务贸易统计 2011》，中国商务部服贸司发布。http：//tradeinservices.mofcom.gov.cn/c/2012－06－13/98568.shtml。

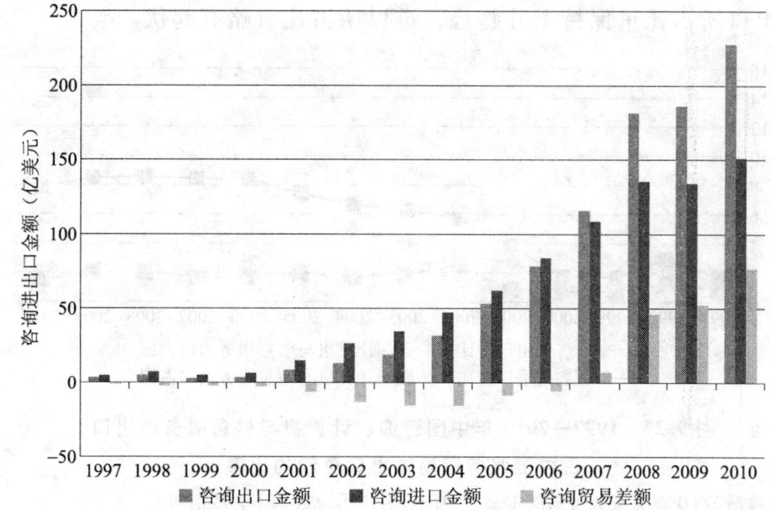

图 9.25 1997—2010 年中国咨询的进出口金额

注：遵循 WTO 有关服务贸易的定义，中国服务进出口数据不含政府服务。

资料来源：《中国服务贸易统计 2011》，中国商务部服贸司发布。http：//tradeinservices. mofcom. gov. cn/c/2012－06－13/98568. shtml。

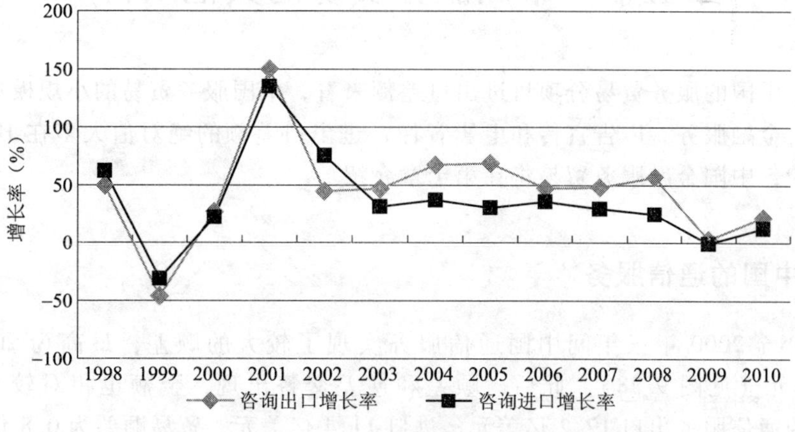

图 9.26 1998—2010 年中国咨询进出口增长率

注：遵循 WTO 有关服务贸易的定义，中国服务进出口数据不含政府服务。

资料来源：《中国服务贸易统计 2011》，中国商务部服贸司发布。http：//tradeinservices. mofcom. gov. cn/c/2012－06－13/98568. shtml。

2002 年至 2010 年期间，中国的计算机与信息服务发展稳定，受美国次贷危机的影响不大，出口所占比重保持上升趋势，进口所占比重略有起伏。

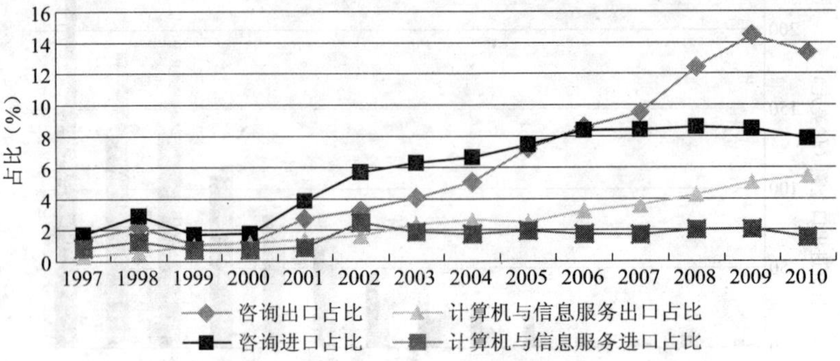

图 9.27　1997—2010 年中国咨询、计算机与信息服务进出口占中国服务贸易进出口总额的比率

注：遵循 WTO 有关服务贸易的定义，中国服务进出口数据不含政府服务。

资料来源：《中国服务贸易统计 2011》，中国商务部服贸司发布。http：//tradeinservices.mofcom.gov.cn/c/2012-06-13/98568.shtml。

第五节　中国服务贸易的其他项目

从近年中国的服务贸易分项目进出口差额来看，中国服务贸易的小规模项目包括通信服务、金融服务、广告宣传和电影音像，进出口差额的绝对值大多在 10 亿美元之下。其中，中国金融服务贸易将在第十章介绍。

一、中国的通信服务

1998 年至 2000 年三年间中国通信服务实现了较大的顺差，最高为 2000 年的 11.03 亿美元（见图 9.28）。此后，顺差和逆差交替出现，金额也相对较小。2010 年，中国的通信服务出口 12.2 亿美元，进口 11.4 亿美元，贸易顺差为 0.8 亿美元。

从增长率来看，在经过一段时间比较剧烈的波动后，2004 年至 2007 年中国通信服务出口增长迅速，2007 年的增长率达到 59.2%（见图 9.29），之后由于 2008 年金融经济危机的影响中国通信服务出口的增长速度极速下降，甚至在 2009 年出现负增长 23.7%，2010 年情况有所改善。中国通信服务进口的增长率在 1998 年至 2010 年

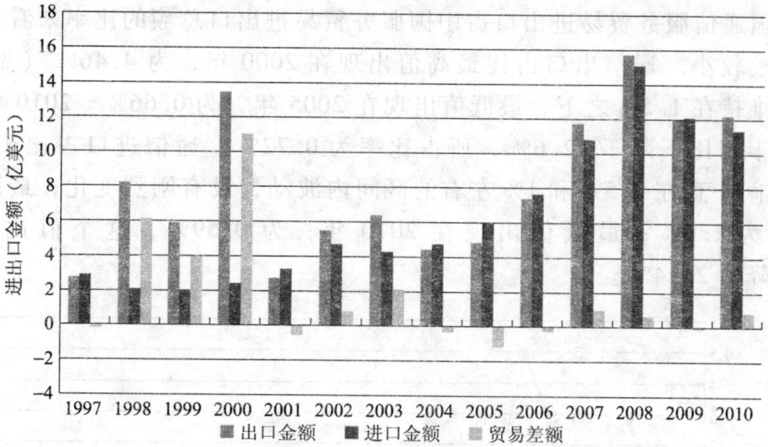

图 9.28 1997—2010 年中国通信服务贸易进出口金额

注：遵循 WTO 有关服务贸易的定义，中国服务进出口数据不含政府服务。

资料来源：《中国服务贸易统计 2011》，中国商务部服贸司发布。http：//tradeinservices.mofcom.gov.cn/c/2012-06-13/98568.shtml。

间出现了几次波动，1998 年至 2002 年进口增长率呈现上升态势，2003 年急剧下降，出现负增长；2004 年至 2008 年，进口增长率开始逐渐上升，但是在 2009 年又受大环境影响下降为 -19.9%；2010 年与 2009 年相比有所好转，为 -5.99%。

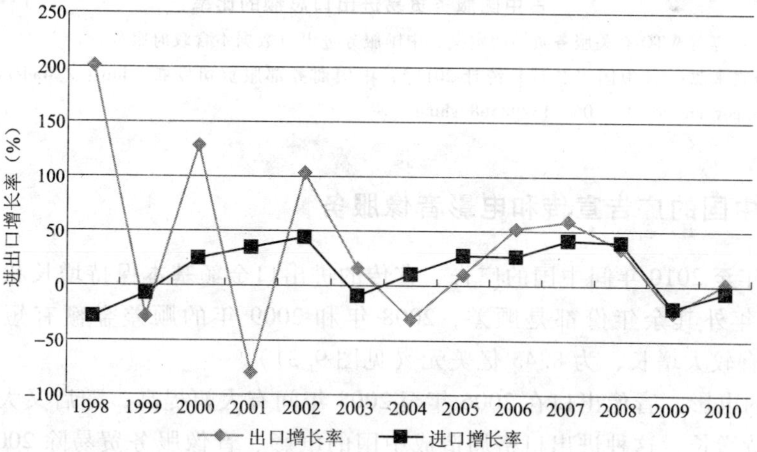

图 9.29 1998—2010 年中国通信服务贸易进出口增长率

注：遵循 WTO 有关服务贸易的定义，中国服务进出口数据不含政府服务。

资料来源：《中国服务贸易统计 2011》，中国商务部服贸司发布。http：//tradeinservices.mofcom.gov.cn/c/2012-06-13/98568.shtml。

从中国通信服务贸易进出口占中国服务贸易进出口总额的比率来看，通信服务的整体规模较小。通信出口占比最高值出现在2000年，为4.46%（见图9.30），此后一直维持在1.5%之下，最低值出现在2005年，为0.66%。2010年通信出口占比与上年相比下降了22.6%，所占比率为0.72%。通信进口占比于1997年至2010年期间一直在0.5%和1%左右的区间内波动，没有剧烈变化；最高值出现在1997年，为1.0%；最低值出现在2010年，为0.59%，这个值比2009年的0.77%下降了23.4%。

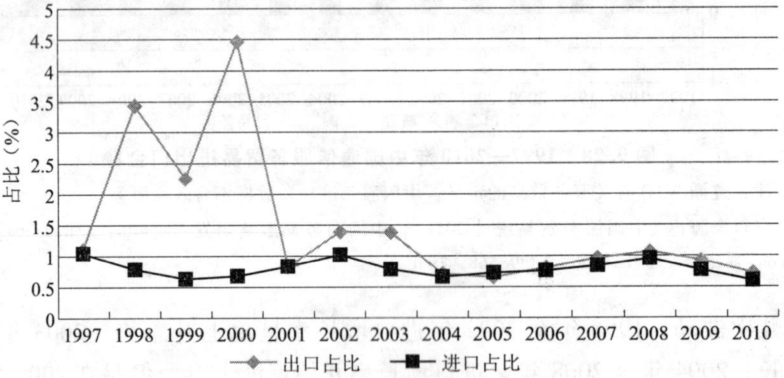

图9.30　1997—2010年中国通信服务贸易进出口占中国服务贸易进出口总额的比率

注：遵循WTO有关服务贸易的定义，中国服务进出口数据不含政府服务。

资料来源：《中国服务贸易统计2011》，中国商务部服贸司发布。http：//tradeinservices.mofcom.gov.cn/c/2012-06-13/98568.shtml。

二、中国的广告宣传和电影音像服务

1997年至2010年间中国的广告、宣传的进出口金额基本保持增长状态，除1998年和2002年外其余年份都是顺差，2008年和2009年的顺差金额有短暂下滑，但2010年又有较大增长，为8.45亿美元（见图9.31）。

中国的电影、音像出口在2006年至2008年间有大幅提高，随后又大幅下滑，进口基本保持增长，这种进出口格局造成中国的电影、音像服务贸易除2006年至2008年外都保持逆差，且逆差额较小（见图9.32）。

从增长率看，中国的广告宣传和电影音像的进出口情况详见图9.33和图9.34。

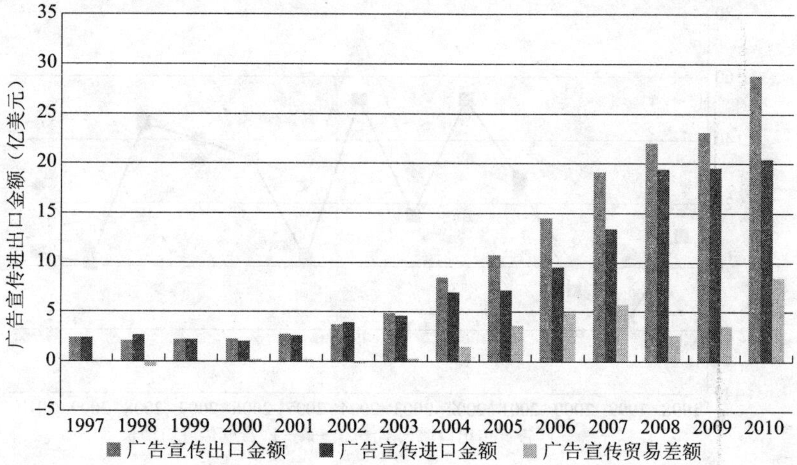

图 9.31　1997—2010 年中国广告宣传进出口金额

注：遵循 WTO 有关服务贸易的定义，中国服务进出口数据不含政府服务。

资料来源：《中国服务贸易统计 2011》，中国商务部服贸司发布。http：//tradeinservices. mofcom. gov. cn/c/2012 - 06 - 13/98568. shtml。

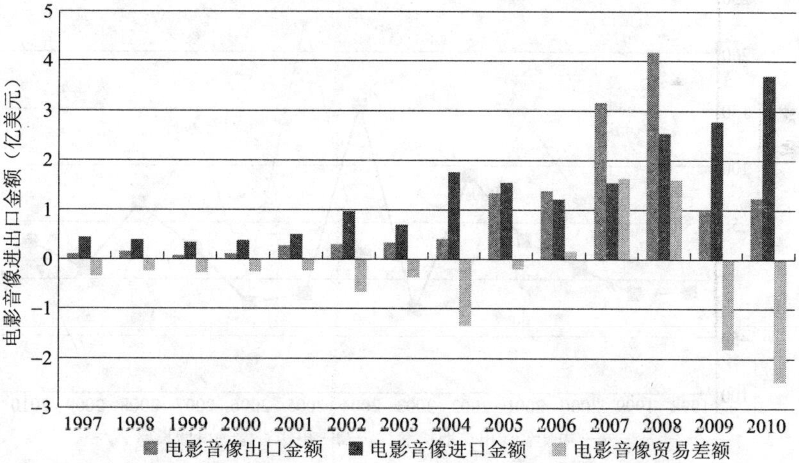

图 9.32　1997—2010 年中国电影音像进出口金额

注：遵循 WTO 有关服务贸易的定义，中国服务进出口数据不含政府服务。

资料来源：《中国服务贸易统计 2011》，中国商务部服贸司发布。http：//tradeinservices. mofcom. gov. cn/c/2012 - 06 - 13/98568. shtml。

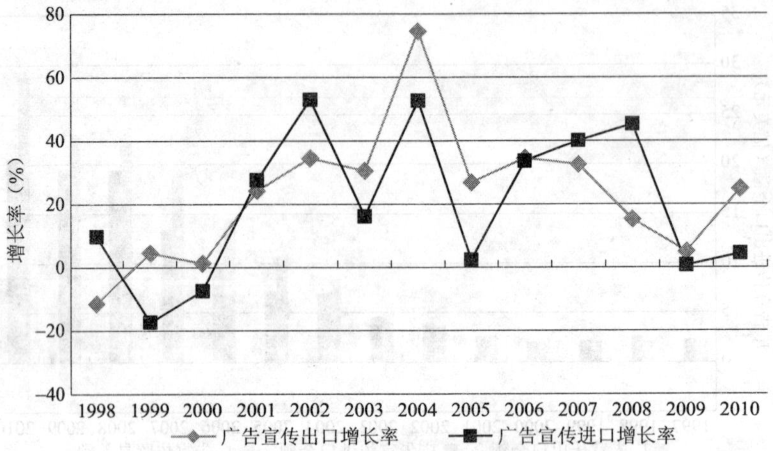

图 9.33　1998—2010 年中国广告宣传进出口增长率

注：遵循 WTO 有关服务贸易的定义，中国服务进出口数据不含政府服务。

资料来源：《中国服务贸易统计 2011》，中国商务部服贸司发布。http：//tradeinservices.mofcom.gov.cn/c/2012－06－13/98568.shtml。

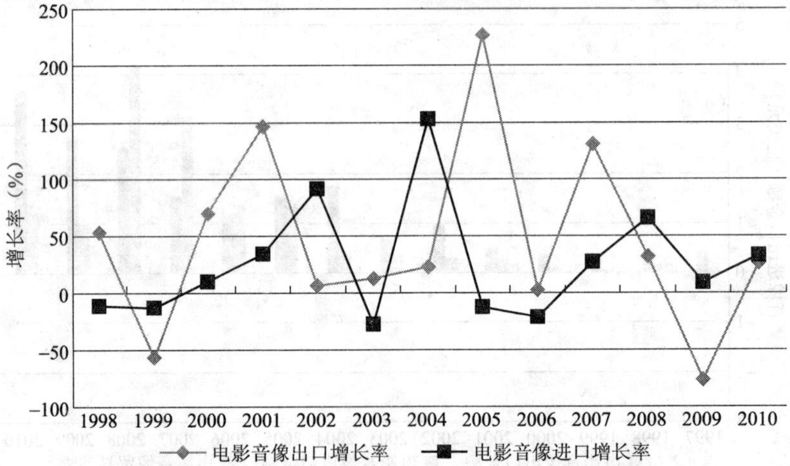

图 9.34　1998—2010 年中国电影音像进出口增长率

注：遵循 WTO 有关服务贸易的定义，中国服务进出口数据不含政府服务。

资料来源：《中国服务贸易统计 2011》，中国商务部服贸司发布。http：//tradeinservices.mofcom.gov.cn/c/2012－06－13/98568.shtml。

中国的广告、宣传服务贸易进出口占中国服务贸易进出口的比重上升较快，广告、宣传服务贸易出口所占比重由1997年的0.97%上升到2010年的1.69%（见图9.35）；电影、音像服务贸易进出口占中国服务贸易进出口总额的比重历年均在3%以下，且历年变化幅度不大，说明电影、音像服务贸易的进出口对中国服务贸易进出口的重要性较小。

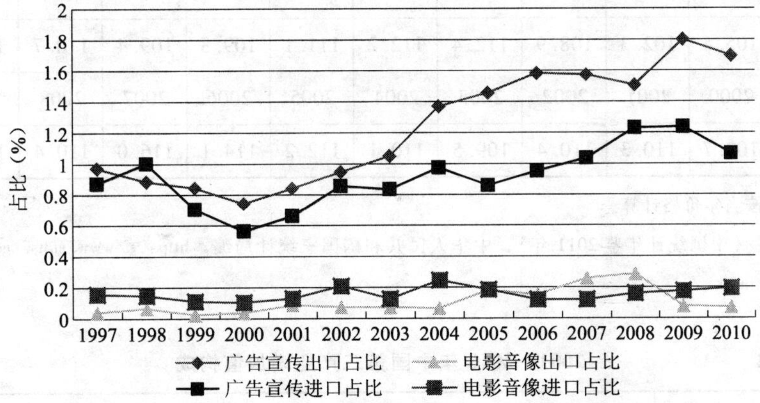

图9.35　1997—2010年中国广告宣传和电影音像进出口占中国服务贸易进出口总额的比率

注：遵循WTO有关服务贸易的定义，中国服务进出口数据不含政府服务。

资料来源：《中国服务贸易统计2011》，中国商务部服贸司发布。http：//tradeinservices.mofcom.gov.cn/c/2012－06－13/98568.shtml。

复习思考题

1. 自加入WTO以来中国的服务贸易发展得如何？
2. 中国服务贸易的发展可以分为几个阶段？每个阶段的特点有哪些？
3. 中国服务贸易的进出口规模怎样？
4. 中国服务贸易逆差的总体情况怎样？是怎样变化的？
5. 中国服务贸易的结构怎样？
6. 中国服务贸易的主要逆差项目有哪些？这些项目发展得怎样？
7. 中国服务贸易的主要顺差项目有哪些？这些项目发展得怎样？
8. 从近年中国的服务贸易分项目进出口差额来看，中国服务贸易的小规模项目有哪些？

附表 9.1　　1978—2010 年中国第三产业增加值指数

（上年 = 100）

年份	1978	1979	1980	1981	1982	1983	1984	1985	1986	1987	1988
第三产业	113.8	107.9	106.0	110.4	113.0	115.2	119.3	118.2	112.0	114.4	113.2
年份	1989	1990	1991	1992	1993	1994	1995	1996	1997	1998	1999
第三产业	105.4	102.3	108.9	112.4	112.2	111.1	109.8	109.4	110.7	108.4	109.3
年份	2000	2001	2002	2003	2004	2005	2006	2007	2008	2009	2010
第三产业	109.7	110.3	110.4	109.5	110.1	112.2	114.1	116.0	110.4	109.6	109.6

注：本表按当年价格计算。

数据来源：《中国统计年鉴 2011 年》，中华人民共和国国家统计局编。http：//www.stats. gov.cn/tjsj/ndsj/2011/indexch.htm。

附表 9.2　　2001—2010 年中国第三产业增加值构成　　（%）

年份	第三产业	交通运输、仓储和邮政业	批发和零售业	住宿和餐饮业	金融业	房地产业	其他
2001	100.0	15.5	20.6	5.4	9.8	10.6	38.1
2002	100.0	15.0	20.0	5.5	9.2	10.7	39.5
2003	100.0	14.1	19.9	5.6	8.9	11.0	40.4
2004	100.0	14.4	19.3	5.7	8.4	11.1	41.2
2005	100.0	14.2	18.6	5.6	8.1	11.4	42.0
2006	100.0	13.8	18.7	5.4	9.1	11.7	41.3
2007	100.0	13.1	18.8	5.0	11.1	12.4	39.6
2008	100.0	12.5	19.9	5.0	11.3	11.2	40.0
2009	100.0	11.3	19.6	4.8	12.0	12.6	39.7
2010	100.0	11.0	20.7	4.7	12.1	12.9	38.7

注：本表按当年价格计算。

数据来源：《中国统计年鉴 2011 年》，中华人民共和国国家统计局编。http：//www.stats. gov.cn/tjsj/ndsj/2011/indexch.htm。

附表 9.3　　1982—2011 年中国服务贸易进出口情况　　（亿美元，%）

年份	中国进出口额			中国出口额			中国进口额		
	金额	同比增长	占世界比重	金额	同比增长	占世界比重	金额	同比增长	占世界比重
1982	44	—	0.6	25	—	0.7	19	—	0.5
1983	43	-2.3	0.6	25	0.0	0.7	18	-5.3	0.5
1984	54	25.6	0.7	28	12.0	0.8	26	44.4	0.7
1985	52	-3.7	0.7	29	3.6	0.8	23	-11.5	0.6
1986	56	7.7	0.6	36	24.1	0.8	20	-13.0	0.4
1987	65	16.1	0.6	42	16.7	0.8	23	15.0	0.4
1988	80	23.1	0.7	47	11.9	0.8	33	43.5	0.5
1989	81	1.3	0.6	45	-4.3	0.7	36	9.1	0.5
1990	98	21.0	0.6	57	26.7	0.7	41	13.9	0.5
1991	108	10.2	0.6	69	21.1	0.8	39	-4.9	0.5
1992	183	69.4	1.0	91	31.9	1.0	92	135.9	1.0
1993	226	23.5	1.2	110	20.9	1.2	116	26.1	1.2
1994	322	42.5	1.6	164	49.1	1.6	158	36.2	1.5
1995	430	33.5	1.8	184	12.2	1.6	246	55.7	2.1
1996	430	0.0	1.7	206	12.0	1.6	224	-8.9	1.8
1997	522	21.4	2.0	245	18.9	1.9	277	23.7	2.2
1998	504	-3.4	1.9	239	-2.4	1.8	265	-4.3	2.0
1999	572	13.5	2.1	262	9.6	1.9	310	17.0	2.3
2000	660	15.4	2.2	301	14.9	2.0	359	15.8	2.5
2001	719	8.9	2.4	329	9.3	2.2	390	8.6	2.6
2002	855	18.9	2.7	394	19.8	2.5	461	18.2	3.0
2003	1 013	18.5	2.8	464	17.8	2:5	549	19.1	3.1
2004	1 337	32.0	3.1	621	33.8	2.8	716	30.4	3.4

续表

年份	中国进出口额			中国出口额			中国进口额		
	金额	同比增长	占世界比重	金额	同比增长	占世界比重	金额	同比增长	占世界比重
2005	1 571	17.5	3.2	739	19.0	3.0	832	16.2	3.5
2006	1 917	22.0	3.5	914	23.7	3.2	1 003	20.6	3.8
2007	2 509	30.9	3.8	1 216	33.0	3.6	1 293	28.8	4.1
2008	3 045	21.4	4.1	1 465	20.5	3.8	1 580	22.2	4.4
2009	2 867	-5.8	4.4	1 286	-12.2	3.8	1 581	0.1	5.0
2010	3 624	26.4	5.0	1 702	32.4	4.6	1 922	21.6	5.5
2011	4 209	16.14	—	1 828	7.37	—	2 381	23.9	—

注：遵循 WTO 有关服务贸易的定义，中国服务进出口数据不含政府服务。

资料来源：① 1982—2010 年资料来源于《中国服务贸易统计 2011》，中国商务部服贸司发布。http://tradeinservices.mofcom.gov.cn/c/2012-06-13/98568.shtml。

② 2011 年资料来源于《中国国际收支平衡表》，国家外汇管理局发布。http://www.safe.gov.cn/model_safe/tjsj/tjsj_detail.jsp? ID=110500000000000000，49&id=5。

附表 9.4　　1983—2011 年中国服务贸易逆差情况　　（亿美元，%）

年份	1983	1984	1985	1986	1987	1988	1989
贸易差额	7.0	2.0	6.0	16.0	19.0	14.0	9.0
增长率	16.7	-71.4	200.0	166.7	18.8	-26.3	-35.7
年份	1990	1991	1992	1993	1994	1995	1996
贸易差额	16.0	30.0	-1.0	-6.0	6.0	-62.0	-18.0
增长率	77.8	87.5	-103.3	-500.0	200.0	-1133.3	71.0
年份	1997	1998	1999	2000	2001	2002	2003
贸易差额	-32.2	-25.9	-48.0	-57.1	-61.3	-67.0	-84.8
增长率	-78.9	19.6	-85.5	-19.0	-7.3	-9.3	-26.6

续表

年份	2004	2005	2006	2007	2008	2009	2010
贸易差额	-95.5	-92.6	-89.1	-76.0	-115.6	-295.1	-219.3
增长率	-12.6	3.0	3.9	14.7	-52.1	-155.3	25.7
年份	2011						
贸易差额	-552						
增长率	-151.77						

注：遵循 WTO 有关服务贸易的定义，中国服务进出口数据不含政府服务。

资料来源：① 1982—2010 年资料来源于《中国服务贸易统计 2011》，中国商务部服贸司发布。http：//tradeinservices. mofcom. gov. cn/c/2012 - 06 - 13/98568. shtml。

② 2011 年资料来源于《中国国际收支平衡表》，国家外汇管理局发布。http：//www. safe. gov. cn/model_safe/tjsj/tjsj_detail. jsp？ID = 110500000000000000，49&id = 5。

③ 1983—1996 年顺差额及增长率数据根据 1983—1996 年中国服务业进出口金额计算所得。

附表 9.5　　1997—2011 年中国服务进出口差额（按行业）　　（亿美元）

年　份	1997	1998	1999	2000	2001	2002	2003	2004
总计	-32.2	-25.9	-48.0	-57.1	-61.3	-67.0	-84.8	-95.5
运输服务	-69.9	-44.6	-54.8	-67.3	-66.9	-78.9	-103.3	-124.8
旅游	39.4	34.0	32.3	31.2	38.8	49.9	22.2	65.9
通信服务	-0.2	6.1	4.0	11.0	-0.5	0.8	2.1	-0.3
建筑服务	-6.2	-5.3	-5.5	-3.9	-0.2	2.8	1.1	1.3
保险服务	-8.7	-13.7	-17.2	-23.6	-24.8	-30.4	-42.5	-57.4
金融服务	-3.0	-1.4	-0.6	-0.2	0.2	-0.4	-0.8	-0.4
计算机和信息服务	-1.5	-2.0	0.4	0.9	1.2	-4.9	0.7	3.8
专有权利使用费和特许费	-4.9	-3.6	-7.2	-12.0	-18.3	-29.8	-34.4	-42.6
咨询	-1.2	-2.4	-2.4	-2.8	-6.1	-13.5	-15.6	-15.8
广告、宣传	0.0	-0.5	0.0	0.2	0.2	-0.2	0.3	1.5
电影、音像	-0.3	-0.2	-0.3	-0.3	-0.2	-0.7	-0.4	-1.3
其他商业服务	24.3	7.8	3.2	9.7	15.4	38.3	85.9	74.7

续表

年份	2005	2006	2007	2008	2009	2010	2011
总计	-92.6	-89.1	-76.0	-115.6	-295.1	-219.3	-552
运输服务	-130.2	-133.5	-119.5	-119.1	-230.1	-290.5	-449
旅游	75.4	96.3	74.5	46.9	-40.3	-90.7	-241
通信服务	-1.2	-0.3	0.9	0.6	-0.1	0.8	5
建筑服务	9.7	7.0	24.7	59.7	36.0	94.2	110
保险服务	-66.5	-82.8	-97.6	-113.6	-97.1	-140.3	-167
金融服务	-0.1	-7.5	-3.3	-2.5	-2.9	-0.6	1
计算机和信息服务	2.2	12.2	21.4	30.9	32.8	62.9	83
专有权利使用费和特许费	-51.6	-64.3	-78.5	-97.5	-106.4	-122.1	-140
咨询	-8.6	-5.6	7.2	46.1	52.1	76.8	98
广告、宣传	3.6	4.9	5.8	2.6	3.6	8.4	12
电影、音像	-0.2	0.2	1.6	1.6	-1.8	-2.5	-3
其他商业服务	75.0	84.3	86.8	28.9	59.2	184.1	140

注：遵循 WTO 有关服务贸易的定义，中国服务进出口数据不含政府服务。

资料来源：① 1982—2010 年资料来源于《中国服务贸易统计 2011》，中国商务部服贸司发布。http://tradeinservices.mofcom.gov.cn/c/2012-06-13/98568.shtml。

② 2011 年资料来源于《中国国际收支平衡表》，国家外汇管理局发布。http://www.safe.gov.cn/model_safe/tjsj/tjsj_detail.jsp?ID=110500000000000000，49&id=5。

附表 9.6　　1997—2010 年中国服务贸易出口分项目表　　（亿美元，%）

年份	1997		1998			1999		
	金额	占比	金额	比上年增长	占比	金额	比上年增长	占比
总计	245.0	100.0	238.8	-2.5	100.0	261.6	9.6	100.0
运输	29.5	12.1	23.0	-22.1	9.6	24.2	5.2	9.2
旅游	120.7	49.3	126.0	4.4	52.8	141.0	11.9	53.9

续表

年份	1997		1998			1999		
	金额	占比	金额	比上年增长	占比	金额	比上年增长	占比
通信服务	2.7	1.1	8.2	201.4	3.4	5.9	-28.0	2.3
建筑服务	5.9	2.4	5.9	0.7	2.5	9.9	65.8	3.8
保险服务	1.7	0.7	3.8	120.5	1.6	2.0	-47.0	0.8
金融服务	0.3	0.1	0.3	-1.3	0.1	1.1	310.8	0.4
计算机和信息服务	0.8	0.3	1.3	59.7	0.6	2.7	98.8	1.0
专有权利使用费和特许费	0.5	0.2	0.6	14.3	0.3	0.7	18.9	0.3
咨询	3.5	1.4	5.2	49.5	2.2	2.8	-45.9	1.1
广告、宣传	2.4	1.0	2.1	-11.4	0.9	2.2	4.6	0.8
电影、音像	0.1	0.0	0.2	53.0	0.1	0.1	-56.7	0.0
其他商业服务	76.8	31.3	62.1	-19.1	26.0	69.1	11.2	26.4

年份	2000			2001			2002		
	金额	比上年增长	占比	金额	比上年增长	占比	金额	比上年增长	占比
总计	301.5	15.2	100.0	329.0	9.1	100.0	393.8	19.7	100.0
运输	36.7	51.7	12.2	46.4	26.3	14.1	57.2	23.4	14.5
旅游	162.3	15.1	53.8	177.9	9.6	54.1	203.9	14.6	51.8
通信服务	13.5	128.2	4.5	2.7	-79.8	0.8	5.5	102.9	1.4
建筑服务	6.0	-38.9	2.0	8.3	37.8	2.5	12.5	50.1	3.2
保险服务	1.1	-47.1	0.4	2.3	110.9	0.7	2.1	-8.1	0.5
金融服务	0.8	-29.7	0.3	1.0	27.3	0.3	0.5	-48.5	0.1

续表

年份	2000			2001			2002		
	金额	比上年增长	占比	金额	比上年增长	占比	金额	比上年增长	占比
计算机和信息服务	3.6	34.1	1.2	4.6	29.6	1.4	6.4	38.3	1.6
专有权利使用费和特许费	0.8	7.8	0.3	1.1	37.0	0.3	1.3	20.6	0.3
咨询	3.6	26.9	1.2	8.9	150.0	2.7	12.8	44.5	3.3
广告、宣传	2.2	1.3	0.7	2.8	24.1	0.8	3.7	34.5	0.9
电影、音像	0.1	69.8	0.0	0.3	146.8	0.1	0.3	6.4	0.1
其他商业服务	70.8	2.5	23.5	72.8	2.8	22.1	87.6	20.3	22.2

年份	2003			2004			2005		
	金额	比上年增长	占比	金额	比上年增长	占比	金额	比上年增长	占比
总计	463.7	17.8	100.0	620.6	33.8	100.0	739.1	19.1	100.0
运输	79.1	38.2	17.0	120.7	52.6	19.4	154.3	27.8	20.9
旅游	174.1	-14.6	37.5	257.4	47.9	41.5	293.0	13.8	39.6
通信服务	6.4	16.1	1.4	4.4	-31.0	0.7	4.9	10.2	0.7
建筑服务	12.9	3.5	2.8	14.7	13.8	2.4	25.9	76.7	3.5
保险服务	3.1	49.7	0.7	3.8	21.7	0.6	5.5	44.3	0.7
金融服务	1.5	197.9	0.3	0.9	-38.2	0.2	1.5	54.6	0.2
计算机和信息服务	11.0	72.7	2.4	16.4	48.5	2.6	18.4	12.4	2.5
专有权利使用费和特许费	1.1	-19.5	0.2	2.4	120.9	0.4	1.6	-33.4	0.2

续表

年份	2003			2004			2005		
	金额	比上年增长	占比	金额	比上年增长	占比	金额	比上年增长	占比
咨询	18.8	46.7	4.1	31.5	67.2	5.1	53.2	68.8	7.2
广告、宣传	4.9	30.4	1.0	8.5	74.5	1.4	10.8	26.8	1.5
电影、音像	0.3	12.7	0.1	0.4	22.6	0.1	1.3	226.5	0.2
其他商业服务	150.6	71.8	32.5	159.5	5.9	25.7	168.8	5.9	22.8

年份	2006			2007			2008		
	金额	比上年增长	占比	金额	比上年增长	占比	金额	比上年增长	占比
总计	914.2	23.7	100.0	1 216.5	33.1	100.0	1 464.5	20.4	100.0
运输	210.2	36.2	23.0	313.2	49.1	25.7	384.2	22.6	26.2
旅游	339.5	15.9	37.1	372.3	9.7	30.6	408.4	9.7	27.9
通信服务	7.4	52.1	0.8	11.7	59.2	1.0	15.7	33.7	1.1
建筑服务	27.5	6.2	3.0	53.8	95.3	4.4	103.3	92.1	7.1
保险服务	5.5	-0.3	0.6	9.0	64.9	0.7	13.8	53.0	0.9
金融服务	1.5	-0.2	0.2	2.3	59.0	0.2	3.2	36.7	0.2
计算机和信息服务	29.6	60.7	3.2	43.4	46.9	3.6	62.5	43.9	4.3
专有权利使用费和特许费	2.1	30.2	0.2	3.4	67.1	0.3	5.7	66.7	0.4
咨询	78.3	47.2	8.6	115.8	47.8	9.5	181.4	56.7	12.4
广告、宣传	14.5	34.3	1.6	19.1	32.3	1.6	22.0	15.2	1.5
电影、音像	1.4	2.3	0.1	3.2	130.9	0.3	4.2	32.2	0.3
其他商业服务	196.9	16.6	21.5	269.1	36.7	22.1	260.1	-3.4	17.8

续表

年份	2009			2010		
	金额	比上年增长	占比	金额	比上年增长	占比
总计	1 286.0	-12.2	100.0	1 702.5	32.4	100.0
运输	235.7	-38.7	18.3	342.1	45.2	20.1
旅游	396.8	-2.9	30.9	458.1	15.5	26.9
通信服务	12.0	-23.7	0.9	12.2	1.8	0.7
建筑服务	94.6	-8.4	7.4	144.9	53.2	8.5
保险服务	16.0	15.4	1.2	17.3	8.2	1.0
金融服务	4.4	38.7	0.3	13.3	204.6	0.8
计算机和信息服务	65.1	4.2	5.1	92.6	42.1	5.4
专有权利使用费和特许费	4.3	-24.8	0.3	8.3	93.4	0.5
咨询	186.2	2.7	14.5	227.7	22.3	13.4
广告、宣传	23.1	5.0	1.8	28.9	24.8	1.7
电影、音像	1.0	-76.7	0.1	1.2	26.4	0.1
其他商业服务	246.9	-5.1	19.2	355.9	44.1	20.9

注：遵循 WTO 有关服务贸易的定义，中国服务进出口数据不含政府服务。

资料来源：1982—2010 年资料来源于《中国服务贸易统计 2011》，中国商务部服贸司发布。http://tradeinservices.mofcom.gov.cn/c/2012-06-13/98568.shtml。

附表 9.7　1997—2010 年中国服务贸易进口分项目表　（亿美元，%）

年份	1997		1998			1999		
	金额	占比	金额	比上年增长	占比	金额	比上年增长	占比
总计	277.2	100.0	264.7	-4.5	100.0	309.7	17.0	100.0
运输	99.4	35.9	67.6	-32.0	25.6	79.0	16.8	25.5

续表

年份	1997		1998			1999		
	金额	占比	金额	比上年增长	占比	金额	比上年增长	占比
旅游	81.3	29.3	92.1	13.2	34.8	108.7	18.0	35.1
通信服务	2.9	1.0	2.1	-28.3	0.8	1.9	-7.0	0.6
建筑服务	12.1	4.4	11.2	-7.4	4.2	15.4	37.5	5.0
保险服务	10.5	3.8	17.6	68.1	6.6	19.2	9.3	6.2
金融服务	3.2	1.2	1.6	-49.7	0.6	1.7	2.1	0.5
计算机和信息服务	2.3	0.8	3.3	44.0	1.3	2.2	-32.8	0.7
专有权利使用费和特许费	5.4	2.0	4.2	-22.8	1.6	7.9	88.6	2.6
咨询	4.7	1.7	7.6	62.0	2.9	5.2	-30.8	1.7
广告、宣传	2.4	0.9	2.7	9.8	1.0	2.2	-17.4	0.7
电影、音像	0.4	0.2	0.4	-11.1	0.1	0.3	-13.0	0.1
其他商业服务	52.5	18.9	54.4	3.5	20.5	65.9	21.2	21.3

年份	2000			2001			2002		
	金额	比上年增长	占比	金额	比上年增长	占比	金额	比上年增长	占比
总计	358.6	15.8	100.0	390.3	8.8	100.0	460.8	18.1	100.0
运输	104.0	31.6	29.0	113.2	8.9	29.0	136.1	20.2	29.5
旅游	131.1	20.7	36.6	139.1	6.1	35.6	154.0	10.7	33.4
通信服务	2.4	25.1	0.7	3.3	34.7	0.8	4.7	44.3	1.0
建筑服务	9.9	-35.4	2.8	8.5	-14.8	2.2	9.6	13.8	2.1
保险服务	24.7	28.6	6.9	27.1	9.7	6.9	32.5	19.7	7.0

续表

年份	2000			2001			2002		
	金额	比上年增长	占比	金额	比上年增长	占比	金额	比上年增长	占比
金融服务	1.0	-41.6	0.3	0.8	-20.6	0.2	0.9	16.1	0.2
计算机和信息服务	2.7	18.5	0.7	3.4	30.1	0.9	11.3	228.6	2.5
专有权利使用费和特许费	12.8	61.8	3.6	19.4	51.3	5.0	31.1	60.7	6.8
咨询	6.4	22.0	1.8	15.0	134.8	3.8	26.3	75.1	5.7
广告、宣传	2.0	-7.6	0.6	2.6	27.5	0.7	3.9	52.9	0.9
电影、音像	0.4	10.2	0.1	0.5	34.2	0.1	1.0	91.2	0.2
其他商业服务	61.2	-7.2	17.1	57.4	-6.1	14.7	49.3	-14.1	10.7

年份	2003			2004			2005		
	金额	比上年增长	占比	金额	比上年增长	占比	金额	比上年增长	占比
总计	548.5	19.0	100.0	716.0	30.5	100.0	831.7	16.2	100.0
运输	182.3	33.9	33.2	245.4	34.6	34.3	284.5	15.9	34.2
旅游	151.9	-1.4	27.7	191.5	26.1	26.7	217.6	13.6	26.2
通信服务	4.3	-9.1	0.8	4.7	10.5	0.7	6.0	27.8	0.7
建筑服务	11.8	22.8	2.2	13.4	13.1	1.9	16.2	21.0	1.9
保险服务	45.6	40.6	8.3	61.2	34.2	8.6	72.0	17.6	8.7
金融服务	2.3	158.8	0.4	1.4	-40.6	0.2	1.6	15.9	0.2
计算机和信息服务	10.4	-8.6	1.9	12.5	20.9	1.7	16.2	29.5	2.0
专有权利使用费和特许费	35.5	13.9	6.5	45.0	26.7	6.3	53.2	18.3	6.4

续表

年份	2003			2004			2005		
	金额	比上年增长	占比	金额	比上年增长	占比	金额	比上年增长	占比
咨询	34.5	31.1	6.3	47.3	37.2	6.6	61.8	30.6	7.4
广告、宣传	4.6	16.1	0.8	7.0	52.5	1.0	7.2	2.4	0.9
电影、音像	0.7	-27.6	0.1	1.8	152.9	0.2	1.5	-12.4	0.2
其他商业服务	64.6	31.1	11.8	84.8	31.2	11.8	93.9	10.7	11.3

年份	2006			2007			2008		
	金额	比上年增长	占比	金额	比上年增长	占比	金额	比上年增长	占比
总计	1 003.3	20.6	100.0	1 292.6	28.8	100.0	1 580.0	22.2	100.0
运输	343.7	20.8	34.3	432.7	25.9	33.5	503.3	16.3	31.9
旅游	243.2	11.8	24.2	297.9	22.5	23.0	361.6	21.4	22.9
通信服务	7.6	26.6	0.8	10.8	41.6	0.8	15.1	39.6	1.0
建筑服务	20.5	26.6	2.0	29.1	41.9	2.3	43.6	49.9	2.8
保险服务	88.3	22.7	8.8	106.6	20.8	8.3	127.4	19.5	8.1
金融服务	8.9	456.9	0.9	5.6	-37.5	0.4	5.7	1.6	0.4
计算机和信息服务	17.4	7.2	1.7	22.1	27.0	1.7	31.7	43.3	2.0
专有权利使用费和特许费	66.3	24.7	6.6	81.9	23.5	6.3	103.2	26.0	6.5
咨询	83.9	35.7	8.4	108.6	29.4	8.4	135.4	24.7	8.6
广告、宣传	9.6	33.5	1.0	13.4	40.0	1.0	19.4	45.2	1.2
电影、音像	1.2	-21.4	0.1	1.5	27.0	0.1	2.6	65.9	0.2
其他商业服务	112.6	20.0	11.2	182.4	62.0	14.1	231.2	26.8	14.6

续表

年份	2009			2010		
	金额	比上年增长	占比	金额	比上年增长	占比
总计	1 581.1	0.1	100.0	1 921.7	21.5	100.0
运输	465.7	-7.5	29.5	632.6	35.8	32.9
旅游	437.0	20.9	27.6	548.8	25.6	28.6
通信服务	12.1	-19.9	0.8	11.4	-6.0	0.6
建筑服务	58.7	34.5	3.7	50.7	-13.6	2.6
保险服务	113.1	-11.3	7.2	157.5	39.3	8.2
金融服务	7.3	28.2	0.5	13.9	91.2	0.7
计算机和信息服务	32.3	2.1	2.0	29.7	-8.3	1.5
专有权利使用费和特许费	110.7	7.2	7.0	130.4	17.8	6.8
咨询	134.2	-0.9	8.5	150.9	12.5	7.9
广告、宣传	19.5	0.7	1.2	20.4	4.4	1.1
电影、音像	2.8	9.2	0.2	3.7	33.2	0.2
其他商业服务	187.7	-18.8	11.9	171.8	-8.5	8.9

注：遵循 WTO 有关服务贸易的定义，中国服务进出口数据不含政府服务。

资料来源：① 1982—2010 年资料来源于《中国服务贸易统计 2011》，中国商务部服贸司发布。http://tradeinservices.mofcom.gov.cn/c/2012-06-13/98568.shtml。

第十章 中国金融服务贸易的发展

本章摘要

2006年年底，中国加入WTO五年过渡期结束，中国金融服务市场进入全面开放的新阶段。

中国保险服务贸易的发展；中国银行等金融服务贸易的发展。

中外资保险公司发展概况；外资保险公司的母国构成与区位结构。

外资保险公司在华投资主要有直接设立在华分支机构、参股中国保险公司、与非保险企业合资成立保险公司三种方式。

外资银行在华资产情况；外资银行在华设立营业性机构情况；外资银行入股中资银行情况；外资银行进入中国的影响。

中资银行设立海外分支机构或代表处情况；中资银行海外并购情况；中资银行的海外机构营运情况。

本章主要介绍中国金融服务贸易的发展情况，包括中国保险服务、银行服务等的开放和发展情况。

第一节 中国金融服务贸易概况

2006年底，中国加入WTO五年过渡期结束，中国金融服务市场进入全面开放的新阶段。自加入WTO至今，中国一直在不断履行金融服务市场对外开放的承诺，允许外资银行在华设立法人机构并全面开放人民币业务，允许外资保险机构设立独资和合资保险公司在华从事寿险和非寿险业务，允许外资证券机构进入B股市场并可以合格境外机构投资者（QFII）的身份从事A股交易等，中国已经完全履行了加入WTO时金融服务市场对外开放的承诺。

一、金融服务的定义

关于金融服务的具体含义和分类目前并没有统一的认识。IMF 的国际收支平衡表手册对金融服务的定义是：银行、保险公司和其他金融机构通过收取佣金和费用方式提供的非商品交易、经纪业务收入和金融服务所获得的服务收入。

WTO 对金融服务的定义是目前应用最为广泛的定义。《金融附件一》对 GATS 框架下的金融服务贸易的范围和定义作了详细的规定。按照《金融附件一》第 5 款的定义，金融服务是由一缔约服务供应者提供的任何金融性服务。金融服务主要包括两大类服务：所有的保险和与保险有关的服务；所有的银行和其他金融服务。其中，所有的保险和与保险有关的服务包括：人寿和非人寿保险，再保险，保险中介服务(例如经纪和代理服务)，对保险的辅助性服务（例如咨询和精算服务）。所有的银行和其他金融服务包括：接受公众存款和其他应偿还资金，所有形式的贷款（例如消费贷款、抵押贷款、商业交易保理和融资），金融租赁，所有形式的支付和货币转移服务（例如信用卡、借记卡、旅行支票和银行汇票），担保和承诺，证券交易，承销，货币经纪，资产管理，结算和清算服务，提供和传输金融信息，咨询，中介和其他服务性金融服务。详见本书第八章第五节。

二、中国保险服务贸易的发展

1997 年至 2011 年间，除 2009 年和 2011 年外，保险服务一直是中国服务贸易第二大逆差项，仅位于运输服务之后。2011 年逆差 167 亿美元（见图 10.1)，为历年最高，是当年中国服务贸易第三大逆差项，位于运输和旅游之后。而 2009 年，专有权利使用费和特许费的逆差金额超过了保险服务，保险服务位列第三。

中国自加入 WTO 后，保险服务进口基本保持增长趋势，进口金额从 2001 年的 27.11 亿美元增长到 2011 年的 197 亿美元；与此同时，保险服务出口金额虽然也呈增长趋势，但仅从 2001 年的 2.27 亿美元增长到 2011 年的 30 亿美元，从绝对数看与进口金额相去甚远。这说明中国的金融业发展还有待提高，金融机构尤其是保险、再保险机构的竞争力相对较弱、国际化程度低。中国在加入世界贸易组织后，对外货物贸易量急剧增长，从而引致对保险服务需求急剧增长，虽然中国的保险公司也得到了相当大份额的市场，但还是有部分市场被国外保险机构占领。

中国保险服务进出口增长率变化都不大稳定。1998 年保险服务出口增长率为 120.53%，1999 年则下降到 -46.95%，此后还有类似的大幅变动（见图 10.2)。

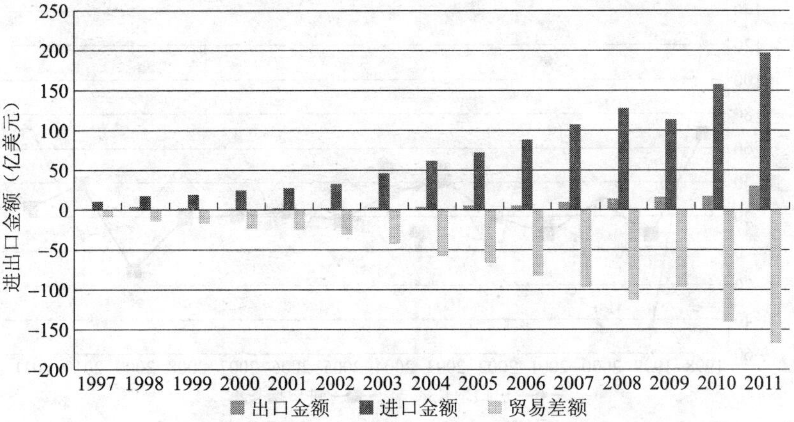

图 10.1 1997—2011 年中国保险服务进出口金额

注：遵循 WTO 有关服务贸易的定义，中国服务进出口数据不含政府服务。

资料来源：① 1997—2010 年资料来源于《中国服务贸易统计 2011》，中国商务部服贸司发布。http：//tradeinservices. mofcom. gov. cn/c/2012 - 06 - 13/98568. shtml。

② 2011 年资料来源于《中国国际收支平衡表》，国家外汇管理局发布。http：//www. safe. gov. cn/model_safe/tjsj/tjsj_detail. jsp？ID = 110500000000000000，49&id = 5。

1998 年至 2011 年 14 年中国保险服务出口平均增长率为 32. 85%，2011 年保险服务出口增长率 73. 71%，远超出年均出口增长率。保险服务 14 年年均进口增长率为 24. 56%，进口增长率在经历了 2005 年至 2008 年的相对平稳期后，在 2009 年至 2011 年又出现波动，2009 年进口增长率 - 11. 25%，2010 年进口增长率 39. 31%，约增长了 50 个百分点，随后又下降至 2011 年的 25. 04%。

中国保险服务出口规模较小，其出口占比一直在 2% 以下，2001 年后发展比较稳定，围绕 1% 的占比率小幅波动，2010 年保险服务出口占比 1. 01%（见图 10. 3），同比下降 18. 55%。保险服务进口占比相比出口规模较大，但从未超过 9%，最高值为 2006 年的 8. 8%，2001 年后其进口占比呈现增长趋势，直至 2007 年才转为降低，2010 年保险服务进口占比又转为增长，值为 8. 2%，同比上升 14. 69%。

三、中国银行等金融服务贸易的发展

中国金融服务除 2001 年和 2011 年出现顺差外，1997 年至 2010 年期间一直保持逆差，但是逆差金额较小，最高值为 2006 年的 7. 46 亿美元（见图 10. 4）。2001 年至 2010 年间，中国金融服务出口呈现比较稳定的增长趋势，2010 年与 2009 年相比有显

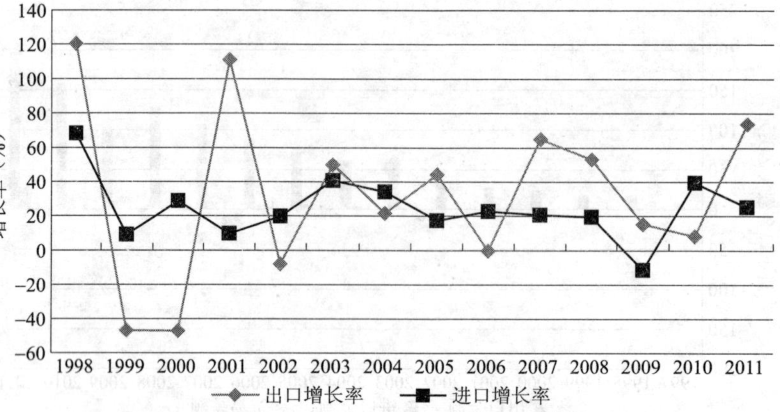

图 10.2 1998—2011 年中国保险服务进出口增长率

注：遵循 WTO 有关服务贸易的定义，中国服务进出口数据不含政府服务。

资料来源：① 1997—2010 年资料来源于《中国服务贸易统计 2011》，中国商务部服贸司发布。http：//tradeinservices. mofcom. gov. cn/c/2012 - 06 - 13/98568. shtml。

② 2011 年资料来源于《中国国际收支平衡表》，国家外汇管理局发布。http：//www. safe. gov. cn/model_safe/tjsj/tjsj_detail. jsp？ID = 110500000000000000，49&id = 5。

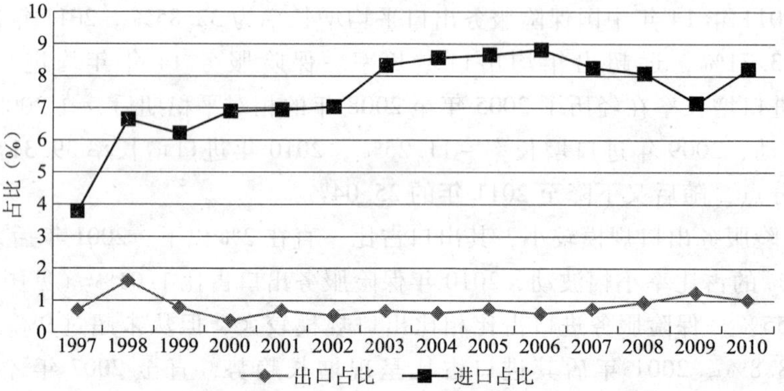

图 10.3 1997—2010 年中国保险服务进出口占服务贸易进出口总额的比率

注：遵循 WTO 有关服务贸易的定义，中国服务进出口数据不含政府服务。

资料来源：《中国服务贸易统计 2011》，中国商务部服贸司发布。http：//tradeinservices. mofcom. gov. cn/c/2012 - 06 - 13/98568. shtml。

著提高，出口金额达到 13.31 亿美元。2006 年是中国金融服务市场进入全面开放的新阶段，金融服务进口明显增加，此后三年略有下降，直至2010 年达到最高值 13.87

亿美元。由于2010年出口金额的增长速度快于进口金额的增长，使得当年贸易逆差降为2006年以来最低值0.6亿美元。2011年金融服务出现自1997年以来的第二次顺差，顺差额1亿美元。其中进、出口金额都较2010年有所下降，进口金额下降幅度大于出口金额。金融服务进出口金额的变化趋势说明中国的金融服务在快速发展，对国外金融服务的依赖程度没有加深。

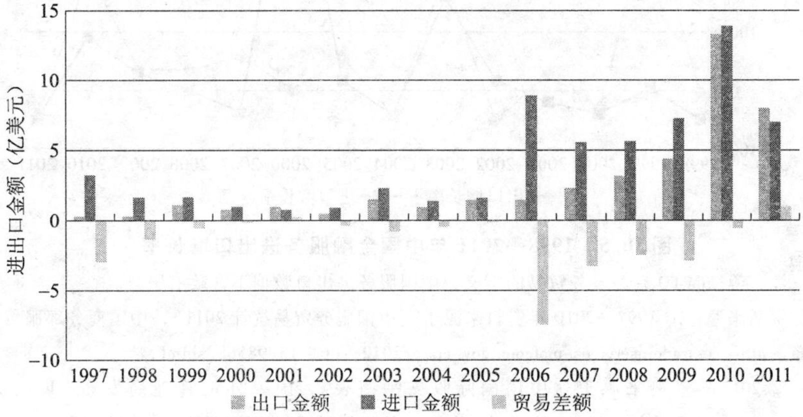

图10.4　1997—2011年中国金融服务进出口金额

注：遵循WTO有关服务贸易的定义，中国服务进出口数据不含政府服务。

资料来源：① 1997—2010年资料来源于《中国服务贸易统计2011》，中国商务部服贸司发布。http：//tradeinservices. mofcom. gov. cn/c/2012 - 06 - 13/98568. shtml。

② 2011年资料来源于《中国国际收支平衡表》，国家外汇管理局发布。http：//www. safe. gov. cn/model_safe/tjsj/tjsj_detail. jsp？ID = 110500000000000000，49&id = 5。

中国金融服务贸易进出口在1997年至2011年间增长速度较快，出口年均增长率为55.12%，进口年均增长率为37.94%。在中国金融服务贸易进出口快速增长的同时，也存在各年增长率变化幅度较大、增长不稳定的情况。1999年中国金融服务贸易出口较上一年增长310.75%（见图10.5），但2000年金融服务贸易出口与1999年相比则下降了29.75%；进口也曾经从2006年的增长456.88%下降到2007年的-37.49%。中国的金融服务贸易受2008年金融危机的影响较小，进出口增长率连续三年正向上升，2010年进、出口增长率分别为91.16%和204.63%。但2011年进口增长率为-49.53%，出口增长率为-39.89%，均为负值。金融服务贸易这种较大的起伏状态也从一个侧面说明中国服务贸易进出口结构还未稳定。

中国金融服务贸易的规模较小，其进出口金额占中国服务贸易进出口额的比重不大，进口不超过1.2%，出口不超过0.8%（见图10.6）。自2006年全面开放以来，金

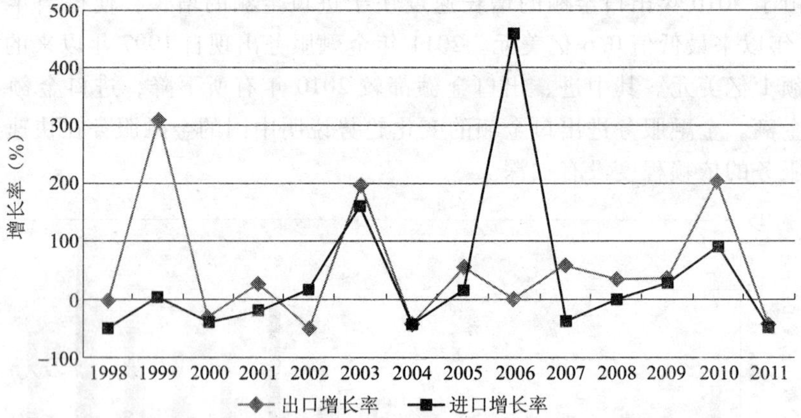

图 10.5　1998—2011 年中国金融服务进出口增长率

注：遵循 WTO 有关服务贸易的定义，中国服务进出口数据不含政府服务。

资料来源：① 1997—2010 年资料来源于《中国服务贸易统计 2011》，中国商务部服贸司发布。http：//tradeinservices. mofcom. gov. cn/c/2012 - 06 - 13/98568. shtml。

② 2011 年资料来源于《中国国际收支平衡表》，国家外汇管理局发布。http：//www. safe. gov. cn/model_safe/tjsj/tjsj_detail. jsp？ID = 110500000000000000，49&id = 5。

融服务出口占中国服务贸易出口额的比重呈现出上升的趋势，2010 年达到自 1997 年以来的最高值 0. 78%；进口占比则呈 U 字发展，2010 年达到 0. 72%，为自 1997 年以来的第三高值。

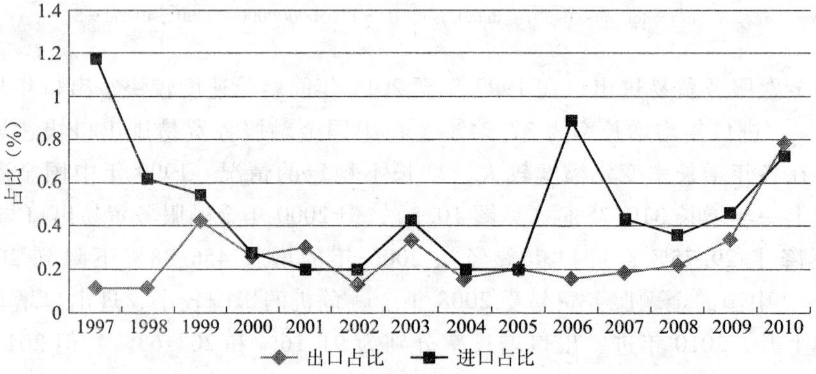

图 10.6　1997—2010 年中国金融服务进出口占服务贸易进出口总额的比率

注：遵循 WTO 有关服务贸易的定义，中国服务进出口数据不含政府服务。

资料来源：《中国服务贸易统计 2011》，中国商务部服贸司发布。http：//tradeinservices. mofcom. gov. cn/c/2012 - 06 - 13/98568. shtml。

第二节 中国保险业的开放

1980年成立首家外资保险公司驻华代表处后，陆续有外国保险公司设立驻华代表处。20世纪90年代，国务院选择上海作为第一个对外开放保险业务的试点城市，美国友邦保险公司于1992年9月作为第一家外资保险公司在上海设立分公司。随后，一批外国保险公司获准进入中国保险市场，外资保险公司业务得到了较快发展。2000年，中国保监会加入国际保险监督官协会，进一步加强了中国与国际保险界的联系与合作。2001年底中国加入世贸组织后，中国保险业有三年过渡期，比其他金融行业提前2年全面对外开放。目前，中国保险业全面开放，除合资寿险公司外方股比不得超过50%，外资产险公司不得经营法定保险以外，在业务和地域范围方面外资保险公司已享受国民待遇。

一、中外资保险公司发展概况①

外资保险公司资产总额占中国所有保险公司资产总额的比例相对较低，在中国的市场份额也相对比较低。截至2010年年末，全国共有保险集团公司8家，保险公司126家，保险资产管理公司10家。从保险公司资本结构属性看，中资保险公司共有73家，外资保险公司共有53家。其中，中资产险公司36家，中资寿险公司34家，中资再保险公司3家，外资产险公司19家，外资寿险公司28家，外资再保险公司6家。全国共有省级（一级）分公司1294家，中支和中支以下营业性机构68 061家。截至2010年年末，保险从业人员346.85万人。其中，营销员278.31万人。保险公司总资产共计50 481.6亿元，较年初增加9 846.85亿元，增长24.23%，其中外资保险公司总资产为2 621.12亿元（见图10.7），较2010年初增加568.73亿元，增长27.71%，占比5.19%，同比上升0.14个百分点。在北京、上海、深圳、广东外资保险公司相对集中的区域保险市场上，外资保险公司的市场份额分别为16.31%，17.94%，7.88%，8.23%。

外资保险公司的在华业务拓展面临较大困难。在业务发展方面，2010年，中资保险公司原保险保费收入为13 893.67亿元，占市场份额为95.63%，其中财产险公司原保险保费收入为3 984.06亿元（见图10.8），市场份额为98.94%；寿险公司原

---

① 此标题下数据均来源于《2011中国保险年鉴》，中国保险监督管理委员会编制。

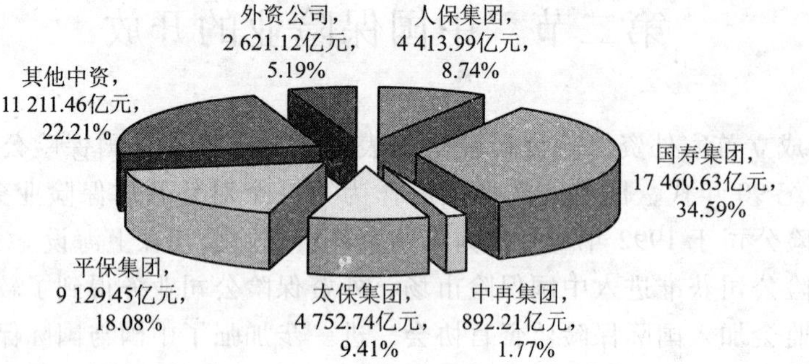

图 10.7　2010 年末中国保险公司总资产份额

资料来源：《2011 中国保险年鉴》，中国保险监督管理委员会编制，第 21 页。

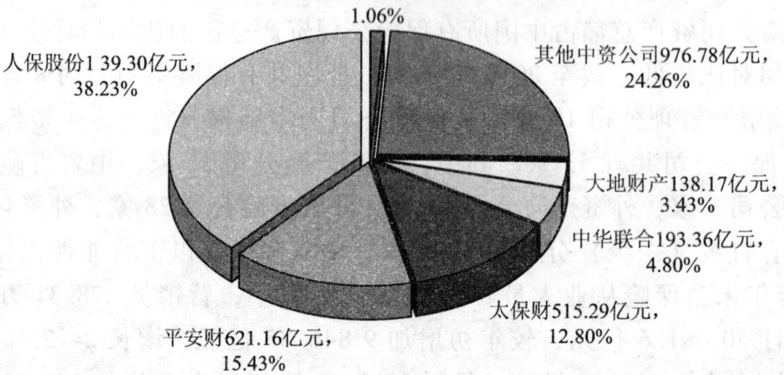

图 10.8　2010 年中国财产保险公司市场份额

资料来源：《2011 中国保险年鉴》，中国保险监督管理委员会编制，第 22 页。

保险保费收入为 9 909.42 亿元（见图 10.9），市场份额为 94.37%。相比之下，外资保险公司原保险保费收入 634.3 亿元，比上年同期增加 0.25 个百分点，占市场份额为 4.37%，其中财产险公司原保险保费收入为 42.83 亿元，市场份额为 1.06%；寿险公司原保险保费收入为 591.47 亿元，市场份额为 5.63%。

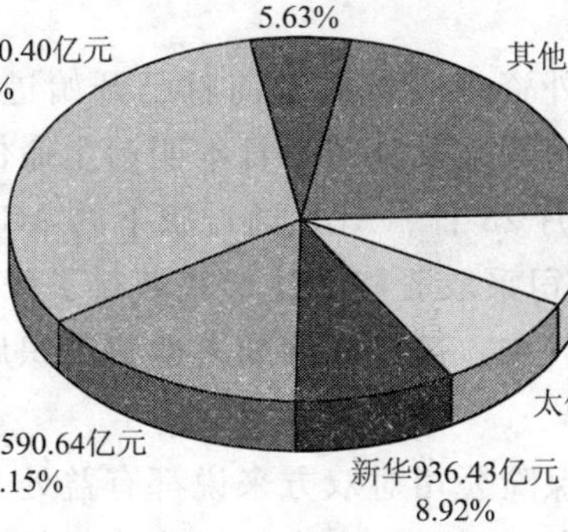

图 10.9 2010 年中国人寿保险公司市场份额

资料来源：《2011 中国保险年鉴》，中国保险监督管理委员会编制，第 22 页。

二、外资保险公司在华投资方式

外资保险公司在华投资主要有直接设立在华分支机构、参股中国保险公司、与非保险企业合资成立保险公司三种方式。

（一）直接设立在华分支机构

1992 年，美国友邦保险公司作为第一家外资保险公司在上海设立分公司。随着中国入世，特别是 2004 年 12 月全面开放，开始允许外资进入团险市场，外资保险公司设立新机构将不再受地域和数量的限制。根据保监会的统计数据显示，2004 年底有 14 个国家和地区的 37 家保险公司进入中国保险市场。截至 2011 年 11 月末，共有 16 个国家和地区的保险公司在中国设立了 54 家外资保险公司，设立各级分支机构近 1 300 家。

直接设立分公司是外资保险公司进入中国市场的最优选择，但是也面临着无法回避的最大考验——本土化。本土化并不仅仅是语言相通，而是要真正对中国的文化环境、市场环境、法律环境和监管体制有深刻而到位的理解。一些外资保险公司在中国并没有很好的表现，这通常与“水土不服”有关。部分外资保险公司对中国的了解仅满足于经济数据，没有很好地把握中国市场的发展趋势，他们的经营模式和分销模式对中国国情的适应能力较弱，并伴有诸如频换高层、与中资合作伙伴沟通不力等现象。外资保险公司的优势不能完整地表现出来，其业绩并不令人满意。

（二）参股中国保险公司

中国股份制保险公司引入外资参股自入世前就已开始进行。新华人寿于2000年吸收了瑞士苏黎世保险公司、国际金融公司、日本明治生命保险公司和荷兰金融发展公司四家外资股东。2002年5月28日，ACE通过旗下的ACE天平再保险公司、ACE北美洲保险公司和ACE美国公司采取股权受让形式获得了华泰保险公司22.13%的股权，成为华泰事实上的第一大股东，这是中国加入世贸组织后外资保险首次以较大比例参股中国保险企业。

理论上说，外资参股中国保险公司对双方来说都有益处。保险公司业务的扩大受制于其资本金规模，引入外资参股可以扩充中国保险公司的资本金，从而扩大业务规模，增强自身实力；保险是一个技术性很强的行业，外资保险公司在资产负债管理、费率的厘定及日常经营管理上都有独到之处，这些多依赖于人才、技术等多方面的长期积累，通过与外方合作，中资保险公司在改善股权结构的同时，变潜在对手为合作伙伴，提升自己的经营管理水平。对外资保险公司来说，在市场竞争中，中资保险公司最大的优势是网络健全、熟悉环境，这正是外资最大的弱点。外资保险公司利用直接参股中国本土保险公司，凭借合作伙伴的本土优势，可以在最小的经营风险下获取一定的利润。但是，在外资参股的中资保险公司中，经常会出现由于观念、习惯等因素导致的中外双方人员在经营管理上的冲突，从而导致一些公司业绩平平。

（三）与非保险企业合资成立保险公司

与非保险企业合资成立保险公司也是外资保险公司曲线进入中国市场的一种方法。中国航空集团公司和韩国三星生命保险株式会社于2005年5月26日携手创建中航三星人寿保险有限公司，注册资本金为5亿元人民币，双方各出资50%，总部设于北京，这是中国首家中韩合资寿险公司。同年，联泰大都会人寿保险有限公司于8月10日在上海正式成立，公司初始注册资本5亿元人民币，由上海联和投资有限公司和美国大都会集团下属公司各持50%股份组建而成。

外资保险公司在中国寻找的合资伙伴一般有中资股份制保险公司和大型非保险企业两种。这种与非保险企业合资成立保险公司的方法之所以比较流行，除了价格优势外，还有一个原因就是非保险企业能够给外资更大的空间。中资非保险企业由于对保险业务的陌生，能够给予外资保险公司在管理上更大的话语权，使外资处在比较主动的位置。

三、外资保险公司的母国构成与区位结构

随着中国保险市场的全面开放，外资保险公司在华经营的限制不断减少，其设立分支机构的数量不断增加，对公司所在地的区位选择也呈现多元化趋势。2010 年在中国设立外资保险机构的数量见表 10.1。

表 10.1　　2010 年在华外资保险机构数量

区位	外资保险公司数目（家）	外资保险公司所属国家（地区）
上海	23	美国、英国、德国、日本、瑞士、韩国、加拿大、荷兰、法国、澳大利亚、中国台湾、中国香港
北京	15	美国、英国、德国、法国、意大利、瑞士、韩国、中国台湾
天津	3	英国、加拿大、日本
广州	3	美国、英国、德国
深圳	3	美国、日本
重庆	2	美国、新加坡
南京	2	美国、韩国
厦门	2	中国台湾
大连	2	日本、荷兰
成都	1	法国

注：这里数据与保险年鉴有所差异，推测是金融年鉴列举了主要的总部与分行数据，省略了一些分支机构。

资料来源：① 区位、外资保险公司数目根据《中国金融年鉴 2011》第四部分机构名录篇整理。

② 外资保险公司所属国家（地区）根据各外资保险公司官方网站整理。

在母国构成方面，如表 10.1 显示，在华外资保险机构的母国大多为工业化发达国家或地区，集中在西欧、北美和亚太三大区域。造成这种局面的原因之一在于工业化国家资本雄厚，其保险业发展时间长、保险公司的经营管理模式比较完善，市场比较成熟，与中资保险公司相比具有一定优势，更容易进入中国保险市场。此外，金融业与制造业的一个很大不同在于金融业具有衍生性质。外资保险公司通常会跟随本国客户的海外投资而进入东道国市场。随着中国市场的全面开放，外资纷纷以各种形式

进入中国市场，为了保护原有客户资源，同时获得进入中国市场的增量业务，外资保险公司也竞相进入中国为其客户提供风险管理和保险服务。通常情况下，工业化发达国家或地区对中国的投资数量和额度更高，因此这些国家或地区的保险机构也会更多地进入中国市场。

在区位结构方面，如表 10.1 显示，外资保险机构对中国东部的进入程度远高于中部和西部，外资的进入加大了中国保险业在东部和中西部的差距。究其原因，中国的经济发展本身存在较为严重的区域不平衡，东部地区的国民收入和人口总量更大，聚集着更多的优质企业和高端消费者，拥有更加优良的基础设施和市场配套措施、更高的城市化程度和工业化程度，所以外资保险机构进入中国必然首选东部。

进一步查看外资保险机构在中国主要城市的分布情况，可以看出上海、北京、广东仍是中国保险业对外开放的集中区域。保险业具有规模经济的特征，在市场份额不高的情况下，外资保险机构更容易在大容量市场上达到稳健经营所需要的业务量水平，并且中国目前的保险分销渠道还不是很发达，通过电话、网络等形式进行保险销售和理赔业务还不是主要方式，因此，外资保险机构需要更加靠近市场需求地。

第三节　中国银行业的外资进入情况

中国银行业服务贸易的进口形式以商业存在为主。银行业服务贸易进口主要业务集中在以收取佣金、手续费为主的表外业务，包括与贸易相关的代理业务、与资本市场相关的托管业务，随着人民币零售业务的对外开放，外资银行的业务范围也更加广泛。

一、外资银行在华资产情况

中国入世之后，外资银行在华资产有显著增长，数据显示，自 2002 年以来，在华外资银行总资产由 2 881 亿元增长到 2010 年的 17 423 亿元（见图 10.10），增长了 504.76%。不过，外资银行占中国银行部门总资产的份额较低，在华开展业务的外资银行 2010 年仅占中国银行部门总资产份额的 1.85%，与 2002 年的 1.34% 相比并没有大的提升，多年来维持在 2% 左右的水平。外资银行在华所占资产份额并非始终不变，外资银行占国内商业银行总资产的比例于 2007 年达到 2.38% 的峰值，而后受到国际金融危机冲击，外资银行海外开拓市场乏力，资产增长速度也有所放缓，与此同时中资银行受金融危机的冲击较轻，使其加速扩张，因而外资银行的市场份额回落。

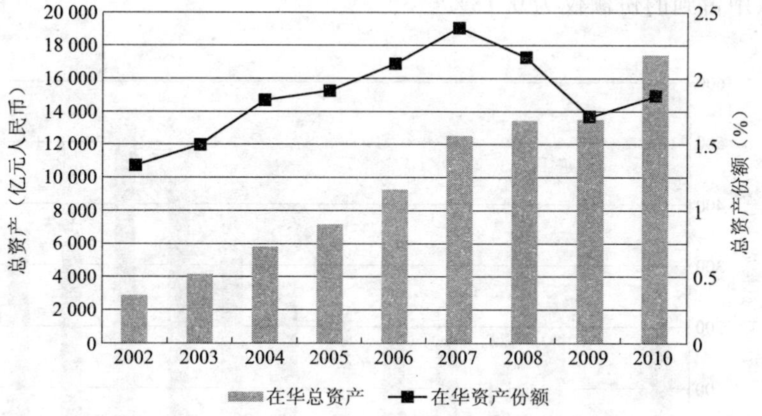

图 10.10　2002—2010 年外资银行在华总资产和总资产所占份额

资料来源：《中国金融年鉴》2003—2011 年各期，第三部分统计篇。

外资银行占中国银行业总资产份额较低的原因主要有以下几方面。首先，中国全面开放银行业时间尚短，外资银行的进入需要时间的积累。其次，中国在开放之初，就已经具有资产庞大、机构众多的银行部门，中国具有较为完整的银行体系，不需要外资银行代为建立。最后，外资银行在中国的发展要克服本土化的困难。

外资银行在华设立营业性机构的资产虽然占中国银行业资产总额的比例很低，但是一般认为外资银行既有进一步在中国发展的动力，也有这方面的实力。市场份额反映的是总体情况，它不能呈现出外资银行如何重新定义中国的细分市场。随着中国政府采取各种措施逐步实现人民币国际化，中国市场将能够提供大量的增长机会，外资银行也将面临更多的商业机会。

二、外资银行在华设立营业性机构情况

自从中国加入 WTO 以来，总体上外资银行机构数量不断增加。与此同时外资银行在华营业性机构总数仍相对较少，所占中国银行部门总机构数的份额也较小。

从 2010 年末的数据来看，外资银行在华营业机构数达到 360 个（见图 10.11 和表 10.2），相比上年增长 6.51%。2010 年末中国银行业金融机构共有法人机构 3 769 家，营业网点 19.6 万个①，外资银行占中国银行业法人机构的 9.55%，在中国银行

① 《中国银行业监督管理委员会 2010 年报》，第 25 页。

业营业网点中占到的份额仅为 0.18%。

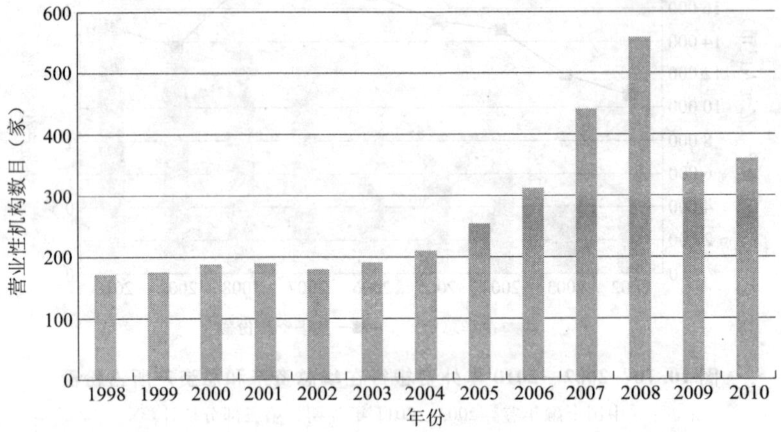

图 10.11 1998—2010 年外资银行在华营业性机构数目

资料来源：《中国金融年鉴》1999—2011 年各期，第三部分统计篇。

表 10.2 2010 年在华外资银行业机构情况 （家）

	外国银行	独资银行	合资银行	独资财务公司	合计
法人机构总行	—	37	2	1	40
法人机构分行及附属机构	—	223	7	—	230
外国银行分行	90	—	—	—	90
总　计	90	260	9	1	360

资料来源：《中国银行业监督管理委员会 2010 年报》，第 37 页。

从外资（合资）在华银行类营业性机构的区位结构看，外资银行在中国东部设立的营业性机构数目要远高于中西部地区。具体到城市，外资银行中国分行等的注册地集中在上海、北京、深圳、天津、厦门、宁波等城市（见表 10.3）。

表 10.3 2010 年外资（合资）在华银行类营业性机构注册地分布 （家）

地　点	在华独资银行、中外合资银行数目
上海	20
北京	7

续表

地 点	在华独资银行、中外合资银行数目
深圳	4
天津	2
厦门	2
宁波	2
珠海	1
南京	1

注：按照外资银行注册地所在城市统计；不包含独资财务公司。

资料来源：根据《中国金融年鉴2011》，第四部分机构名录篇整理。

外资银行在中国的注册地主要集中在上海、北京等城市的原因主要有以下几个方面。首先，从外资银行金融服务的供给上来看，中国国土面积大，地理地貌复杂，在中国建立大量的营业机构不但需要大量资金的投入，也需要很长的时间来建设，对于外资银行来讲，目前还比较困难。其次，根据对银行所提供服务的需求来看，环渤海地区、长三角、珠三角的金融需求较强烈，外资银行在这些地区能够相对容易地找到合适的市场。

三、外资银行入股中资银行情况

外资银行参股中资银行在20世纪90年代就有过先例，不过对象往往是规模较小的股份制银行或者城市商业银行①。较为大规模的引入外资金融机构作为战略投资者始于2005年。自2001年入世开始，中国政府就努力提高银行业竞争力，以期在全面开放之后迎接来自别国银行的挑战。2005年，三个国有大银行的股份制改制成为中国银行业历史上浓重的一笔，引外资入股这一试图以改善股权结构、加强公司治理以提高银行业效率的方式由此拉开了大幕。截至2010年中国上市银行引进境外战略投资者情况见表10.4。

① 1996年亚洲开发银行入股光大银行，持有后者2.14%的股份。1999年国际金融公司入股上海银行，持有后者15%的股份。

表 10.4　　截至 2010 年中国上市银行引进境外战略投资者情况①

中资银行	引进境外战略投资者的时间	境外投资者	持股比例
中国工商银行	2006 年 1 月	高盛集团	7%
		安联集团	2.5%
		美国运通	0.5%
中国建设银行	2005 年 6 月	美洲银行	9.1%
	2005 年 7 月	新加坡淡马锡公司	5.1%
中国银行	2005 年 8 月	苏格兰皇家银行集团	10%
		新加坡淡马锡亚洲金融控股有限公司	10%
	2005 年 9 月	瑞银集团	1.55%
	2005 年 10 月	亚洲开发银行	0.24%
交通银行	2004 年 8 月	汇丰银行	19.9%
光大银行	1996 年 12 月	亚洲开发银行	2.14%
兴业银行	2003 年 12 月	中国香港恒生银行	15.98%
		新加坡政府直接投资公司	5%
		国际金融公司	4%
浦东发展银行	2002 年 12 月	花旗银行海外投资公司	4.62%
深圳发展银行	2004 年 5 月	美国新桥投资集团	17.89%
	2005 年 9 月	美国通用电气金融财务有限公司	7.29%
民生银行	2004 年 7 月	国际金融公司	1.08%
	2004 年 10 月	亚洲金融控股有限公司	4.55%
华夏银行	2005 年 10 月	德意志银行	7.02%
		德意志银行卢森堡股份公司	2.88%
		萨尔·奥彭海姆股份有限合伙企业	4.08%

① 截至 2011 年，中国上市银行按上市时间顺序分别为：深圳发展银行（1991），上海浦东发展银行（1999），民生银行（2000），招商银行（2002），华夏银行（2003），工商银行（2006），中国银行（2006），兴业银行（2007），中信银行（2007），交通银行（2007），宁波银行（2007），南京银行（2007），北京银行（2007），建设银行（2007），农业银行（2010），光大银行（2010）。

续表

中资银行	引进境外战略投资者的时间	境外投资者	持股比例
中信银行	2006 年 11 月	西班牙毕尔巴鄂维茨卡亚对外银行	4.83%
南京银行	2001 年 11 月	国际金融公司	15%
	2005 年 10 月	法国巴黎银行	19.2%
北京银行	2005 年 3 月	荷兰国际集团	19.9%
	2005 年 5 月	国际金融公司	5%
宁波银行	2006 年 1 月	新加坡华侨银行	12.2%

注：① 表内数据为引入境外战略投资者的初始数据，后有增持或减持银行股份的变动情况未在表内显示。
② 上市银行中中国农业银行和招商银行未引入境外战略投资者。

资料来源：根据各银行年报、公告及相关报道整理而成。

从外资银行的角度来看，入股中国商业银行，建立战略合作关系，是外资金融机构偏好中国零售业务的策略。通过战略合作关系，外资银行可以获得中国市场和中国客户的相关情况，规避业务的限制，提前进入中国银行业，利用中资银行分支网络和广泛的客户基础，推广外资银行的产品和服务。

从中资银行的角度来看，外资入股对中国金融机构和金融市场有积极和消极两方面的影响。在经营绩效方面，外资为中国商业银行补充资本金，提高了其资本充足率，优化资本结构，并且降低了中国商业银行的不良贷款和经营风险；内部管理方面，使中国商业银行建立高效灵活富有弹性的经营机制，快速吸收先进的经营理念，提高管理水平，增强竞争实力，适应市场竞争需求，并能使公司治理结构更加完善；此外，外资的进入会提高银行的产品创新能力和业务技术创新能力。同时，外资的进入会造成优质客户的流失和大量财富外流。外资入股还会带来控制权的分散，威胁中资银行的运行稳定。外资的进入有可能威胁国家的金融安全也是各国考虑的一个因素。在经济全球化的背景下，金融业对一个国家而言已经可以和国防媲美，所以发展中国家和发达国家都对外资银行入股当地银行的方式和数量设置了严格的要求和限制，就是担心外资通过入股控制了关系着本国经济命脉的金融业，从而影响国家的经济发展和政局稳定。

四、外资银行进入中国的影响

第一，外资银行所占中国贷款市场份额较小，给中资银行带来的竞争压力不显著。以2008年的数据为例，银行部门对非金融类企业贷款总额268 459.83亿元人民币，对其他居民部门贷款57 136.94亿元人民币；而外资银行这两项数据分别为6 617.08亿元和152.87亿元①。计算得出2008年末外资银行商业贷款占中国银行部门份额的2.08%，所占份额较小，未对中资银行造成大的竞争压力。

第二，对外资银行进入所带来的竞争压力以及部门效率差距的预期往往被当局和理论界所夸大。外资银行进入带来的竞争压力如果建立在夸大的部门效率差距等预期基础上，实际的竞争压力效应不明显就是顺理成章的了。当然，充分估计困难永远是一件好事，一方面，为了迎接挑战，政府减少对银行的金融压抑，使得银行在选择贷款对象上有更大的自主性，原先由于政府指令等原因占用了大量信贷的低收益部门不能再获得这样的优惠，转而将信贷配置到更高收益的部门，从而显著提高了银行部门的效率。另一方面，竞争压力的预期使得商业银行本身也更加注重自身的管理，降低成本、提高效率，从而提高了净利差。

第三，外资银行的进入提高了中资银行的经营效率，原因可能有三个方面：政府部门宏观经济政策和金融监管的改革、技术外溢、鲶鱼效应②。虽然外资银行进入给中资银行带来的竞争压力不显著，却推动了政府部门宏观经济政策和金融监管的改革，提高了我国银行业的经营效率。银行部门自由化强化了对政府的激励，促使其消除扭曲性干预措施，并对金融机构引入适当的审慎监管和监督措施。银行部门自由化减少了政府对金融市场的直接干预，尤其是这些干预并不是用来解决市场不完善的。中国政府在履行开放承诺的同时也在积极地进行银行业的改革，采取"抓两头、带中间"的改革战略，通过财务重组、股份制改造、加强公司治理建设、深入推进对外开放，我国银行业化解了长期积累的沉重财务包袱，体制机制逐渐完善，更加注重经营质量与科学发展，实现了历史性跨越。大部分国有大银行和许多股份制商业银行已上市发行，以公众持股的方式解决原先存在的一股独大的问题，以上市公司标准要求银行，设立信息披露制度，加强监管，完善董事会、监事会职能，建立健全现代企业治理结构，在很大程度上解决了我国银行效率低下、运行不畅的问题。外资银行进入中国市场后，其领先的服务项目、服务方法、管理经验等，通过示范效应、企业间员工的流动等方式得到外溢，使中资银行的经营效率得到了提高。关于鲶鱼效应，我们并不认为中资银行是懒惰、不游动的沙丁鱼，况

---

① 数据来源：《中国金融年鉴》，2009年，376页、382页。

② 挪威渔民发明了保持沙丁鱼存活的方法，在容易因懒惰、不游动而互相拥挤至窒息死亡的沙丁鱼中，放入一条以沙丁鱼为食的鲶鱼，使得沙丁鱼由于惊恐而四处游走躲避，从而解决其窒息缺氧的问题，增加沙丁鱼的存活率。鲶鱼效应是指，在固定不变的环境中，通过引入竞争者增加群体的活力，实现最优效果。

且，中国工商银行已经连续两年蝉联全球最赚钱银行；不过，外资银行的进入和潜在进入①确实给中资银行带来了活力，这种由外部刺激引发的内部革新使得中资银行的经营效率逐步提升。

第四，关于中国银行业开放路径的选择，商业存在优于引外资入股。外资银行在面对开放的中国时，进入中国市场可以有多种选择，最主要的两种途径是建立自身分支机构和入股中资机构。建立自身分支机构对于外资银行来说耗时耗力，且需要面对监管当局的种种限制；入股中资机构符合中国政府的倾向，可直接分享中资机构的利润，避开了政策的管制和经营方式、地域上的局限，入资成本也相对较低②。外资银行入股中资银行，从很大程度上讲是其全球化经营的一个战略部署，并没有充分的激励促使其向中资银行传播先进的管理方式。换句话说，外资银行并不会轻易将经营诀窍传递给中资银行。苑涛、陈夏楠③的研究表明，监管当局和引资的中国机构希望先进的管理方式、金融创新、健全的公司治理体制、内部监督机制随外资一起进入中资银行的初衷并没有实现。就目前的研究结论来看，外资银行更多的是竞争对手，中资银行在与外资银行的竞争中提高了盈利能力、成本控制能力、抵抗风险能力；外资银行并不是中资银行的老师，哪怕外资银行大规模入股中资银行，也没有起到帮助中资银行改进效率的作用。在进一步的开放过程中，对于中国来说，鼓励外资银行以商业存在形式进入中国市场比引资入股更好。

第四节 中资银行的海外扩张情况

随着中国经济整体实力的增强和对外经济金融交往的日益频繁，在外资银行大规模进入中国的同时，中国商业银行也加快了海外发展的步伐，海外资产的规模和分支机构的数量也在不断扩大。截至2010年底，5家大型商业银行在亚洲、欧洲、美洲、非洲和大洋洲共设有89家一级境外营业性机构，收购（或）参股10家境外机构，6家股份制商业银行在境外设立5家分行、5家代表处，2家城市商业银行在境外设立

---

① 潜在进入是指在开放日期到来之前，外资银行不能真正进入，但为了在开放后能顺利进入国内市场，外资银行在开放日期到来之前就已采取行动，包括获取市场信息、联系潜在客户、争夺并储备优质金融人才等。对于内资银行而言，外资银行的潜在进入意味着未来的真实竞争，因此外资银行潜在进入构成了一种可置信的竞争威胁。

② 贱卖论是理论界争论已久的话题，本书并不打算争论国有股权是否贱卖，这里的成本较低仅仅是相比较于外资银行其他进入方式而言。

③ 苑涛，陈夏楠．银行业开放对我国银行业发展的影响．国际经济学评论，2010（4）．

2家代表处，中国银行业利用境内外两个市场、两种资源的能力进一步提升①。中国银行业金融机构海外扩张取得了一定的进展，不过与中国全世界GDP第二的地位还不相符。中国银行业出口业务以跨境支付方式为主，具体业务以表外业务为主，如涉及国际贸易的相关结算等代理业务、担保业务等等。除了表外业务，参与国际银团贷款也成为中国银行业出口的重要内容。

一、中资银行设立海外分支机构或代表处情况

英国《银行家》杂志2012年中公布的全球1 000家最大银行排名显示，2011年中国银行业利润几乎达到全球银行业利润的三分之一（29.3%），而2007年这个比例仅为4%。中国四大国有银行全部进入了前十位，并且在盈利榜上均排名前五。其中中国工商银行总资产排名全球第三，盈利额排名全球第一，其税前利润达到432.18亿美元。

中国工商银行、中国银行、中国建设银行、中国农业银行和交通银行等中国大型商业银行已在世界大部分国家和地区建立了大约千家境外分支机构，其经营网络逐渐覆盖全球各大主要经济区域。中国五大商业银行的海外机构情况如表10.5所示。

表10.5　　2010年中国五大商业银行海外机构

中资银行	海外机构
中国银行	于新加坡、东京、首尔、曼谷、马来西亚、胡志明市、雅加达、悉尼、澳大利亚、哈萨克、金边、巴林、迪拜、伦敦、瑞士、爱尔兰、巴黎、法兰克福、卢森堡、布鲁塞尔、鹿特丹、米兰、匈牙利、俄罗斯、纽约、加拿大、开曼、巴拿马、巴西、赞比亚、约翰内斯堡等国家或地区设立分行或代表处，共拥有中国香港、中国澳门、中国台湾及其他国家和地区机构586家。
中国建设银行	在中国香港、新加坡、法兰克福、约翰内斯堡、东京、首尔、纽约、胡志明市、悉尼设有9家海外分行，在莫斯科设有1家代表处。新加坡分行由离岸业务牌照升格为批发业务牌照。

① 见《中国银行业监督管理委员会2010年报》，第37页。

续表

中资银行	海　外　机　构
中国工商银行	于中国香港、首尔、釜山、东京、新加坡、河内、多哈、阿布扎比、悉尼、法兰克福、卢森堡、纽约、中国澳门、马来西亚、印度尼西亚、泰国、阿拉木图、阿拉伯联合酋长国、伦敦、卢森堡、莫斯科、加拿大等国家或地区设立分行，拥有203家境外机构。
中国农业银行	拥有新加坡分行、中国香港分行、农银财务有限公司、农银国际控股有限公司、首尔代表处、悉尼代表处、纽约代表处、法兰克福代表处、伦敦代表处、东京代表处。
交通银行	拥有中国香港分行、纽约分行、东京分行、新加坡分行、首尔分行、法兰克福分行、中国澳门分行、胡志明市分行、伦敦代表处、悉尼代表处、中国台北代表处。

资料来源：根据各大银行官方网站信息和年报信息整理。

虽然中国商业银行海外分支机构增加迅速，但是也面临一些问题。中国与海外市场的环境不同，要求中国银行业的海外分支机构有很强的适应能力；不同国家和地区，其市场环境也是不同的，这要求中国银行业海外机构的工作人员具备相当丰富的当地经验。

二、中资银行海外并购情况

中资银行的海外并购始于20世纪80年代。中信实业银行于1986年收购了中国香港嘉华银行61.38%的股份，成为中资银行海外并购的第一例。中资银行主要的海外并购交易如表10.6所示。

表10.6　历年中资银行主要海外并购简况表

并购方	目　标　方	并购时间	交易金额
中国工商银行	英国西敏亚洲公司60%股权	1998－11	1 200万美元
中国工商银行	中国香港友联银行53.24%股权	2000－07	18.05亿港元
中国工商银行	比利时富通银行中国香港华比富通银行	2004－05	21.57亿港元
中国工商银行	印尼哈林姆银行100%股权	2007－01	900亿印尼盾

续表

并购方	目　标　方	并购时间	交易金额
中国工商银行	中国澳门诚兴银行 79.9% 股权	2007－08	44 亿人民币
中国工商银行	南非标准银行 20% 股权	2007－10	54.6 亿美元
中国工商银行	加拿大东亚银行 70% 股权	2009－06	7 300 万美元
中国工商银行	泰国 ACL 银行 97.24% 股权	2010－04	177.86 亿泰铢
中国工商银行	美国东亚银行 80% 股权	2011－01	1.4 亿美元
中国工商银行	阿根廷标准银行及其两家关联公司 80% 股权	2011－08	6 亿美元
中国银行	南洋商业银行 100% 股权 集友银行 70.49% 股权	2001－10	—
中国银行	印尼中央亚细亚银行 51% 股权	2001－12	—
中国银行	新加坡飞机租赁公司	2006－12	9.65 亿美元
中国银行	加拿大东亚银行 4.94% 股权	2007－11	5.1 亿美元
中国银行	法国埃德蒙顿洛希尔银行	2008－09	2.36 亿欧元
中国银行（英国）有限公司	瑞士和瑞达基金管理公司 30% 股权	2008－07	900 万瑞士法郎
中国建设银行行	中国香港工商银行 40% 股权	1994－05	—
中国建设银行行	中国香港建新银行 30% 股权	2002－02	—
中国建设银行行	美国银行亚洲公司 100% 股权	2006－08	—
中国建设银行行	美国国际信贷中国香港公司	2009－11	700 万美元
中信银行	中国香港嘉华银行 61.38% 股权	1986－04	—
中信银行	中信国际金融控股公司 70.32% 股权	2009－05	135.63 亿港元
国家开发银行	英国巴莱克银行 3.1% 股权	2007－10	22 亿欧元
民生银行	美国联合银行控股公司 9.9% 股权	2007－10	3.2 亿美元
招商银行	中国香港永隆银行 53.12% 股权	2008－06	193 亿港元
招商银行	中国香港永隆银行剩余 46.88% 股权	2009－01	172 亿港元

注：交易金额空缺是未找到相关数据。

资料来源：根据各银行官方网站和历年年报信息整理。

从主并方来看，中资银行海外并购的主体集中于中国工商银行、中国银行、中国建设银行三家银行，特别是工商银行的活动最频繁。这三家银行拥有雄厚的资本和长远的战略规划，这可能是最重要的原因。自2007年，一些股份制商业银行和政策性银行也开始海外并购。

由于进入国外金融市场的种种限制，中资银行海外并购的数量和规模都相当有限。从改革开放至今，中资银行仅有二十几次跨国并购，有的年份甚至没有并购案发生。虽然中小型股份制银行近几年逐渐参与到海外并购中，但数量极其有限。中资银行的海外并购交易金额多数在10亿美元以内，到目前为止并购规模最大的是工商银行收购南非标准银行20%股权案，交易金额也仅为54.6亿美元。与西方国家相比，无论是并购总数，还是海外并购的交易规模方面我国都相差甚远。

从目标方所在区域看，中资银行海外并购区域集中于东南亚地区，造成这种现象的原因主要有三方面。首先，东南亚是中国近邻，彼此之间经贸往来频繁，中资银行很多客户与东南亚国家往来较多，为了能更好地为这些客户服务，最便捷的选择就是并购当地银行。其次，东南亚国家相对于欧美国家来说，与中国文化背景等方面的差距较小，并购后的整合和业务开展较为方便。最后，东南亚国家的市场进入相对于审批制度更加严格的欧美国家比较容易，且部分东南亚国家资本市场较为健全，金融法规也比较完善，有助于中资银行在并购后管理经营，提高海外并购的成功率。

三、中资银行的海外机构营运情况

根据资产规模排名前五大上市银行2011年年报，2011年五大商业银行的海外资产、贷款、存款、营业收入规模都较2010年有所提高，其占银行集团总量的比例呈持平或上升态势，不良贷款率也有所下降。以国内资产规模最大的中国工商银行为例，截至2011年末，其境外机构总资产1 247.29亿美元，比上年末增加490.02亿美元，增长64.7%，占集团总资产的5.1%，比上年提高1.4个百分点。税前利润13.73亿美元，比上年增长15.9%（见表10.7）。

表10.7　2010—2011年中国工商银行境外机构主要指标　（百万美元）

项　目	资　产		税前利润	
	2011年末	2010年末	2011年末	2010年末
中国港澳地区	69 035	48 411	679	658
亚太地区（除港澳）	23 753	13 568	187	117
欧洲	14 324	6 216	86	56

续表

项　目	资　产		税前利润	
	2011 年末	2010 年末	2011 年末	2010 年末
美洲	21 976	6 592	46	33
非洲	5 122	5 971	375	321
抵消调整	(9 481)	(5 031)	—	—
合计	124 729	75 727	1 373	1 185

注："非洲"列示资产为工商银行对标准银行的投资余额，税前利润为工商银行报告期对其确认的投资收益。

资料来源：《中国工商银行股份有限公司 2011 年报 A 股》，第 59 页。

从 2011 年的表现来看，中国工商银行海外分支机构的盈利水平呈现较大幅度增长态势。至 2011 年末，中国工商银行的境外机构个人客户 55.5 万户，比上年末增加 23.3 万户；境外信用卡发卡量 24 万张，比上年末增加 6.1 万张；借记卡发卡量 14.3 万张，增加 4.7 万张；银行卡年消费额 2.9 亿美元；境外机构个人网上银行客户比上年末增长 51.5%，企业客户比上年末增长 30.5%；全球现金管理客户 2 232 户，新增 1 190 户，比上年增长 114.2%；协助客户募集资金人民币 110 亿元、美元 35 亿元；境外机构发行理财产品余额 7.15 亿美元，贵金属销售量 458 公斤；办理国际结算 4 579.68 亿美元，比上年增加 1 758.74 亿美元，增长 62.3%；跨境人民币业务量近万亿元，累计开立跨境人民币同业往来账户 276 个，清算网络覆盖全球 55 个国家和地区①。

从整体上看，除中国银行外，其他四大银行海外机构规模仍然较小，资产、存款、贷款、营业收入占银行集团总资产的比例均未超过 8%，与国际一流商业银行相比仍有很大差距（见表 10.8）。

表 10.8　　2011 年中国五大商业银行海外机构营运情况

银行名称	资产		贷款		不良贷款		存款		营业收入	
	金额	占比（%）	金额	占比（%）	金额（百万人民币）	不良贷款率（%）	金额	占比（%）	金额（百万人民币）	占比（%）
中国工商银行	124 729 百万美元	5.1	475 461 百万元	6.1	2 509	0.53	311 292 百万元	2.5	16 565	3.5

① 根据《中国工商银行股份有限公司 2011 年报 A 股》，第 61－63 页整理。

续表

银行名称	资产		贷款		不良贷款		存款		营业收入	
	金额	占比（%）	金额	占比（%）	金额（百万人民币）	不良贷款率（%）	金额	占比（%）	金额（百万人民币）	占比（%）
中国农业银行	1 247.03亿元	1.1	106 070百万元	1.9	220	0.3	30 042百万元	0.3	2 016	0.6
中国银行	4.086亿美元	21.76	1.784亿美元	17.72	2 348	0.21	2.175亿美元	15.15	59 798	18.22
中国建设	4 431.88亿元	3.61	255 117百万元	3.93	1 978	0.78	153 033百万元	1.53	3 566	0.89
交通银行	3 319.02亿元	7.2	186 445百万元	7.28	—	—	172 409百万元	5.25	4 348	3.42

注：未找到交通银行海外机构不良贷款数据，显示空缺。

资料来源：根据2011年五大商业银行年报计算整理。

中资银行在加快“走出去”步伐的同时，也要坚持审慎的原则，注意量力而行、因地制宜。中资银行既应该根据自身发展战略的要求有选择地进行市场布局，灵活选择设立分支机构、参股、并购等多种形式，稳步推行国际化战略，也应该不断提高自身经营管理水平、创新金融服务产品，努力提供更加优质的金融服务。

复习思考题

1. 自加入WTO以来中国的对外金融服务贸易发展怎样？
2. 中国保险服务贸易发展得怎样？
3. 外资保险公司和中资保险公司相比发展情况怎样？
4. 外资保险公司在华投资主要有哪三种方式？
5. 外资保险公司的母国构成与区位结构怎样？
6. 外资银行在华资产情况怎样？
7. 外资银行在华设立营业性机构情况怎样？
8. 外资银行入股中资银行情况怎样？

9. 外资银行进入中国后有哪些影响?

10. 中资银行设立海外分支机构或代表处的情况怎样?

11. 中资银行海外并购情况怎样?

12. 中资银行的海外机构营运情况怎样?

附表 10.1　　2002—2010 年外资银行在华总资产和总资产份额　　(亿元, %)

年份	2002	2003	2004	2005	2006	2007	2008	2009	2010
总资产	2 881	4 159.7	5 822.9	7 154.5	9 278.7	12 525	13 448	13 492	17 423
总资产份额	1.34	1.5	1.84	1.91	2.11	2.38	2.16	1.71	1.85

资料来源:《中国金融年鉴》2003—2011 年各期,第三部分统计篇。

附表 10.2　　1998—2010 年外资银行在华营业性机构数目　　(家)

年份	1998	1999	2000	2001	2002	2003	2004	2005	2006	2007	2008	2009	2010
机构数	172	176	189	190	180	192	211	254	312	440	558	338	360

资料来源:《中国金融年鉴》1999—2011 年各期,第三部分统计篇。

第十一章　与贸易有关的知识产权协定

本章摘要

知识产权的概念和特点。

TRIPS 的目标、宗旨、基本原则。

有关知识产权的效力、范围和标准。

知识产权的实施。

知识产权的获得、维持及有关程序。

《与贸易有关的知识产权协定》（TRIPS）的产生，有其深刻的历史背景。从东京回合开始，各缔约方便开始重视知识产权领域的保护；美国“特别 301 条款”的制定与实施是促成 TRIPS 产生的重要因素；乌拉圭回合将与贸易有关的知识产权列入多边谈判的议题，被认为是对多边贸易体制的重大发展。

TRIPS 规定的知识产权的范围主要包括版权及相关权利、商标、地理标志、工业设计、专利、集成电路的布图设计、未披露之信息等，TRIPS 还规定了对许可合同中限制竞争行为的控制问题。TRIPS 规定的实施程序比较详细和系统；该协定还将有关知识产权的争端解决纳入了 WTO 的争端解决机制，交叉报复措施成为迫使 WTO 成员遵守协定义务的有力手段。

第一节　知识产权与 TRIPS 概述

知识产权是智力成果的创造人或工商业活动中的标记所有人依法所享有的权利的统称，具有无形性、专有性、地域性、时间性以及可复制性的特点。在经济全球化与知识经济大潮的推动下，国际贸易中的知识产权问题已经成为各国关注的焦点之一，无论是发达国家还是发展中国家都希望通过对知识产权的保护维护其潜藏的巨大贸易利益。

一、知识产权的概念和特点

（一）概念的界定

知识产权（Intellectual Property Right）一词，是在17世纪由比利时法学家卡普左夫（Carpzov）提出的，18世纪首次在德国法律中使用，19世纪末被国际社会所接受。知识产权早期被定义为文化领域中作者对创作成果所享有的专有权；卡普左夫将知识产权概括为一切来自知识活动的权利，这一说法后来被广泛传播，得到许多国家和国际组织的承认。

我国学者郑成思将知识产权定义为智力成果的创造人或工商业活动中的标记所有人依法所享有的权利的统称，包括著作权（版权）、专利权、商标权和禁止不正当竞争权等其他智力成果权。

知识产权从本质上说是一种特定主体所专有的财产权，即具有私权性质。但它与大多数其他民事权利不同，并非一开始就是私权，而是由中世纪后期的“特权”演化而来的。另外，直到现在，工业产权中的商标权与专利权在很多国家和地区都要经过行政批准才能产生，即它们与国家的公共权力密不可分，但知识产权的私权性质不能因此而被抹杀。

（二）主要特点

知识产权的对象是“知识”，它是一种无形资源所有权，区别于有形资源的所有权，具有无形性、专有性、地域性、时间性、可复制性等特点。

1. 无形性

知识产权有别于其他有形财产权的最大不同在于其具有无形性的特点。它作为一种无形财产权，不具有实体性。对知识产权的侵害是不直观、不明显的。所以知识产权贸易中的标的物只能是知识产权的使用权，而不像有形商品贸易中的标的物是有形的商品，在贸易中既存在商品使用权又存在商品所有权的转移。因此，对知识产权的保护、知识产权侵权的认定以及知识产权贸易，在相同情况下比有形财产复杂得多。知识产权的无形性还体现在时间上具有永存性。因为“知识”一旦被生产制造出来，之后无论是借助于形形色色的物质材料作介质支撑其存在，还是被抽象转化为意象存储于记忆中，就知识的特征来说，具有不可磨损性。这与物权的对象“物”有本质的不同。因此，在法律上不必为物权设定时间界限，而是任由物的自然寿命决定，而对知识产权使用要有时间的界定。

2. 专有性

知识产权的专有性是指知识产权使用上的垄断，即未经其权利人的允许，任何单位和个人不得在一定的地域和时间内使用知识产权的客体，否则属侵犯权利人的专有权。知识产权作为一种专有性的民事权利，同所有权一样，具有排他性和绝对性的特点。另外，知识产权的专有性还决定了某项知识产权的权利人只能有一个，不可能有两个或两个以上的自然人或法人拥有相同的知识产权。当然这种专有性还决定了知识产权只能授予一次，不能两次或两次以上地授予权利人专有权。

3. 地域性

知识产权作为一种专有权在空间上的效力并不是无限的，而要受到地域的限制，即具有严格的领土性，其效力只限于本国（地区）。知识产权是根据一个国家（地区）的法律确认和保护的，一般只在该国（地区）领域内具有法律效力，在其他国家（地区）原则上不发生效力。这是由知识产权的本性决定的，知识产权的获得要经过国家（地区）法律确认，权利人不能自然获得这种权利。一般情况下，任何国家都不会承认根据别国法律取得的知识产权，即不承认外国知识产权法在本国适用，当然对这种权利也没有保护的义务。因此其他国家的任何人均可在自己的国家内自由使用未在本国注册的别国的知识产权。例如，“海尔”作为一个商标，已在中国注册，但其产品要销往美国，必须在美国注册才能得到该国的确认和保护，否则可能遭到侵权。

随着经济全球化，知识产权国际保护合作的日益扩大以及一些国际性知识产权协议的签订，使传统意义上的知识产权地域性的特征发生变化，某项知识产权通过一定的国际合作方式，可以在更多国家与地区的范围内得到保护。

4. 时间性

知识产权仅在法律规定的期限内受到保护。法律对知识产权的有效期作了限制，一旦超过法律限定的有效期限，这一权利就自动失效，相关知识产品即成为整个社会的共同财富，为全人类共同使用，任何人都可以任意方式使用而不属侵权行为。由于各国对知识产权的保护存在差别，因而同一知识产权在不同国家可能获得的保护期是不同的。例如我国的发明专利的保护期是20年，实用新型和外观设计的保护期是10年。但是知识产权的时间性也是相对的，有些商标经历了数十年、上百年而经久不衰，成为商品或企业服务质量、品质、信誉的代表，例如可口可乐、微软，其所有人在一个相对较长的时期内都有专有权。而有的商标瞬间即逝，即使法律授予它的专有权为10年，对它来说也没有任何意义。因此，知识产权的时间性是相对而言的，而不是绝对的。

5. 可复制性

知识产权作为智力成果，必然要依赖于一定的载体，通过一定的有形物表现出来。这种性质决定了知识产权具有可复制性的特点，并通过这种复制进一步实现知识产权的价值。例如计算机程序是一种无形的智力成果，而这种成果需要存储于磁盘（载体）中才能被表现出来，储存程序的磁盘可以被复制，并以此实现计算机程序的价值。

（三）保护知识产权的重要意义

随着经济全球化步伐的加快和科学技术的快速发展，知识和技术在国际贸易中的地位迅速提高，知识和技术密集型产品以及其他高科技产品在国际贸易中的比重不断上升，与此相关的国际投资也得到空前发展，知识经济正在改变着人类生产生活的方方面面。知识经济时代是以知识资源的占有、配置、生产、分配、消费作为最重要因素的时代，知识、信息是经济长期增长的首要因素，对经济发展具有决定性的作用。知识要想转化为资源，其前提条件是必须确认知识是有价值的，并且从法律上给予承认和保护。

在经济全球化与知识经济大潮的推动下，国际贸易中的知识产权问题已经成为各国关注的焦点之一，无论是发达国家还是发展中国家都希望通过对知识产权的保护维护其潜藏的巨大贸易利益。因此，加强国际贸易中的知识产权保护，将保护的领域从国内延伸到国际，已成为各国参与对外贸易的关键性任务之一。

二、TRIPS 产生的历史背景

《与贸易有关的知识产权协定》（TRIPS）的产生，有其深刻的历史背景。乌拉圭回合将与贸易有关的知识产权列入多边谈判的议题，被认为是对多边贸易体制的重大发展。

（一）乌拉圭回合之前知识产权保护的状况

在世界范围内保护知识产权，是知识和技术交流日趋国际化的客观需要。随着科学技术的迅猛发展，智力成果的国际市场不断扩展，通过转让技术、专利和商标的使用权及版权许可，含有知识产权的产品（主要包括新药品、新科技产品、计算机软件、电影、音乐、书籍、知名品牌商品、植物新品种等）在国际贸易中所占比重也越来越大，于是国际社会纷纷要求统一知识产权保护的法律。

1883 年制定的《保护工业产权巴黎公约》，首开知识产权国际保护的先河；1967 年《成立世界知识产权组织公约》在瑞典斯德哥尔摩签订；1970 年 4 月，世界知识产权组织成立，1974 年，其又成为联合国的一个专门机构，主管工业产权、商标注册及著作权的国际合作。在此之后，知识产权的国际保护得到空前加强：相继缔结了一些地区性的知识产权保护条约，一些地区性的知识产权保护组织也纷纷建立。

现行的知识产权国际公约主要有：《保护工业产权巴黎公约》（通称《巴黎公约》），《商标国际注册马德里协定》（通称《马德里协定》），《专利合作条约》，《保护文学艺术作品伯尔尼公约》（通称《伯尔尼公约》），《保护表演者、录音制品制作者与广播组织公约》（简称《罗马公约》）等。

在乌拉圭回合之前，各缔约方对知识产权的保护水平不一致，法律规定不相协调；已有的一些知识产权国际公约所规定义务的实施完全依赖国内法，缺乏有效的国际监督机制。当时知识产权保护存在的主要问题有：有关国际条约中没有专门保护商业秘密的条款；《巴黎公约》并未对专利的最低保护期限作出规定；已有公约在处理假冒商品方面力度不够；对计算机软件和录音制品的国际保护不够；没有一个有效的争端解决机制来处理与贸易有关的知识产权问题。

这样，假冒商标、盗版书籍、盗版音像制品等侵犯知识产权的现象时有发生，使得很多出口商对此极为不满，对与知识产权有关的国际贸易发展也造成了严重的障碍。在这样的背景下，加强与贸易有关的知识产权保护，成为进一步发展国际贸易的迫切需要。

（二）美国的“特别 301 条款”与 TRIPS

从 20 世纪 60 年代末到 70 年代初，世界范围内出现了经济滑坡，美国经济受到了很大的影响。1972 年以后，美国连续出现贸易赤字，而日本等国却保持着贸易盈余。经过美国国会和相关机构的研究，最终得出结论：美国在世界上具有绝对领先的高科技优势，出现贸易赤字的根本原因在于美国的知识产权在世界范围内没有得到应有的保护，所以高科技的优势未能有效地转化为经济优势。以此结论为契机，美国国会通过了有关议案，明确规定以后凡是与国外签署贸易协定和与科学技术有关的其他协定，都必须含有保护知识产权的条款，否则不予批准。从那时起，美国开始把本国的对外贸易同知识产权联系在一起了，这也成为美国贸易法中“特别 301 条款”的雏形。

在美国贸易法的体系当中，有 3 个“301 条款”，一个是一般的“301 条款”，即美国《1974 年贸易法》中的第 301 节。该节规定，当有任何利害关系人申诉外国的做法损害了美国在贸易协定下的利益，或其他不公正、不合理或歧视性行为给美国商业造成负担或障碍时，美国贸易代表办公室（USTR）可进行调查，决定采取撤销贸易减让或优惠条件等制裁措施。1988年《综合贸易法》中又规定了"超级301条款"和"特别301条款"。"超级301条款"规定，从1989年起指派美国特别贸易代表在每年4月30日前确定一份美国认为保持很多贸易壁垒的重点国家和地区，然后指定严格的日程表，与之进行取消壁垒的谈判，如果谈判不成功，则请求削减从这些国家和地区的进口以实施报复。"特别301条款"是专门针对知识产权保护问题的，其内容跟"超级301条款"相近，也是先由贸易代表每年4月30日前列出一批保护美国知识产权做得不够的国家和地区名单，然后限期进行谈判并根据谈判结果决定是否报复。

"特别301条款"实际上是美国把反对"不公平贸易"、进行贸易报复扩大到了知识产权领域。具体来说，如果美国在同外国签署各种协议后从知识产权保护的角度构成对美国的不公平，那么美国总统可以获得授权，采取贸易报复的措施。另外，凡是和美国开展贸易、文化科技交流与合作的国家和地区，其法律、政策对美国知识产权保护构成不公平的情形，美国也可以授权总统采取贸易报复的手段。

"特别301条款"付诸实践以后，美国从中获得了利益，因此美国除了在国内法律中确认它的地位，还要千方百计地把这种做法扩大到世界领域，要求世界性的国际公约对其加以确认。换句话说，美国希望把"特别301条款"强加给世界其他国家和地区，使其成为国际法，让大家都来遵守，这直接促成了乌拉圭回合中关于知识产权保护问题的讨论，并最终促成了TRIPS的形成与签署。

（三）TRIPS的产生过程

《1947年关税与贸易总协定》也涉及了知识产权问题，有关国民待遇、最惠国待遇、透明度等条款，同样可以适用于对知识产权的保护，但直接涉及知识产权的条款和内容极为有限。该协定仅仅提到，缔约方应互相合作，保护一缔约方领土内受其立法保护的、独特的产品地区或地理名称；保护知识产权的措施不得造成任意或不合理的歧视，以及构成对国际贸易的变相限制等。

从东京回合开始，关于假冒商品贸易问题已经成为谈判的内容，美国曾就此提出过一个守则草案，但未能达成协议。1982年11月，关贸总协定首次将假冒商品贸易的议题列入了议程，确定在关贸总协定框架下对假冒商品贸易采取联合行动是否合适，应采取何种行动。1985年，关贸总协定总理事会设立的专家组得出结论：鉴于假冒商品贸易越来越严重，应当采取多边行动。各方的分歧在于：关贸总协定是否为解决这一问题的适当场所。由此形成了发达缔约方和发展中缔约方之间意见截然相反的两种立场。

美国、瑞士等作为发达缔约方的代表，出于自身利益的考虑主张将知识产权列入多边谈判的议题。美国甚至扬言，如果不将知识产权作为新议题，将拒绝参加关贸总协定第八轮谈判。发达缔约方还主张，保护所有知识产权的标准应立即着手制定，并且必须纳入争端解决机制。

以印度、巴西、埃及、阿根廷和前南斯拉夫为代表的发展中缔约方认为，保护知识产权是世界知识产权组织的义务，知识产权的广泛保护与制止假冒商品贸易是两个截然不同的问题，应当加以区别。这些缔约方忧心忡忡，认为引入跨领域的报复机制会构成对合法贸易的障碍，并且还担心强化知识产权保护会对跨国公司的垄断起到推波助澜的作用，特别是形成对药品和食品价格的控制，使公众福利受到损失。

直到1986年乌拉圭回合开始时，各缔约方也没有就是否将知识产权纳入多边谈判议题达成一致意见。1991年，关贸总协定总干事提出了乌拉圭回合最后文本草案的框架，其中《与贸易（包括假冒商品贸易在内）有关的知识产权协定》基本获得通过。经过艰苦的谈判，在1994年4月15日于摩洛哥的马拉喀什由参加部长级会议的各方签署了《与贸易（包括假冒商品贸易在内）有关的知识产权协定》。由于该协定毫无疑问地包括假冒商品贸易，因此该协定最后的标题中未包含“假冒商品贸易”这样的语言①。TRIPS作为乌拉圭回合谈判最后文件的一部分，被列入《建立WTO的协议》附录1C，于1995年1月1日正式生效。

TRIPS由序言和七个部分组成，共73条。第一部分是总则和基本原则；第二部分规定知识产权的效力、范围及使用标准；第三部分规定知识产权在国内的执行；第四部分规定知识产权的取得、维持及相关程序；第五部分规定知识产权争端的防止与解决；第六部分是关于过渡期的安排；第七部分规定机构安排与最后条款。

客观地讲，TRIPS是建立在发达缔约方知识产权保护水平基础之上的，相对于发展中缔约方的经济发展水平而言，该协定所规定的知识产权保护标准和要求是相当苛刻的。接受TRIPS，是发展中缔约方在乌拉圭回合中所做出的主要让步之一，而又是什么原因使得发展中缔约方要作出这个让步呢？首先，乌拉圭回合一揽子协议中，发展中缔约方所希望得到的一些物质利益得以实现。知识产权保护是乌拉圭回合整个一揽子协定的一部分，作为全盘吸收TRIPS的交换条件，发展中缔约方在国际经济的其他领域获得了市场准入。其次，TRIPS中关于过渡期的规定，就是为了给发展中缔约方缓冲期，使其有充分的时间来接受并适应诸项条款的规定，这也使得发展中缔约方在接受协定时不致过于为难。再次，许多发展中缔约方都发展外向型经济，从20世

① 最终，该协定的名称为Agreement on Trade - Related Aspects of Intellectual Property Rights，TRIPS为其缩写。

纪80年代开始大量引进外资，所以，对知识产权加强保护是其自身经济健康发展的需要。最后，发展中缔约方普遍接受TRIPS的规定，也表明一种思想的力量——对知识产权保护的肯定与认可——在发挥作用。

（四）TRIPS的特点

尽管是发达缔约方和发展中缔约方妥协的产物，TRIPS仍不失为知识产权国际保护的一个重要发展。同原有的知识产权国际公约相比，该协定全面规定了知识产权的保护标准，将包括商业秘密在内的几乎所有知识产权的内容都纳入了保护范围，对知识产权保护执法和救济提出了要求，并且为知识产权国际争端的解决提供了途径。

TRIPS关注的主要是知识产权对贸易的影响。科学发现权、与民间文学有关的权利、实用技术专有权、创作者的精神权利等，被认为是与贸易无关的知识产权，因而没有包括在协定中。

TRIPS在知识产权的保护期限、权利范围和有关使用的规定方面均超过了现行的其他有关条约，是对原有条约的一个突破。例如：该协定扩大了专利保护领域（主要包括对药品和化工产品的保护），将发明专利的保护期统一为20年。

TRIPS规定的实施程序比较详细和系统，包括行政、民事、刑事以及边境和临时程序；该协定还将有关知识产权的争端解决纳入了WTO的争端解决机制，交叉报复措施成为迫使缔约方遵守协议义务的有力手段，而这恰恰是其他有关公约所不具备的。

作为WTO一揽子协议的组成部分，TRIPS同WTO体系中的其他协定相比也有其独特之处。该协定规定：所有成员都应达到知识产权保护的最低标准，如专利保护期为20年；而货物贸易多边协定和《服务贸易总协定》则没有要求各成员政策完全统一，如不同成员对相同产品可以有不同的关税，对相同的服务贸易领域可以有不同的开放水平。TRIPS要求各成员积极采取行动保护知识产权，这与货物贸易多边协定和《服务贸易总协定》只对成员的政策进行约束也存在明显的差异。

第二节　TRIPS的主要内容

TRIPS提出和重申了保护知识产权的基本原则，确立了与其他国际知识产权公约的关系，明确了知识产权保护的效力和范围，规定了成员方保护各类知识产权的最低要求，规定并强化了有关知识产权的执法程序，并且有条件地将不同类型的成员方进行区别对待。

一、TRIPS 的目标和宗旨

在 TRIPS 的序言和第一部分中，规定了各成员方缔约的目标和宗旨，归纳起来主要有以下几个方面。

（一）减少国际贸易中的扭曲及障碍

由于大量的假冒商品和仿制商品在国际市场上出现，国际贸易的方向变得不正常，形成了由假冒者或仿制者流向消费者的扭曲状况，从而大大地损害了商品原设计者或发明者的经济利益。TRIPS 从提出到签订始终贯穿着要严厉打击商品的假冒或仿制，减少贸易扭曲，保护合法知识产权人的权益。

所谓贸易障碍是指在国际贸易中因各国的知识产权的规定不同，保护水平存在差异，使知识产权的贸易摩擦不断增加，造成了知识产权贸易不能顺利进行。为此，TRIPS 对各成员方知识产权保护的实体法和程序法制定了统一的最低标准，从而在很大程度上减少因知识产权的规定而导致的贸易障碍。

（二）有效和充分保护知识产权

长期以来，发达国家的与知识产权有关的贸易在世界贸易中的比重逐年增长；但相对落后的国家，由于其知识产权保护力度不够，与贸易有关的知识产权侵权变得日益严重，全球因知识产权侵权所造成的损失每年达 800 亿美元，侵权货物贸易占世界贸易总量的 5% ~8% 。

鉴于已有的知识产权国际公约存在种种缺陷，以美国为首的发达国家坚决将知识产权纳入世界贸易组织的范围，并在规则的制定中直接吸收了欧美和日本工业界代表的意见。因此，TRIPS 的各项标准完全以发达国家的标准为依据，对知识产权给予了有效和充分的保护。

（三）确保知识产权的实施和程序不对合法贸易构成壁垒

TRIPS 不仅对各成员方知识产权的实体法提出最低标准，而且对程序也提出了原则要求，即各成员方的执法程序应公平合理，不对合法货物贸易构成阻碍。公平合理的程序的具体要求包括：不应收费过高；不应包含不合理的时间限制；不应无保障地拖延；书面通知有关当事人；保护当事人的商业秘密等等。

（四）促进技术革新、技术转让和社会发展

TRIPS 第 7 条规定："知识产权的保护和实施应当对促进技术革新以及技术转让和传播做出贡献，对技术知识的生产者和使用者的共同利益做出贡献，并应当以一种有助于社会和经济福利以及有助于权利与义务平衡的方法进行。"序言中也提及，各成员方承认最不发达成员方特别需要在国内实施法律和规章方面最大限度的灵活性，以便这些成员方能创建稳固和可行的技术基础。

（五）建立 WTO 与 WIPO 间的相互支持关系

TRIPS 的缔结并非排斥《巴黎公约》、《伯尔尼公约》和《罗马公约》，而是寻求相互间的支持。在其序言的最后部分中指出，各成员方"希望在世界贸易组织及世界知识产权组织（本协议中称'WIPO'）之间以及其他有关国际组织之间建立一种相互支持的关系"。TRIPS 为世界各国统一规则树立了一个良好的榜样，它既是建立在重要知识产权条约的基础上，为 WTO 全体成员方必须遵守的知识产权保护规定了一系列最低标准，又在一定条件下超过了 WIPO 文件所包括的《巴黎公约》、《伯尔尼公约》和《罗马公约》，还为 WIPO 范围未解决的问题规定了新的规则。

为达到以上目标，世界贸易组织成员方认为需要制定与以下方面有关的新规则：第一，明确可以适用《1994 年关税与贸易总协定》的基本原则和有关知识产权国际公约的基本原则；第二，规定与贸易有关的知识产权应提供利用的种类、范围和使用的适当标准和原则；第三，在顾及各国法律制度之间差异的情况下，规定有效和适当的方法，以执行与贸易有关的知识产权保护；第四，规定迅速和有效的程序，以多边方式防止和解决政府间的争端；第五，为发展中成员方规定过渡期安排，以便他们能接受谈判的结果。

二、TRIPS 的基本原则

（一）国民待遇原则

这项原则在《巴黎公约》中已经提出，在 TRIPS 中再次被强调，是各知识产权国际公约共同遵守的基本原则。

TRIPS 第 3 条第 1 款规定："在服从分别在 1967《巴黎公约》、1971《伯尔尼公约》、《罗马公约》和《有关集成电路知识产权条约》中已作出的例外规定的条件下，在保护知识产权方面，每一成员方应给予其他成员方的待遇，其优惠不得少于他给予

自己国民的优惠。对于录音及广播机构的表演者、制作者，本项义务只对本协议中规定的权利适用。任何利用由 1971《伯尔尼公约》第 6 条或《罗马公约》第 16 条第 1 款第 b 项所规定之可能性的成员方，均应向与贸易有关的知识产权理事会作出在那些条款中预知的通报。”这里专门提及的《伯尔尼公约》第 6 条和《罗马公约》第 16 条第 1 款 b 项，原来都是允许成员方在特殊场合以“互惠”原则取代国民待遇原则。现有知识产权协议仍然允许在此范围内的“取代”。

国民待遇原则在所有既含实体条款又含程序条款的知识产权公约中占首要地位，但它并不是绝对的。TRIPS 第 3 条第二款规定：“第一款所允许的与司法及行政程序有关的例外，包括在一成员方司法管辖权范围内制定服务地址或委托代理人，只有在为确保与本协定规定不一致的法律、规章得到遵守所必要的，并且此种做法不以一种可能对贸易构成变相限制的方式被采用的条件下，各成员方方可利用。”这表明了在司法及行政程序上，任何人都很难要求在另一国取得完全的国民待遇，例如，在民商事纠纷的司法程序中，只能聘请当地的律师代理，这些都是各国传统法律制度所决定的，也是国际惯例早已认可的。

（二）最惠国待遇原则

TRIPS 第 4 条是对最惠国待遇原则的规定，该条指出，在知识产权保护上，世贸组织的一个成员方提供给第三方国民的优惠、优待、特权或豁免，均应立即、无条件地给予其他成员方的国民。事实上，在知识产权公约中，一般并没有最惠国待遇的规定，只是规定提供有条件的双边待遇，将最惠国待遇原则引入知识产权的国际保护，是世界贸易组织的创造。

但是，第 4 条同时对最惠国待遇原则规定了许多例外，具体表现在四个方面。第一，得自国际司法协助协定或一种一般性的并非专门限于保护知识产权的法律实施的优惠、特权或豁免；第二，根据 1971《伯尔尼公约》或《罗马公约》中所规定的不具有国民待遇性质而只对另一国的优惠、特权或豁免待遇；第三，有关该协定未作规定的录音与广播组织的表演者及制作者权利的优惠、特权或豁免；第四，得自《世界贸易组织协议》生效之前已经生效的与知识产权保护有关的国际协定的优惠或特权，条件是此类协定已通报与贸易有关的知识产权理事会并且不得构成一种对其他成员方国民随意的或不公正的歧视。

此外，TRIPS 第 5 条还为国民待遇和最惠国待遇规定了一项总的例外，即“第 3 条和第 4 条不适用于在世界知识产权组织主持下达成的有关知识产权获得或保持的多边协定规定的程序”。也就是说，除 TRIPS 已列明的巴黎、伯尔尼、罗马等公约外，在世界知识产权组织主持下订立的未纳入 TRIPS 的其他多边条约所产生的优惠、特权等，均不适用 TRIPS 的非歧视原则①。

（三）透明度原则

透明度原则是世界贸易组织的另一项重要原则，TRIPS 第 63 条对透明度原则作出了较为详尽的规定，该条内容如下：“由一成员方制定实施的关于本协定主题事项（知识产权的效力、范围、取得、实施和防止滥用问题）的法律和规章、对一般申请的最终司法裁决和行政裁决，应以该成员官方语言，以各成员方政府和权利人能够熟悉的方式予以公布，若此种公布不可行，则应是指可以公开利用。正在实施中的一成员方的政府或一政府机构与另一成员方政府或一政府机构之间关于本协定主题事项的各项协议也应予以公布。”

第 63 条还要求成员方及时将法律和规章向与贸易有关的知识产权理事会通报，并对理事会的一些做法进行了规定；该条还提出若成员方认为司法裁决等影响到其由协定规定的权利时，可以要求向其提供或详尽告知该特定的司法裁决、行政裁决或双边协议。

当然，成员方在履行该项义务时以不泄露“将会妨碍法律事实或违背公共利益或损害特定的国营、私营企业合法商业利益的资料”为界限。

（四）保护公众利益、社会公德、公众健康原则

这是知识产权立法、执法的一条基本原则。TRIPS 第 8 条规定，各成员方在制定或修改其法律和规章的过程中，可以采取必要的措施保护公共健康和营养，促进对其社会经济和技术发展至关重要之部门的公共利益；成员方可采取措施防止知识产权所有者滥用权力，或借以对贸易进行不合理限制或实行对国际间的技术转让产生不利影响的做法。成员方在采取上述各项措施时不得违反 TRIPS 的有关规定。

（五）关于“权利穷竭（exhaustion）”问题

所谓“权利穷竭”，是指知识产权所有人对其权利一次用尽。这是一个有很多争议的问题，不同国家对此有不同的规定。TRIPS 对此也未作出统一的规定，因而 TRIPS 第 6 条明文排除了用“本协定”来处理解决这方面的争端。但是，如果某一国家的法律对本国的国民不适用“权利穷竭”原则，那么它对外国国民也不能适用该权利穷竭义务。

---

① 非歧视原则是关贸总协定和世贸组织的重要原则，它规定缔约方（成员方）之间的贸易要平等互惠，避免歧视和差别待遇，主要包括两方面的内容，一是国民待遇，二是最惠国待遇。

无论是国际条约，还是外国法、国内法，在承认“权利穷竭”的原则时，都有一个不可缺少的前提，即必须经权利人许可。未经权利人许可的任何使用，绝不会导致权利穷竭。如果没有这个前提，知识产权保护制度就失去了意义。换言之，“权利穷竭”原则在任何国家仅仅适用于合法制作的制品或复制品，至于非法制作的制品，如冒牌货，不存在所谓“权利穷竭”的问题，权利人有权追究任何一个环节的发行人。

总之，TRIPS 各缔约方缔约的目标和宗旨是减少国际贸易中的扭曲及障碍、有效和充分保护知识产权、确保知识产权的实施和程序不对合法贸易构成壁垒、促进技术革新、技术转让和社会发展以及建立 WTO 与 WIPO 间的相互支持关系。而 TRIPS 的基本原则主要有国民待遇原则、最惠国待遇原则、透明度原则、保护公众利益、社会公德和公共健康原则，等等。

三、有关知识产权的效力、范围和标准

TRIPS 第二部分（第 9 条至第 40 条）规定了知识产权的效力、范围及使用标准。这一部分共有 8 节，对各项具体的知识产权如何进行保护作出了明确而严格的规定，是 TRIPS 的核心部分。

（一）版权及相关权利（Copyright and Related Rights）

对版权的保护处于 TRIPS 保护标准部分的首位，概括地讲，其内容主要有 3 个部分：如何处理同《伯尔尼公约》的关系，不同于《伯尔尼公约》的几个新的规定，以及对相关权利的保护。

1. 概念界定

所谓版权，就是指作者对其创作的文字、艺术和科学作品依法享有的专有权利，包括署名、发表、出版以及获得报酬等。

相关权利，有时也被称作邻接权（Neighboring Rights），是指与作品传播有关的权利，即表演者、录音制品制作者和传媒许可或禁止对其作品复制的权利①。

2. 保护范围及期限

版权及相关权利保护的范围是：

(1)《伯尔尼公约》所指的“文学艺术”，包括文学、科学和艺术领域内的一切作品而不论其表现形式或方式，如书籍、戏剧、舞蹈、电影、图画、摄影作品及地

① 例如，未经表演者许可，任何组织或个人不得对其表演进行录音、录影和传播。

图等；

（2）计算机程序及数据汇编；

（3）表演者、录音制品制作者和传媒。

版权的保护期不得少于50年①；表演者和录音制品制作者的权利应至少保护50年②；传媒的权利应至少保护20年③。

（二）商标（Trade Marks）

TRIPS第15条~第21条规定了商标保护的各项内容，包括保护事项、商标权的授予、驰名商标、注册商标所有人的独占权、商标的许可和转让、使用规定及保护期。

1. 概念界定

所谓商标，就是指一企业的商品或服务，与其他企业的商品或服务区分开的标记或标记组合。这些标记包括人名、字母、数字、图形要素和颜色的组合以及这些符号的组合。

2. 保护范围及期限

注册商标所有人享有排他的独占权，以防止任何第三方在贸易活动中未经许可使用与注册商标相同或相近的标记，来标示相同或类似的商品或服务。

驰名商标应受到特别的保护，即使不同的商品或服务，也不得使用他人已注册的驰名商标。一成员方在确定一个商标是否为驰名商标时，应考虑相关公众对该商标的了解程度，包括在该成员方领土内因促销而获得的知名度。

原始商标和每一次续展注册商标的保护期限不应少于7年，并可以无期限地续展。对于无正当理由连续3年未使用的商标可以撤销注册。

（三）地理标志（Geographical Indications）

地理标志是TRIPS提供保护的又一商业标志，也称为原产地标记，其用来表示某商品来源于某成员方领土内，或来源于该成员方领土内的某地区或某地点，从而显示该商品的特定数量、信誉或其他特征与该地理来源相关联。例如，一提到新疆的葡萄干、贵州的茅台、景德镇的瓷器，人们都赞不绝口，就是因为产地显示出商品的

---

① TRIPS第12条规定：此期限为自授权出版的日历年年终起算的不少于50年；若作品创作后50年内未被授权出版，则应为自创作年年终起算的50年。

② TRIPS第14条规定：保护期至少应持续到从录音制品被制作或演出进行的日历年年终起算的50年结束时。

③ 根据TRIPS第14条规定，保护期至少应从广播播出的日历年年终起算持续20年。

品质。

各成员方应对地理标志提供保护，包括对含有虚假地理标志的商标拒绝注册或宣布注册无效，防止公众对商品的真正来源产生误解或出现不公平竞争。对地理标志的保护，主要是从“禁”的角度着手，即禁止不正当使用，保护正当的经营者，所以，TRIPS 的保护原则与《巴黎公约》第 10 条第 2 款规定的“反不正当竞争”原则是一致的。

关于地理标志的问题最容易发生在酒类，所以 TRIPS 第 23 条专门对葡萄酒和烈性酒地理标志提供了更为严格的保护。该条规定，成员方应采取措施，防止将葡萄酒和烈性酒的专用地理标志，用于来源于其他地方的葡萄酒和烈性酒。

（四）工业设计（Industrial Design）

工业品外观设计作为知识产权的一项重要组成部分，受到了世界上大多数国家的重视，各国的国内法大都具有对其保护的条款。TRIPS 的第 25 条、第 26 条对工业品外观设计的保护对象、保护条件及保护措施进行了明确的规定。

1. 概念界定

TRIPS 排除了对主要根据技术或功能考虑而进行的设计的保护，因此这里所提到的工业设计实际上是指工业品外观设计，即对产品的形状、图案、色彩或者其结合所作出的富有美感并适于工业上应用的新设计。

2. 保护措施及期限

各成员方可通过外观设计法，或在版权法中保护外观设计。受保护的工业品外观设计的所有人有权制止未经许可的第三方，出于商业目的制造、销售或进口带有受保护设计的仿制品。

TRIPS 允许各成员方对外观设计的保护规定某些有限制的例外，但这些例外不得影响外观设计的正当实施和损害外观设计所有人及第三方的合法利益。

工业品外观设计的保护期不得少于 10 年。

3. 特别规定

由于纺织品设计具有周期短、数量大、易复制的特点，因而得到了特别重视。TRIPS 规定，为保护纺织品设计而设置的条件，尤其是费用、审查和公布方面的条件，不得影响这些设计获得保护。

（五）专利（Patent）

TRIPS 在专利保护问题上努力做到了与《巴黎公约》（1967 年）相一致，在此基础上，协定扩大了对专利的保护范围，增加规定了专利权人的进口权，对各成员方实施强制许可规定了严格的条件。

1. 保护对象

一切技术领域中的任何发明，不论是产品发明还是方法发明，只要其具有新颖性、创造性并适合于工业应用，均可获得专利。但这一原则有以下例外：

（1）出于对保护公共秩序和社会公德的目的，包括保护人、动植物的生命或健康，或避免对环境的严重损害，成员方政府可以因此拒绝授予某些发明专利权；

（2）对人类或动物的医学治疗的诊断、治疗和外科手术方法；

（3）除微生物之外的植物和动物，非生物和微生物生产方法以外的动物或植物的视为生物的生产方法，可以不授予专利权。

2. 专有权

专利所有人享有专有权。对于产品专利，所有人有权制止未经许可的第三方制造、使用、销售，或为上述目的而进口该产品；对于方法专利，所有人有权制止未经许可的第三方使用该方法的行为，以及使用、销售或为上述目的进口依该方法直接获得的产品。

协议规定的专利所有人所享有的专有权，除制造权、使用权和销售权外，还增加了进口权。此外，专利所有人有权转让其专利，有权通过签订许可合同允许他人使用其专利。

3. 例外规定

各成员方的法律可以规定，在特殊情况下，允许未经专利持有人授权即可使用（包括政府使用或授权他人使用）某项专利，即强制许可或非自愿许可。但这种使用须有严格的限制条件，这些条件包括：在全国处于紧急状态或者其他非常情况，或为了非商业性的公共目的使用该专利，应尽快通知所有权人；授权使用应一事一议；只有在此前合理时间内，以合理商业条件要求授权而未获成功，才可申请强制许可；授权应给予适当的报酬等等。

4. 保护期限、无效和失效

TRIPS 规定的专利保护期为自申请之日起不得少于 20 年；还规定，对任何宣告一项专利无效或失效的决定，都应当提供司法审查之机会。

（六）集成电路的布图设计（Layout-designs of Integrated Circuits）

集成电路是指以半导体材料为基片，将两个以上元件（至少有一个是有源元件）的部分或全部连集成在基片之中或者之上，以执行某种电子功能的中间产品或最终产品。

布图设计是指集成电路中的两个以上元件（至少有一个是有源元件）的部分或

全部互联的三维配置，或者为集成电路的制造而准备的上述三维配件。

成员方应禁止未经权利持有人许可的下列行为：为商业目的进口、销售或以其他方式发行受保护的布图设计、含有受保护设计的集成电路或仅在继续含有非法复制的布图设计的范围内含有这种集成电路的产品。

在要求以注册为保护条件的成员方，对布图设计的保护期限自填写登记申请表之日或自在世界上任何地方首次进行商业开发之日计起，应不少于10年时间；不以注册为保护条件的成员，自在世界上任何地方首次进行商业开发之日计起不少于10年；此外，成员方仍可规定在布图设计被发明15年后保护自动消失。

（七）未披露之信息（Undisclosed Information）

所谓未披露之信息，是指不为公众所知的，能为权利人带来利益（商业价值）的，经权利人采取了保密措施的经济信息，包括提供给政府或者政府机构的数据。我们也通常称未披露之信息为“商业秘密”。商业秘密的权利人，具有制止其他人未经许可而披露、获得或使用有关信息的权利。

TRIPS对商业秘密的权利限制未作出具体规定，但第39条暗示：如果出于保护公众的需要，则可以对这种权利实行某些限制。因为商业秘密的专有权主要是靠保密去维持的，所以TRIPS也就没有提及商业秘密的保护期限问题。

（八）对许可合同中限制竞争行为的控制

知识产权的所有人往往利用其经济和技术上的优势，在国际技术许可合同中滥用其权利，出现限制竞争的行为，这可能会对国际贸易产生消极影响，并可能阻碍技术的转让与传播。例如独占性回授，即技术转让方要求受让方将其改进技术的使用权只授予转让方，而不得转让给第三方；又如，禁止对有关知识产权的有效性提出异议或强迫性的一揽子许可，即技术的转让方强迫受让方同时接受几项专利技术或非专利技术。

成员方可根据有关法律和规定，采取适当措施防止或控制这些行为；有关成员还可就正在进行的限制竞争行为和诉讼进行磋商，并且通过提供与磋商问题有关的公众可获得的非保密性信息以及该成员所能获得的其他信息，在控制这些行为方面进行有效合作。

TRIPS的核心是有关知识产权的适用性、范围及使用等标准的规定，该协定旨在通过将保护程度标准化，直接地解决各成员方国内法之间的冲突和竞争问题。这样，管辖权问题就失去了意义，各成员方决定提供保护的高低水平是否符合自身国情的问题就没有那么重要了。在某些情况下，成员方不得不大量地修改其具体的知识产权法律、法规，以求得同 TRIPS 的一致性。

四、知识产权的实施

知识产权的实施是 TRIPS 的主要内容之一，协定的第 41 条～第 61 条比较详细地规定了各成员方应向知识产权权利人提供的法律程序和救济措施，而且对这些程序和措施在实施中的有效程度也提出了要求，以使知识产权权利人能有效地行使权利。

（一）一般义务

根据 TRIPS 第 41 条的规定，世界贸易组织成员方应当履行如下义务。首先，成员方应保证由该部分所具体规定的实施程序根据国内法是有效的，以便允许对任何对该协定所涉及的知识产权的侵犯行为采取有效行动，包括及时地组织侵权的补救措施和对进一步侵权构成一种威慑的补救措施。在运用这些程序时，应避免对合法贸易构成障碍，并规定防止其滥用的保障措施。第二，知识产权的实施程序应公平合理，不应不必要地烦琐、消耗资财，也不应有不合理的时限及毫无道理的拖延。第三，对一案件案情实质的裁决最好以书面形式作出并陈述理由，上述决定至少应使诉讼各方没有不适当延迟地获知裁决结果，对案情实质的判定应只以各方被提供机会了解的证据为依据。第四，对行政部门的最终决定或裁决，各成员方在任何情况下都应为当事人提供司法审查的机会；对初审的司法判决，在符合条件下，各成员方应使当事人有上诉请求复审的机会。然而，成员方没有义务为对刑事案件中的判定无罪进行审查提供机会。第五，对成员方并没有这样的义务，即为知识产权的实施而建立一个不同于一般法律执行的司法系统，也不影响各成员方执行一般法律的能力。有关知识产权实施的规定也没有产生知识产权的执法和一般法律执行之间的资源分配的义务。

（二）民事、行政与刑事程序

1. 民事执法程序

（1）程序要求

程序应体现公平、公正的原则。成员方应向权利持有人提供执行知识产权的民事司法程序，包括被告有权获得足够详细的、包括权利主张之依据的书面通知，当事人有权委托独立的法律顾问作为代理人。当事人有举证的权利和陈述的机会，在强制出庭方面不应有烦琐的要求。民事司法程序应提供辨识和保护秘密信息的手段，但与现行宪法相抵触的除外。

（2）证据要求

TRIPS 规定了在符合条件的情况下举证责任可以倒置，也即如果一方当事人已经提供足够支持其权利主张的、能够合理取得的证据，同时指出另一方当事人控制有证明其权利主张的证据，则司法当局有权在确保对秘密信息给予保护的条件下，责令另一方当事人提供证据。如果被要求提供证据的一方当事人在合理期限内拒绝提供证据，成员方可以授权司法机关在确保当事人对有关主张或者证据有陈述机会的前提下，依据已经提供的信息作出初步的或最终的裁决。

（3）对被告损失的赔偿

为防止权利人滥用其权利，TRIPS 有针对性地规定了“对被告的赔偿”，即如果一方当事人所要求的措施已经采取，但该方滥用了知识产权的实施程序，司法机关有权责令该当事人向错误受到禁止或者限制的另一方当事人对因其滥用权利而造成的损害提供适当赔偿。而且司法当局还有权责令原告为被告支付开支，其中包括赔偿适当的律师费。在实施有关保护或者执行知识产权的任何法律方面，只有执行法律过程中采取或者拟采取的行动是出于善意时，各成员方才可以免除公共机构和政府官员的责任。

（4）救济

第 44 条 ~ 第 46 条都是有关侵犯知识产权的救济问题，涉及 3 个方面的问题。首先是禁令。司法机构有权责令一当事方停止侵权，特别是有权在清关后立即阻止那些涉及知识产权侵权行为的进口商品进入其管辖内的商业渠道。但下述情况除外，即进口商订购这些商品是在其知道或理应知道从事该交易会构成侵权之前。其次是关于损害的问题对明知或应知自己从事侵权活动的侵权人，司法机构有权责令其向权利持有人支付足够的损害赔偿。司法机构还有权责令侵权人向权利持有人支付相关费用，包括相应的律师费用。在适当情况下，即使侵权人不是明知或应知自己从事的活动构成侵权，各成员方也可授权司法机构责令其退还利润或支付法定赔偿金，或二者并举。最后是关于其他救济的问题。为有效地遏制知识产权侵权，成员方机构有权在不给予任何补偿的情况下，下令将被发现侵权的货物清除出商业渠道，以避免对权利持有人造成任何损害；或者在不违背成员方现行宪法的情况下，下令将被发现侵权的货物销毁。司法机构还有权在不给予任何补偿的情况下，把主要用于制造侵权产品的材料和工具清除出商业渠道，以便将发生进一步侵权的风险减少到最低限度。

在考虑权利持有人的此类请求（将被发现侵权的货物清除出商业渠道或销毁）时，司法机构应权衡侵权的严重程度、给予的救济及第三方利益的均衡性。对于假冒商标货物，除了例外情况，仅仅除去非法所贴商标还不足以允许将该产品放行到商业渠道之中。

2. 行政执法程序

如果根据案情，执行行政程序的结果是责令进行任何民事救济，则此类程序在实质上应与民事程序的有关原则相一致。

3. 刑事程序

一般的知识产权纠纷可以通过民事程序或行政程序得到解决，但如果侵权行为严重，就会构成犯罪，这样就要进入刑事程序。

TRIPS 第 61 条对于刑事程序和刑事惩罚作了比较笼统的规定，这就赋予了成员方比较大的自由立法空间。第 61 条要求成员方规定刑事程序和惩罚，至少适用于具有商业规模的故意的商标的仿冒和盗版案件。可资利用的补救措施应包括足以构成一种威慑的与对相应程度的刑事犯罪适用的处罚水平相同的监禁和（或）惩罚措施。在适当的条件下，可资利用的补救措施还包括对侵权货物及在从事此种违法行为时主要使用的材料和工具予以扣押、没收和销毁。成员方可规定适用于其他侵犯知识产权案件的刑事程序和惩罚，特别是对于故意和具有商业规模的侵权案件。

（三）临时措施

在知识产权的司法程序中，临时措施极其重要。从司法程序开始到最终裁决这一段时间里，如果没有临时措施，被告有可能继续实施侵权行为，给原告带来不必要的经济损失和信誉破坏。因此，TRIPS 第 50 条对临时措施作出了规定。该条的要点有以下几方面内容。

（1）司法当局应有权决定及时、有效的临时措施来保护关于被断言的侵权行为的有关证据并阻止任何对知识产权侵权行为的发生，特别是阻止包括刚刚结关的进口商品在内的侵权商品进入其司法管辖区内的商业渠道。（2）在适当的情况下，特别是在任何延迟可能会给权利人带来不可弥补的损害或证据有极大的毁灭危险的情况下，司法当局有权采取适当的措施。（3）司法当局有权要求申诉人提供合理有效的证据，以便司法当局充分肯定地确认申诉人就是权利人，申诉人的权利正在受到侵犯，或者这种侵犯即将发生。同时司法当局应要求申诉人提供足以保护被告和防止权利滥用的保证金或同等的担保。（4）若临时措施已经采取，应在实施措施后最短时间内通知受影响的成员方。应被告之请求，应对这些措施进行重新审查，包括听取被告陈述，以便在关于措施的通报发出后的合理时间内决定这些措施是否应加以修正、撤销或确认。（5）将要实施临时性措施令的司法当局可以要求申诉人提供为鉴别相关产品所必需的其他资料。（6）在成员方法律允许的情况下，导致对案件案情实质作出裁决的合理诉讼时间由发布措施令的司法当局决定。在没有此种决定的情况下，该合理时间为不超过 20 个工作日或者 31 天，以长者为准。若此类诉讼在该合理时间内没有开始，则在不妨碍上述（1）款规定的同时，按照上述（1）、（2）款所采取的临时措施应根据被告的请求予以撤销或使其停止生效。（7）若临时措施被撤销，或由于申诉人的任何作为或不作为而失效，或随后发现对知识产权的侵犯或侵犯的威胁并不存在，则应被告之请求，司法当局应有权责令申请人向被告适当补偿因此遭受的任何损失。（8）在能够决定以任何临时措施作为行政程序之结果的范围内，此类程序应遵守上述原则。

（四）边境措施

国际贸易中交易的任何商品进入一国的商业渠道必然要经过关境，侵犯知识产权的商品也不例外，所以 TRIPS 的第 51 条 ~ 第 60 条规定了与边境措施相关的特殊要求。

如果海关已经放行，主管的司法或行政当局可以通过临时措施阻止侵权商品进入其管辖范围内的商业渠道；如果海关尚未放行，则可以通过边境措施中止放行侵权商品进入自由流通。

TRIPS 所规定的采取边境措施的程序概括起来有以下两种：一是依当事人的请求采取边境措施的程序；二是主管当局依职权主动采取边境措施的程序。此外，还规定了具体的救济措施和不适用边境措施的例外情形。

TRIPS 第 51 条规定：当权利持有人有合法理由怀疑假冒商标或盗版的商品有可能进口时，能够向行政当局或司法当局提出书面申请，要求海关中止放行。对其他侵犯知识产权的活动，也可以规定同样的申请程序。

五、知识产权的获得、维持及有关程序

TRIPS 第 62 条对知识产权的获得和维持的程序、时限和原则作出了规定。

（一）获得和维持的程序

成员方可以要求程序作为获得和维持该协定所规定的商标权、地理标志、工业品外观设计权、专利权、集成电路布图设计权条件之一，但这些程序应具有合理性，并应与该协定的规定相一致。这样，TRIPS 允许成员方将符合程序作为取得上述权利的条件。上述知识产权人要持有权利也必须符合一定行政程序，按时缴纳有关费用，进行变更登记。当然，获得和维持这些知识产权的程序应当具有合理性。

（二）获得和维持的期限

当所要获得的知识产权属于需要授权或注册的权利时，在符合获得该知识产权的

实质性条件的前提下，成员方应保证授权或注册程序能够在合理的期限之内作出授权或注册，以避免缩短保护期。

（三）获得和维持的原则

有关知识产权获得和维持的程序、有关行政撤销的程序，以及有关诸如抗辩、撤销和废除等的程序，应服从第 41 条第 2 款和第 3 款规定的总原则（第 2 款：有关知识产权的实施程序应公平和公正。这些程序不应不必要的复杂和费用高昂，也不应限定不合理的时限或造成无理的迟延。第 3 款：对一案件是非曲直的裁决，最好采取书面形式并说明理由。至少应使诉讼当事方可获得，而不造成不正当的迟延。对一案件是非曲直的裁决只能根据已向各方提供听证机会的证据作出。）。

上述所涉及的任何程序中的最终行政决定应接受司法当局或准司法当局的审查。然而，在抗辩和行政撤销不成功的情况下，加入此类程序的基础可能成为程序无效的原因，则没有任何义务为对裁决进行此类审查提供机会。

凡是知识产权，均存在获得、维持、保护与利用这 4 个方面的问题。版权具有依法自动产生的特点，因此不须经过行政程序审批或认可，也不必经行政程序维持有效，那么对于版权来说，只是保护和利用两个问题比较突出；商业秘密权则主要靠保密去维持，一般来说，只要符合一定的条件，也会自动产生并自行维持有效，因此它也只面临着保护和利用的问题。正因如此，TRIPS 在涉及知识产权的获得与维持部分时，允许成员方以符合程序而作为权利获得的前提，仅指第二部分第 2 节 ~ 第 6 节中包含的诸项知识产权：商标权、地理标志、工业品外观设计权、专利权、集成电路布图设计权。在此，“维持” 指的是诸如按时交付专利年费、改变商标注册人地址等行政程序，即“当事人与行政主管部门之间的程序”。当然，这一部分也突出规定了“当事人之间的程序”，这是只有公众中的利害关系人对权利人的产权是否应当授予提出的异议，对其已经获得的产权提出的无效请求或提起的无效诉讼，或对其已经获得的产权提出的撤销请求。

六、争端的防止与解决

各成员方所实施的、同 TRIPS 内容相关的法律、法规，以及普遍适用的司法终审判决和行政终局裁决，均应以该成员方的官方语言公布。有关法律、法规应通知与贸易有关的知识产权理事会，以便协助该理事会检查该协定的执行情况①。

① 这实际上就是前文所述的透明度原则，详见本节第二部分。

本部分中所说的“争端”，是指成员方之间，就知识产权保护问题产生的争端，而不是指权利人之间或权利人与非权利人之间的争端。

世贸组织成员方解决 TRIPS 实施所产生的争端，应适用世界贸易组织争端解决机制。也就是说，WTO 成员方之间发生的知识产权争端，其解决途径与商品贸易争端的解决途径一样。

注意，联合国 WIPO 的争端解决是通过国际法院，而 WTO 的知识产权争端仍然按照自己那套争端解决机制进行，这是 TRIPS 与以往的知识产权多边公约的一个重要的不同之处。

七、机构安排和最后条款

世界贸易组织成立与贸易有关的知识产权理事会，监督 TRIPS 的实施，尤其是监督全体成员方履行该协定的义务的情况，并为成员方协商与贸易有关的知识产权问题提供机会。该理事会应当完成成员们制定的其他任务，尤其应提供成员方在争端解决过程中要求的任何帮助。

最后条款对 TRIPS 的审议和修正、保留、安全例外等内容作出了十分详尽的规定。需要注意的一点是，现有的《巴黎公约》和《伯尔尼公约》均允许成员方对某些条款声明保留，而 TRIPS 第 72 条则明确指出一般不允许任何保留，除非某一成员的保留经其他全体成员一致同意。

案例 11.1 欧共体与印度关于对药品及农用化学品专利保护的纠纷

继 1996 年美国对印度药品及农用化学品专利保护提出申诉之后，1997 年 4 月 28 日欧共体依据《关于争端解决规则与程序的谅解》（DSU）的第 4 条与 TRIPS 的第 64 条，要求与印度进行磋商。欧共体提出，印度缺乏给予药品与农用化学制品专利保护，或至少建立一套正式制度以保护这类暂时不受专利保护的产品的新颖性和优先权，违反了它根据 TRIPS 承担的义务。

本案是世贸组织所调解的知识产权争端的典型案件之一，不仅涉及 TRIPS 和 DSU 条款的诸多重要内容，而且发生在美印专利保护纠纷案之后，又涉及复杂的程序问题以及先前判例的作用问题，再加上印度对此案极为重视、据理力争，使案情十分复杂和难于处理，所以本案极具代表性，值得我们研究思考。（本案编号为 WT/DS79）

一、案件的基本情况

本案涉及的是印度专利法保护与TRIPS协调的问题。

1997年5月14日，欧、印双方举行了磋商，然而未能达成一致。1997年9月9日，欧共体及其成员方要求争端解决机构（DSB）成立专家组以审查其所提交事宜。10月16日，DSB决定成立专家组。与此同时，美国保留了第三方权利。由于在专家组人选问题上，双方存在着较大的分歧，WTO总干事最后不得不指定了专家组的成员。考虑到欧共体曾经在美印专利保护的纠纷中作为第三方，又考虑到本案的纠纷性质与该案相同，总干事指定该案的专家组成员（除组长以外）作为本案专家组成员。1997年11月27日，由Stuart Harbinson（任组长）、Douglas Chester和Yanyong Phuangrach组成的专家组成立。专家组的职权范围是："根据欧共体在编号为WT/DS79/2的文件中涉及之协议的有关规定，审查由欧共体在该文件中向DSB提交的有关事项，作出决定以协助DSB提出建议或作出这些协议规定的裁决。"

1998年3月24日和4月29日，专家组听取了双方的陈述。8月24日，专家组作出报告并分发给WTO成员方，9月2日，DSB通过专家组报告。

二、双方的争论

在双方的争论中，欧共体同美国一样，仍然是站在维护自身利益的立场上，援引TRIPS协议的诸项条款来申诉印度的违规行为；而此次印度不仅从自身在知识产权保护方面已经做出的努力出发来回击欧共体的申诉，而且其援引DSU的有关多边申诉程序，打算将欧共体的申诉请求扼杀在萌芽中（即努力使专家组裁定欧共体的申诉在程序上不成立）。

（一）欧共体向专家组提交的请求

第一，印度在依TRIPS第65条的规定享有的过渡期中，对于药品与农用化学制品专利的申请，未能建立一种可以保存其新颖性和优先权的机制，违反了TRIPS的第70条第8款第1项的义务；第二，印度未尽到TRIPS第70条第9款的义务；第三，印度的行为同时也使欧共体根据TRIPS的利益丧失或遭受损害。

（二）印度的辩论

印度提出，欧共体就同一事由未参加美国诉印度的WT/DS50案而再次提起申诉，不符合 DSU 的有关多边申诉程序，特别是其中的第 9 条第 1 款和第 10 条第 4 款的规定，因此应驳回欧共体的请求。

即使欧共体的请求在程序上成立，（1）印度已经规定了一套符合 TRIPS 第 70 条第 8 款的药品与农用化学制品专利申请的方法；（2）在特定产品授予专利的条件尚未符合之前，印度没有义务根据 TRIPS 的第 70 条第 8 款第 1 项建立一套制度以授予独占销售权。

三、程序问题

印度提出，根据 DSU 第 9 条第 1 款和第 10 条第 4 款，欧共体应当在美国提出争议的同时提出此纠纷，但欧共体在当时却没有这样做；印度同时提出，上诉庭或专家组的报告是没有判例作用的，不同的成员方就同一问题提出的纠纷可能会得出不同的结论，同时也是浪费资源。而欧共体则针锋相对，批驳了印度的观点，其认为 DSU 第 9 条或第 10 条都没有规定某个成员方必须在什么时间提出申诉。

（一）DSU 第 9 条第 1 款

DSU 第 9 条规定了多边申诉程序，在一个以上成员方就同一事项请求成立专家组时，DSB 可以成立一个专家组；在可行的情况下，DSB 应当成立一个专家组解决问题。专家组认为，为了评价印度的观点，必须分析第 9 条第 1 款的性质，成员方根据 DSU 享有的权利，以及在本案中是否可能成立一个专家组。

让我们来看一下 DSU 第 9 条是如何规定的。

首先，当一个以上的成员方就同一事项请求设立专家组时，则可以成立一个单一的专家组，在考虑到所有有关成员方的权利情况下审查这些申诉。其次，该单一的专家组将组织审查并将专家组的调查结果上报 DSB，确保争端各当事方享有的、请各个独立的专家组审查申诉的权利绝不受到损害。若争端当事方的任何一方提出这样的请求，则专家组将就有关的争端提交单独的报告。其他各个申诉方可以获取每个申诉方提交的书面材料，在其他申诉方向专家组陈述其观点时，每个申诉方都有权出席。最后，若就同一事项的申诉成立了一个以上的专家组，应尽最大可能由相同人员在各个专家组内作为专家成员提供服务，并应协调好此类争端中专家组工作进程的时间表。

专家组认为，从第 9 条第 1 款的措辞来看它是指导性而非强制性的，它显然是 DSB 的行为规则，因此不应当影响成员方在 DSU 下的权利义务。专家组认为，决定何时提出申诉是成员方权利之一，而第 9 条第 1 款和第 2 款清楚地表明，第 9 条丝毫没有对成员方的权利产生限制。

另外，DSU 第 3 条第 7 款指出：“在提交争端解决前，成员方应对按照这些程序所采取的行动是否能有成效作出判断。争端解决机制的目的在于确保确实有效地解决争端。显然，应优先考虑能为争端各当事方接受并与有关协议相一致的解决方法。若无法达成双方均愿接受的解决方法，争端解决机制的首要目标，通常是确保撤销被确认不符合有关协议之任何规定的措施。只有当立即撤销这些措施不可行时，才可诉诸补偿，而且应作为一项临时措施，在与有关协议不一致的措施尚未撤销期间适用。本谅解书提供给成员方行使争端解决程序的最后手段，可能采取中止对另一成员方的关税减让或有关协议项下的其他义务，但须经 DSB 授权认可。”如果一个成员方在没有最终确定是请求成立专家组还是继续磋商时就被迫作出决定，显然不符合 DSU 的宗旨。

双方都承认，美国提出的请求（WT/DS50）和欧共体提出的请求（WT/DS79）涉及同一个问题：印度的措施是否符合 TRIPS 第 70 条第 8 款和第 9 款？但 DSB 不可能在 1996 年 11 月就两个国家和地区的问题成立一个专家组，因为欧共体还没有决定提出请求，而且欧共体在当时也没有权利请求成立专家组，它在 1997 年 4 月 28 日才要求与印度磋商。为此，专家组认为欧共体没有违反 DSU 第 9 条第 1 款。

（二）DSU 第 10 条

DSU 第 10 条有如下规定：第一，在专家组工作过程中，应充分考虑争端各当事方的利益，以及在该争端中涉及之有关协议的其他成员方的利益；第二，在专家组处理的时间中具有重大利害关系，且已将此告知 DSB 的任何成员方（以下简称为“第三方”），应该有机会由专家组听取其意见，并向该专家组提交书面材料；这些书面材料应分发给该争端的各当事方，并应在专家组的报告中得到体现；第三，第三方应该收到争端各当事方在专家组首次会议上提交的书面材料；第四，若某个第三方认为专家组已在审议中的某项措施，使其根据任何有关协议所享有的权益受损或丧失，则该第三方可以根据本谅解书求助于正常的争端解决程序；只要有可能，此类争端就应提交给原来的专家组来处理。

印度提出，根据第 10 条第 4 款，欧共体既然是前一案件中的第三方，也有可能提出申诉，它完全应当这样做。既然它没有这样做，专家组应当驳回其申诉。印度唯一的理由是第 10 条中提到的“原来的专家组”（指还未做出最终报告的专家组）。专家组指出，DSU 的其他条款也使用了这一术语，从其上下文看，它也可以指做出了报告而且其报告已经通过的专家组。专家组据此认为，欧共体提出申诉，DSB 决定指定原来的专家组（组长除外）成员担任本案专家组成员，这恰恰是符合 DSU 第 10 条规定的。专家组表示，它可以理解印度的担心：不同成员方就同一问题各自先后提出申诉，而不同的专家组可能对相同的问题做出不同报告。专家组也承认存在这种可能性，但这一问题不应由本案专家组解决。

另外，根据 DSU 第 11 条，专家组的职责是对争议事项作出客观判断，包括对事实和某一事实是否符合法律的认定。DSU 第 3 条第 2 款还指出应当根据国际公法的惯用规则解释协议的规定，DSB 的建议或裁定既不增加也不减少某个协议所规定的权利或义务。根据以上分析，专家组驳回印度的上述请求。

（三）专家组报告是否等于判例

专家组接下来要讨论其是否受同一问题上诉庭或专家组报告约束力的问题。由于在美国诉印度的 WT/DS50 中，DSB 的原专家组及上诉庭已就同一事宜作出最终决定，欧共体要求专家组把该案的结论"沿用"到本案，而印度则提出它有权得到争端解决的正规程序。

在 GATT 历史上，由不同专家组讨论由不同申诉方针对同一被申诉方提出的案件出现过多次，但对于专家组报告是否构成判例的问题，从前都未曾讨论过。

事实上，任何一个专家组都不受以前的专家组报告或上诉庭报告的约束。从法律上看，专家组在分析本案时不受 WT/DS50 案件专家组报告的约束；但在正常程序下，专家组会考虑该案专家组和上诉庭的报告和法律分析，而且专家组还会特别注意避免不一致的裁定。上诉庭在审查时，还必须要认真考虑 DSU 的第 3 条第 2 款"WTO 的争端解决制度是为多边贸易体制提供安全和可预测性的一个中心环节"的规定，及防止出现不一致的裁定的情况。这也正是为什么 DSU 的第 10 条第 4 款规定的第三方就相同或类似事由求助于正常的争端解决程序时，此类争端应尽可能提交给"原来的专家组"来处理的原因。

四、实体规则相关问题

（一）TRIPS 第 70 条第 8 款

1. 考虑出现的新因素

欧共体认为，印度没有建立接受邮箱申请的有效制度，在美国与印度关于专利保护范围纠纷的专家组报告通过之后，印度并没有修改其法律规定，因此违反了第 65 条第 1 款。专家组注意到，对印度适用的是这一款，因为它从 WTO 协议生效日即 1995 年 1 月 1 日起生效；而根据 TRIPS 第 65 条第 2 款和第 4 款，要到 TRIPS 对印度生效日时，即最迟到 2005 年 1 月 1 日才生效。专家组要确认印度是否采取了必要措施履行其根据第 70 条第 8 款第 1 项应承担的义务。WT/DS50 专家组已经确认印度未能履行其义务，上诉庭维持了这一结论，而印度的专利制度在专家组报告通过之后没有任何变化，但上诉庭修改了 WT/DS50 专家组的法律分析，且印度也提出了一些补充证据。在这样的情况下，专家组将对新增加的因素综合考虑。

2. 专家组的观点

第 70 条第 8 款第 1 项的解释同样应当遵循 1969 年《维也纳条约法公约》第 31 条，即根据其普通含义、上下文和目的及宗旨。这一段的第一句话就表明 TRIPS 第六部分关于过渡期的规定不适用于本款的情况，根据本段规定，成员方实质性义务就是要在 1995 年 1 月 1 日前建立药品和农用化学制品专利申请的手段，单从其普通含义还看不出这一段要求提供的是什么样的“手段”。从上下文看，根据第 8 款第 2 项和第 3 项，在 1995 年 1 月 1 日仍不能保护药品和农用化学制品的成员方，在过渡期结束以后必须根据 TRIPS 的规定给予保护，而且在过渡期内要给予独占销售权。对第 1 项的理解应当考虑到这一点。

为了要达到第 70 条第 8 款所说 TRIPS 之目的，对目前不受专利保护的药品和农用化学制品，必须建立一套制度保护其新颖性和优先权，以便在过渡期结束时审查这些申请是否能够授予专利。TRIPS 第 27 条要求专利授予的条件是“新颖性、创造性并可付诸工业应用”，而是否具有新颖性、创造性是以申请日或优先权日为界与其之前的技术进行比较。在专家组看来，第 70 条第 8 款目的在于保护有关药品与农用化学制品专利申请的新颖性和优先权，使得在未来（2005 年 1 月 1 日起）经审查后可给这些申请提供有效的专利保护。为了达到第 70 条第 8 款之目的，有关申请日和优先权日的主张需有充分的法律依据。

另外从 TRIPS 的立法程序来看，当初在第 70 条第 8 款规定的建立一套保护新颖性和优先权的措施和在第 70 条第 9 款对应的授予特定客体独占销售权本来就是 WTO 各成员方关于药品与农用化学制品可享有过渡期的一种折中方案。

在 WT/DS50 案中专家组提出，虽然印度根据 TRIPS 第 1 条第 1 款有权决定以何种方式履行协议的有关义务，但用行政指令方式维持邮箱申请的接受，与第 70 条第 8 款第 1 项所要求的提供充分法律依据以保存申请的新颖性和优先权的义务仍不一致。这一结论得到上诉庭的确认，不过在本案中印度又增加了一些资料和理由，要求本案专家组推翻前案专家组的以上结论。

（二）印度和专家组对于焦点问题的论述

1. 争辩焦点

在 WT/DS50 案中，专家组及上诉庭均确认，印度通过行政指令方式保存药品与农用化学制品申请日和优先权日，由于与印度专利法的强制性条款不一致，因而具有法律上的不确定性，因此其本身就不是一种充分合法的法律依据。

印度辩称这一结论有误，因为印度宪法第 73 条有关总统行政权力的规定为这些行政指令提供了充分法律基础，而且专利法第 5 条未就提交专利审查的时间进程表作规定，这完全由作为行政机关的专利局自由裁量。另外，在印度成文法条款应被解释成与其承担的国际义务相一致，所以虽然行政指令与国内法不符，但由于其是依据第 70 条第 8 款规定而作出的，因此根据以上原则行政指令并不会具有不确定性。

2. 专家组的观点

尽管印度为此案作了大量的准备工作并在辩论中据理力争，希望得到有利于自身的判决，但是专家组进行了分析，表达了其观点。

（1）时间进程表问题

就时间进程表问题，印度专利法第 12 条第 1 款规定："当提交了完整的专利申请的说明书后，有关申请书和说明书应提交给审查人员。"因此提交审查的时间是"提交了完整的专利申请的说明书后"，而不是印度所说的由负责人员自行决定。而且，尽管说关于履行成文法义务的具体时间是指导性的，但这并不是说执行机构可以背离该成文法的基本要求而去自由裁量；关于按国际公约义务去解释国内法，印度也承认这只是在被解释的法条有多种含义且有一种是符合国际义务规定时才可适用，但本案并不存在这种情况，而且国际条约下的义务在印度也不是自动适用的。至于印度宪法第 73 条授予总统一定的行政立法权，那也是在国会颁发的成文法没有规定或立法上有空缺时才可行使，而本案行政指令中的药品与农用化学制品的内容在专利法中已经有了明确的规定。

（2）印度专利法

WT/DS50 专家组及上诉庭均提出，根据印度专利法，印度的行政指令经受不了司法审查。印度称事实并非如此，因为，这种可能在将来对当事人的权利造成损害而提起的诉讼，如邮箱申请，在印度是不允许的。

专家组认为印度的结论是建立在以下基础之上的：授予独占销售权或专利权之前，申请人的竞争者无法证明由邮箱申请的存在而带来其实际的损害。同样也推定申请人的竞争者在作决定生产相关竞争性产品时，不会受该种产品在未来是否会被授予独占销售权获专利权保护的影响。然而一旦独占销售权被授予，竞争者就能够证明其的确受到损害，这足以构成恰当的诉因。印度认为，到目前为止不论是根据行政指令建立起的制度，还是个人邮箱申请均未发生过相关的诉讼。这虽然是事实，但这不能排除这类诉讼的可能性，所以印度面对这样一个难题：一旦发生这种诉讼，行政指令是否能经受住司法审查？

综合上诉分析，专家组认为印度并未履行 TRIPS 第 70 条第 8 款第 1 项的义务而采取必要的措施。

(3) 关于 TRIPS 第 70 条第 9 款的争论

印度目前有关授予药品与农用化学制品独占销售权的立法和行政做法均与 TRIPS 第 70 条第 9 款的义务不符，这种现象自 WT/DS50 案的专家组和上诉庭的报告通过后一直未得到改变。印度也承认需要在立法上促成授予独占销售权制度的建立，但同时辩称，在该条规定的条件满足之前，印度没有义务使这种权利处于可授予状态，既然目前印度还未曾被要求授予这种权利，即使缺少这一制度其也没有违反该条的义务。

专家组要解决的问题的核心是：成员方何时需建立起可供授予独占销售权的制度？在 WT/DS50 案中专家组和上诉庭报告中的答案均是自 WTO 协议生效的 1995 年 1 月 1 日起，本案的专家组再次分析了这一问题。

第一，根据《维也纳条约法公约》第 31 条，对条约的解释首先要从其用词的普遍含义开始。比较 TRIPS 的第 70 条第 8 款与第 9 款，后者使用了“不论本协定第六部分如何规定”，其一般含义即指适用本条款的成员方在此方面不能享受第 65 条的过渡期安排。所以，本款应当于 WTO 协议生效时生效，成员方从 1995 年 1 月 1 日起应做好授予独占销售权的准备。

第二，对于 WT/DS50 案中专家组及上诉庭报告中所称的印度应在 WTO 协议生效后建立起授予独占销售权的结论，印度坚持认为报告无视一个事实，即鉴于第 70 条第 9 款授予独占销售权的几个条件，一项授予该权利的请求可能要在许多年后才可出现，因此要求本案专家组注意这一问题。

专家组指出，第 70 条第 9 款规定了在符合以下几种情况时独占销售权应被授予：(1) 关于药品与农用化学制品的邮箱申请已经在印度提交；(2) 该专利申请案已在另一成员方提交；(3) 该专利申请案已在该另一成员方域内获得产品专利；(4) 该专利申请案已在该另一成员方域内获准投放市场；(5) 该专利申请案已在印度获准投放市场。虽然确定这些条件的实现需要一段时间，但没有人知道要多长，而且欧共体已证明至少有一家在印度已提交邮箱申请的欧共体药品公司已着手于上述的最后一步，即已向印度申请市场准入。由于条件前 (1) ~ (4) 的完成与印度几乎无关，如果印度在有权决定的条件 (5) 上仅仅为了推迟建立授予独占销售权制度而拒绝批准市场的投放，其行为将引起是否善意履行 TRIPS 的争议。

第三，印度认为，WT/DS50 案中专家组未从上下文来分析第 70 条第 9 款，根据第 42 条 ~ 第 48 条规定，成员方司法当局“有权”实施某些行为，与第 70 条第 9 款“应授予独占销售权”的规定进行对比，从中推定有关建立独占销售权授予制度并非第 70 条第 9 款的强制性义务。

专家组指出，按照这种推理，如果第42条~第48条未规定“有权”字样时就意味着各成员方不能给其司法当局一定权力去实施诸如颁布禁令之类的事项，而在一特定事件发生时只可通过立法形式解决，这显然是荒唐的，所以第42条~第48条所说的“有权”是指司法上的自由裁量权。

第四，印度又提出，作为发展中国家，根据TRIPS过渡期安排的目的和宗旨，推迟在药品与农用化学制品领域立法上的修改是被允许的。

专家组指出有关药品与农用化学制品的过渡期安排的目的和宗旨在前面已经述及，第70条第9款如同第70条第8款一样，是给予那些享受过渡期的成员方的特殊义务，在1994年12月的印度专利修正条例中印度承认了这一点。

综上所述，印度因未能在WTO协议生效后建立一种可在任何时候授予独占销售权的制度，所以其违反了TRIPS第70条第9款的义务。另外根据DSU第3条第8款，前述第三、第四部分的调查结果表明印度的行为同样也被视为事实上构成欧共体在TRIPS下的利益的丧失或遭到损害，这一点印度没有反驳。

五、最终结论

根据以上调查材料，专家组的结论是：鉴于印度在依TRIPS第65条的规定享有的过渡期内，对于药品与农用化学制品专利的申请，未能建立一种可以保存其新颖性和优先权的机制，以及未能充分地公布和通知有关此机制的信息，所以其违反了TRIPS的第70条第8款第1项规定的义务；由于印度未能建立一套可授予独占销售权的制度，所以其也违反了TRIPS的第70条第9款。

专家组同时建议DSB要求印度使其保护药品与农用化学制品的法律体制与其承担的TRIPS第70条第8款和第9款项下的义务相一致。

1998年11月25日，印度宣布，双方同意本案专家组报告的执行期与WT/DS50号案的执行期同步，到1999年4月16日止。1999年4月28日，印度宣布了它执行专家组报告的情况，它已经通过立法建立专家组建议的保护机制。

复习思考题

1. 知识产权的含义及特点是什么？知识产权为什么要受到保护？
2. TRIPS具有哪些特点？
3. TRIPS的目标、宗旨和基本原则各是什么？

4. 什么是“权利穷竭”，TRIPS对此问题有何规定？

5. 版权及相关权利的保护期为多长时间？其他知识产权的保护期限呢？为什么有这样的规定？

6. TRIPS当中，不同于《伯尔尼公约》的几个新的规定是什么？

7. TRIPS中临时措施和边境措施的基本内容各是什么？分别有什么重要作用？

8. TRIPS对于知识产权的获得、维持及有关程序是如何规定的？

第十二章　中国对外贸易管理与主要对外贸易政策措施

本章摘要

中国对外贸易管理的演变。

我国对外贸易管理的主要手段和改革开放以后（市场经济条件下）我国实行对外贸易管理的必要性。

我国的进出口配额政策措施。

我国的进出口许可证政策措施。

我国现行出口货物退（免）税政策。

我国出口退（免）税的范围和出口货物的退税税率。

对外贸易管理，是指政府从国家的宏观经济利益以及对内和对外政策需要出发，通过制定法律、法令和政策规定，对进出口贸易活动实施领导、控制和调节。对外贸易管理是一种政府行为，是当代国际贸易中的普遍现象。

第一节　中国对外贸易管理概述

我国的对外贸易管理是国家通过制定有关法律、法规，运用经济手段和必要的行政手段进行的，是我国对外贸易方针政策的实施和体现。随着我国外贸体制改革的深化和参与国际多边贸易体系活动的深入，我国初步建立了既符合社会主义市场经济运行机制，又符合国际贸易规范的对外贸易管理体系。

一、中国对外贸易管理的演变

一个国家的对外贸易管理制度，是该国经济制度的产物。我国的对外贸易管理是同各个时期的经济管理体制相联系的。随着国内外形势的发展和变化，在不同的历史时期，有着不同的内容。我国对外贸易管理制度自1949年新中国成立至今，大致经历了两个阶段，即计划经济时期的国家统制贸易管理阶段和以市场经济为取向的对外贸易管理阶段。

（一）计划经济时期的国家统制贸易管理（1949—1978年）

新中国建国初期，国家确定了“独立自主、集中统一”的外贸工作原则和方针。1949年《中国人民政治协商会议共同纲领》规定我国“实行对外贸易统制，并采用贸易保护政策”。1950年12月政务院颁布了新中国第一个进出口管理条例《对外贸易管理暂行条例》，中央贸易部据此制定了《对外贸易管理暂行条例实施细则》。这个条例和细则明确规定了国家对所有进出口商品全面实行许可证制度，将进出口商品分为四类管理：第一类是准许进出口类，各类外贸企业均可经营，但须申领进出口许可证；第二类是统购统销类，由国家外贸公司专营；第三类是禁止进出口类，这类商品的进出口必须经过中央财经委员会的批准才能进行；第四类是特许进出口商品，这类商品要经过中央贸易部特别许可才能进出口。为了实施这个管理条例，国家在各主要口岸设立了对外贸易管理局，负责审核签发进出口许可证，审核进出口商品价格，管理各地外贸企业的进出口业务。1953年，中央人民政府决定将海关与对外贸易部合并，部分进出口管理职能交给了海关。同时，外贸部在东北、华北、西南、中南、山东等地设立了特派员办事处，对该地区的进出口贸易实行行政管理。同年，外贸部颁布了《进出口贸易许可证制度实施办法》，并且设立了进口局和出口局，负责执行进出口贸易许可制度和签发进出口许可证，对全国外贸业务进行统一的管理和指导。

这一时期对外贸易管理的主要特点是：对进出口实行严格的集中管制；管理方法单一，即全面实行许可证管理制度；通过一系列全国性的外贸管理法令、法规，统一了全国的进出口管理制度。

1957年，外贸部公布了《进出口货物许可证签发办法》，这是对国营外贸公司的管理措施，主要目的是简化申领进出口许可证手续，减少和放宽对国营外贸公司进出口业务的行政管理。1959年，外贸部又先后公布了《关于简化对本部各进出口专业公司进出口货物许可证签发手续的批示》和《关于执行进出口货物许可证签发办法的综合批示》，将过去逐项申领许可证的手续改为各进出口总公司分支机构进出口货物，以外贸部下达的货单或通知为进出口许可证，从而免去了繁琐的领证手续，国家外贸公司的经营业务与国家外贸管理职能结合为一体，国家的指令性计划任务逐渐代替了进出口许可证的职能，除其他部门少量急需物资的进口外，一般商品的进出口已不再办理进出口许可证了。到1960年，外贸部所属各特派员办事处也相继撤销。一直到1978年，国营专业外贸公司及其分支机构都是根据外贸部下达的进出口计划开展业务活动，中央计划管理和行政命令完全成为国家管理对外贸易的主要手段。

这个时期，中国基本上实行的是对外贸易的统制政策和集中统一经营的方针，其中虽有调整和变动，但由于外贸财务体制一直没变，只是在外贸系统内对经营权做了一点调整，就全国而言仍然是外贸部所属的专业公司集中经营，这点与当时的政治经济状况基本上是相适应的，对我国对外贸易和国民经济的发展起到了一定的积极作用。

（二）以市场经济为取向的对外贸易管理（1979年至今）

1978年十一届三中全会以后，中国开始实行改革开放的国家战略，进行全面的经济体制改革，其中包括外贸体制的改革。这一阶段的主要内容是放开部分贸易经营权（包括对外资企业）以及贸易公司自主化改革。1979年至1987年间，政府根据政企分开、外贸实行代理制、工贸结合、技贸结合、进出口结合的原则，下放部分外贸经营权，开展工贸结合试点，简化外贸计划内容，实行出口承包经营责任制。1982年对外经济贸易部成立后，设立了对外贸易管理局，主要负责对外贸易管理工作，研究制定有关对外贸易管理的方针、政策和法规，实施进出口许可制度，审批签发进出口许可证，负责管理纺织品出口配额，审批经营进出口业务的企业，审批外国企业在中国设立常驻代表机构。1983年外经贸部先后在广州、上海、天津、大连四个主要口岸设立了特派员办事处；1987年以后，又陆续设立了深圳、海口、青岛、西安、成都、武汉、郑州、福州、南京、南宁、杭州等特派员办事处，以加强对外经济贸易的行政管理，做好出口商品协调工作，推动和促进出口企业实行以口岸为中心的按行业联合经营，恢复和加强口岸与内地传统的经济联系。1988年，为了进一步加强配额和许可证管理，外经贸部筹建配额许可证事务局，以承担一部分进出口许可证的发证和部分配额的分配任务。1988年开始全面推行对外贸易承包经营责任制，地方政府、外贸专业总公司和工贸总公司向中央承包出口收汇、上交外汇和经济效益指标。全面推行外贸承包经营责任制，改变了过去完全由中央统负盈亏的局面，调动了中央和地方扩大出口的积极性，增强了企业内部机制，确保了国家的外汇收入。为了配合外贸企业改革，国家采取了放宽外汇管制、实行出口退税政策、外经贸部下放部分权力等一系列配套改革的措施，增强了运用经济杠杆调节宏观经济的能力，并为外贸企业利用市场机制、自主经营创造了外部环境。1991 年取消了出口补贴，外贸企业均实行自主经营、自负盈亏，各类企业的进出口经营基本上处于平等竞争的地位。

1992 年开始，中国的贸易政策改革以符合国际规则为导向，涉及国内管理的各个方面。1992 年 10 月，江泽民同志提出要“深化外贸体制改革，尽快建立适应社会主义市场经济发展的、符合国际贸易规范的新型外贸体制。”1992 年 12 月，国家颁布了《出口商品管理暂行办法》，规定大幅度减少实行配额许可证管理的出口商品，除了某些特别重要的商品由国家实行联合统一对外经营之外，其他商品由各类外贸企业自主经营。仍实行出口许可证管理的商品其办理手续也进一步简化，对企业经营出口许可证管理商品的限制也大大放宽，并对一部分配额许可证商品实行公开招标。在进口管理方面，国家实行进口审批制度的商品和实行配额许可证管理的商品也在逐步减少。1992 年国家取消了对大部分原一、二类商品的经营限制，从 1993 年起国家取消了出口商品的一、二、三类的分类管理，改为极少数商品由国家统一联合经营，其余大部分商品放开经营。根据 1994 年 7 月实施的《进口商品经营管理暂行办法》，从 1994 年 7 月 1 日起，取消对进口商品的一、二、三类的分类管理办法，国家对进口商品经营实行目录管理，将少数关系国计民生以及国际市场垄断性强、价格敏感的大宗原材料商品列入目录，实行核定公司经营管理，即由国家核准有经营能力和服务优质的外贸公司经营，目录以外的商品由有进出口经营权的各类企业按照企业的经营范围自主经营。1994 年《中华人民共和国对外贸易法》正式颁布实施，标志着我国对外贸易管理与经营活动走上法制化的轨道。中国进一步推进了外贸放开经营，加快授予具备条件的国有生产企业、科研院所、商业物资企业外贸经营权。这一轮外贸体制改革的实施，加强了市场经济机制的调节作用，促进了中国对外贸易市场化的进程。

自 2001 年中国加入 WTO 以来，根据 WTO 规则的要求和我国入世的承诺，我国的对外贸易政策进行了相应的调整，其中很重要的一部分就是对货物贸易的各项管理制度进行改革和调整。关税大幅度下调，关税总水平由 1992 年的 42.7% 降至 2005 年的 9.9%。进出口配额许可证管理商品的范围进一步减少，其他的非关税措施数量也在逐年减少并不断得到规范。在新的历史时期，我国制定和修订了一系列进出口经营权管理、进出口商品管理、配额管理和许可证管理的法律法规和相关政策，并对重要的农产品、工业品、纺织品等专门制定了相关配套政策。2003 年组建了商务部，负责主管国内外贸易和国际经济合作，研究制定进出口商品管理办法和进出口商品目录，组织实施进出口配额计划，确定配额、发放许可证，拟订和执行进出口商品配额招标政策。新修订了《中华人民共和国对外贸易法》并于 2004 年 7 月 1 日起正式实施，允许自然人从事对外贸易经营活动；取消对货物和技术进出口经营权的审批，实行备案登记；国家可以对部分货物的进出口实行国营贸易管理。自 2004 年 7 月 1 日开始，登记制取代审批制，外贸经营权放开。

二、我国对外贸易管理的主要手段和必要性

（一）我国对外贸易管理的主要手段

目前，我国基本上改变了过去单纯依靠指令性计划和行政命令来管理对外贸易活动的做法，主要是运用法律手段和经济调控手段并辅以必要的行政手段来实行对外贸易管理。

第一是法律手段。运用法律手段，主要是加强对外贸易的立法工作。到目前为止，我国已基本建立了以《中华人民共和国对外贸易法》为核心的对外贸易法律体系。第二是经济杠杆。在健全与强化经济手段方面，主要是通过价格、关税、税收、信贷、利率等经济杠杆进行管理，以实现调控外贸经济活动和外贸关系的目的。第三是行政干预。在行政管理手段方面，根据国际贸易规范和我国的实际情况，逐步使其制度化、规范化、科学化。目前，我国的行政管理手段主要有：对外贸易计划管理、配额许可证管理、外贸经营权许可管理、对外国企业在中国设立常驻代表机构的管理、对出口商品商标的协调管理、外汇管理、海关管理、原产地管理、进出口商品检验管理等。我国的对外贸易行政管理手段是以对外贸易的有关法规为依据的。

（二）改革开放以后（市场经济条件下）我国实行对外贸易管理的必要性

新中国成立初期我国实行对外贸易国家管制的必要性主要有以下三点：为了突破西方国家的经济封锁；为了防止资本主义经济危机影响和危及我国；为了对当时的私人进出口商进行利用、限制、改造。改革开放以后（市场经济条件下）我国实行对外贸易管理的必要性主要有6点。

1. 保证国家对外贸易方针政策的贯彻实施

对外贸易管理是保证我国对外贸易方针政策顺利实施的重要手段，它通过各项具体的管理规定和所采取的管理措施，引导对外贸易企业进行有效的经营，合理安排进出口，发展我国同世界各国的经贸关系，从而保证国家发展对外贸易的目标、方向和任务的实现。

2. 维护国家的经济利益

世界各国管理对外贸易的根本目的就是要维护本国的经济利益，我国实行对外贸易管理同样是为了保证国民经济的顺利发展，使对外贸易在国民经济中更好地发挥作用。

3. 合理调节进出口商品结构

进出口商品结构是指一国对外贸易中各商品组成部分在贸易总体中的地位、性质以及相互之间的比例关系，一国的进出口商品结构是由国内外错综复杂的经济因素综合作用而形成的。调整和优化进出口商品结构，对于在实物形态上实现国民经济综合平衡，提高经济效益，改善一国在国际分工中的地位，不断调整我国的产业结构和产品结构都是至关重要的。合理调节进出口结构是通过各种外贸管理措施实现的。

4. 提高对外贸易经济效益

实行对外贸易管理，有利于保证我国进出口贸易的正常进行，减少外贸经营管理不善的现象，从而提高外贸经济效益。

5. 配合对外贸易体制改革

随着我国外贸的不断深化，要建立起既符合社会主义市场经济运行机制，又符合国际经贸通行规则的体制，就必须相应地改善对外贸易管理，以保证外贸体制改革各项措施的顺利实施和总目标的实现。

6. 协调和发展国际经济贸易关系

加强对外贸易管理可以保证双边或多边贸易协议的履行，有利于争取对等和公平的贸易条件，也有利于我国在国际贸易中协调和发展国际贸易关系。

另外，加强对外贸易管理，对于促进我国社会主义市场经济的建立和完善，加快我国社会主义市场经济同国际经济接轨的步伐，促进我国经济贸易的长期稳定发展也起着重要作用。

第二节　进出口配额与进出口许可证

进出口配额是一国政府为了维护本国的利益，在一定时期内对某些产品的进出口总数量或总金额加以限制的管理措施。在规定的期限和规定的配额数量以内的货物可以进出口，超过了配额的部分就不准进出口。

配额包括进口配额和出口配额。进口配额有两种管理方式，即绝对进口配额和关税配额。按照我国加入世界贸易组织的承诺，我国在 2005 年 1 月 1 日之前，已取消了对重要工业品和机电产品的绝对进口配额管理，目前汽车和其他机电产品在取消配额后，实施自动许可管理。农产品进口关税配额、羊毛、毛条、化肥进口关税配额属于关税配额管理范围（即在配额内进口使用较低的关税税率，超出配额可以进口，但要适用比配额内进口高得多的关税税率）。

进出口许可证是国家许可外贸经营者进口或出口货物的凭证，也是海关对进出境货物监管的重要依据。进出口许可证制度是指国家限制进出口目录项下的商品进出口，必须从国家指定的机关领取进出口许可证，没有许可证一律不准进口或出口。

一、出口配额

出口配额是出口国对某些出口产品实施的出口数量限制，配额以内或取得配额的，海关允许出口，否则不允许出口。

（一）出口配额的种类

计划配额：我国对有关国计民生的大宗资源性出口商品以及在我国出口中占重要地位的大宗传统出口商品实行的配额，如原油、煤炭、棉花、粮食、坯布、钢铁、水泥、茶叶等。计划配额的目的是为了保证国内市场的需要。

主动配额：我国根据国际市场需要与国内资源的情况而采取的自我控制出口商品数量的做法，如蜂蜜、栗子、大蒜、地毯、烟花爆竹、硅锰合金、薄荷脑油、棉漂布等。目前我国的主动配额又分为远洋地区配额和港澳地区配额两种。主动配额的目的是为了稳定市场，防止过度冲击。

被动配额：是根据进口国的要求，经过协商我国作为出口国的自我控制出口商品数量的做法，如纺织品和服装、蘑菇罐头、木螺丝、日用陶瓷、电视机等。一般是进口国首先制定了进口配额，我国为了有效利用这些配额而相应制定了出口配额。例如根据2005年中国和欧盟达成的双边协议，欧盟对来自中国的部分纺织品服装实行进口数量限制，我国则根据限制的数量由商务部发放这些纺织品服装的出口配额，没有取得配额的商品禁止向欧盟国家出口。

（二）出口配额措施的政策规定

在管理体制上出口配额属于国家宏观管理。计划配额由管理机关根据国内外市场情况，经国家有关部门确认后，下达到各地区执行；主动配额采取规则化和有偿招标相结合的办法；被动配额由出口国和我国（进口国）政府部门进行双重管理，每年出口数量按双边协议进行。

1. 出口配额商品目录

实行配额管理的出口商品目录，由商务部制定、调整并公布。实行配额管理的出口商品目录，应当至少在实施前21天公布；在紧急情况下，应当不迟于实施之日公布。

2. 出口配额总量

出口商品配额总量由商务部确定并公布。商务部确定出口商品配额总量时，应当考虑以下因素：保障国家经济安全的需要；保护国内有限资源的需要；国家对有关产业的发展规划、目标和政策；国际、国内市场的需求及产销状况。

3. 出口配额的申请

依法享有进出口经营许可，并且近三年内在经济活动中无违法、违规行为的出口企业可以申请出口商品配额。地方管理企业向地方外经贸主管部门提出配额申请；地方外经贸主管部门对本地区企业的申请审核、汇总后，按商务部的要求上报。中央管理企业直接向商务部申请出口商品配额。出口企业应当以正式书面方式提出配额申请，并按要求提交相关文件和资料。

4. 出口配额的分配和调整

商务部将出口商品配额分配给各地方外经贸主管部门和中央管理企业；各地方外经贸主管部门在商务部分配给本地区的配额数量内，按国家关于货物出口经营管理的有关规定，及时将配额分配给本地区提出申请的出口企业。商务部和各地方外经贸主管部门进行配额分配时，应当充分考虑申请企业或地区最近三年内该项商品的出口业绩、配额使用率、经营能力、生产规模、资源状况等。如发生下列情况时，商务部可以对已分配给各地方外经贸主管部门或中央管理企业的配额进行增加或减少的调整：(1) 国际市场发生重大变化；(2) 国内资源状况发生重大变化；(3) 各地区或中央管理企业配额使用进度明显不均衡。

出口企业凭商务部或地方外经贸主管部门发放的配额证明文件，按照有关出口许可证管理规定，向商务部授权的许可证发证机构申领出口配额许可证，凭出口配额许可证向海关办理报关验放手续。

(三) 纺织品的出口配额

为了履行我国政府与纺织品进口设限国家政府签订的双边纺织品贸易协议，有效地管理纺织品配额，有秩序地发展对这些国家的纺织品出口，我国于1992年颁布了《关于纺织品出口配额的管理办法》。外经贸部统一领导对设限国家的纺织品出口管理，负责纺织品贸易协议的对外谈判，协商解决协议执行中出现的问题；对内制定有关管理规定，进行配额的分配和配额余缺的调剂。与我国签订双边纺织品协议的有美国、欧盟等国家和地区，对于输往设限国家协议项下的某些纺织品，我国均进行数量自我限制，这类商品必须凭外经贸部及其授权机关签发的纺织品出口许可证出口。纺织品配额采取招标、自主申领和业绩分配三种分配方式。

自2005年1月1日起，全球纺织品配额全部取消，全球纺织品贸易实现一体化，国际纺织品贸易进入后配额时代。WTO 取消了中国纺织品出口配额，作为纺织品出口大国中国的生产潜力得到释放，产品出口也随之增加。中国对欧美地区纺织品出口数量激增，欧美各国指责中国纺织品扰乱市场，进而对中国纺织品连续设限或启动特保机制，中国纺织品再次面临配额限制。2005 年 6 月签署的《中欧纺织品贸易问题备忘录》约定：在 2005 年 6 月 11 日至 2007 年底期间内，对相关 10 类纺织品合理确定基数，并按照每年 8% 到 12.5% 的增长率确定中方对欧盟出口数量，直到 2008 年欧盟才对中国“全面开放”纺织品市场。中国与美国也签订了类似协议。经过短暂的纺织品后配额时代后，又迎来了一个主动配额时代。

2005 年 6 月 19 日，商务部正式公布了《纺织品出口临时管理办法（暂行）》，自 2005 年 7 月 20 日起施行，这表明我国纺织品出口某种意义上回到了“配额管理”时代。该办法规定商务部负责全国纺织品出口临时管理工作，并根据工作需要会同海关总署和质检总局制定及调整《纺织品出口临时管理商品目录》，列入目录的主要是有关国家或地区对我国实行限制的纺织产品，以及双边协议规定需要临时进行数量管理的纺织产品。根据方案，各家企业的不同纺织品在不同设限市场的出口配额的分配，主要是根据此前 12 个月的实际业绩（出口金额）来衡量，出口业绩数据以海关统计为准。决定各家企业出口配额分配多少的关键因素不是出口数量，而是实际业绩（出口金额）；该方案有利于加快我国纺织品出口增长方式的转变，稳定纺织品出口经营秩序。

二、进口配额

进口配额是进口国对某些进口产品实施的进口数量限制，配额以内或取得配额的，海关允许进口，否则不允许进口。

（一）一般商品进口配额

1993 年国家颁布了《一般商品配额管理暂行办法》，国家根据产业政策和行业发展规划，参照国际惯例，对尚需适量进口以调节市场供应、但过量进口又会严重损害国内相关产业发展的商品和直接影响进口结构和产业结构调整的商品，以及危及国家外汇收支地位的进口商品，实行数量额度控制的管理。即在一个时期内允许进口或者允许减免税进口一定数额（可以是商品数量或商品金额数量）的某种商品，超过数额的就不准进口，或虽然可以进口但要征收较高关税。

我国 1994 年实行进口配额管理的一般商品为 26 种，1995 年减为 16 种，2002 年减为 12 种，2003 年减为 8 种，2004 年减至 2 种，2005 年起全部取消。全部取消普通商品进口配额是兑现我国加入世界贸易组织的承诺。根据商务部和海关总署共同发布的《2005年进口许可证管理货物目录》，从2005年起我国仅对监控化学品、易制毒化学品和消耗臭氧层物质等3类特殊商品实行进口许可证管理。

（二）农产品进口关税配额

农产品关税配额是我国入世后，为了保护国内农业和农民的利益、防止国外低价农产品过量进口冲击国内市场而采取的一种逐步开放农产品市场的主要管理手段。2003年颁布的《农产品进口关税配额管理暂行办法》主要是规范政府对农产品关税配额的申请、分配、期限、执行、调整以及处罚的原则、程序及办法，提高农产品关税配额管理的透明度，以方便最终用户申领配额，充分使用配额。

《农产品进口关税配额管理暂行办法》规定在公历年度内，国家根据中国加入世界贸易组织货物贸易减让表所承诺的配额量，确定实行进口关税配额管理的农产品的年度市场准入数量；纳入配额管理的农产品，配额内进口部分实行低关税，配额外进口部分实行高关税，配额内的农产品进口适用于关税配额内税率，配额外的农产品进口适用于关税配额外税率。

实行进口关税配额管理的农产品包括：小麦（包括其粉、粒，以下简称小麦）、玉米（包括其粉、粒，以下简称玉米）、大米（包括其粉、粒，以下简称大米）、豆油、菜子油、棕榈油、食糖、棉花、羊毛以及毛条。

实施关税配额管理农产品相应的进口税目、税则号列及适用税率另行公布。小麦、玉米、大米、豆油、菜子油、棕榈油、食糖、棉花分为国营贸易配额和非国营贸易配额。国营贸易配额需通过国营贸易企业进口。非国营贸易配额可以通过国营贸易企业或有贸易权的非国营贸易企业进口，有贸易权的最终用户也可以直接进口。羊毛、毛条实行进口指定公司经营，按原外经贸部《货物进口指定经营管理办法》的有关规定执行。

农产品进口关税配额为全球配额。关税配额实行贸易方式全口径管理。豆油、菜子油、棕榈油、食糖、羊毛、毛条进口关税配额由商务部分配。小麦、玉米、大米、棉花进口关税配额由国家发展和改革委员会会同商务部分配。

《农产品进口关税配额证》适用于一般贸易、加工贸易、易货贸易、边境小额贸易、援助、捐赠等贸易方式进口。进入保税仓库、保税区、出口加工区的产品，免予领取《农产品进口关税配额证》。

商务部、国家发展改革委分别于申请期前1个月公布每种农产品下一年度进口关税配额总量、关税配额申请条件及国务院关税税则委员会确定的关税配额农产品税则号列和适用税率。商务部授权机构负责受理属地范围内豆油、菜子油、棕榈油、食糖、羊毛、毛条进口关税配额的申请。国家发展改革委授权机构负责受理属地范围内小麦、玉米、大米、棉花进口关税配额的申请。农产品进口关税配额将根据申请者的申请数量和以往进口实绩、生产能力、其他相关商业标准或根据先来先领的方式进行分配。分配的最小数量将以每种农产品商业上可行的装运量确定。

年度农产品进口关税配额于每年1月1日开始实施，并在公历年度内有效。《农产品进口关税配额证》自每年1月1日起至当年12月31日有效。实行凭合同先来先领分配方式的《农产品进口关税配额证》有效期，按公布的实施细则执行。《农产品进口关税配额证》实行一证多批制，即最终用户需分多批进口的，凭《农产品进口关税配额证》可多次办理通关手续。

分配给最终用户的国营贸易农产品进口关税配额量，在当年8月15日前未签订合同的，报商务部或发展改革委批准后，允许最终用户委托有贸易权的任何企业进口；有贸易权的最终用户可以自行进口。持有农产品进口关税配额的最终用户当年无法将已申领到的全部配额量签订进口合同或已签订合同无法完成，须在9月15日前将无法完成的配额量交还原发证机构。

商务部、发展改革委分别于申请期前1个月公布农产品进口关税配额再分配量的申请条件。当年8月底前已完成所分配的全部农产品进口关税配额量的最终用户，可申请关税配额再分配量。关税配额再分配量根据公布的申请条件，按照先来先领方式进行分配。分配的最小数量以每种农产品商业上可行的装运量确定。获得再分配配额量的最终用户可以通过有贸易权的企业进口，有贸易权的企业也可以自行进口。

（三）机电产品进口配额

根据我国的产业政策和行业发展规划，并参照国际惯例，1993年底我国发布了《机电产品进口管理办法》，国家对虽然需要适量进口供应国内市场，但过量进口又将严重损害国内相关工业发展的机电产品或直接影响进口结构、产业结构的机电产品，以及不利于国家外汇收支平衡的机电产品，列入配额管理目录，实行配额管理。进口配额产品的单位向本地区、本部门机电进口管理机构提出申请，由地区、部门机电进口管理机构转报国家机电办审批。进口单位凭国家机电办签发的进口配额证明向外经贸部门申领进口许可证，海关凭授权发证机关签发的进口许可证验放，同时加验国家机电产品进出口办签发的《进口配额证明》。1994年实行进口配额管理的机电产品有18种，以后逐步调整并减少。

随着改革开放的进一步深入和我国加入WTO，为了发展对外贸易，贯彻国家产业政策，促进国民经济的发展，根据《中华人民共和国货物进出口管理条例》，外经贸部发布了新的《机电产品进口管理办法》，从2002年1月1日开始执行。对我国机电产品的进口管理作了很大的改进，调整、压减了限制进口的目录范围，扩大了自动进口许可的目录范围。自 2004 年 1 月 1 日起，取消成品油、天然橡胶、汽车轮胎的进口配额许可证管理，取消部分税号汽车及其关键件的进口配额许可证管理。自 2005 年 1 月 1 日起，汽车及其关键件的进口配额管理取消。

三、进出口许可证

进出口许可证制度是世界上许多国家采用的限制进出口贸易的手段，它是一种既严格又灵活的贸易措施。从各国的情况看，配额和许可证这两种手段既可以单独使用，也可以结合在一起使用。

（一）进口许可证

进口许可证可分为一般进口许可证和自动进口许可证。进口管理主要分为禁止进口类、限制进口类和允许进口类，对限制进口商品需要申领一般进口许可证，对允许进口类的一些特定商品需要申领自动进口许可证。自动进口许可证不是为了限制进口，只是为了对某些特定产品的进口数量进行监控。

实行进口许可证制度的商品范围包括：实行进口配额制度的商品，这些配额在 2005 年以前基本取消，这些商品的许可证制度也逐步取消；实行指定进口的产品；保护国内幼稚工业的产品；保护知识产权，防止侵权盗版的产品；遵守国际有关公约，保护人类安全的产品。

《货物进口许可证管理办法》规定国家实行统一的货物进口许可证制度，对限制进口的货物实行进口许可证管理。

商务部会同海关总署制定、调整和发布年度《进口许可证管理货物目录》。商务部负责制定、调整和发布年度《进口许可证管理货物分级发证目录》。《进口许可证管理货物目录》和《进口许可证管理货物分级发证目录》由商务部以公告形式发布。商务部授权配额许可证事务局（简称许可证局）统一管理、指导全国各发证机构的进口许可证签发工作，许可证局对商务部负责。许可证局及商务部驻各地特派员办事处和各省、自治区、直辖市、计划单列市以及商务部授权的其他省会城市商务厅（局）、外经贸委（厅、局）（简称各地方发证机构）为进口许可证发证机构，在许可证局统一管理下，负责授权范围内的发证工作。

发证机构应当严格按照商务部发布的年度《进口许可证管理货物目录》和《进口许可证管理货物分级发证目录》的规定，签发相关商品的进口许可证。经营者进口《进口许可证管理货物目录》中的商品，必须到《进口许可证管理货物分级发证目录》指定的发证机构申领进口许可证。进口许可证管理实行“一证一关”管理。一般情况下进口许可证为“一批一证”，即进口许可证在有效期内一次报关使用；“非一批一证”指进口许可证在有效期内可多次报关使用，但最多不超过十二次，由海关在许可证背面“海关验放签注栏”内逐批签注核减进口数量。

进口许可证的有效期为一年。进口许可证应当在进口管理部门批准文件规定的有效期内签发，当年有效。特殊情况需要跨年度使用时，有效期最长不得超过次年3月31日。进口许可证因故在有效期内未使用或未使用完的，经营者应当在进口许可证有效期内向原发证机构提出延期申请。发证机构收回原证，在进出口许可证计算机管理系统中注销原证后，重新签发进口许可证，并在备注栏中注明延期使用和原证证号。进口许可证只能延期一次，延期最长不超过三个月。

2005年实行进口许可证管理的货物共3种，总计83个8位HS编码。自2005年1月1日起，取消汽车及其关键件的进口配额许可证管理，取消光盘生产设备的进口许可证管理。现行实行进口许可证管理的货物有：监控化学品、易制毒化学品和消耗臭氧层物质。

自动进口许可证是对部分自由进口货物，以法律规定的形式，在任何情况下都能获得自动进口许可的证明。《对外贸易法》规定国务院对外贸易主管部门基于监测进出口情况的需要，可以对部分自由进出口的货物实行进出口自动许可并公布其目录。《货物自动进口许可管理办法》已由商务部于2004年12月公布，自2005年1月1日起施行。

商务部根据监测货物进口情况的需要，对部分进口货物实行自动许可管理，并至少在实施前21天公布其目录。商务部制定《自动进口许可管理货物目录》。实行自动进口许可管理的货物目录，包括具体货物名称、海关商品编码，由商务部会同海关总署等有关部门确定和调整。商务部授权配额许可证事务局、商务部驻各地特派员办事处、各省、自治区、直辖市、计划单列市商务主管部门以及部门和地方机电产品进出口机构（简称发证机构）负责自动进口许可货物管理和自动进口许可证的签发工作。

商务部对自动进口许可证项下货物原则上实行“一批一证”管理，对部分货物也可实行“非一批一证”管理。“一批一证”即同一份自动进口许可证不得分批次累计报关使用；“非一批一证”即同一份自动进口许可证在有效期内可以分批次累计报关使用，但累计使用不得超过六次。

自动进口许可证有效期为6个月。自动进口许可证需要延期或者变更，一律在原发证机构重新办理，旧证同时撤销，并在新证备注栏中注明原证号。实行“非一批一证”的自动进口许可证需要延期或者变更，核减原证已报关数量后，按剩余数量发放新证。

2005年自动进口许可管理的货物目录包括：肉鸡、酒、烟草、二醋酸纤维丝束、石棉、彩色感光材料、塑料原料、天然橡胶、合成橡胶、胶合板、化纤布、铜、铝。自2005年3月1日起，对铁矿石也实行自动进口许可管理。

（二）出口许可证

出口许可证实施的目的主要是为了对于一些敏感性产品进行有效的出口管理，防止自相竞争而引起市场混乱，同时也是为了恪守与进口国签订的有关协议，维护贸易秩序。

实行出口许可证制度的商品范围包括：与有关国家政府达成数量限制协议的，如对欧盟出口的彩电、对韩国出口的大蒜、对美国欧洲出口的纺织品和服装等。为保证国内市场需要而实行计划配额的产品，如石油、煤炭、粮食、有色金属等。为对某些国家维持有序出口而制定主动配额的。上述三种实行出口配额的商品在企业获得配额后都应到指定机关领取出口许可证，海关才能放行。对出口金额较大而且经营秩序容易混乱的重要商品，为了加强管理而必须实行出口许可证制度的，这种管理主要不是为了限制数量，而是为了维持出口秩序，如加强对出口价格、质量、国别、用途的审查。对少数特殊商品要实行出口许可证制度，防止出现国际争端，如易制毒化学品、监控化学品、重水、消耗臭氧层物质、计算机等。

商务部《货物出口许可证管理办法》自2005年1月1日起施行。国家实行统一的货物出口许可证制度，对限制出口的货物实行出口许可证管理。

商务部会同海关总署制定、调整和发布年度《出口许可证管理货物目录》。商务部负责制定、调整和发布年度《出口许可证管理货物分级发证目录》。《出口许可证管理货物目录》和《出口许可证管理货物分级发证目录》由商务部以公告形式发布。商务部授权配额许可证事务局（简称许可证局）统一管理、指导全国各发证机构的出口许可证签发工作，许可证局对商务部负责。许可证局及商务部驻各地特派员办事处和各省、自治区、直辖市、计划单列市以及商务部授权的其他省会城市商务厅（局）、外经贸委（厅、局）（简称各地方发证机构）为出口许可证发证机构，在许可证局统一管理下，负责授权范围内的发证工作。

加工贸易项下属于出口许可证管理的货物，发证机构按照商务部制定的《出口许可证管理货物目录》和《出口许可证管理货物分级发证目录》，凭商务部授权的加工贸易审批机关签发的《加工贸易业务批准证》及出口批准文件（属于出口配额管理但不使用配额数量的商品凭商务部批件）、海关加工贸易进口报关单和经营者的出口合同（正本复印件）签发出口许可证。

各发证机构应当严格按照商务部发布的年度《出口许可证管理货物目录》和《出口许可证管理货物分级发证目录》的要求，自收到符合规定的申请之日起3个工作日内签发相关出口货物的出口许可证。出口许可证管理实行“一证一关”制、“一批一证”制和“非一批一证”制。“非一批一证”指出口许可证在有效期内可以多次报关使用，但最多不超过12次，由海关在“海关验放签注栏”内逐批签注出运数。下列情况实行“非一批一证”制：外商投资企业出口许可证管理的货物；补偿贸易项下出口许可证管理的货物；其他在《出口许可证管理货物目录》中规定实行“非一批一证”的出口许可证管理货物。

出口配额的有效期为当年12月31日前（含12月31日），另有规定者除外，经营者应当在配额有效期内向发证机构申领出口许可证。出口许可证的有效期不得超过6个月。出口许可证需要跨年度使用时，有效期的截止日期不得超过次年2月底。以加工贸易方式出口属于配额许可证管理的货物，其出口许可证有效期按《加工贸易业务批准证》核定的出口期限核发，但不得超过次年2月底。出口许可证因故在有效期内未使用或未使用完，经营者应当在其有效期内向原发证机构提出延期申请，发证机构收回原证，在发证系统中对原证进行核销，重新签发出口许可证。

2005年实行出口许可证管理的47种货物（316个8位HS编码），分别实行出口配额许可证、出口配额招标和出口许可证管理。（1）实行出口配额许可证管理的货物是：玉米、大米、小麦、棉花、茶叶、锯材、活牛（对港澳）、活猪（对港澳）、活鸡（对港澳）、蚕丝类、煤炭、焦炭、原油、成品油、稀土、锑砂、锑（包括锑合金）及锑制品、氧化锑、钨砂、仲钨酸铵及偏钨酸铵、三氧化钨及蓝色氧化钨、钨酸及其盐类、钨粉及其制品、锌矿砂、锌及锌基合金、锡矿砂、锡及锡基合金、白银。（2）实行出口配额招标的货物是：蔺草及蔺草制品、碳化硅、氟石块（粉）、滑石块（粉）、轻（重）烧镁、矾土、甘草及甘草制品。（3）实行出口许可证管理的货物是：活牛（对港澳以外市场）、活猪（对港澳以外市场）、活鸡（对港澳以外市场）、牛肉、猪肉、鸡肉、消耗臭氧层物质、监控化学品、易制毒化学品、石蜡、铂金（以加工贸易方式出口）、电子计算机、电风扇、自行车、摩托车及摩托车发动机。

第三节　出口退税

出口产品退（免）税，简称出口退税，其基本含义是指对出口产品退还其在国内生产和流通环节实际缴纳的产品税、增值税、营业税和特别消费税。通过退还出口产品的国内已纳税款来平衡国内产品的税收负担，使本国产品以不含税成本进入国际市场，与国外产品在同等条件下进行竞争。出口退税幅度很难恰好等于某个出口产品在国内已经缴纳的产品税、增值税、营业税和特别消费税之和，出口退税幅度总是高于或者低于出口产品已经缴纳的各项国内税款之和，很多出口产品甚至还不能享受出口退税待遇。当出口退税幅度高于某个出口产品在国内已经缴纳的各项税款之和，出口退税制度就成为促进出口的政策措施。

一、中国出口退税制度的演变

我国的出口退税政策是根据我国国情，参照国际通行的做法而制定的，是我国税收体制和外经贸体制改革的结果，随着我国政治经济的变化和发展而不断地进行着改革和完善。

（一）改革开放以前我国实行的出口退税政策

1950 年 12 月为了促进外贸发展、奖励输出、照顾出口无利产品，国家在修正《货物税暂行条例》和制定实施细则时，补充规定了对出口产品实行退税的政策，并于 1950 年 12 月 21 日正式发布生效。

这时的出口退税不是对全部出口产品、而只是对出口无利的部分产品实行。这部分准许退税的产品目录，由财政部会同贸易部审定，中央税务局公告。公告退税的产品根据出口亏损程度不同，分三种方法处理：一是退还全部税款，如鞭炮、焚化品、罐头、搪瓷、玻璃制品等；二是退还 1/2 税款，如化妆品、香皂、牙膏、暖水瓶等；三是退还原料全部税款，如纸花、毛织品、丝绸等。属于退税范围的产品出口商，应于出口之日起三个月内，持原定税照或分运照（即产品原来的纳税证明）、海关出口证明和提货单副本等凭证，送出口地税务部门；税务部门核对相符后，填发“收入退还书”，交由出口商向指定金库领取应退税款。

社会主义改造基本完成后，为了适应公有制经济已占绝大比重，税收与企业的关系已转变为社会主义经济的内部分配关系的新形势。国家将原来对工商企业征收的商品流通税、货物税、营业税和印花税加以合并，改成工商统一税，于 1958 年制定并实施。在制定和实施工商统一税的过程中，为简化退税手续，决定对出口产品不再退税。国营外贸企业的盈亏由财政统收统支，我国当时的出口贸易是盈利的，退税与否只涉及财政内部税利转移问题。对其他经济成分企业，为继续体现国家对其利用、限制、改造的政策，其出口产品也不再实行退税。只是在少数企业出口亏损较大的时候，经过批准，才可采取在产品生产环节减免税的办法予以适当照顾。

1966 年前后，由于国际国内形势的变化，我国对外贸易由出口盈利转为严重亏损。为扭转这种局面，外贸部请示国务院对出口产品实行退税，以补贴出口亏损。此项要求经国务院批准后，财政部与外贸部进行积极协商，决定对出口产品按照工商统一税产品的平均税负率确定综合退税率，产品出口后按照出口金额 8% 的综合退税率计算应退税额，由财政部统一退付外贸部。

由于受到文化大革命的影响，1973 年我国进行了简化工商税制为核心的税制改革，把已经十分简化了的税制又作了进一步简化。反映在出口退税上，则是对出口产品既不减免税也不退税。当时的对外贸易全部由国营外贸公司集中经营，在全国实行单一的直接计划管理体制，它包括外贸收购、调拨、出口、进口、外汇收支以及其他各项计划的编制、下达和执行。各外贸进出口公司经营活动全部由计划调节，由此发生的全部盈利或亏损也全部由国家财政平衡。

（二）改革开放以后我国的出口退税政策

党的十一届三中全会以后，我国对外贸易发生了很大变化，突出特点是进出口贸易不再由中央外贸企业独家经营。在这种情况下，若继续实行进口不征税、出口不减免税的政策，则进口获利过多，导致进口失控，出口亏损过大，影响出口创汇。因此，1980 年底国务院以国发［1980］315 号通知批转了财政部《关于进出口商品征免工商税收的规定》，规定对国内企业和单位的进口产品征税，出口产品则根据出口换汇成本高低，视其亏损程度，在保本微利的原则下酌情给予减免税。

1983 年为探索社会主义现代化建设新时期的进出口税收工作，以进一步促进我国对外贸易的发展和适应现代化建设的需要，并针对当时我国电子产品进口失控、国内新兴的电子工业发展缓慢和国内日用机械产品积压，急需开拓新的销路等情况，财政部发出了《关于钟 表等 17 种产品实行出口退（免）税和进口征税的通知》（［1983］财税字第 75 号），规定从 1983 年 9 月 1 日起对外贸企业、工贸公司和工业企业出口的钟、表，自行车、缝纫机、照相机、电风扇、洗衣机、电冰箱、收音机、收录机、录像机、电视机、袖珍电子计算器、空调机、金笔、铱金笔、圆珠笔等 17 种产品一律退还（免征）生产环节增值税或最后生产环节的工商税。

随着经济体制改革不断深入，我国对税收制度进行了重大改革。1985 年将工商税分为产品税、增值税、营业税和盐税。同时，为增强我国商品的国际竞争力，1985 年 3 月国务院［1985］43 号文正式批准了财政部《关于对进出口产品征、退产品税或增值税的规定》，决定从 1985 年 4 月 1 日起实行对进口产品征税、对出口产品退、免税办法。这个文件的出台，标志着我国现行出口退税制度的建立。

1993 年 12 月 13 日，国务院通过了《中华人民共和国增值税暂行条例》和《中华人民共和国消费税暂行条例》。《增值税暂行条例》第三条规定：纳税人的出口货物税率为零；第二十一条规定：纳税人出口适用税率为零的货物，向海关办理出口手续后，凭出口报关单等有关凭证，可以按月向税务机关申报办理该项出口货物的退税，具体办法由国家税务总局规定。《消费税暂行条例》第十一条规定：对纳税人出口应税消费品，免征消费税，国务院另行规定的除外。出口应税消费品免税办法，由国家税务总局规定。

随着我国外贸体制改革和税收体制改革的深入，我国出口退税的政策也在不断补充、修改和完善，出口退税政策逐步制度化、合理化。

1994 年 2 月 19 日，国家税务总局制定了《出口货物退（免）税管理办法》（1994 国税发第 31 号），具体规定了出口货物退（免）税的范围、出口货物退税率、出口退税的税额计算方法、出口退（免）税办理程序及对出口退（免）税的审核和管理。同时针对 1993 年底以前设立的外商投资企业出口货物，本着维持原有政策不变的原则，又专门制定并实施了对 1993 年底以前设立的外商投资企业出口货物免税的规定。另外，对 1994 年 1 月 1 日以后设立的外商投资企业，还规定与内资企业适用相同的出口退（免）税政策。

在国家的出口货物退（免）税政策实施过程中，出现了一些问题，如出口退税规模增长过猛，退税增长大大超过征税和出口额的增长，骗取出口退税现象严重等，使得国家财政收入大量流失，一些守法经营的出口企业退税款不能及时到位。为此，1995 年 3 月，国务院决定，自 1995 年 7 月 1 日起，对出口货物根据实际税负情况适当调低出口退税率，并加强出口退税管理。相应的，财政部、国家税务总局颁发了财税字［1995］92 号《出口货物退（免）税若干问题的规定》，调整了出口退（免）税的范围，严格规范了退税的方法。

为了进一步搞活国有大中型企业，扩大外贸出口，推行代理制。国务院决定从 1997 年 1 月 1 日起，对有进出口经营权的生产企业自营出口或委托外贸企业代理出口的货物实行“免、抵、退”税的办法，这是出口退税管理办法的重大改革，进一步完善了我国的出口退税机制。

1997 年以后，中国的出口退税制度作为我国税收制度的重要组成部分基本稳定下来。只是对退税商品的范围和退税率根据国内外政治、经济环境的变化进行调整，对我国的外贸出口和宏观经济产生影响，并成为我国调节出口贸易的重要手段。特别是在 1997 年东南亚金融经济危机爆发之后，我国放弃使用汇率工具而积极使用出口退税工具来调节进出口贸易，取得了良好的效果，突显了出口退税政策在我国进出口贸易调控中的重要作用。

二、我国现行出口货物退（免）税政策

国际上鼓励货物出口的税收政策主要有三种基本形式：一是免抵退，即先免后抵再退，对出口货物免征最后一道环节的增值税，以前各道环节应退的税款与内销货物应纳税款进行抵扣，不足抵扣部分再转结下期继续抵扣或按期办理退库。二是不征不退，即对出口商品生产和流通的过程实行既不征收国内流转税，同时商品出口后也不退税。三是先征后退，即对出口商品在国内生产和流转过程实行与内销产品同样的征税规定，但对出口商品实行退还其流转税的办法。

我国根据本国的实际情况，采取了出口退税与免税相结合的政策，根据出口企业的不同形式和出口货物的不同种类，我国目前的出口退税主要有四种方法：不免税不退税、免税不退税、先征后退和免抵退。

不免税不退税，包括两个方面，不免税即不免征生产环节的增值税、消费税和采购货物出口的进项税额，不退税是不退还出口货物从原材料到产成品销售各个环节已缴纳的增值税和在生产环节已缴纳的消费税。适用这一政策的主要是税法列举限制或禁止出口的货物，如原油、糖、天然牛黄、麝香、铜及铜基合金、白银等。

免税不退税，即对出口货物免征生产销售环节或进口环节的增值税、消费税，也就是说该货物本身就不含税，因此报关出口后，也无须退税，如来料加工复出口的货物、列入免税项目的避孕药品及工具、古旧图书等均适用这一政策。

先征后退，是指货物在出口前，应照章缴纳从原材料到产成品销售各个环节的增值税和生产环节的消费税，待货物报关出口后，凭出口报关单等有关凭证，按月向税务机关办理退还已纳税款。比如外贸企业收购货物出口或委托其他外贸企业代理出口货物，适用这一政策。

免、抵、退是指，按照财政部、国家税务总局财税［2002］7号《关于进一步推进出口货物实行免抵退税办法的通知》规定，自2002年1月1日起，生产企业自营或委托外贸企业代理出口自产货物，除另有规定外，增值税一律实行免、抵、退税管理办法。“免”税，是指对生产企业出口的自产货物，免征本企业生产销售环节增值税；“抵”税，是指生产企业出口自产货物所耗用的原材料、零部件、燃料、动力等所含应予退还的进项税额，抵顶内销货物的应纳税额；“退”税是指生产企业出口的自产货物在当月内抵顶的进项税额大于应纳税额时，对未抵顶完的部分予以退税。适用这一政策的是具有进出口经营权的各类生产企业自营出口或委托外贸企业代理出口的货物。这里所述具有进出口经营权的企业，是指具有进出口经营权的内资生产企业、1994年1月1日以后批准设立的外商投资企业及生产型集团公司以及具有进出

口经营权的生产企业和生产型集团公司内部设立的进出口公司（部门）。

三、出口退（免）税的范围

出口货物退（免）税的范围包括出口退税的产品范围和出口退税的企业范围。

（一）出口退（免）税的产品范围

对出口的增值税和消费税应税货物，除国家明确规定不予退（免）税的货物外，都属于出口退（免）税的货物范围，均予以退还已征税款或免征应征税款。这里所指的出口货物必须同时具备三个条件。

第一，必须属于增值税、消费税征税范围的货物。退税只能对已征税产品退还真实纳税款，未征税的产品则不能退税，否则所退税款就没有来源；免税只能对应税的产品免税，不属于应税的产品，则不存在免税问题。因此，只对属于增值税、消费税征税范围的产品才实行出口退（免）税。

第二，必须是报关离境的出口产品。所谓报关离境，即出口，就是货物输出海关，这是区别货物是否应退（免）税的主要标准之一。一般来讲，凡是在国内销售而不报关离境的产品，不论出口企业是为外汇结算还是以人民币结算，也不论企业在财务上或其他管理方法上作何处理，均不得视为出口产品予以退税。

第三，必须是在财务上作出口销售处理的产品。按照现行规定，出口产品只有在财务上作销售处理以后才能办理退税。也就是说出口退（免）税的规定只适用于贸易性的出口货物，而对非贸易性的出口货物，如捐赠的礼品、未作销售的展品、样品、在国内个人购买并自带出境的已税货物（另有规定者除外）等，因其一般在财务上不作销售处理，故按照现行规定不能退（免）税。出口货物销售价格一律以离岸价折算成人民币入账。

另外国家明确规定出口的原油、援外的出口产品、国家禁止出口的产品不予退税。

（二）出口退税企业的企业范围

出口产品退税是指对货物在出口前已缴纳的税款，按照“征多少退多少”的原则，并按照规定的退税率计算的税款退还给出口企业。下列企业出口的货物，除国家明确规定不准予退（免）税外，均可给予免税并退税。

第一，具有进出口经营权的外贸企业。这是指经过外贸主管部门批准，办理了工商营业执照、税务登记证、出口企业退税登记证，享有独立对外进出口经营权的企业。

第二，具有进出口经营权的生产企业自营出口或委托外贸企业代理出口的货物。

第三，没有进出口经营权的生产企业委托外贸企业代理出口的自产货物。

第四，特定企业出口的货物。主要包括对外承包工程公司，对外承接修理修配企业，外轮供应公司，远洋运输供应公司，用于对外承包、对外修理修配和销售给外轮及远洋国轮的货物。这些特定企业无论是否具有进出口经营权，其用于以上方面的货物均按“出口货物”对待，给予免税并退税。

（三）出口货物应退（免）税种

根据国家税务总局制定的《出口货物退（免）税管理方法》的规定，出口货物应退（免）税种是增值税和消费税。

四、中国出口货物的退税税率

关于增值税的退税率标准，根据出口退税存在的问题以及后来经济形势的变化，国家先后几次调整增值税出口退税率。1994 年国家正式实行“征多少退多少”的政策，即实行的是全额退税的办法，多数产品实行的是 17% 的增值税，因此退税率也是 17%，增值税是 13% 的，退税率则是 13%。但是从 1995 年开始由于财政的原因，国家降低了退税税率，一次是 1995 年 7 月 1 日，另一次是 1996 年 1 月 1 日。

1995 年以来两次调低出口退税税率，客观上影响了我国出口的增长，增加了出口企业的困难，而且这种不完全退税的做法也不符合国际上通行的零税率出口惯例。为了进一步推动出口贸易的发展，我国在 1998 年以后逐步提高了大宗商品的出口退税税率。

进入 21 世纪以后，为了适应国内外政治、经济环境的变化，特别是为了保证我国经济发展的可持续性，我国又一次运用出口退税工具来调节出口贸易，并以此来调节整个经济发展的方向，促进我国经济的持续、健康、稳定的发展。

2003 年 10 月 13 日，国务院颁布《财政部、国家税务总局关于调整出口货物退税率的通知》，决定从 2004 年 1 月开始，中国出口产品的平均退税率降低 3 个百分点。出口退税由原来的中央财政负担改为中央和地方财政共同负担，出口退税应当及时到位，不欠新账。

2004 年底财政部和国税总局发出通知，在 2005 年进一步调整出口退税政策，把硬盘驱动器、数控机床、集成电路、移动通信设备、计算机等部分 IT 产品出口退税率提高到 17%，并自 2005 年 1 月 1 日起取消电解铝、铁合金、磷等商品 8% 的出口退税，并拟对它们征收出口税。对部分有色金属矿产品降低甚至取消出口退税；为了促进国内钢铁产业升级换代，对附加价值低的钢坯取消出口退税。

我国对外贸易顺差持续增加，我国面临着欧美等发达国家和地区的压力。为了降低顺差，我国在2007年到2008年上半年大幅度降低出口退税率，甚至取消了部分产品的出口退税。但是，从2008年下半年开始，国际金融经济危机迅速蔓延，我国出口从2008年年底开始出现了大幅萎缩的现象。为了鼓励出口，我国又调高了一些产品的出口退税率。

复习思考题

1. 中国对外贸易管理的演变与当时的经济体制有怎样的关系？
2. 我国对外贸易管理的主要手段有哪些？
3. 改革开放以后（市场经济条件下）我国实行对外贸易管理的必要性有哪些？
4. 我国的进出口配额政策有什么特点？
5. 我国的进出口许可证制度有什么特点？
6. 我国现行出口货物退（免）税政策是怎样的？
7. 我国出口退（免）税的范围是怎样的？
8. 中国出口货物的退税税率变化比较频繁，它的变化与当时的国内、国际经济贸易情况有什么样的关系？

参考文献

1. WTO秘书处. WTO争端解决程序（中英文对照）. 北京：法律出版社，2003.
2. WTO秘书处. 贸易政策审议：WTO秘书处关于中华人民共和国的报告. 北京：中国财政经济出版社，2006.
3. 对外贸易经济合作部国际经贸关系司. 乌拉圭回合多边贸易谈判结果最后文件（中英文对照）. 北京：法律出版社，1995.
4. 傅钧文. 外贸依存度国际比较与中国外贸的结构型风险分析. 世界经济研究，2004（4）.
5. 胡立法. 中国贸易开放度的重新估计. 世界经济研究，2004（5）.
6. 李文瑛. 我国出口导向型贸易战略的效应分析. 国际商务——对外经济贸易大学学报，2008（1）.
7. 林毅夫，李永军. 出口与中国的经济增长——需求导向的分析. 经济学，2003，2（4）.
8. 隆国强. 如何看待我国的外贸依存度. 国际贸易问题，2000（11）.
9. 裴长洪，彭磊. 外贸依存度与现阶段我国贸易战略调整. 财贸经济，2006（4）.
10. 彭金荣，陈利. 高外贸依存度下中国经济面临的风险与应对措施. 中国人民大学学报，2005（6）.
11. 乔超. 中外出口贸易依存度比较分析. 世界经济文汇，1997（2）.
12. 商务部世界贸易组织司. WTO香港部长级会议重要发言汇编. 北京：对外经济贸易大学出版社，2006.
13. 沈利生. “三驾马车”的拉动作用评估. 数量经济技术经济研究，2009（4）.
14. 世界贸易组织秘书处. 乌拉圭回合协议导读. 北京：法律出版社，2004.
15. 佟家栋. 对外贸易依存度与中国对外贸易的利益分析. 南开大学学报：哲学社会科学版，2005（6）.
16. 易行健. 我国外贸依存度高低的判断与长期趋势预测：一个发展阶段假说. 国际贸易问题，2006（6）.

17. 苑涛. 反倾销的经济影响：对中国的分析. 北京：人民出版社，2009.
18. 苑涛，陈夏楠. 银行业开放对我国银行业发展的影响. 国际经济学评论，2010，4.
19. 苑涛，吕越. 我国的经济发展不需要出口了吗. 国际贸易问题，2010（10）.
20. 苑涛，崔永鹏. 中国の对外アンチダンピングによる経済への影響. 國學院大學紀要，2009，47：93－121.
21. 中国加入世界贸易组织法律文件解读编写组. 中国加入世界贸易组织法律文件解读. 北京：对外经济贸易大学出版社，2002.
22. Bartels, L.. *Applicable Law in WTO Dispute Settlement Proceedings*. *Journal of World Trade*, 2001, 35 (3): 499－519.
23. Broek, N.. *Power Paradoxes in Enforcement and Implementation of World Trade Organization Dispute Settlement Reports*. *Journal of World Trade*, 2003, 37 (1): 127－162.
24. Cameron, J. & Gray K. R.. *Principles of International Law in the WTO Dispute Settlement Body*. *International and Comparative Law Quarterly*, 2001, 50 (2): 248－298.
25. Drache, D. & Arnott, A. & Guan, Y.. *WTO Dispute Settlement Report Card*, Robarts Centre for Canadian Studies, York University (Toronto), July 2000.
26. Ehlermann, C. D.. *Six Years on the Bench of the "World Trade Court"*. *Journal of World Trade*, 2002, 36 (4): 605－639.
27. Footer, M. E.. *Developing Country Practice in the Matter of WTO Dispute Settlement*. *Journal of World Trade*, 2001, 35 (1): 55－98.
28. Gabilondo, J. L. P.. *Developing Countries in the WTO Dispute Settlement Procedures*. *Journal of World Trade*, 2001, 35 (4): 483－488.
29. Peter Van den Bossche. *The Law and Policy of The WTO*. Cambridge CB2 2RU, UK: Cambridge University Press, 2005.
30. Waincymer, J.. *Settlement of Disputes within the World Trade Organization: A Guide to the Jurisprudence*. *The World Economy*, 2001, 24 (9): 1247－1278.
31. World Trade Organization. *A Handbook on the GATS Agreement*. Cambridge CB2 2RU, UK: Cambridge University Press, 2005.
32. Yuan, Tao and Xu, Fu. *China's Textile Industry: International Competitive Advantage and Policy Suggestion*. *Journal of the Washington Institute of China Studies*, 2007, 2 (1): 84－97.